不列颠古典法学丛编

欧诺弥亚译丛

历史与法理学研究

Studies in History and Jurisprudence

［英］詹姆斯·布莱斯（James Bryce）著
褚 䤑 译

华东师范大学出版社

华东师范大学出版社六点分社　策划

欧诺弥亚译丛编委会成员（以姓氏笔画为序）

马华灵　王　涛　吴　彦

杨天江　徐震宇　黄　涛

欧诺弥亚译丛·总序

近十余年来,汉语学界政治法律哲学蔚然成风,学人开始崇尚对政治法律生活的理性思辨,以探究其内在机理与现实可能。迄今为止,著译繁多,意见与思想纷呈,学术积累逐渐呈现初步气象。然而,无论在政治学抑或法学研究界,崇尚实用实证,喜好技术建设之风气亦悄然流传,并有大占上风之势。

本译丛之发起,旨在为突破此等侧重技术与实用学问取向的重围贡献绵薄力量。本译丛发起者皆为立志探究政法之理的青年学人,我们认为当下的政法建设,关键处仍在于塑造根本原则之共识。若无此共识,则实用技术之构想便似空中楼阁。此处所谓根本原则,乃现代政法之道理。

现代政法之道理源于对现代人与社会之深入认识,而不单限于制度之塑造、技术之完美。现代政法世界之塑造,仍需重视现代人性之涵养、政道原则之普及。若要探究现代政法之道,勾画现代人性之轮廓,需依傍塑造现代政法思想之巨擘,阅读现代政法之经典。只有认真体察领悟这些经典,才能知晓现代政法原则之源流,了悟现代政法建设之内在机理。

欧诺弥亚(Εὐνομία)一词,系古希腊政治家梭伦用于描述理想政制的代名词,其着眼于整体福祉,而非个体利益。本译丛取其古意中关切整体命运之意，彰显发起者们探究良好秩序、美好生活之要旨。我们认为，对现代政治法律道理的探究，仍然不可放弃关照整体秩序，在整体秩序之下看待个体的命运，将个体命运同整体之存续勾连起来，是现代政法道理之要害。本译丛对现代政治法律之道保持乐观心态，但同样尊重对古典政法之道的探究。我们愿意怀抱对古典政法之道的崇敬，来沉思现代政法之理，展示与探究现代政法之理的过去与未来。

本译丛计划系统迻译、引介西方理性时代以降求索政法道理的经典作家、作品。考虑到目前已有不少经典作家之著述迻译为中文，我们在选题方面以解读类著作为主，辅以部分尚未译为中文的经典文本。如此设计的用意在于，我们希望借此倡导一种系统、细致解读经典政法思想之风气，反对仅停留在只言片语引用的层面，以期在当下政治法律论辩中，为健康之政法思想奠定良好基础。

译丛不受过于专门的政法学问所缚，无论历史、文学与哲学，抑或经济、地理及至其他，只要能为思考现代政法之道理提供启示的、能为思考现代人与现代社会命运有所启发的，皆可纳入选目。

本译丛诚挚邀请一切有志青年同我们一道沉思与实践。

欧诺弥亚译丛编委会
二零一八年元月

目 录

中译本前言 / 1
序言 / 1

第一篇　罗马帝国和印度的大英帝国 / 1
第二篇　罗马法和英国法在全世界的扩张 / 64
第三篇　柔性宪法和刚性宪法 / 108
对第三篇的阐释：宪政政府和其他类型的政府 / 181
第四篇　政治宪法的向心力和离心力 / 183
第五篇　早期的冰岛 / 219
第六篇　原先的美国宪法 / 252
第七篇　南非的两部宪法 / 307
第八篇　澳大利亚联邦宪法 / 334
第九篇　服从 / 392
第十篇　主权的属性 / 422

中译本前言

詹姆斯·布莱斯(James Bryce，1st Viscount Bryce，1838—1922年)，是英国自由党政治家、外交家、历史学家，在民国时期被翻译为白赉士。他出生于北爱尔兰的贝尔法斯特城，先后就读于格拉斯哥大学和牛津大学，并留学德国。1862年获牛津三一学院文学学士学位，1864年，年仅26岁时便出版500多页的专著《神圣罗马帝国史》，脉络清晰，传诵甚广。

1867年，他取得律师资格，后又于1870年获民法博士学位；1870—1893年当选为牛津大学钦定讲座法学教授。与维多利亚女王的宫廷侍从阿克顿勋爵共同创办《英国历史评论》。

布莱斯学识博洽，见解深邃，是一位历史学家，一位政治理论家，也是一位积极的政治活动家。他在政治上属于自由党，并以自由党人身份长期充任议会下院议员(1880—1907年)，成为该党的领袖人物之一。他曾数度参加自由党内阁，从1886年起历任外交次官、兰开斯特公爵领事务大臣、贸易大臣、爱尔兰事务大臣等要职。1907年被任命为英国驻美大使，在华盛顿任职期间赢得很高的荣誉。1913年自大使任上退休，次年被授封为子爵，并任海牙国际法院法官，第一次世界大战期间负责调查德国在法国和比利时所犯下的罪行。1922年在德文郡锡德茅思逝世。

布莱斯一生勤于撰述。除了早年所撰的《神圣罗马帝国》之外，1888年发表的《美利坚共和国》也极负盛名，被视为外国人论述美国的经典著作之一，至今仍被许多美国大学作为政治学教本。书中认为美国民主政府的制度不能吸引最优越的人才入政界去活动。此外尚有有关政治制度和法律的著作多种。他曾旅行各地，足迹遍及高加索、南美、南非及英国的所有领地，每到一地，往往写下游记，这些作品至今仍然受到重视。退休以后，著述不辍，1921年出版《现代民主制度》一书，对世界上各主要代议制政府作了比较。去世的那年还有《国际关系》一书问世，可谓著述等身了。

本书节选自布莱斯的长篇宏著《历史与法理学研究》一书，《历史与法理学研究》是布莱斯在很长一段时间内所做系列研究的成果，其中大部分内容是他在1870年到1893年间作为牛津大学市民法钦定讲座教授期间的讲稿内容。因此这里提供的译文或许也可以让我们领略到19世纪下半期的牛津大学和英国法律教育的风采。A·V·戴雪、F·波洛克这些如今在法律与历史研究方面鼎鼎大名的人物，乃是他的密友，1892年他进入格拉德斯通内阁，被迫中断他的罗马法和英国法的研究，在走上政坛9年之后，他将之前的讲稿付梓，以纪念曾经那段光辉的学界岁月。在出版时，他在扉页上写了一段题辞，题辞中说：

> 谨以此书献给西奇威克（已故的剑桥道德哲学教授）。我经常和他讨论本书中涉及的各种问题。我和他交往也有40年了，他一直是我敬仰的对象。他充满了睿智和想象力，纯粹且迷人，对真理追求不懈。纪念我的朋友西奇威克。

根据他的说法，尽管《历史与法理学研究》一书涉及到了很多问题，但却有一条主线，这就是英国史和英国法与罗马史和罗马法的比较。他从许多不同的角度进行比较。比如说，在罗马和大英帝国的崛起(第一篇)中提到这个比较,并且在它们各自的法律体系在世界范围内的扩张(第二篇)中,在它们的宪法(第三篇)中,在它们各自的法律体系(第四篇)中,在它们各自的立法(第十四篇和第十五篇)中,在它们私法体系的一个重要分支(第十六篇)中都提到了这个比较。这种将历史考察同法律的考察有机地结合起来的方式,在他的时代很少见,也因此,他在1901年的序言中,曾不无自负地说道,"连最著名的历史学者都几乎未曾在法律层面涉及过这个问题"。

本书是《历史与法理学研究》的前十篇的译稿,前十篇有着非常集中的主题,也就是他所谓的"政治宪法"。而我们知道,有关主权和服从的问题,乃是政治宪法不得不处理的核心论题。从第十一篇开始,他转向有关自然法(第十一篇)、有关法律科学的方法(第十二篇)、法律与宗教的关系(第十三篇)、罗马和英格兰的立法方法(第十四篇)、罗马和英格兰的法律演进史(第十五篇)、罗马和英格兰法律中婚姻与离婚(第十六篇)的考察。

尽管布莱斯强调,像第十一至十三篇也是以一种非技术化的方式来讨论政治宪法的法学层面。但在此我们还是将集中讨论宪法、政治、主权和服从问题的前十篇单独辑出,翻译出版。之所以如此,并非因为它的后六篇不够优秀,而仅是因为布莱斯在政治宪法研究领域独特的方法论和理论贡献。考虑到政治宪法学在当前宪法学中的影响,并且考虑到当前政治宪法学更多是在新近的文献中寻求智识资源,因此,在一百年前活跃的布莱斯有关政治宪法的论述就非常值得一读,《历史与法理学研究》的前十篇是布莱斯集中处理宪法与政治生活关系的部分,布莱斯以其对于历史的精熟理解,创造性地提出了政治宪法这一论题,并且在宪法史上首创"柔性宪法"和"刚性宪法"的概念。

从布莱斯有关政治宪法的论述中,我们可以看到,如今流行的"柔性宪法"和"刚性宪法"概念正是在政治宪法的框架下提出来的。有关柔性宪法和刚性宪法的区分涉及到了创制宪法与创制普通法律的形式和程序上的差别,他在这一区分中突出强调了创制宪法活动的特殊性和重要性,而且这一区分恰到好处地总结了英国宪法与其他各国宪法的差异。

布莱斯对于历史的精熟和充满文学气息的行文方式,使得这部作品尽管涉及我们目前宪法学研究中许多陌生的知识,但是却非常好读。这部作品中所描述印度的风土人情、奇闻轶事、冰岛的神话故事,使得宪法研究不再是冷冰冰的立法技术层面的问题,而是涉及历史、政治、社会、文化等多个层面。一旦历史和文学的因素进入到法学领域,我们的法学研究一定会有新的收获。不仅如此,布莱斯还在《历史与法理学研究》1901年版的序言中表达了对于一种"古典法学"的期许,他写道:

> 一个人活得越久,就越会为古希腊-意大利世界与我们世界之间的紧密联系所折服。我们与古人依然很接近,还可以从他们的作品和制度上学到很多东西。如今的研究和教育的潮流太过于注重自然科学了,所以,就更有必要有某些人重视历史的探索和对历史典籍的发掘,以使古代与现代之间建立一种明确切实的联系。这种联系不仅有其激励意义,而且是切实有利的。

本书中的希腊文、拉丁文,由中国人民大学顾枝鹰博士翻译为中文,或参考相关译本整理而来,特此致谢。

序　言

[vii]本书包含了我在很长的一段时间里所做的一系列研究。在书中，我讨论了很多问题，不过其中有很多是沿着同一主线前进的，即英国史和英国法与罗马史和罗马法之间的比较。我从很多不同的角度进行比较，哪怕有一点重复。我在罗马和大英帝国的崛起（第一篇）中提到这个比较，在它们各自的法律体系在世界范围内的扩张（第二篇）中，它们的宪法（第三篇）中，它们各自的法律体系（第四篇）中，它们各自的立法（第十四篇和第十五篇）中，在它们私法体系的一个重要分支（第十六篇）中也都提到了这个比较。这个问题对要研究这两个民族的历史的人来说，是很有裨益的。且据我所知，尚没有人详细地探讨过它，连最著名的历史学者都几乎未曾在法律层面涉及过这个问题。

第三和第四篇试图从一个相对较新的角度来全面的审视政治宪法。第九、十、十一、十二和十三篇则侧重于以一种非技术性的方式来探讨这个问题的法学层面，该问题同时含有理论和历史两个层面——从某种程度上来说，还有实践层面。另一篇文章简略的描述了早期冰岛的历史及冰岛共和国十分特殊的宪法。另外三篇文章和现代宪法有关。第一篇展示了美国的宪法史，第二篇描述了南非的两个荷兰裔共和国（Dutch Republic）的[viii]宪法体系,第三篇分析并评论了澳大利亚的新宪法。

在整本书中,我的目标就是将历史中的宪法和法律因素的重要性挖掘出来——虽然有时我忽略了这点——并探讨一些问题。这些问题经常会因为某些技术上的原因而显得很枯燥乏味,以至于把人们都给吓跑。而且,由于这些话题没有太多的趣味性可言,所以,在探讨这些问题时,我采用了一种简单易懂的方式来作阐释,以便那些缺乏历史常识和专门的法律知识的读者能够看得懂。专业性是没法完全避免的,但是,我希望,在并非完全必要的情况下,我没有滥用这种专业性。

一个人活得越久,就越会为古希腊-意大利世界与我们世界之间的紧密联系所折服。我们与古人依然很接近,还可以从他们的作品和制度上学到很多东西。如今的研究和教育的潮流太过于注重自然科学了,所以,就更有必要有某些人重视历史的探索和对历史典籍的发掘,以使古代与现代之间建立一种明确切实的联系。这种联系不仅有其激励意义,而且是切实有利的。

除了两项研究成果,即对美国及两个荷兰裔共和国的研究以外,我没有出版过任何其他研究成果;现在,我对这两项研究成果也都做了扩充和修订。在此,我要感谢我的朋友,巴尔第摩市约翰·霍普金斯大学的亚当斯(Herbent B. Adams)教授和《论坛》(Forum)杂志的老板,是他们允许我发表的这两份研究成果。

1870年至1893年间,即我在牛津大学做民法学的钦定讲座[ix]教授期间,有些研究成果曾被我作为公共讲座的内容。这是该校的传统,要求教授就其研究方向经常作一些深入浅出的讲座。然而,现在,我已将所有的这些讲座的内容重新写了一遍,加以出版。有相同经历的人一定会理解,对于一个人来说,重写一些其做过讲座的话题,要花费多少的时间及辛苦。另外还有两次讲座,一次是在我履新时做的,另一次则是在我辞职时做的,都被作为附录附上了,因为我相信这对牛津大学的成员及关注英国法律教育的发展之人而言，是有益的。

我试图在书中提及所有新近发生的事件，这样的话，当有人再谈到1900年或1901年发生的某些事件的时候，就可以用到本书了。

从我被迫中断我的罗马法或英国法的研究开始（即1892年我进入格拉德斯通内阁那时起），至今已经9年。在这9年中，人们可能会发现该书在事实上和观点上都很不完善。鉴于这样的情况，或许我应该将该书的付梓日期推后。但是，生命是短暂的。那些在我进行这些研究时，我曾经指望着给予我真知灼见的朋友，现在也都已经相继离世了。所以，如今看来，鉴于我还肩负着很多其他的职务，而这些职务又不断给我带来压力，故而是时候让我所写的这些文字见诸于世了。

我还要感谢如下一些给我提供信息和意见的朋友，他们是牛津大学的戴西教授、波洛克先生、古迪、佩勒姆，伊尔伯特（财政部下属议会法律顾问局法律顾问），牛津大学的沙德韦尔博士和詹克斯先生，华沙的西格尔博士和冰岛的斯特凡松先生。

该书索引由克顿制作，对他的奉献我深表感谢。

1901年6月27日

第一篇　罗马帝国和印度的大英帝国

[1]①本书中有几篇文章就罗马和英国这两大帝国的宪法和法律作了比较。而本文的意图则是就这两个国家的征服力和统治力，域外吞并和管理，及其文明在域外的同化能力作一个比较。

当今世界正处于20世纪的开端。在这样一个特殊时期，作这么一个比较是有特殊意义的。在现在的世界里，大的开化民族都在高速扩张，并且，在过去的50年中，这种扩张的速度是越来越快了，以至于已经将近乎所有的未开化或半开化的民族都置于其控制或统治之下。欧洲——也就是我们所说的那属于欧洲人的五六个民族——已经将地球的其他部分都变成了其附属，消灭了一些民族，吞并了一些民族，统治着一些民族，并将自己的风俗习惯和信仰，即大堆的欧洲意识，向外散播，而且这些东西还会在老一辈的欧洲人全部去世之前随岁月流逝逐渐深入。因此，当世界的面貌随着欧洲科技的运用而得到不断改变的同时，在可预见的未来，欧洲的思维方式和生活方式将会在世界的各个角落俯拾可及，当然除了中国之外，[2]中国的巨大人口足以使其能够抵御这股腐蚀

---

① ［译注］中括号里的数字指原书页码。（本书中的注释，如无特殊说明，则均为原注。）

力量足足几代人，甚至几个世纪的时间。在这个过程中，英国通过移民、征服和贸易，已引领时代之先，完成了其中大部分的任务。但是，俄国，还有法国和德国，也已经将很多后进民族定居的地区划为其附属地了。甚至美国，通过占领夏威夷和菲律宾，也走上了同样的道路。这点连他们自己都感到有点吃惊。所以，世界上正在形成一种新类型的人类联合体。我们可以从世界各部分间的商业的或政治的紧密联系中看到这种联合体；我们可以从少数几种"世界语言"被确立为大多数人之间的交流工具中看到这种联合体，这些工具带给人们由五六个占统治地位的民族所掌握的文化宝藏和科学技术；我们还可以从文明在物质方面的趋同，在精神方面的镜像上看到这种联合体，而造成上述统一的原因则是因为人们在思维方面的雷同，在科学探索上所采取手段的一致。这一过程已经持续了好多个世纪。在我们的时代，它前进的是如此之快，以至于我们几乎可以估算出还要多久它就会大功告成。这是我们世界历史上的重大事件之一。

但是，它也不能完全算是一个新事物。在古代世界，从马其顿的亚历山大到西哥特的阿拉雷克①这段时期，也有一个类似的进程。希腊式的文明，以及从某种意义上来说，还有希腊人，在东地中海和黑海地区不断扩张。不久之后，又是罗马铁骑将这些地区、西方的一些国家，甚至远至苏格兰等地都囊括于其政府的统治之下。这便创造出了一种统一的文明形式，即希腊式的思想、文学和艺术与罗马式的法律和制度的合二为一。然后，基督教又掺和进来，[3]赐给所有的这些国家一种统一的宗教和统一的道德标准，这便使得这种联合的意味显得愈发深邃起来。所以，除开原始的北方和那些

---

① ［译注］阿拉雷克一世（Alaric I），生于约 370 年，395—410 年为西哥特国王。他是第一个想要占领罗马的日耳曼首领，并最终成功的洗劫了罗马城，对罗马帝国的实力造成了重创。

居住在幼发拉底河地区的半开化的异教徒之外,整个古代世界成为了一个联合体,而那些后进的民族也得到了教化,至少他们的上层是如此。统一的政府,相同的信仰,还有两种语言,从众多的民族和国家,那些在马其顿征服前存在的民族和国家中,升腾了出来。于是,人们便立刻成了一个统一的民族,世界的民族。

这个过程尚未完成就被罗马帝国的政治解体给打断了。首先,是来自北方的日耳曼民族的迁徙,然后,又是来自东南部的阿拉伯征服者在原本已经十分脆弱的帝国肌体上狠狠地揍了一闷棍。不过之前的那些成就并未因此而消失,因为欧洲依旧保持着希腊—罗马—基督教的文明形式,虽然,那是在一种比较低的程度上,并且,其思想层面和政治联合上较前都略显单薄。而且,除了以一种很慢的速度向北方和东北扩张外,这种文明没有能力走得更远了。就这样,几个世纪过去了。然后,最初是从12世纪开始有那么些许细微的迹象,接着在15世纪中叶显得愈发昭彰,当文艺复兴给人们思想上带来几丝颤动之后,紧随其后的非洲海岸、美国及远东等地的地理大发现给整个进程注入了新的活力。这个进程最近的那个阶段已为我们亲眼见证。现在,这个进程覆盖了比之前的进程更为广大的地理面积,那就是整个世界。当我们观察它的时候,很自然就会想到一个问题,即前一个构建统一文明的努力给后一个带来了什么启示?罗马在先前的那个进程中挑起大梁,而英格兰则在后面的那个进程中充当急先锋。英格兰向外输出语言、商业和法律制度。接受这些事物的区域比原先罗马的接受者们地理面积更广,[4]人口也更多。而且,正如我们所见的那样,在很多方面,情况与之前不同。这种不同,对现如今的这个进程颇有启发价值,并对未来的发展貌似也很重要。

与罗马的那些相互毗邻且在体制上相同的领土相比,英国的海外领土不仅相距甚远,而且在特征上也各不相同。我们可以将大不列颠帝国的领土分为三种类型:自治的殖民地、王室管辖的殖民地和由英国管理或从属于英国的印度地区（Indian Territory）。这三种领土遵循着不同的治理原则，所以，我们不能一下子讨论三种不同的类型。这里，只有一种类型是经常被用来和罗马帝国作对比的，那就是印度地区。它比其他的另两种类型都更适合作这种比较，因为自治的殖民地不受英国的管理，海外的新英格兰人在每个方面又复制了旧英国政府和宪法的特质，而王室直辖领土则太散了，且其住民的特征各不相同，很难被视为一个完整的统一体。牙买加、塞浦路斯、巴苏陀兰、新加坡和直布罗陀除了都从属唐宁街外，很难说有其他什么共同点。所以，除了印度之外，没有一种殖民地适合我们要做的这种和罗马的领土之间的比较。印度是一块完整的领地，整个地区都遵照着同一种原则和治理方法，并且虽然其面积没有罗马那么大，但是其人口要比全盛时期的罗马还要多。英属印度（包括缅甸）幅员 965000 平方英里，[5]藩属国（包括克什米尔，但不包括尼泊尔和不丹）幅员 600000 平方英里，总面积大约是 1565000 平方英里，人口大约是 2 亿 9000 万。罗马帝国的领域在最大时（当达契亚和现今苏格兰的南部地区都臣属于它时）达到 2500000 平方英里。这些地方的人口，据粗略估计，现今大约是 2 亿 1000 万。古代的数据我们就只能凭猜测了，不过，很明显的是，这个数据应该小很多，可能还不到 1 个亿，虽然，在小亚细亚和突尼斯等地，原本是有密集的工业人口，而现在已经几乎完全被废弃了，不过，在法国和英格兰，居民的增长还是要比其他地区的人口的减少快得多。

类似于如今俄罗斯帝国在亚洲的情况，在 16 和 17 世纪时，西班牙帝国在美洲有更广大的领土。但是，西班牙在美洲的人口和罗马帝国或印度的人口相比，则实在是不值一提，而且其组织也显得格外的松散和杂乱。① 不过，西班牙帝国和俄罗斯帝国都给我

---

① 俄帝国的总面积超过 800 万平方英里，总人口超过 1.3 亿人。

们提供了很好的例证,所以,一会儿,如果有机会的话,我们还是要提一下的。

在所有古代世界的国家中,也只有罗马堪和现代文明国家相提并论了。亚述人①的君主们和埃及征服者们,塞琉古王朝②的那些国王们,还有波斯的萨桑王朝③的国王们在文化和治理的效率上,相比罗马,完全是一个天上,一个地下。中世纪的那些幅员辽阔的国家也没有一个堪和罗马相比的,印度的伟大的哈里发王朝和莫卧儿王朝都仅仅是领土的堆聚体,在治理体系上尚未一体化,[6]而中国对土耳其斯坦、蒙古和西藏统治或宗主权则更少有什么可比性了。所以,当我们希望用其他国家的统治形式来检验英国在印度的统治方式和成果时,哪怕只要有一丁点儿的可比性,就只能回到罗马帝国的那段起自于奥古斯都终于霍诺里乌斯④的岁月了。

当人们谈及两者间的相似性时,就必须看到其实它们之间存在着一种很明显的差异。当时的罗马位于其国土的中央,而英国,通过红海航线,到达其最近的殖民地都要 6000 英里。它只能通过海路到达那些殖民地,并且在征服那些殖民地时,它的部队就是绕过好望角,途径 13000 英里的水路。这就是两者间最重大的不同之处。然而,在重视这种差异的重要性的同时,我们必须记住的是,英国和其最远的领土之间的信息传输要比罗马快得多:只需 21 天就能从伦敦抵达英属印度的任何地方(除了克什米尔和上阿萨姆邦外)。但是,正如希罗多德曾经说过的那样,哪怕是一个手

---

① [译注]亚述人(公元前 1300—前 612 年):居住在两河流域北部(今伊拉克的摩苏尔地区)的一支闪族人,曾建立了辉煌的亚述帝国。
② [译注]塞琉古王朝(公元前 312—64 年):塞琉古一世在亚历山大大帝死后建立的希腊王朝,包括小亚细亚的大部分地区。
③ [译注]萨桑王朝(公元 224—651 年):波斯国的一个王朝,也是被阿拉伯征服以前的波斯国最后一个国王。萨桑时代以对罗马人、亚美尼亚人和匈奴人发动的战争及袄教的复兴为标志。
④ [译注]霍诺里乌斯(公元 384—423 年):公元 395—423 年为西罗马帝国皇帝。

脚敏捷、细腰扎背的旅者,从罗马到尼罗河上的德尔(努比亚的最后一个要塞,在那里可以看到罗马的砖石建筑),或高加索山脚下的哥里(罗马的一个强有力的据点),或者老基尔帕特里克(敦巴顿附近,在那里,安东尼纳斯时期的城墙紧贴着克莱德河)都要花去40天;如果将逆风航行导致的时间损失都加上的话,或许整个旅程的时间还要更长。没有什么比英国与印度各地每小时一次的电报信息传输更快了;并且,古代军队与的旅行者行动速度之间的差距也要比现在更大。

因此,无论是战争还是管理,英格兰都算是处于一种优越地位。[7]相比之下,罗马帝国的那些边缘地区都极易受到攻击,而英国的政府首脑们则很快就会知道危机在哪里;军队在一个更短的时间里就可奔赴前线;政策上的错误会得到更恰当的纠正,因为当人们要求解释的时候,那些犯错误的政府官员会更快的被解职。但是,印度的遥远使得它在和英格兰的关系上,比罗马和其行省间的关系要疏远。

这点将在之后探讨。同时,我们的比较将从两个帝国的相似性和彼此之间的例证开始。首先,我们将从两者各自发家的环境说起。

有一句著名的谚语曾说过:"伐国之道,亦乃治国之术矣。"有些帝国,征服它是一件很轻松的事情。西班牙帝国建立,仅仅是凭着热那亚水手的顽强和勇敢,并未经过太多的战斗。其唯一遇到的敌人就是墨西哥人,因为他们除了英勇之外,还是略有那么一点儿的文明。

俄国,在占领北亚的大片领土时几乎就没遇到什么实质性的抵抗,虽然它曾和游牧民族土库曼人有过一些激烈的厮杀,并和高加索的萨米尔人及切尔克斯人有过一些乏味的战争。但是,罗马和英格兰在取得它们的成果时,的确是经历了艰苦卓绝的战斗的。罗马和英国的扩张之旅,印证了克伦威尔的那段评论:在通往未知的道路上,没人比他走得更远。在亚历山大大帝,或者小居鲁士①的征伐中展示出来的那股力量,之前没有人敢想过和真的干过。正如在公元前146年迦太基毁灭后,波利比乌斯②在其作品中所透露出来的那样,他已经感受到了,罗马凭借着其政府的力量和民族性,注定将成为这个开化世界的统治力量。[8]所以在克莱夫第一大捷③之后,人们便立刻预测说英国将成为整个印度的主人。每次征伐都几乎不可避免地导向下一次征伐,而在这个过程中,每个民族也都在不断地向前推进。这么做的原因,是因为边界上有一些骚动的部落需要镇压,是因为有一些恐怖的邻邦在鼓动屈服但暗含怨恨的行省的趋势,还因为一些微不足道的联盟者力量上逐渐变得强大了起来,先是作奴才,后来登堂成为主子。

虽然罗马人在开始时没有想到要征服意大利,更没想过要攻下地中海世界,但是,到后来,他们在尝到不少甜头之后,便开始对战争津津乐道了起来,并且对自己不加掩饰的侵略行为颇感满意。在几个世纪里,他们总多多少少在某处有那么一些仗要打。英国人最初到印度的时候,是以商人的身份去的,没有想过要去和谁打仗。但是,最终却还是爆发了战争,英国人拿下了印度领土。这部分是因为他们要补偿他们在支持第一同盟时作出的巨大牺牲,部分是因为他们要给东印度公司的股东分红,部分是因为他们要对抗法国的阴谋,因为当时法国是英国在欧洲的敌人和在东方的竞争对手。另

---

① [译注]小居鲁士:波斯王子,曾领导希腊庞大的军队进攻其兄阿尔塔薛西斯二世,详见在色诺芬尼的《远征记》。
② [译注]波利比乌斯:古希腊历史学家,著有《罗马史》(四十卷本),现仅存五卷。
③ [译注]罗伯特·克莱夫(1725—1774年):军事冒险家和司令官,建立了英国东印度公司在印度南部和孟加拉的军事霸权,通常认为他是建立英属印度殖民地的关键人物。克莱夫出生在英国什罗普郡,后被送到印度港口城市马德拉斯,1743年加入东印度公司。当英国和法国1751年爆发印度战争后,他志愿加入军队,并且占领了印度北方重镇阿尔科特,这是他的第一次大胜。后来,他成为孟加拉的实际统治者,后以腐败罪名遭到起诉,1774年11月22日自杀身亡。

外,下面的两个情况是如此相像,人们怕是找不出第三个了:克莱夫时期的英国政策,当时他们努力阻止杜布雷和拉利的野心,①结果是越来越深的陷入了与印度的战争中;罗马的政策,当时他们进入西西里以避免迦太基在那里建立对它的统治。在这两个情况中,貌似自我保护的努力最终却导向了一系列的战争和吞并。

罗马并不像英国那样快速的从一次征服进入到另一次征服。何况在它尊称意大利的那两个世纪里,它迈出征服的第一步是在公元前264年的第一次布匿战争时期,而一直要到公元前30年,它才吞并掉埃及,直到公元43年到85②年,它才拿下南不列颠。[9]它的东征之旅要相对容易一些,因为亚历山大大帝的胜利分解了东方,并将东方的国家弄得七零八落的。这为后来者做了铺垫,就像莫卧儿征服者们给英国在当地的行动铺好了道路一样。英国的第一次领土上的丰收是1757年在普拉西(Plassy)③取得的,④它最近

---

① [译注]杜布雷,即18世纪中期法印战争时期法国在印度地区的总督,曾试图占领印度,将英国赶出印度地区,但是在与克莱夫领导的英国军队作战过程中战败,被法国召回。后来法国又委派拉利到印度,但同样未能避免失败的命运。
② 公元107年,图拉真占领达契亚。公元251年,罗马失去该地。几乎在同时期,图拉真吞并美索不达米亚和阿拉伯的帕特莱亚(Petraea)。但是,旋即,罗马宣布放弃美索不达米亚,所以罗马的征服不能算作是一种通常所见的领土扩张。
③ [译注]普拉西:孟加拉地区的一个地名,1757年,在当地发生了著名的普拉西战役,标志着英国征服印度的开始。这次战斗是东印度公司军队与孟加拉王公军队的较量,实际上也是英国殖民者与印度的第一次正式较量。这次战斗的起因是:东印度公司在孟加拉修筑了殖民城市——加尔各答,在该地区横征暴敛,除了收缴巨额贡赋外,还设立了100多个贸易站和10多个英国代理店,从事贸易和掠夺活动。这引起了孟加拉人民的反抗。1756年4月,孟加拉的王公西拉吉派兵占领了英国人的代理店,然后进军加尔各答并占领了该地。为了报复,东印度公司调集军队,于1757年6月23日在普拉西与孟加拉王公的军队交火。当时指挥英国军队的是罗伯特·克莱夫。他利用收买手段,拉拢地方上的贵族与王公西拉吉争权夺利,分化瓦解了西拉吉的军队,仅以3000人的部队,打败了王公的5万之众。西拉吉战败后被处死,克莱夫扶植了一个傀儡政权,自此,英国人实际上成了富饶的孟加拉的统治者,并为进一步侵略和控制印度全境作了准备。
④ 据说,该领土主权最早源于1765年莫卧尔皇帝授予我们孟加拉的第宛尼(Diwani)。

一次吞并是1885年对曼德勒(Mandalay)①的占领。英国花了仅125年的时间就做成了这件事情,而这耗去了罗马整整三个世纪的时间。不过,英国有几大优势。第一,和罗马比起来,它敌人的武装和纪律都要落后很多。早在1672年,莱布尼茨在写给路易十四的一封信中就指出了莫卧儿帝国的孱弱;几乎是在同时,伯尼,一个居住在奥朗则布区的法国医生,宣称由孔代②或蒂雷纳③领导的2万法国兵就能征服整个印度。④ 一小支的欧洲军队,或者甚至是一小支由欧洲人训练和领导的当地部队,就有一支庞大亚洲军队的战斗力,如同亚历山大的军队能够将大流士·科多曼努斯的当地人组成的庞大军队轻松地战败那样。第二,英国人的登场也恰是时机。庞大的阿克巴(Akbar)帝国⑤正在分崩离析。虽然马拉地人⑥联盟取得了强大的军事实力,但是,在1761年的帕尼帕特之战中,⑦这个联

---

① [译注]曼德勒,是缅甸第二大城市,位于缅甸中部偏北的内陆。
② [译注]孔代亲王:路易十四时期的军事天才,投石党的主角之一。详见伏尔泰著的《路易十四时代》。
③ [译注]蒂雷纳:法国名将,在他的领导下,法国取得了对德意志三十年战争真正的胜利,投石党的主角之一。详见伏尔泰著的《路易十四时代》。
④ 参见A. C. Lyall先生所著的条理清楚且颇具思想深度的大作:《印度不列颠统治的发展》(*Rise of British Dominion in India*),第52页和第126页。
⑤ [译注]阿克巴(1542—1605年),印度莫卧儿帝国第三代皇帝,著名的政治和宗教改革家。
⑥ [译注]马拉地人:南亚印度民族之一,主要分布在马哈拉施特拉邦,其他邦也有分布。属欧罗巴人种地中海类型。使用马拉地语,属印欧语系印度语族。有以梵文天城体字母为基础的文字。多信印度教,部分人信耆那教、伊斯兰教和基督教。马拉地人系雅利安人与当地的达罗毗荼人混合,并吸收拉杰普特人、古贾尔人、阿赫尔人等成分逐渐形成的。他们在历史上曾建立摩诃剌陀国,1674年建立强大的马拉塔帝国。1775—1817年间数次发动武装斗争,反抗葡、英入侵,失败后遭受殖民统治。1960年建邦。
⑦ [译注]帕尼帕特战争:印度莫卧儿帝国巴布尔和阿克巴统治时期进行的统一国家的战争。1526年,巴布尔率领两万军队与德里素丹10万大军激战于帕尼帕特,这是印度历史上的第一次帕尼帕特战役,结束了德里素丹王朝的统治,开始了莫卧儿帝国统治的历史。1556年,年幼的阿克巴继位,阿富汗的苏尔族王朝旧臣希穆率军与阿克巴的军队再次在帕尼帕特进行决战,阿富汗军队失败,为阿克巴统一印度奠定了基础。1761年,莫卧儿帝国四分五裂时,入侵的阿富汗军队打败了占领德里的马拉特军队,使印度失去了唯一可以抵抗西方殖民者的力量,被称为是第三次帕尼帕特战争。

盟却被艾哈迈德·沙·杜拉尼领导的阿富汗军队迎头痛击了一把，沦为了他的猎物。而且，当时印度也分裂成了很多公国，其中，最弱的那个位于孟加拉海湾边。公国之间经常发生战争，也乐意在冲突中接受欧洲的帮助。[10]另外，英国的第三个优势是它最初遇到的敌人是最弱小的。如果在最开始的时候，即英国的军队还是很弱小的时候，它遇到的是英勇顽强的马拉地人和锡克人，而不是弱小的孟加拉人或者马德拉西人的话，它的雄心壮志恐怕就会被扼杀在萌芽状态了。所以，当它后来遇到强大的对手时，它已经有了丰富的经验并在当地有一支强大的军队了。但是，罗马在和希腊联盟或马其顿作战时，对手也有和它一样强大的军队。当它和迦太基人作战的时候，敌军统帅哈米尔卡①亦不逊于罗马人，汉尼拔则更是无出其右者。这些早期的战斗训练了罗马人，以至于后来的征伐变得轻而易举。在尤利乌斯·凯撒前后的两个世纪里，罗马取得了一系列的大捷。它征服了训练有素但胆小如鼠的亚洲人，胆识过人但缺乏训练的高卢人、利比亚人、日耳曼人和苏格兰人。其间偶然的一些失误，也是因为将军的莽撞或是军事力量对比上的过度悬殊。和英国人一样，罗马人从不担心以少胜多。克拉苏败于帕提亚人②和瓦卢斯③在帕德伯恩丛林中的大败与1843年英国军队从迦步勒撤退时的惨重损失也有得一比。除了上述这些极少的情况外，直到马可·奥勒留统治时

---

① [译注]哈米尔卡·巴卡（Hamilcar Barca，前275—前228年），迦太基将军、政治家，西班牙的开拓者，巴卡家族的第一代领袖，其三个儿子汉尼拔、哈斯德鲁巴和马戈均为名将。
② [译注]此处指公元前53年，罗马统帅克拉苏在率军强渡两国边界幼发拉底河时在卡尔莱的大败，结果克拉苏及其子被杀。
③ [译注]瓦卢斯（Varus）：奥古斯都的内侄，叙利亚总督。瓦卢斯是罗马上流社会的典型，不通军事，但好读哲学与法律。公元九年，瓦卢斯率领三个罗马军团镇压日尔曼尼亚北方一个部落反叛，结果在条顿森林遭到伏击，全军覆没，从此结束了罗马东进的历史。

期,野蛮人入侵之前,罗马的威权从未被真正动摇过,它也没有遭受过什么不幸。但是,之后,在公元260年,瓦莱里安皇帝①被波斯人打败,遭受了更大的失败。波斯人的文明和训练都是很落后的,只是,这时罗马军队的构成也不是三个世纪以前的那样,因为作为军队中坚力量的意大利农民已经不复存在。由于行省的国民变得越来越没有尚武的精神,[11]一些由酋长领导的境外的土著便被吸纳进了军队——日耳曼人或阿拉伯人,或者,后来还有匈奴人——就像英国在印度招募当地的土著进入军队那样(与一个世纪前相比,印度现在变得太平很多了)。英国人从英国在当地的领域外的山区招募阿富汗人和廓尔喀人,以及从英国治下的印度地区中招募最好战的印度人。该种做法的危险性显而易见。罗马采用该种办法是因为没有尚武的罗马人。② 而英国人控制这种危险的办法是置一支强大的英国军队于该土著军队的侧旁。

用武力抢夺领土这个事实,对罗马帝国和大英帝国产生了持久的影响,为此,英国在印度的政策被永久地烙上了军事特色的烙印。而罗马的管理在开始时就有军事特色,并且从未有任何改变,至少那些在前线的行省是如此。那些地方大员,即总督(pro-consul)、执政官(pro-praetor)或其他官员在一开始便有的权力是兵权而非民事管理方面的权力。地方大员的第一个职责是管理驻扎在行省的军队。营地逐渐扩大成为城镇,有时,一些聚集在一起的非罗马市民组成的自治居住区或货摊(一种为营地提供服务的集市),也会演变成一个自治市。一种最有效地凝合帝国的方式便是令一群来自一个地方的士兵驻扎在另一个地方很多年。而罗马军衔的晋升对每一个国民都是开放的,而且,军衔的晋升可能会最终

---

① [译注]瓦莱里安皇帝:是罗马帝国的皇帝,公元253—260年在位。瓦莱里安皇帝在罗马帝国的三世纪危机中,经由内战胜利而成为皇帝。260年,瓦莱里安皇帝率军东征萨珊波斯时受到敌军俘虏,最后卒于波斯。
② 确实,用这些野蛮人来抵御外面的野蛮人延长了帝国的寿命。

通向帝国的王座。同样的,在印度的英国人最初都是士兵。三个世纪前,他们作为商人去了印度,组成了一个贸易公司,接着力量变得强大,直到1858年,这个贸易公司才消失。商业服务公司最初是由一些文员组成的,比如说克莱夫所属的那个公司便是如此。没有比这个听起来更和谐的了。[12]但是,很快,刀剑就替代了人们手中的羽毛笔和账本。虽然在最初的40年里,仅仅在前线有一些零星的战事,但是,不久,大多数人就都成为了军人。印度社会并不像英国那样是一个和平的劳作和技艺占大头,辅以极少数的军事元素的社会。这是一个军人的社会,尽管有那么几个外来的文员,在一些镇有那么些个外来的律师和商人,甚至还数量极少的几个传教士,但军事是第一位的。战争的疑云萦绕在每个人的头脑和贯穿在人们的交谈之中。为此,文职部门的官员们做了大量的管理和外交方面的工作,而且经常做得很棒。很多铁路最初是为战略目的兴建的,宛如罗马的大路。铁路站点的布局乃是为了军事的需要,和它们所服务的镇离得很远。另外,就像罗马帝国那样,欧洲人、军中文员、士兵居住的宿营地通常是和当地的城市离得很远,且会逐渐的扩大为一个镇。可能除了孟买之外,来自和平的英格兰的旅行者在印度时会感觉自己时刻为火药味所包围着。

在我们结束军事方面的比较之前,让我们再注意下这一点,即两个帝国同样都受益于它们国土面积的广大和其国境线上特殊的自然环境。罗马在征服了努米底亚、西班牙和高卢之后,在它的西边和西北边就只有大海了(除了不值一提的野蛮的毛里塔尼亚之外),这是一片可怕的且无法航行的大海,没有敌人能够在那遥远的未知海滩上登陆。在罗马的南部同样是一道无法穿越的屏障,即一片炎热的干旱的沙漠,匍匐在尼罗河与大西洋之间。只有北面和东面要防守,[13]因为那里没有天然的屏障。那里有两条防守线,一条一直连到了波罗的海,另一条则到南库尔德斯坦,甚至可能还要到东波斯的沙漠地带。但还是东部和北部最后毁掉了罗马。从北部涌入了日耳曼部落,它们占领了西部行省,并最终拿下了意大利。斯拉夫部落也从北部跑了进来,它们定居在多瑙河、爱琴海和亚得里亚海之间,并融入到希腊人之中。如果皇帝没有为瓦卢斯的战败而气馁,并有将征伐一直推进到波罗的海和维斯瓦河,将北日耳曼和东日耳曼地区变成罗马的行省的话,那么帝国的状况或许会好很多(无论如何,这可能是人类最大的损失了)。这些任务对全盛时期的帝国来说并不超出其可用资源的范围之外,并且,这样做,哪怕其回报并非货币,也都是有好处的,至少,这能给军队提供士兵。而且,皇帝也可以省下不少教化南不列颠人、远征阿古利可拉和臣服古苏格兰和爱尔兰的麻烦,且皮克特人和苏格兰人后来变得很是棘手。东边是帕提亚人和波斯人的地盘,它们在科巴德①和婵斯罗伊斯·阿努希尔万②时期对东罗马帝国的皇帝来说很是可怕。同时,东边还是其他一些部落的居住地,这些部落在第七和第八世纪的时候,被新信仰以及掠夺战利品的想法所煽动,以至于打败了罗马军队,将埃及、叙利亚、非洲、西班牙,最终还有小亚细亚的大部分地区都给变成了穆罕默德的国土。如果罗马在西部和南部遭受的威胁和其在东部,有时还包括北部,遭受到威胁一样的话,那么这个帝国就不可能坚持那么久了。[14]如果它在东部有一道和在南部的撒哈拉沙漠一样的天然的屏障的话,那么,它就能更轻松地抵御进攻,甚至不会为征服北面好战的部族而那样的大费周章了。

英国在印度的位置就显得更是好运了。世界上没有另一强国能由一条如此陡峭的天然战壕来保护了,而印度正是由喜马拉雅

---

① [译注]凯·科巴德(Kai Kobad):伊朗民间传说中的人物,传说他在打斗中杀死了篡位的将军阿弗拉西亚(Afrasiya),并且因为是皇室后裔,所以被推选为国王。
② [译注]婵斯罗伊斯·阿努希尔万(Chosroes Anushirwan,531—579年):喀瓦德一世(Kavadh I,488—531)的儿子和继任者,波斯第二十位萨桑王,也是最有名的一位萨桑王。

山系来保护的。从西边的阿托克和夏瓦一直到遥远的东边位置,在那里,发源于西藏的赞普河变成了上阿萨姆邦的雅鲁藏布江。那个地区不仅有高山构成了世界上最高的最不可穿越的屏障,而且还有大片的高海拔的贫瘠的土地,渺无人烟,以至于无人能构成对居住在喜马拉雅山南部平原地区的人的威胁。鉴于这个情况,印度和西藏,以及作为西藏宗主国的中国之间的政治和商业上的联系,一直都是,或者至少在历史上是,不紧密的。在东部,印度和印度支那人、塔拉人、缅甸人及掸人的居住地之间,由一条几乎不可穿越的丘陵和丛林地带划分开来,而且这些人也都不是什么有威胁力的邻居。仅仅是在西北角,即夏瓦和基达之间(因为在高山和印度河之后的基达南部直到阿拉伯海地区都是沙漠),印度才容易被攻击到,其他地区都有大海保护着。因此,印度的主子们只有两类敌人需要担心:从海上来的走了三四个月水路的欧洲海上强国,以及来自土耳其或波斯方向的陆上强国,他们可能会随着亚历山大大帝和内迪尔·沙①走过的道路,穿越险阻,进入到旁遮普和信德的平原地带。当然,印度的这种天然的孤立,使得当地的郡王们无法形成联盟或者从山的那一边或者海外搬来救兵。[15]这就方便了英国人的征服,也使得英国人仅仅靠着一支和当地人口相比极微小的军队就能控制当地的局势。与英国相同,在图拉真时期,罗马总的军事力量,在大约 25 万平方英里的面积里,有 28 万到 30 万人。大约有五分之四的军事力量驻扎在莱茵河、多瑙河和幼发拉底河地区。在内部地区的行省几乎没啥军队,就像曾有人提到过的那样,各族都搞不清楚那些使他们处于臣服状态的军队在哪里。

---

① [译注]内迪尔·沙(Nāder Shah,1688—1747 年):伊朗国王(1736—1747 年在位),萨桑王朝的建立者,著名军事家,史称"亚历山大第二"。他征服了包括伊朗、伊拉克、阿富汗、巴基斯坦等地在内的众多中西亚地区。

英国在印度的常备力量大约为23万人,在这其中,当地的乡勇大约为15.6万人,英国人大约为7.4万人。此外,还有一些由退伍老兵组成的预备役军,其中的当地乡勇大约为1.7万人,欧洲志愿兵大约为3万人。当然,除此之外,还有当地的王公统领的部队,大约为35万人。但是,其中很多人都没有什么战斗力。虽然这些由王公领导的部队在其主子们对英国政府忠心时尚可算是一股力量,但是,假如情况有所转变,则他们就完全是危险之源了。这时他们就不能被算作可为英国政府所用军事力量之一了。不过,最近,他们其中,大概有2万人被组成了英国的军队的分遣队,由英国官员监督和指挥,扎营在英国军队的侧翼。

仅仅用一支2.3万人或2.5万人组成的部队来卫戍急速扩大的领土,显然是不可能的,除非所有的危险的进攻者都离得很远。英国在印度唯一的有威胁力的陆上邻国是俄国,两者间最近的点是在帕米尔高原上,但那离英国现在的前哨尚有一段很长的距离,且之间还有一片很难走的旷野。其次就是湄公河上的法国,它离英属缅甸有大约200英里路,虽然其中还有条距离稍短的路,但那是处在一个位于英国势力范围内的当地土邦之上的。至于海上势力,[16]不仅离欧洲很远,而且英国海军也控制着这片海域。也正是因为我们控制了这片海域,我们才可能夺得印度。如果我们停止对这片海域的控制,我们在当地的地位就将可能不保了。

从另一个角度来说,印度和周边国家的隔绝可能对英国有利。如果英国不被欲望所引诱,不去不断地追求吞并周边的领土以扩大地盘的话,它就会省力不少。当达到喜马拉雅山和阿富汗的自然边界的时候,它停止了。在那之外,是崎岖的无利可图的高地和更不屑一顾的荒野。这里,只有两处值得推进,正是在这两处,英国人屈服在了欲望之下。他们穿过了索利曼山的南部地区,进入到了俾路支,乃为了划出一条更为"合理的"边界线。然后,他们暂时停在了基达西北部的阿姆拉姆山脉处,在那里,站在霍贾克高峰上,视线掠过一片褐色的干燥平原,能看到 70 英里外坎大哈上的岩石。接着,他们从阿拉坎和德林达依出发,继续向前推进,一直到下缅甸,在 1885 年,又征服了上缅甸,宣布了对一直到东边的部分掸族公国的宗主权。但是,那时法国希望保持暹罗政府的存在以将之作为缓冲地带,于是,这便使得英国人不得不最终向东前进,穿越湄南河和湄公河,到达安南和交趾支那。

罗马人也想划出一条"合理的"边界线,所以,在选择线路时就显得小心翼翼。他们有时大胆地穿过莱茵河和幼发拉底河,向东推进,有时又退回到这两条河流处。直到哈德里安时期,他们才弄出来一条规则的前线防御系统,并在很多点上修筑防御工事以加强防守。在这条线上,可能要数位于泰恩河到索尔威的罗马人建的城墙上的堡垒保存最为完好了。[17]同样的,英国人也在将印度河还是索利曼山脉作为边界线这个问题上犹豫了好大一会儿;在最近几年里,在克什米尔高原之外的荒芜的高山上,他们在设在吉德拉尔上的遥远的前哨上,也是时进时退。好在他们只需要在相对来说很少的几个点上设防御工事,而且这些点全在西北边界,这实在是一种福气啊。

曾经有人怂恿英国人占领阿富汗,并挖战壕来防御俄国人可能的进攻。但是,后来,还是理智占了上风,将阿富汗留在那些野蛮的部族手里要比被英国占领更有利于防御。我们可以将近几年来的阿富汗与古代从奥古斯都到赫拉克利乌斯①时期的亚美尼亚之间做一个比较。两个国家都是短命的帝国:提格拉尼斯②时期的亚美尼亚和艾哈迈德·沙时期的阿富汗。两地都是荒芜崎岖的

---

① [译注]赫拉克利乌斯:拜占庭帝国的皇帝(610—641 年)。他从波斯手中夺取了叙利亚、巴勒斯坦和埃及(613—628 年),但又被穆斯林侵略者夺走(635—641 年)。
② [译注]提格拉尼斯(Tigranes,公元前 140—55 年):亚美尼亚国王。在他的统治下,亚美尼亚国力迅速增长,突破了传统边界,并与帕提亚帝国、塞琉古帝国、罗马帝国等发生了多次大战。

地区，又是好战的民族的居住地。信仰基督教的亚美尼亚人对波斯拜火教徒的宗教情感充满了敌意，要知道波斯拜火教是罗马人都不敢去惹的；信仰穆斯林的阿富汗害怕着信仰基督教的俄国人的力量。但是，亚美尼亚大公之间友谊的纽带并不太能经得起强大的萨桑王的威胁，而阿富汗人的行动则构成了一个对英国在印度的统治的不稳定和焦虑的因素。

要想只靠这么少的军事力量就干下这么大的一件事情，正如罗马所依靠的和英国用来在印度防守的那样，良好的交通方式是必不可少的了。罗马做的头一件事情就是这个。他们是伟大的——甚至可以说是唯一的——古代道路的建筑者。他们在征服意大利之前就开始执行这个政策了，也正是这个设施使得他们能稳握对整个意大利半岛的霸权。接着，他们在高卢、西班牙、非洲、不列颠和东部地区也始终贯彻这个政策。[18]直到18世纪的时候，他们在不列颠修建的某些道路还是当地的主干道。同样的，英国人也是伟大的工程师。他们在印度兴建交通道路，开始是公路，然后是铁路，而在这上面花费的金钱，是闻所未闻的。印度早期的统治者，即印度王侯，接着是帕坦统治者和莫卧儿统治者，以及其他一些不那么有名的朝代都只是留下了一些寺庙、清真寺、宫殿和坟墓。而英国人则给当地留下了铁路工程、隧道、坑道、堤坝和桥梁。如果印度重新陷于未开化的状态，钢铁建造的桥梁不久就会腐蚀，堤坝会被奔流的洪水冲毁，但岩石的坑道和隧道却会一直存在，就像罗马用石头铺就的大道是无法毁坏的那样，并且，宏伟的桥梁，就像朗格多克的卡尔水道桥那样，[①]见证着一个伟大的民族

---

① ［译注］卡尔水道桥(Pont du Gard)：世界文化遗产之一。其"水道"桥名称的由来是因为建造这座桥的主要目的不是连接两岸的交通，而是为了引水。该桥分两层，下层走人，上层走水。所以可以把它看作是一条高架的"水渠"。该桥建造的初衷是为了能将山里的清泉水引到罗马在高卢的统治中心尼姆城里，供罗马贵族享用。该桥正是该引水工程的其中一段。

建造的这项工程的技艺和严谨。

铁路运输能力的提升开启了印度的大门。这其中有相当多的问题,但我在这里只能提一下,而无法深入讨论。另外,铁路建设给英国国库增加了不小的负担,因为有些线路,特别是西北部前线的线路,是出于战略目的修建的,而非商业意图,所以,其所能产生的收益相比起耗费来说,实在是微乎其微。铁路运输对农民是有利的,但是,这也增加了闹饥荒的风险,因为之前在丰年的时候储存起来用于荒年的粮食现在都用来外销了。虽然铁路能相对比较快地将粮食运到闹饥荒的地方,但是,这总不足以抵偿当地外运的粮食的量。铁路使印度的各民族间的联系更为密切,[19]并缓慢而确切地破除了印度世袭的阶级分层,还使民族、语言、宗教等因素,都趋向于相互融合,而这些因素正是之前那些促成整个国家分裂成为诸多相互敌视的小团体的因素。这种融合将会对我们的统治构成政治威胁,但这种融合还需要几百年的时间才能真正形成这种威胁;而且,我们现在就已经注意到这个过程已经开始了,特别是那些印度的有识之士已然开始有所动作了。罗马的大道,不仅仅是那些商用大道,还有那些战争用的大道,都强有力的帮助了罗马治下的各个民族成为一个统一的民族。但是,这个进程,正如我们之后会看到的那样,对罗马来说完全就是一种利得,因为其强化了罗马治下的各个民族间的凝聚力,他们都希望忠诚于帝国政府,哪怕不是忠诚于每个个别的统治者。而就英国来说,无论其如何努力,都无法在印度取得类似的成就,因为出于民族情感而联合起来的印度人将会成为一种危险的因素,而这正是我们所始料未及的。

罗马和英国修建大道的这种方式的卓越性,不仅在于其更有助于两个帝国前线的防守,更在于其能维持国内的高度和平和秩序。让我们想一下罗马征服前古代世界的普遍状况,再想一下在奥朗则布皇帝①死后印度的状况,还有 17 世纪的时候欧洲主要国家的状况,那么,我们就会赞赏罗马为其国民,及英国在印度所作的事业之伟大了。在 250 年前,在欧洲的部分地区,私斗还是常见的事情。几乎在各地,因为匪帮的存在,旅行都是一件危险的事,并且,匪帮还向当地的农民征收保护费。甚至在 18 世纪的时候,甚至在英国岛内,[20]罗布·罗伊们②还在抢劫伦诺克斯的农民,科诺特的庄园主们还在指挥着家臣们相互械斗。甚至在一个世纪以前,地中海海岸都还在受到北非海盗的蹂躏,劫匪肆无忌惮地在意大利大片土地上横行。但是,在罗马的全盛时期,海盗是见不到的;除了税收外,农民并不受额外的勒索;在大道旅行也更为安全。南欧和北欧的社会秩序,在哈德良③和安东尼④时期,要比我们的时代之前的那个时代更好。另外,因为那时有危险的逃奴的存在,所以这种秩序就显得更为令人侧目了。更有甚者,那时,在部分山区,还存在着一些原始的部落,它们依旧保持着它们粗鲁的风俗。在这些被文明地区包围着的野蛮地区,比如阿尔巴尼亚的山区,是连一丝罗马建筑的痕迹都没有的,此外小亚细亚的伊苏利亚乡村地区,可能还有高卢西南边界和西班牙的北部边界处的坎塔布连山脉地区——那里依旧保留着巴斯克语——也并没有对其周围地区的和平和美好生活构成干扰,这可能是因为这些山民知道只有安分守己,才能保持其现有的独立。沙漠地区附近的非洲行省的

---

① [译注]奥朗则布(Aurangzeb):印度斯坦国王(1658—1707 年),是他引入回族学说并扩展了疆土。
② [译注]罗布·罗伊(Rob Roy):18 世纪苏格兰某劫匪的称号,具体请参见乔治司各特的小说《罗布-罗伊》。
③ [译注]哈德良(Hadrian):罗马皇帝(117—138 年在位)。他试图取消罗马和罗马行省间的差别。122 年,他巡游不列颠期间,下令建造了哈德良长城。
④ [译注]安东尼(Antonine,138—161 年在位):哈德良的养子,罗马帝国"五贤帝"中的第四位,而五贤帝的统治时期也因他的名字被称为"安东尼王朝"(Antonine Dynasty)。

秩序就相对混乱,因为在那里,要想绕到那些背靠撒哈拉沙漠的原始部落的后面,实在不是一件容易的事情。

但是,罗马的国内和平相比在过去的60年里在印度境内的国内和平状况而言,还是差那么一截的。毋庸置疑,旅行者可以在无虑从的状况下百分百放心地穿越大片乡野地带,翻越高山和丛林,[21]在语言不通的半野蛮状态的部落里栖身,在这些旅途上,除了极偶然的情况外,几乎是看不到欧洲管理的迹象。这也不单在英属印度是如此,在那些原始的地区也几乎都是如此。哪怕是在边境的高海拔地区的丛林和山区,即将原始的锡金公国(受保护的)和尼泊尔分隔开来的地区——印度唯一的自治地区——都曾有英国的旅行者在无械的状态下单独旅行,不过有几个当地的仆从服侍了他一到数个礼拜。在出发前,他在达拉吉林问他的朋友说他是不是要带一支左轮手枪,他的朋友们都笑了。当然,在当地旅行并不完全安全,特别是在某些原始地区,因为那里到处有被叫做德科奥特①的印度匪帮出没在道路上,抢劫路人和农民,在警察实施追捕时又逃进丛林的隐秘处。虽然这些匪帮在某些地区还偶然会出现,但是,相比以前来说,已经少很多了。70年前,职业刺客(Thuggi)还造成很多死伤事件,但是,现在,经过英国官员的不懈努力,他们已经被消灭了。所以,鉴于当地还有为数众多的原始部落,印度的人均犯罪率可以算是很低的了。当然,相比之下,当地人比欧洲人更容易受到暴力行为的侵害,因为欧洲人的民族声望,加上犯罪后必受罚的情况,使得他在最荒野的地方都是安全的。②

---

① [译注]德科奥特(Dacoit):印度或缅甸的武装土匪,以前住在山上,武装进行抢劫,通常骑在马背上。
② 曼尼普尔区是一个位于阿萨姆邦与缅甸之间丘陵地区的受保护州(Protected State)。1889年发生在那里的对英国居民的谋杀案是很罕见的,并且,该案件令人们十分的惊讶和恐惧。不过这倒是一个证明当地平时就很和谐的最好的证据。在那个案件中,确实出现了一些挑衅的情形,不过并不是因为该被害的居民导致的。这个居民是一个不错的人,脾气很好。

在上面，我曾提到有些野蛮人的地区为罗马帝国所包围，但只要他们不打搅周围的文明人的生活，就能继续按照自己的方式生活。人们会发现印度和这些地区很类似，这些印度人的原始地区，[22]其文明的状态及管理都很少有像英国统治的领域内那么先进的。他们多是山区的部落，位于印度中部、西北部和南部的一些地区，位于受英国王室领导的省之中，由各自的酋长领导，保持了他们野蛮或半野蛮的风俗。这就像阿尔巴尼亚和巴斯克人一样，这些部落使用他们原始的语言，保持着原始的鬼神崇拜或自然崇拜的宗教形式。虽然面对他们的负隅顽抗，印度教已经在开始施展自身的影响力，但收效不大。对其他人的生活和财富，他们并不十分关心。但是，欧洲人对他们还是心存恐惧，并不敢妄加骚扰。

罗马在维护社会治安和秩序方面取得了成功，英国的治理也在很多方面取得了成功。这种成功不仅体现在维护现有状况方面——这对工业和税收都是有利的——而且体现在治国者实现其税收的理想方面。早期的帝国，比如波斯的阿契美尼德王朝①的王族们或者亚历山大的继承者们，都对能收到税、征到兵感到满足。可能除了埃及的托勒密家族外，没有哪个王族会希望建立一个有利于国民的体制。而拥有更高更大视野的罗马，则给了那些被征服的民族更好的管理，以补偿他们被夺取的自由。在它有了一些经验，并认识到其地位之重要后，它就有了自己的理想。甚至在共和时期，罗马也曾努力监督各行省执政官是否有滥用权力。从现今保存下来的西塞罗对罪犯提出控诉的一些演讲中，我们可以找到这么一个例子：反威勒斯（Verres）的演讲。这个例子证明罗马涉足各行省利益，但当时罗马并非出于政治上的必要而做些

---

① [译注]阿契美尼德帝国（The Achaemenid Empire，公元前550—330年）：又称波斯第一帝国，是波斯首个征服大部分中亚领域的帝国。领土东至巴基斯坦，西北至土耳其、欧洲的马其顿、色雷斯，西南至埃及。后为亚历山大所灭。

事的,[23]而这些行省对罗马的不满也不足以危害到罗马。这些起诉显示了控制和处罚行省行政官的机制是多么的漏洞百出;同时也清楚地揭示出,在共和晚期的罗马,在地方总督和地方长官治下,官员,和那些垂涎三尺的跟班,甚至包括那些做了些善事的人,比如诗人卡塔路斯①,有干下多少的敲诈和肮脏的勾当。② 随着集权的建立,帝国的管理也得到了改善。皇帝承担着责任更为明确,即其应保障行省的繁荣,让行省满意,而非满足共和国元老院元老们的小团体利益或野心,更不用说那些更为肮脏的动机了。而且,他可以更为快速有效地实现其愿望。他能以其认为最好的方式指控一个官员,并给出合理的惩罚。这或许会被认为是一个证明共和政体不适合管理这个世界的最好证据,也是一个呼唤中央集权的有力铁证。就我们看来,当年的这些行省管理方面的丑闻,除非将罗马统治阶层和古代政体来一场天翻地覆的改变,否则是无法挽救的了。

虽然罗马和英属印度的环境并不相同,但在这点上,两者之间的比较还是很有趣的。在开始的时候,英国在印度的统治也是以敲诈和腐败揭幕的。在和当地的王公打交道的时候,英国官员经常都很贪婪,有时还很不公正。但是哪怕是在18世纪后半叶的英国,政客和公众的观念都要比苏拉和西塞罗时期的罗马先进得多,而下议院处置有特殊背景的违法者机制也要比罗马的司法诉讼体制有效地多,[24]因为罗马的法院经常是在开庭前就已经被贿买了的。1765年,克莱夫强力地处置了孟买的贪腐案。1773年颁布的法令,规定了凡违反该法律或侵犯印度土著利益的,都可由英格兰王座法院处置。该规定令人印象十分深刻。随着1784年皮特

---

① [译注]卡塔路斯(Catullus,公元前84?—54?年):古罗马抒情诗人,以其写给"丽斯比雅"的爱情诗而闻名。
② 参见《诗篇》10和27。卡塔路斯在比希尼亚弄到一些主题并将它们用到了他最出彩的诗篇之中(参见《诗篇》4与66)。他可能是通过不正常的手段弄到这些主题的。

法令的颁布,英格兰设立一个由三名法官、四名贵族、六名下议院议员组成的特别法庭,该法庭负责审理在印度所犯罪行的诉讼。不过,虽然这个特设法庭曾一度被誉为是罗马公元前 149 年设立元老院的刑事法庭(审判勒索罪)(quaestio perpetua[de pecuniis repetundis])①——该机关是专门用来审理行省的罗马官员的罪行的——但是其实际上从未真的起过什么作用,甚至没有被召集过。② 在那之后,即在英国对印度统治的早期,发生了一起著名的案件。在英国人中,这起案件比其他事件更为家喻户晓。这便是被誉为英国的韦雷斯案的沃伦·黑斯廷斯弹劾案。③ 虽然,黑斯廷斯能力卓越,罪不当责,而且就像韦雷斯一样,黑斯廷斯并没有受到处罚,但是,该案的诉讼过程吸引了全国人对在印度治理方面的关注。这样便确立起了一些新的正确的原则,这些原则至今都没有被忘记。1784 年的法令,又设立一个控制委员会。该委员会对议会负责,是一种监督在印度的官员的行为及处置东印度公司无法处置的印度的重大政治问题的手段。直到 1858 年英国直接将印度置于王室控制之下时,该委员会才解散。同时,一批富有且在英国有地位的人接受任命成为总省督(Governors-General)也是一种防止像罗马共和国时期那样大员在地方上无恶不作的办法。[25]不过,在当时,上述检举指控在官员任期届满后就没什么好怕的了。那些本该令一个英国贵族名誉扫地的罪行根本就不足以在那个阶层中引起什么震动。那种应由英国公众来审判印度或其他殖民地官员的行为的观念,基本上是在 19 世纪的时候才兴起

---

① [译注]刑事法庭(quaestio perpetua):元老院下常设的刑事审判机构。该机构的设立代表着罗马常设刑事审判机构的出现。
② 参见 C. P. Ilbert 的著作《印度政府》(*Government of India*),第 68 页。创设该法庭的这项规定一直未被废除。
③ [译注]沃伦·黑斯廷斯(Warren Hastings,1732—1818 年):英国首任也是最著名的印度总督(1772—1785 年),回国后 1787 年受到腐败弹劾,但 1795 年被宣告无罪,1814 年被任命为枢密院成员。

的;那种观念,即认为对藩属民族的管理是一种信赖,只有建立对上帝和人性的责任感才能不辜负这种信赖,也基本上成为了普遍共识。可能只有皇帝的行为,或者至少图拉真和他的三个继任者才在罗马帝国中也拥有这种观念吧。但是,就罗马的官员来说,没有人认为其职权是一种责任。皇帝遵守的政策原则是善的,但是,当其被运用于审查具体个案中的腐败或压迫行为时,和其初衷差得有多远,则是我们所不知的了。何况,在一个懒惰或堕落的皇帝治下,一个在法庭有背景或者按时纳贡的官员,其罪行就非常有可能免受处罚了。

英国在印度的统治,和罗马在其行省的统治一样,是彻底专制的。在这两种情况下,无论其为人民做了什么,都不是人民自己做的。在罗马和英属印度,人民的立法提案权和干涉治理者的行为的权利是不受允许的,无论这个治理者是地方总督,还是地方上的小官。不过,在罪行审理方面,法院还是民主的。当然,在这方面,毫无疑问,英属印度的法院比罗马帝国的法院更为民主一些。但是,就纠正政策上的错误和法律上缺陷来说,除了向君主请愿外,罗马帝国行省的人民没有其他的补救手段。除了上诉至国王或议会,英属印度的人民也没有其他的救济手段,[26]而且,这个议会并不能且从未真正代表过同属于一个国王治下的印度人民的利益。这是天生就不能避免的事情。

在印度,所有的政府要员、官员、副总督、及最高专员等都从属于总督本人,而在罗马,各省的官员都直接隶属于皇帝。这是两个帝国之间的一个不同之处,但是,这点不同无关紧要。同时,我们也无需花太多时间研究为什么国务大臣是印度的议会成员,但在英国却是内阁成员。这些细节点对我们的讨论的主题并没有太多的关联。

我们可以将罗马征服的领土分为三个不同的类型。第一种,比如埃及、马其顿王国和本都王国,都是在国王统治下的专制君主政体的国家。在这些国家中,并不包含我们所称的平民国家(popular government)。第二种,比如不列颠的爱西尼人和布里甘特人,高卢的阿尔维尔尼人,西班牙的坎塔布连山民,都是一些部落型的小国家,属于专制政体或寡头政体。在这些国家中,自由的制度从未存在过,征服者也没法做任何的变化。第三种,比如希腊城邦,是由一些小城市组成的共同体。它们在被罗马征服前,一直使用的都是自治政府。而且,在查士丁尼之前,罗马皇帝很明智的保持了希腊城邦相当程度上的自治。虽然各个城邦的自制程度不一;但是,在中央集权政府的压力之下,这种自由都逐渐地被削弱了。当然,无论它们是否自治,都是受行省执政官管辖的;它们大多数都要纳税,而且多数城邦的刑事和民事的管辖权都归皇帝任命的官员所有。在对帝国或行省的自由制度的介绍中,[27]我们似乎没有看到太多的不同的声音。在我们认为是古代发明的诸多有关政治体制方面的发明中,没有人民代表政府的影子。在共和时期终结前一代人的时候,罗马已失去了创造出其最需要的,并可能是最有用的政治体制的机会。在和拉丁同盟打完仗之后,它同意拉丁同盟在他们自己的城邦部落中投票,而非我们现在看来明显有利的允许他们派代表到罗马参加集会。所以,古代人就还是仅仅知道君主政体、城邦共和国或城邦联盟。①

---

① 行省自治政府以及行省参议院的代表制度自奥古斯都之后至公元五世纪便存在于所有或者几乎所有的行省之中。他们由来自行省各城市的代表组成,每年在某些中心地区开会。这些中心地区都建有罗马和奥古斯都的神庙或者祭坛。主持会议的是这些人中的司祭,而与会者的主要职责是贡献牺牲,为每年的活动提供经费,选举来年的司祭。但是,他们好像也要通过一些决议,比如公开致谢来年的司祭,或者对历任的执政官表达谢意,转达皇帝的要求或者质询。有时,他们也会组织起来对施政不当的执政官提出弹劾。但是,总的来说,他们的职责是礼仪性的和象征性的,而非真的有什么重要的作用;皇帝也不会遭其行权之祸,虽然皇帝还是将其视为一种表达行省意见的有用渠道(参见马夸特[Marquardt]的著作,*Romische Staatsverwaltung*,第一卷,及 E. G. Hardy 先生写的一篇英文史学评论文章,发表于 1893 年 4 月)。

印度人受到英国的专制统治,这不仅仅是因为英国想要专制统治,而且是因为印度人不敢相信靠一种其他的政体能管好一个有如此多的民族和语言的国家。而且,这个国家被印度教和穆斯林教的宗教仇恨所割裂,除了在村镇的议会上有一些自治经验外,并没有什么更大范围上的自治经验。印度人在建立自治制度方面,无论在全国范围内,还是在个别省内,还不如罗马帝国积极。但是,英国,就像罗马一样,只要这种自治制度能够存在得下去,是允许自治政府存在的。现在,这种自治政体仅仅存在处级阶段,但却很有用。[28]这就是我们前面提到的村镇议会上,在印度某些地方被称为潘查耶特(Panchayet)①或五长老制(body of five)。近些年来,在一些大城市中,英国实验性地施行了市的自治,这有些像是英国自治镇的自治。这么做的目的是为了培养人们的公共责任感,并减轻省级政府地方管理上的负担。到目前为止,在大多数城市,这个实验都只能算是勉强成功。之所以这么说,是因为虽然说有少部分在英国受到良好教育的知识精英在抱怨英属官僚政府的专制集权,但是,印度人民却并不想实行自治。他们的传统、习惯,还有想法,都和自治并不契合。而且,正是因为有这些传统、习惯和想法,他们才会驯服地接受各种强硬的规则。所以,这么做不会打乱他们的宗教信仰和习俗,不会令他们负担过重。

在这里,我们还要注意一个有趣的不同之处。罗马皇帝在意大利是专制者,在行省基本上也是一个专制者。英国在本国是民主政体,但是在印度则是专制政体。这种不同是很奇特的,但却是不可避免的。在印度政府作出任何的专横行为时,人们便会拿这点大做文章,而且,人们还经常会说,在本国施行自治的人就应该

---

① [译注]潘查耶特(Panchayet):南亚的一种政治制度,主要见于印度、巴基斯坦和尼泊尔。其意为由村民选择五名明智的且有威望的长者组成集会,处理村民间的矛盾。现代印度政府中,也存在着这种制度。印度政府将部分权力分给地方上,由地方自治机构加以执行。

公正体贴的对待其藩属国的国民,哪怕这些国民拒绝自由。但是,人们务必认识到这点:一种政体可能不适合一个民族,却能在另一个群体中发挥其能量,带来满足。这是一种不容忽视的民族差异。

一个类似的情况见于美属菲律宾群岛。这是一种更为突出的差异,因为它更为突兀,因为它不仅是由一系列历史原因造成的,而且是美利坚联邦合众国的一次突然的、欠考虑的行为造成的。同时,因为在美国独立宣言的基本原则中,[29]它比英国更为大声且清楚地宣布说被统治者的同意是一个公正的政府存在的唯一基础。毫无疑问,到时候,美国人会甘心地向这种逻辑上的不周延让步,并改过来的。但是,目前来说,明智的人们会发现,在这些热带的小岛上,为了避免纯粹的信仰和商业文明在懒惰和迷信的当地居民传播,牧师被召集起来作法驱邪。这是一种多么愚蠢的场景啊。

在罗马,皇帝的权力在各地都是至高无上的和绝对的。这是一个总的原则。在遵循该原则的基础上,罗马人,至少在帝国早期的时候,也认识到了在管理不同行省时的巨大区别。在罗马人的行省和凯撒的行省之间是有明显的不同的:罗马人的行省由外派的执政官(proconsul)或行政长官(propraetor)管辖,而凯撒的行省则更多地受皇帝的直接控制,由被称为行省总督(praeses)或者皇帝特使(legatus Caesaris)的官员或有时是行政财务长官(比如在彼拉多管理下的朱迪亚)以皇帝的名义进行管理。其中,皇帝的代理人主要负责财政方面的事务,但也经常被委以行省总督的权力。埃及受到了特殊的对待,因为埃及人爱骚乱,并容易爆发宗教狂热,还因为帝国需要保住它的稻田。在统一大帝国的管理体制逐渐确定,为老共和派所主张的共和政体逐渐被人淡忘后,这种行省之间的区别便趋于消失了。但是,在帝国的两头,比如不列颠和叙利亚之间,还是存在着显著的差异。所以,罗马在对待那些从未被征服,而是通过联盟的方式被和平演变为藩属国的城市和部落时,就采用了多样化的管理方法。一些希腊城邦在被征服后,一直到帝国时期都还保留着自己的自由制度。[30]英属印度各地区之间的特点虽然各不相同,但是还是有一定的共同之处的。旧的分类法通常把行省分为有立法权的和无立法权的(Regulation and Non-Regulation)。顺便说一下,过去没人用行省(Province)这个词来指称英国的任何领土①(虽然,现在人们有时用它来随意地指称伦敦之外的英格兰其他地区)。这个词是法属加拿大的遗物,意为通过征服而获得的统治权,比如加拿大。虽然人们现在已不再使用有立法权的和无立法权的行省这对名词了,但是,不同地区之间的差别还是存在的,这些区别体现在地方政府高官的职权上,政府的组织形式上,由总督发布命令,还是按照传统的方式由议会发布立法。同时,不同的地方和地方最高长官的管理体系间也有很多的差异,此外,当然,不同的受保护邦国的自治程度也是各不相同的,其中有一些是强大的王国,就像海得拉巴,而更多的,则是小的公国和侯国,一般就 20 到 30 多平方英里的大小,比如古吉拉特。

上面提到了受保护的邦国,这就涉及到了另一个全面的比较。罗马将很多侯国和王国置于其势力的影响之下,特别是帝国的东部;并且,还和它们签订了条约,规定它们承认罗马的至高地位,罗马就给予它们或多或少,各不相同的自治权。② 然而,最终,除了很少一部分边境邦国之外,这些邦国都成为了直接隶属于罗马管理的地区:通常是,[31]在当地的统治王朝覆灭后,国王的头衔就被皇帝拿去了。不列颠的爱西尼地区就是这种受保护的邦国,所以,在它的男性继承人全部去世后,皇帝就收去了国王的头衔。但

---

① 该词表示英国两大教会分区(坎特伯雷教省和约克教省)。这是罗马帝国体系的遗物。
② 比如,卡帕多西亚、本都和科玛吉内(Commagene)在沦陷前都曾被视为是藩属国。三者沦陷的时间分别是公元 17 年、63 年和 72 年。

是，英属印度政府是不会出现这种情况的，在当地的王室的继承者全部去世或没有资格继承位置时，英国王室不会将这个侯国纳入其麾下。从坎宁伯爵开始，人们采用了一种新的政策。人们认为，在可能的情况下，维持当地王室的存在要比取而代之更好，所以，他们要求无嗣的王公纳嗣，或者从政府推选的候选人中选一个作为其子嗣；英国政府将确认这个王公的子嗣为统治者。① 这个新继承王统的王公就会觉得是英国政府给了他权力，而被纳为嗣子则意味着他在百姓眼中获得了一个名分。

我上面提到的英国行省方面的不同是很重要的，因为这不仅关乎行政管理，而且关系到土地所有制度。在印度全境，和很多其他东方国家一样，土地收入是国家很大的一笔收入，被称为地租或土地税。在有些省，地租是由耕种者直接交给政府的，而在其他一些地方，这笔钱先是交给中间的地主，再由地主交给国家。在有些省，这笔钱的数额是永远固定的，被称为土地固定税（Land-settlement），②但是操作的方式却无定例。这个问题太大了，也太复杂了，在这里我就不加讨论了。之所以我要在这里提到它，是因为土地收入也是罗马帝国国库收入的主要部分。[32]那些被征服的领土最终都成为了罗马人的土地，而这些土地上的耕种者就要付给罗马人地租。在一些行省，地租要交给税款承包人，这个承包人被称为收税员（publicani）。收税员将收到的税款，除去征税的花销

---

① "关于坎宁爵士的敕令能将人们的信心恢复到什么样的程度的问题，人们可从一个奇怪的事实中睥睨得其一二，即自从这一敕令昭告天下之后，本无子嗣的国王非常罕见的收养了一个孩子。他的继承人自然知道自己是笃定要继承家业的人，而且如果他的继承不能立时兑现的话，他一定会急不可耐，撒泼打滚。这个继承人，因为某些隐秘的原因，不是那种东方帝国里常常见到的在皇宫里天天游手好闲的浪荡公子哥，因为如果是这样的话，一般国王会把立嗣的权力交给他的遗孀来行使，这个女人是知道他的想法的，并且总是愿其万寿无疆的。"——A. C. Lyall 先生，Law Quarterly Review，1983，10。
② 人们可以发现在罗马也有类似的土地固定税，作为一种向行省的土地开征的税赋，也正因为此，行省也被称为是土地税（lex provinciae）。

和自己的利润,以及其能从农民头上刮出来的其他的钱款之后,上交给国家。这个万恶的制度有些像是70年前在爱尔兰地区实行的什一税。它是由尼禄制定的,最后被哈德良废除。哈德良任命了一批行政财务长官来负责除森林和矿藏之外的土地收入。尼禄发明的这项制度在如今的土耳其帝国中依旧存在着。其看起来免去了国家的麻烦,但是,其实是一种浪费,而且还很自然地将很多农民置于更为难以监管的政府官员的压迫之下,土耳其现在的状况就是如此。英国人来到印度后,发现当地使用的正是这种制度,当时的孟买的地主阶层,被称为是地税包收者(Zemindar),是当地王公手下的征税的代表或地税的包收者。英国在一个世纪以前曾很愚蠢地认为当地的王公才是土地的所有者,好在后来纠正了这种错误的看法。不过,现在,在印度,这种地税包收制度已经不复存在了。在我们将印度与罗马共和国及早期的帝国相比较时,我们不得不赞叹这是英国的一个莫大的功绩。

正是由于国家的收入来源于土地,所以,国家就不得不时刻关注着农业的状况,因为如果农业萧条的话,国家的收入就会缩水。对于罗马帝国和现在的印度来说,农业萧条的起因都不可能是国际竞争,因为这两个地方都不进口粮食。① 相反,一年以上的干旱,[33]或者地力耗竭则会给农民造成很大的损失,并使他们无力支付地租或土地税。在收成坏的年份,仁慈的皇帝通常会减免部分税赋,农民对苛政或奢侈的皇帝(比如查士丁尼)的抱怨主要来源于他拒绝减免税赋。在印度,我们同样也实行了减免税的措施。

财政问题是长期困扰罗马和印度的英国统治者的问题。确实,罗马的灭亡或许可以被认为是因为无法征到税。沉重的税负,或许还有地力耗竭,导致了耕地的弃荒,这也就造成了地租的减少。第二世纪的可怕瘟疫,以及之后的一场饥荒,致使人口骤降。

---

① 但是,印度还是会从下缅甸进口粮食。

东部行省从来就没有出过好士兵;部分是因为意大利地区农业人口的减少,部分是因为由奴隶劳动的大庄园的增加,使得罗马军队不得不从边境地区的野蛮人中招募士兵。到共和时期晚期,这种从野蛮人中招募的"补给"甚至已经成为罗马军队的一个重要的组成部分了。而且,由于税收的减少,用于驻守东部和北部边境的军队很难一直得到供给。罗马也没法从边境收到关税,因为那时只有非常少量的进口贸易;但是,罗马对港口和遗产继承征税,税率是百分之五。除了另外开征的土地税外,在大多数行省,就没有太多的财产要交纳财产税和所得税了。盐税为穷人所诟病,所以,当奥利安①废除它的时候,人民高呼其为恩主。

在过去的很多年里,[34]印度老是处在财政的黑洞里,或是挣扎在财政收入崩盘的极限。在那里,农民也被迫交纳盐税;可以被榨出财产税和所得税的财产,相对于人口来说,也是非常的小。如果我们将印度的人口与当地人所有的财产做一个对比,那么,印度就是一个贫穷的国家,可能比康斯坦丁时期的罗马帝国还要穷②。为了支付民政部门官员的工资,沉重的税赋压在了印度的头上。这些工资必然是一笔足以吸引英国的有才之士来印度任职的数目。当然,支付给军队的数目要更大。但是,在另一方面,英国政府同意向印度提供贷款。印度就是享有这个优势,能向英国借钱修铁路和其他公共设施,而且,借款的利率相比当地最好的土邦给出的,或者相比罗马政府支付的利率,都要低得多。

---

① [译注]奥利安(Aurelian):罗马皇帝(公元270—275年),统率未开化人越过莱茵河并为其帝国重新夺回英国、高卢、西班牙、叙利亚和埃及。
② 英属印度在1840年的总岁入为2亿卢比,在1898—1899年为1亿144.27万卢比,其中有四分之一强的部分来自于土地税,而来自于铁路的部分不足四分之一。(之前,1卢比可以兑换2先令,现在只能兑换1先令4便士。)花在英属印度和当地土邦的铁路建设上的钱为1亿9000万磅。这些年来,土地税有所增长,这是因为新开垦了很多的土地。据估计,未来有42%的可耕种地区有待开垦。现在印度的长期债务为1亿9500万磅,短期债务为1200万磅。

在共和时期，罗马从行省收取税金，然后将其中一部分花在罗马，而更大部分则花在军队和内政管理方面。在帝国时期，因为皇帝越来越脱离罗马城，而且在戴克里先①之后，意大利便被视为是一个普通的行省，花在罗马的钱也就越来越少了。而英格兰，就像美洲帝国时期的西班牙，或者像是现在的荷兰，从对印度的征服中得到了一笔额外的收入。据1773年的调查显示，从1765年开始，每年东印度公司会支付大约200万给英国国库。[35]然而，到1773年，这个公司却背上了沉重的债务，以至于国库不得不借钱给它，而且，自此之后，英国再也没有能从印度收到任何的税金。现在英国从其对印度的统治中能享受的唯一好处仅仅是获得了一个巨大的市场来销售商品，一个相对安全的投资地来进行工商业投资，以及一个地区可以为其子民提供就业和发展的机会。除开任何道义或情感上的考虑之外，我们可以认为印度没有给国王治下的任何非印度地区提供任何物质性的收入。它能做的就是自己承担自己的开销。

在共和时期和奥古斯都时期，罗马派去管理各行省的官员是罗马人，也就是罗马市民和意大利人。但是，很快，高级职位也向出生在行省的当地人敞开了大门，他们被皇帝任命为高级官员。在尼禄时期，一个名为朱利叶斯·文德克斯的阿启坦（Aquitanian）族首领被任命为高卢卢格杜南（Lugdunensis）行省的使节。自图拉真开始，随着皇帝的宝座常常由外省人把持，意大利的优越性便自然而然地烟消云散了。如果一个人符合任职资格，但却不是一个纯血统的罗马市民，那么，皇帝会立刻下令赐他为罗马人。到安东尼（Antonines，公元138—180年）时期，罗马人

---

① [译注]戴克里先：罗马皇帝（284—305年），其为试图更有效地控制帝国而将帝国分为东西两个部分（286年）。其恢复罗马宗教的愿望导致了最后对基督教徒的严酷迫害（303年）。

和外省人之间就几乎没有什么区别了;我们甚至可以认为,大批军队的或文职方面的重要职位,都被外省血统的人给把持了。而且,武职比文职升迁要快,这是因为有军功的存在。在国民军中,军功是升迁的必要条件。而且,有了军功,也更能得到手下人的认可,这也是文职所无法比拟的。所以,在市民权普施罗马全境之前(大约公元217年),[36]不仅仅是低级的职务已经向罗马帝国的全部国民开放,就连最高的职务也都已经向全体国民敞开了自由的大门。一个高卢人会被派去管理西里西亚,或者一个色雷斯人会被派去不列颠,因为他们现在都已经是罗马人,而不再是高卢人或者色雷斯人了。在当时,拉丁语是法律语言,也是西方的日常用语,而希腊语则是哲学语言和(在相当大程度上是)书信用语,同时还是东方主要地区的日常用语,并且,大多数接受过高等教育的文职官员都熟悉拉丁语和希腊语。正是因为这种情况,所以,除了叙利亚、埃及和少数的偏远地区外,一个接受过良好教育的人可以在任何地方任职,成为公职人员,而无需学习新的语言。外省人和意大利人的教育程度大体相同。所以,一个外地来的政府官员也可以很轻松的和其属民进行交流,而不会像一个被派去魁北克做教授的苏格兰人,或者被派去诺福克镇做邮政局长的爱尔兰人那样感到不便。在这方面,同属于一个帝国的观念在罗马帝国的团结和力量的凝聚方面真可谓是功不可没,无出其右者。

和罗马一样,在印度,英国也经常用当地人当部属。现在,大多数从事民事管理方面工作的人是亚洲人。但是,与罗马不同的是,英国保留了最高职位是由欧洲人来担任的传统。这种政策上的区别是有启发意义的,也从根本上揭示了两者所遵循的规则的不同。如我们所见,罗马城变成了帝国,而帝国变成了罗马。在意大利征服者踏足东方之前,它们就已经失去自由了,而那些西方的部落,包括西班牙、高卢和不列颠,就算是那些为自由曾不懈斗争的部落,[37]在其被套上牛轭时也没有一个真的能成为独立的国家的。在3世纪的时候,高卢人、西班牙人、潘诺尼亚人、卑斯尼亚人和叙利亚人都称他们自己是罗马人,而且他们实际上真是罗马人。帝国的利益就是他们的利益,帝国的光荣也就是他们的光荣,就仿佛他们时刻被帝国的朱庇特神殿的荣光照耀那样。因此,没有理由不像对待意大利血统的人那样信任他们对帝国的忠诚,也没有理由不像对待意大利血统的人那样选任他们来指挥战争,或任命他们来管理国家。所以,在选择指挥战争或管理国家的合适人选时,所依据的标准,对意大利人和高卢人、西班牙人以及莱茵河边境的日耳曼人是平等的。事实上,在帝国的末期的历史上,意大利血统的人并没有起什么大的作用。①

在印度,一切又是另一幅图景了。虽然印度有很多的人种,却没有一个统一的民族。英国人没有成为印度人,而印度人也没有成为英国人。在英国人看来,印度人通常并不符合临危授命或治国齐家所要求的资格,②虽然,在这方面,也有不少的特例的存在。因为一些理由(这些理由我下面再说),印度人很少有机会让人感觉同一个英国人那样,能为英格兰的利益作奉献。有基于此,英国在印度设立的制度也绝少有和罗马帝国相近的。英国人在当地有两支部队,一支由当地人组成,一支由欧洲人组成,后者的人数相对于前者总是保持在某一个比例。另外,后者完全是由英国人组成的,在前者之中,尉官以上的职务也全部是由英国人担任的。[38]炮兵和工兵的也全由英国人保持,比如,就几乎没有什么炮兵是由当地人充任的。③ 所以,只有在上面提到过的当地的分遣队

---

① 5世纪后,相比爱琴海周边行省的其他土著,亚美尼亚人、伊苏利亚人和北马其顿人在东帝国地位更为重要。
② 在所有的例外情况之中,值得一提的有阿里格尔(Aligurh)的赛依德·艾哈迈德(Syed Ahmed)先生以及孟买已故的崔贝克·迪朗(Trimbak Telang)法官,他们都是那种举足轻重,德行高尚的人物。
③ 但是,尉官(subahdar)应该不算是由英国任命的一种官员,而且,他也不属于英国官员序列中的一级。

中，才会有当地人担任一些高级的职务。这些分遣队相当于康斯坦丁大帝之后罗马晚期的，非罗马人担任的指挥官领导的野蛮人后援部队。这些非罗马人指挥官有时就像是汪达尔人斯底里科,①为捍卫皇帝而努力作战,有时就像是苏维尼亚人(Suevian)里西默,②对皇位构成严重的威胁。③ 但是,除了这个之外,罗马人还有一支部队,在这支部队中,所有的罗马国民都有平等的升迁机会。

在政府职位方面,担任文职职务的印度当地人可以比任武职的人爬得更高。有一些部分当地人,大多数是印度人,或者确切的说是孟加拉的印度人,通过参加英国的印度公务员考试而进入了公务部门,有些还升到了地方治安长官或地区法官的职务。加尔各答、马德拉斯、孟买、阿拉哈巴德和拉合尔最高法院的法官职务对当地优秀的出庭律师(barrister)都是平等开放的,只要他们能证明他们在知识、能力和人品方面和从印度当地选出的或派往印度的欧洲法官一样优秀。然而,却没有任何当地人希图染指这类高级的职位,比如副总督,或者最高专员,虽然,从法律上来说,所有的英国国民都有资格担任英国领域内由国王任命的任何职务。

[39]人们对这个排除印度人任职的政策,有多种不同的看法。一般来说,在印度的英国官员是支持这种考试政策的。不过,我也知道有一些人认为,在印度,有不少当地人的能力和品性远超现在印度人已经担任的军事和民事的职务之上,所以,选一些当地人担

---

① [译注]弗莱维厄斯·斯底里科,(Stilicho,365?—408年):罗马将军,曾保卫西罗马帝国不受高卢人和汪达尔人的入侵。
② [译注]里西默(Ricimer,405—472年):罗马意大利军将领,公元456年曾逼西罗马帝国皇帝阿维图斯退位,致使帝位长期空置。
③ 俄国人将高加索省来的穆斯林安置在军队的高级官员的职位之上。但是,俄国却没有与印度土著部队相对应的部队,并且,因为它在欧洲的俄国地区有很多的穆斯林臣民,所以,它很自然的就在 Aralykh 任命了一个陆军上校,名叫 Temirhan Shipsheff,在梅尔夫(Merv)任命了一个将军,名叫 Alikhanoff。

任更高级的职务是有裨益的。但是,他们又认为,任命当地人做文职官员,不仅仅应该在英国举行考试,还应该在印度也举行这类考试,并应该对其在任职期间的品行能力做一个考察。不过,现在任职的那些人一定会提出反对意见,因为他们会认为他们升职的预期会因此受到影响。

在罗马和英国体系的比较之中,有一个很有趣的问题:这两个国家,在它们开始征服之旅时,国内便已有了明确细致的宪法体系,在该体系下,公众的权利和私人的权利都得以明确并受到保护。那么,这些权利在被征服的地区起了什么样的作用呢?征服者将它们延伸到多远呢?结果又如何呢?

罗马起源于古代世界的一个城市共和国。在那里,除了罗马市民外,没有其他人,包括公众或是个人,享有任何权利。定居在该城的外地人,无论他在那里住了多久,他和他的子孙,除非被特授为市民,是不可能取得市民权利的。但是,在罗马越变越大后,它不得不偏离这个原则了。它一个接着一个的授予他的邻邦以市民权,最开始是它的盟邦,到后来则包括被它征服的和吞并的地区。它有时给它们部分的市民权,仅仅是私权利,[40]有时给他们完整的市民权,包括在集会上的投票权和被选为官员的权利。在尤利乌斯·凯撒施行独裁统治之前,除了阿尔卑斯山南的高卢地区的人直到公元前43年依旧没有摆脱行省人的地位外,几乎所有的意大利人都已获得了市民权。同时,罗马已开始将完整或部分的市民权(即包括或不包括公共权利)授予给意大利之外的许多城市和个人了。比如,圣保罗是一个西里西亚的塔尔苏斯人,但是,塔尔苏斯享有罗马市民权,所以,圣保罗生来便是一个罗马市民。而且,自弗拉维亚时期的皇帝①开始,市民权范围扩大的进程便越

---

① [译注]弗拉维亚时期(Flavian):指罗马帝国时代的一个朝代(69—96年),先后共有四位皇帝。

发加快了。在哈德良时期,整个西班牙都已获得了罗马的市民权。但是,早在这个时期之前,在罗马集会上投票的权利便已变得无用了。不过,与这个市民身份相关的另一个特权却是价值不菲——这便是豁免权。① 最终,在第三世纪的时候,通过皇帝的特令,每一个罗马国民都获得了完整的市民权。就像我们所见的那样,走在这个市民身份扩展之前的,是获准担任公职务的权利。这是皇帝和其大臣的赐给属下们的礼物;所以,当需要任命某个无完整市民身份的人作官员时,市民身份就会随着这个职务一起被授予给他。所以,最终,那原本仅限于小团体的权利扩展到了每一个罗马国民的头上。

在17世纪农奴制度被废除之后,英格兰很快就建立了一个新的原则,即所有国民都享有同样权利。从来就没有人怀疑过这个原则。不过,公共权利却并不和私人权利同步。的确,每个人(受到宗教上的某些限制,但现在已全部被废除了)都有资格担任国王任命的任何职务,同时,(受到财产资格的限制,这些限制现在都还存在)都可以被选举担任任何选任性的职务,[41]比如下议院的议员。但是,选举权并不和其他的公私权利同步,直到最近40年间,随着一系列法令的公布,这项权利才被扩展到大部分的成年男性公民头上。现在,当一个英国人迁居海外时,他所享有的所有的私权利和任职权都可以随其转到当地;但是,他的其他公共权利,即选举权,就不能转到当地,因为他还是得到其原归属地行使该权利。某地在被英国征服后,其所有居民,在成为英国国王的子民之后,就有权行使英国人享有各种权利,只要这些权利不和在英国的住所地相联系;这也就是说,其能享有英国人现有的各种私人市民权利,和完整的任职权(除了有特殊的任职条件规定的外)。在17

---

① [译注]豁免权:罗马市民权中的豁免与很多方面都有联系,如监护、人身保障等等。但与普通人联系最广的当属税务豁免,所以其价值不菲。

和18世纪的时候,马萨诸塞州的英国定居者享有的权利与英国人享有的权利相同,但是,其不能参与英国议会大选的投票活动,因为他并不居住在任何英国选区,同样的规定也适用于加拿大被割让给英国王室之后的法裔加拿大人。

所以,印度在被英国征服之后也适用同样的原则。王室统治下的每一个自由的印度人都有权享有英国人享有的私人的市民权利,除非他自己国家的法律,包括印度、穆斯林或耆那的法律,对这些权利做了修改;而且,就算是有这些修改,也只有那些有利于其的修改会得到承认,而损害其权利的法律则不受承认。这个过程罗马花了几个世纪才完成,而在印度,通过采用英国法的既定原则,英国几乎是一下子就做到了。因此,虽然印度没有自由的制度(正如我们前面提到过的,[42]印度只有地区性的自由制度),也没有代议制的政府,但是,我们在印度却达到了这样的成就,即每一个印度的国民蒙受国王的恩惠而可以担任任何地方的任何职务,并且只要任何一个地方的选民选他,就能当选担任该地区的选举性职务。他可以被选举成为英国下议院的议员,也能当选为加拿大下议院的议员。而且,确实有两个印度当地人(都是帕西人)经伦敦选区的投票,当选为英国下议院的议员。所以,印度教民或穆斯林人也可能被国王任命为英格兰王座法庭庭长或者加拿大或澳大利亚的总督。他可能被授予贵族的头衔。他可能成为首相。而且,根据法律的规定,他也可能成为印度的总督,虽然实际上,尚没有任何印度人担任任何的印度高级职务,无论出身、肤色,还是宗教信仰都不构成法律上的不适格。这点乃是根据1833年印度法案明确规定的,也是一再强调的,虽然,这条原则本身出自我们法律的基本原则,无需任何制定法再加确立了。而且,这条原则毫无疑问也适用于香港或新加坡的中国人,以及牙买加或祖鲁兰的黑人(negro subjects)。在这方面,英格兰令人可敬的重蹈了罗马的宽宏政策。但是,在它做到这一点时,却不是通过特授,而是靠其法律的普遍原则自动地而非刻意地施行的。

关于我上面提到那些英国宪法观念的影响,值得注意的是,在最近这些年里,这些观念在印度创造出了市自治政府这个对当地人来说完全陌生的玩意儿,而且1892年的法律还规定说,应有一定数量的经任命的非政府官员参加孟加拉、孟买、马德拉斯、西北诸省和奥德以及旁遮普的由政府官员组成的立法会。[43]这些人是经任命,而非经过选举产生的,因为据称很难找到一种满意的选举方案。但是,该法规定了需由当地非官员参加立法会。这表达了英国政府的一种意愿,即不仅想确保在立法会上有来自民间的声音,而且能有一定数量的当地议员在议会上传达当地的情感,并且,通过他们,能在处理当地事务时产生适当的影响。

英国人的市民权扩展到王室管理下的印度人的头上,代表着一个很大的恩惠,即对当地的法律和传统的抑制和废止。当然,这个事情尚未完全做成。罗马的征服没有在罗马帝国境内制造出这个效果;甚至将市民权授予所有国民也没有彻底地消除当地的法律和习惯。不过,鉴于有关英国法律在印度的地位和影响,及和老罗马法在罗马行省的地位和影响的比较,是另一篇文章的主题,所以,在这里,我将先不讨论这个问题的法律层面了,而仅仅就两个征服者间的政治行动做一个比较。

两者都很审慎,希望不会扰乱被征服者既有的习惯和信仰,除非从其政策的既定原则出发实属必要。根据被征服的各地区的社会和政治体制的不同,罗马采取拿来主义的态度。它派自己的官员接管这些体制,并仅仅是出于方便征税和进行管理的目的才作一些调动,在其他情况下,则对这些东西以及和它联系在一起的当地人不加惊扰。长此以往,征服者的法律和管理以及文学所带来的精神层面的影响,在罗马人和外省人之间,特别是对上层的生活和思想层面,起到相当程度的同化作用。但是,造成这些结果的原因却不是人们刻意而为的。[44]罗马人并不有意识地、刻意地去造成这种统一。特别是在宗教领域,他们特别避免任何的外来干涉。他们也确实没有想过要干涉别人的宗教信仰和信教的行为,因为他们自己的宗教体系不是普适性的,而是一个严格的民族性的东西,而且,在开始远征之前,有识阶层就抱着宗教宽容的态度。根据古代世界的理论,每一个国家都有自己的神,所有的神在任何一个国家都应获得平等的尊重。至于这个神是不是仅仅是名字上的不同,而是一个彻头彻尾不同的神,则无关轻重。每个国家和在这个国家中的任何一个人都应该崇拜自己民族的神:只要一个人不是公开的拒绝或者侮辱别的国家的神,就是可以的了,而且如果他愿意的话,也可以崇拜这些神。但是,这些崇拜的仪式不得是粗俗的或者糜烂的,如在罗马被禁止的拜酒神教的仪式。① 早在卡塔路斯时期,埃及的塞拉皮斯②就是一个在罗马妇女中十分风靡的神。我们也听说过克劳狄乌斯因为德鲁伊教③野蛮残忍而将之禁止的事情,他主要禁止了德鲁伊教拿人作牺牲的行为。④ 因此,总的来说,古代世界是没有宗教迫害的,是充满宗教宽容的。至于基督徒受到的迫害,需要澄清的是,那主要不是因为他们的信仰,

---

① 康斯坦丁禁止了赫利奥波利斯的叙利亚人毫无节制的放荡行径。
② [译注]塞拉皮斯(Serapis):古埃及冥神,也在古希腊和古罗马受到崇拜。
③ [译注]德鲁伊教(Druidism):古代高卢人与不列颠人的一种宗教,敬拜自然,并将橡树视为至高神祇的象征,他们把寄生在橡树上的槲寄生看作一种万灵丹,认为它具有神圣的疗效。因此这种圣果也就需要通过特别的仪式才可采集,据说只有在满月和新月的日子,或者每月的第六个夜晚,才能举行这种仪式。此时要由大德鲁伊(Arch-Druid)身披白袍、佩戴黄金首饰,手持黄金镰刀上树割取。这种仪式充分体现了德鲁伊宗教对于自然力量的崇拜。史书上最早有关德鲁伊教会的记载主要见于恺撒的《高卢战纪》及史学家塔西佗的《罗马史》,大多是描述德鲁伊教的野蛮和恐怖。但这些记述的真实性值得怀疑,因为它们大多出自德鲁伊教的敌对势力之手,很可能是为自己的入侵而寻找的借口。
④ "[克劳迪乌斯]彻底废除了高卢人中流行的残酷的、不人道的德鲁伊仪式——奥古斯都统治时期就已禁止这种仪式在罗马公民中传播"(Druidarum religionem apud Gallos dirae immanitatis et tantum civibus sub Augusto interdictam penitus abolevit),苏厄托尼乌斯《克劳迪乌斯传》25(参张竹明等译文)。

而是因为他们是一个秘密组织。既然他们是新的,又是秘密的,而且还是东方的,另外还拒绝所有其他国家的神,所以有关它的最荒唐的谣言也很容易就被人相信了。最先对基督徒进行迫害的是波斯的萨桑王朝的信仰拜火教的国王们,他们很担心自己信仰基督教的子民。

[45]同时,一般说来,在古代世界,也没有传教团存在,无论是外国的传教团,还是本国的传教团。如果一个人不为其自己国家的神牺牲,他的同伴会觉得他不是很正常。如果他被控告教授无神论,那么,他很可能就会像苏格拉底那样被判处死刑,而且没有人会给他做弥撒。相反,如果他敬奉神,那他就作对了。如果一个外乡人想要转变他的信仰,也就是说使他对自己国家的神——他的自然的由来已久的保护者——不忠,那么,这种行为不仅是鲁莽的,而且是邪恶的。另外,据我们所知的因为他人的要求而举行宗教仪式的情况只有这么几种,第一是如果一个途经当地的过路客想要向当地的神作祈祷或献上牺牲,以求保佑的,第二是当地的君主要求做这些仪式的,或者向君主的保护神做这些仪式的。但以理书中记载的尼布甲尼撒发布的有关这方面的敕令,和罗马帝国的崇拜在位皇帝的神的做法相仿。一个常见的对被控是基督徒的测试,就是要求他去点燃皇帝保护神祭坛上的熏香。

这些都是多神论的自然结果。随着一个个宣称自己是普世的无可替代的宗教信仰的横空出世,这个世界的面貌改变了。基督教本是一个劝人向善的宗教,但是不幸的是,在其忘掉其创立者的戒令后,很快就变成了一个迫害人的宗教。伊斯兰教也因为类似的理由走上了同样的道路。在印度,佛教和印度教的争斗使得残忍的迫害不绝于耳,而且,这些迫害在宗教之外还掺杂了不少的政治色彩。[46]当西班牙人和葡萄牙人发现并征服了大洋彼岸的新天地后,传教的想法已然是呼之欲出,并且潜藏在上上下下所有人的意识之中了。因此,西班牙强迫它所有的子民都信仰基督,而且,它的这种做法并没有受到美洲人的太多抵抗。不过,他们对基督教的信仰确实不是太深切,就像现在中南美很多地区那样。基督教仅仅是当地的古老迷信的一层纸糊的伪装。葡萄牙人也依样画葫芦,在印度和非洲干了同样的事情。黎塞留时期建立的法国殖民公司颁布的命令中曾规定,在任何一个地方信仰罗马天主教都是义务,而且,被转化过来的异教徒可以享有完整的法国市民权。① 但是,在英国人开始进行贸易和征服时,他们就没有想过宗教的问题。18世纪中叶,当孟加拉和马德拉斯被吞并时,宗教迫害就已经在英国消失了,传教团也少有出现。东印度公司很少干涉当地人的宗教仪式,除非那是残忍的或不道德的。它没有给基督教转化异教徒提供任何的方便,甚至在很长的一段时间里,都不鼓励传教团的出现,以免在当地引发骚乱。主教被认为是威胁比较小的,所以,根据1813年法令的规定,应任命一个主教和三个执事长。为了欧洲的利益,英国在印度设立了一系列的微缩的宗教建制。它们现在还存在着,并依靠印度当地的税收维持。然而,在那之后,当地的一些较具攻击性的或有害的宗教信仰被禁止了。在山区部落盛行的拿人作牺牲的仪式被视作谋杀而被禁止了,苏蒂(Sutti)的行为——印度教寡妇在其丈夫的火葬礼上的自我牺牲[47]——早在1829年就被禁止了。现在对基督教传教团已经没有限制了,而且,在市民权和特权方面,无论是在持不同信仰的当地人之间,还是在他们和欧洲人之间,都是绝对平等的。

在宗教信仰方面,英国的政策是简单易行的。但是,在当地人的与宗教有关的习俗方面,只要是不为欧洲人所喜好的,就会产生麻烦。焚烧印度教的寡妇就是这样一个习俗。在处理这个习俗的时候,我们是冒着触怒印度教人的风险的。杀婴的习俗是也是同样的情况:英国政府试图阻止这个习俗,甚至也想在一些受保护国

---

① 该事实援引自 A. C. Lyall 先生的著作(前引书,第66页)。

中那么干。娃娃亲也是如此:虽然当地的有识之士开始意识到这么做是罪恶的,但是,我们还是认为贸然地禁止它是不审慎的。总的来说,英国人,像罗马人而非西班牙人,对被征服者的习俗和想法表示了尊敬。宽容主义,就像折中主义在罗马人中起的作用那样,在英国人的征服之旅中起到了作用。所以,虽然宗教情感有时会鼓起当地人的蛮勇,但是,它并没有对英国人安抚当地人构成什么大的障碍。然而,英国人在尝试阻止他的国民做有害社会与有违道德的行为方面,比罗马人走得更远。

英国在印度设立了各类学校和大学,施行教育。在这点上,罗马是无法比及的:这是因为在古代世界,人们并不认为提供教育是国家的职责。但是,皇帝却曾在一些较大的城市中指定并雇用了一些教授文科的老师。同时,虽然与印度当地的巨大人口相比,英国人现在所做的还是太少了,[1][48]不过,这代表了一种精神,即希望给被征服的民族带来发展的机会。

至于罗马的胜利在多大程度上是因为其共和政体,英国在多大程度上是靠其实际上的共和政体(虽然直到1867年或1885年才实现民主政治),这个问题就太大了,值得详细的讨论。在这里,我只能稍微做一下说明:有些与罗马或英国类似的帝国是由寡头式共和政府创建起来的,比如古达的迦太基帝国和中世纪的威尼斯帝国。针对这种帝国,我们可以这么来理解,即这种政府很难像民主政府那样保持其政策的延续性,而且,暴虐的专制王朝很难持续的培养出合格的将军和管理者,因为这种王朝总会时不时的陷于软弱或糜烂的统治之中。在这种统治之中,对重要的港口的选择会出现失误,政策会动荡,而给对保持国家海外利益的军队或舰

---

[1] 现在,在印度有五个通过考试(examining)来授予学位(degree-granting)的大学,8000名正在攻读这种学位的学生,他们上课的地方大都是在附属的学校。返回印度接受教育的人数为4357000人,其中402000人为女性。

队的供给也很难保证充足。而共和政体的国家就更容易提供大量的有能力和有经验的人来干征服和组织方面的工作。不过,在这方面,有两个例外,它们都是专制王朝,都吞并且长期占有了大片的领土,这便是西班牙和俄国。前者几乎就是我前面提到的原则的一个反例,这主要是因为作为海洋帝国的西班牙在其征服之旅上碰到的都是一些极为渺小的对手,所以,它没费什么劲,很快就取得了胜利,而且,随后,在其内部腐化堕落时,在它的邻居中也没有什么敌人。至于俄国,[49]它自然扩张的大片领土都是些人口稀少且极度落后的地区,在那里,这个先进的国家没有遇到什么实质性的抵抗。所以,与其说它是在征服,不如说它是在设立殖民地。仅仅是在高加索山和土耳其斯坦地区,俄国人才真的干了几场仗。正如毛奇(Moltke)报道中提到的那样,它与波斯人及奥斯曼土耳其人打的那几场仗,就像是一个一只眼睛的人在打一个瞎子。但是,同时,我们也需注意,在过去的两百年中,俄国显示出了保持其对外政策的强大力量和坚定决心。尽管,有时它随风而行,任由船飘向远方,但是总的前进方向却并没有改变。之所以能如此,主要是因为他们的明智或好运地选对了人,其实,罗曼诺夫王朝中有这种管理才能的人并不太多。

在罗马和英国之间,还有一个可资比较的点,即两者的侵略性。两者都是靠它们的个性取胜的。在迦太基毁灭的两个世纪间,罗马已经成为诸多行省的统治者,而在韦斯帕西恩①时期,罗马从一个城市变成了一个幅员辽阔的大帝国。相比其治下的诸多人口,哪怕仅仅是与中意大利的人相比,罗马人都是少数。但是,他们却被赐予了战争和统治的天赋,拥有勇气和强大的意志力,不仅能统治整个文明世界,控制那里的人民,而且能在那些人中间掀起持续的血

---

① [译注]韦斯帕西恩(Vespasian):古罗马皇帝(69—79年在位)。他给罗马帝国带来了繁荣,对军队进行了改革,是艺术的资助者,并营造了古罗马圆形大竞技场。

腥内战,以至于使他们没有机会喘过气来反击。虽然,罗马军队比其他对手(除了马其顿和希腊之外)要训练有素,但是,他们的武器和科技却并不领先。他们在非洲、希腊和小亚细亚的对手在物质文明方面,[50]要远远超过他们。是他们那百折不挠、奋发向上的意志,和过去取得一系列胜利中产生的高高扬起的自尊和自信才使得他们取得了举世无上的成就。这种成就是个性的成就,正如他们的诗人在感受到这种个性的力量所写的诗行中所说的那样:Moribus antiquis stat res Romana virisque[罗马政治体立足于古代的风俗和英雄]。而且,当罗马城的居民不再是帝国的核心,当罗马帝国的人民将自己和境外的野蛮人作比较时,这种伟大的意识便传染了所有人。甚至以连希腊写作的叙利亚人普罗科匹厄斯①,在提到西部帝国被蛮族入侵肢解时,也都有同样的表述。

英国人在征服印度时所用的军队比罗马要小得多;而因为他们征服的人口更多,用的时间更短,所以,他们的胜利便显得更为耀眼夺目。但是,英国对手的勇气、训练、军事科技以及战争的物质方面相比罗马遇到的那些对手,实在是要差得多了。同时,印度人也没有一流的将军或者国王持久的支持。在英国人前进的道路上,就没有遇到汉尼拔甚至是米特拉达梯②。没有国家支持海德·阿里,而且,好运使英国人没有遭遇到阿富汗的艾哈迈德·沙和锡克教的锡克·沙。他们遇到的最可怕的敌人都不足以与英勇但未经训练的凯尔特的维钦托利③或者好显摆但没能力的是塞琉

---

① [译注]普罗科匹厄斯(Procopius):查士丁尼一世统治时期的拜占庭历史学家,写了关于波斯人、汪达尔人和哥特人的战争的史书和著作《秘史》以攻击查士丁尼。
② [译注]米特拉达梯六世(Mithridates,前132或前131—前63年)为古代小亚细亚本都王国国王(前121年—前63年在位),又称米特拉达梯大王。米特拉达梯六世是罗马共和国末期地中海地区的重要政治人物,也是罗马最著名的敌人之一。后败于庞贝,自杀身亡。
③ [译注]维钦托利(Vercingetorix,公元前82—前46年),阿弗尼(Arverni)人首领,联合凯尔特人抵抗凯撒发动的高卢战争,但最终失败。

古王相比。直到欧洲人，比如杜普莱克斯侯爵出现时，他们才开始战斗，而且杜普莱克斯侯爵①并不像克莱夫那样一旦有危机情况便可以依靠大后方的支持。但是，相比"征服者"柯特兹②对墨西哥的征服或者弗朗西斯科·皮萨罗③对秘鲁的征服来说，对印度的征服依旧是一项精彩的成就，更为艰险，更为夺目，但却一点都不够传奇，[51]虽然人们尚需承认那两个冒险者闯入前人从未到过的未知领域实属勇气可嘉。在英国人和罗马人身上，那种个人力量的意识、民族优越感，以及其后数个世纪的名声，加上对其征服的弱者的蔑视，是他们用以面对所有抵抗的勇气、力量和成竹在胸的自信的主要来源。这些品质为我们的时代所继承。在这方面，没有什么要比1857—1858年印度兵变时期的勒克瑙堡守卫战和德里围城战④更为耀眼的例证了。而且，值得注意的是，当总司令无能，且这种情况时有发生，或者头脑发热的时候，对英国军队来说，到来的只有灾难而没有好事。在东部，相比其他地方，是信心创造了胜利，而胜利导向下一胜利，捷报频传。

正是靠着这些方面，英国人才得以保持对印度的统治。在高级的内政管理职位上，他们只安排了1000个人：也正是这1000个人，控制了2.87亿人，而且没有太多的摩擦产生。这个非凡的现实使人们折服。英国人对这些人的旺盛的精力以及始终如一的胜利印象深刻。他们的疆界似乎是被什么超能力的因素包围着，因

---

① ［译注］约瑟夫·弗朗索瓦·杜普莱克斯侯爵(1697—1763年)：法国殖民官，曾与英国人争夺整个印度的控制权，但未成功。
② ［译注］柯特兹(Hernan Cortez)：西班牙征服者。他打败了墨西哥的阿兹特克族人，征服了墨西哥(1485—1547年)。
③ ［译注］弗朗西斯科·皮萨罗(1475？—1541年)：西班牙探险家和秘鲁印加帝国的征服者(1531—1533年)。1535年他建立了利马城。
④ ［译注］德里围城战，勒克瑙堡守卫战：1857年6月到9月间发生的，印度起义者与英国间进行的德里保卫战。最终卧儿皇帝巴哈杜尔·沙二世投降，德里陷落，义军的中心变成了勒克瑙。接着，于1958年2月到3月发生了勒克瑙堡守卫战。最终英国取得了胜利。

为印度大众还停留在相信有超能力,并用超能力来解释让其惊讶的事物的阶段。英国对印度的统治使他们内心充满了敬畏感和神秘感。近三亿人由一小簇来自广阔海洋上的面色苍白的外地人统治着,这些外地人都遵循着远方的权力,[52]而且他们从不像东方王国的奴才们那样想要造反夺权——这实在是太奇妙了,在冥冥中仿佛有种看不见的,不可抗拒的神力。我在拉合尔听到一个轶闻,和这个有几分相似,讲的是当地人是如何看待这些事情的。一只老虎从动物园逃跑了,看守跟着它,想要诱它回来。在所有的办法都使尽后,看守大声并且庄重地以英国的名义命令它回到笼子里去,因为它是属于英国政府的。老虎乖乖地服从了这个命令。

现在,既然我们已经快速地扫了一遍两者之间的一些明显的相同点或相似点,下面我们就要谈一下在它们之间有什么重大的不同之处了。其中的一点或两点,在前面我已经附带提及了。其中,最为明显的一点我已经谈过了,即由于罗马向四面八方——东南西北——扩张它的领土,所以,从公元前200年(第二次布匿战争结束)起之后的500年内,至公元325年(君士坦丁堡的建立),它的首都总是离它领土的中心不是太远,而英国则是征服了海外的印度,所以其离印度领土最近之处也要几千英里。另一同样明显的不同点或许并不像它看起来的那样重要。罗马是一个城市,而英国是一个国家。当罗马跨出意大利,开始在西西里建立它的第一个行省的时候,它的自由人口数大约只有7万到8万人左右。但英国在普拉西开始它的征服事业的时候,它至少有(如果我们将爱尔兰包括在内的话,虽然那只是一个遥远的国度,但却不是什么好惹的果子)1100万到1200万人口。不过,因为要绕过好望角,路途遥远,所以英国的巨大人口并不能直接在印度活动,而罗马的少量人口则可以在地中海地区直接活动。[53]但是,除了这点之外,在这个比较中,我们不能单纯地把罗马视为一个城市,而应把它视为庞大的意大利人口的核心,因为罗马能从意大利补充他的军队，并在共和时期终结前，意大利人中的大部分人都变成了罗马的市民。关于这个不同点，我们就不必要谈更多了，因为其重要性已然是溢于言表。下面，我将转向另一个更为重要的结论。

在这两个例子中，征服者和被征服者，征服民族和被征服民族之间的同异存在区别。在罗马，不同人群之间的状况的相似性最终造成了他们之间的大融合。而在英国，英国人与印度人的不同使得两者间的融合难成可能。

气候是两者间差异的第一点。可以肯定的说，罗马统治的领土，相比西藏的峡谷，有的要更为炎热，有的则更为寒冷。毫无疑问，就像英国官员抱怨基达①或者木尔坦②那样，罗马派驻努比亚的官员一定会抱怨那里的酷热；而阿多克③或赫克萨姆④教区的寒冬也并不让阿普利亚的士兵们感到好受。但是，如果罗马人在努比亚结婚，则他能在这里建立他的家庭。而一个英国官员不会在基达或者木尔坦干这事儿。英国人如果在印度的烈日下生长的话，到第二代人的时候会变得虚弱，然后，到第三代或者第四代人的时候就灭绝。只要他们的身体状况在那之前的岁月中还没适应当地的环境的话，很少有英国人会想要在印度安家的。但是，意大利人则可以四海为家，随时适应新的环境，几乎包括了从第聂伯河⑤到瓜达尔基维尔河⑥之间的所有地区。

---

① ［译注］基达：巴基斯坦中西部一城市，位于拉合尔西南偏西。四面环山，它控制着从具有战略意义的波伦山口到阿富汗的入口。
② ［译注］木尔坦：巴基斯坦中东部城市，位于拉合尔西南。于公元前326年被亚历山大大帝所征服，于1398年被帖木儿所占领，从1849到1947年间处于英国势力范围内。
③ ［译注］阿多克：苏格兰中部一个教区。
④ ［译注］赫克萨姆：英格兰一个教区，位于利物浦。
⑤ ［译注］第聂伯河：起源于斯摩棱斯克附近的苏联西欧部分河流，向南流入黑海，流程2,285公里(1,420英里)，9世纪以来即为重要商业水道。
⑥ ［译注］瓜达尔基维河：西班牙南部一河流，流向西与西南方，注入加地斯湾，长644公里(400英里)。

第二个差异点便是肤色。虽然,一些高级的婆罗门和浦那或古吉拉特的帕西人像大多数英国人那样是白人,但多数的印度人是黑人。[54]现在,对于日耳曼人,特别是英国人和英裔美国人来说,肤色的不同有很重大的意义。这造成了一种疏远感,甚至有那么几分排斥感。这种感觉可能被视为是不合道理的,或是违反礼俗常规的,但是,它却深植心底,在我们有生之年是无法抹去的了。不过,可以肯定的是,这点在英国人对待印度的精英阶层的态度问题上,正如他们在北美对待墨西哥湾黑人,或者在南非对待黑人的态度那样,不是什么大不了的事情,因为他们满脸的睿智和谈吐的文雅代表着很多代人的精神文明。不过,肤色总是足以对社会的和谐和通婚造成阻碍。

印度教的高级阶层,及其古老的王族,比如那些刹帝利世系的家族,其渊源比欧洲的任何王族都要悠久,他们的民族优越感和出身最好的欧洲人一样的强烈。同样的,一些最古老的穆斯林家族,他们的祖先是穆罕默德的亲属,他们也有和欧洲的任何一个家族那样悠久的世系。然而,虽然英国人对这些家族表示了更多的尊重和礼貌,但是,肤色依旧是一个不可逾越的坎,甚至连刹帝利们都因为他们的优越感而在这方面表现出相同的态度。刹帝利中和乌代普尔①人中最古老的家族甚至就经常拒绝将女儿嫁给莫卧儿的皇帝。

古代世界在这个问题上就没有这种严格的分界。罗马人唯一接触到的黑色人种(除了埃及人)是一些努米底亚的部落。它们中很少有人是真的罗马化了的。中尼罗河流域的努比亚人也很少有罗马化了的。[55]所以,在这个问题上,罗马的态度与英国在对待印度的态度是不同的。不过,也有可能是罗马人本不像条顿人那

---

① [译注]乌代普尔:印度西北部的一个城市,位于艾哈迈德巴德的东北偏北方,是一个以前诸侯国的中心,以其16世纪的王宫而著名。

样行为和感觉,而更类似于西班牙人或是葡萄牙人所干的那样。肤色的不同并不构成对上述民族的排斥。在罗马,联姻,即是合法的联姻,白人和黑人结婚,并不是什么值得大惊小怪的事情,黑白混血儿也不会像其在英美人中那样被排斥或者被人看不起。没有什么比实质性的和明显的种族隔离对不同国家和民族之间的融合更能起危害作用的了,而罗马正是因为没有这种隔离才成就了罗马帝国。这就像奴隶总是有色人种,而且在容貌上一点都不像他的主人,所以,奴隶制就变得没有那么恐怖了。在共和时代终结前,元老院里出现了很多被释放奴,虽然他们的出现被视为衰落的标志。那些被释放奴的子嗣,当他的个人能力或由于其赞助人的帮助为他们打开了一扇通往上层社会的大门的时候,他们的上升便是自然且容易的——正如诗人贺拉斯①那样,虽然那些毒舌男们总是津津乐道于提醒别人他的出生,但是也堵不住他升迁的通衢。在印度,一切则是另一番图景了。奴隶制,在这里并不那么残酷,所以很幸运没有像美国南部各州和南非那样。但是,在这里,人们被生生的分成了两类:白人和当地土人。那些所谓的欧亚人,即由于白人和印度人通婚所生的混血儿,更像是白人,但是,却被后者视为劣等人。他们的人数也没有大到足以成为一个重要的部分,以至于能成为跨越统治者和被统治者之间那道深渠的桥梁。后者想要的也不是政治自由,因为东方人就没享受过政治自由,也没有想要消除深植在当地受教育阶层的英国文化和英国的大学教育。[56]但是,英国人的傲慢自大和社会的对立感则是当地不幸的写照,并且从来都是这样的。甚至在1813年东印度公司代表对下议院委员会的陈述中,我们可以看到"那些不守规矩的英国人因为他们的无知和自大而声名狼藉,②他们蔑视当地人的风俗和规

---

① [译注]贺拉斯(Horace,公元前65—68年):罗马抒情诗人。他的《颂歌》和《讽刺作品》对英国诗歌产生了重要影响。
② 参见 Ilbert 的《印度政府》(*Government of India*),第77页。

矩,在和印度人做生意上时,败坏正义,泯灭人性"。而1833年的法令则要求印度政府"在当地人受到针对他们的人身、宗教和信念的侮辱和侵犯时,向他们提供保护"。①

我们甚至可以这么认为,哪怕肤色不会对通婚构成阻碍,宗教信仰也会。只是,宗教是可以改变的,而肤色则不行。在北美,黑人和白人都信同一种宗教,但是,那里的社会划分还是很严格的。在印度,宗教的不同构成了一种比肤色还要大的阻碍,这不仅体现在通婚上,还体现在对社会关系的危害方面。穆斯林的习俗,或者至少他们法定的一夫多妻制,使得白人妇女不会和他们通婚,何况白人对这种习俗是很鄙夷的。(但是,确实还有很少量的这种通婚的例子。)相比伊斯兰教徒来说,印度教徒与基督教徒之间更是风马牛不相及;印度教有一种习俗,规定在某些人在场的情况下,才能分发食物,而这与欧洲人的一种社会交流方面的习俗相违背,但这种习俗是密切欧洲人之间关系的重要方式。②

我们必须时刻记住,在东方,宗教在社会联系和划分上所起的作用要比西欧宗教更为强劲和深刻。[57]宗教通常代替了民族情感,而这种民族情感正是印度和其他东方人所欠缺的(除了中国人和日本人)。在印度教徒和穆斯林教徒中,宗教习俗充斥着一个人一生的各个部分。对印度教徒来说,更为特殊的是,阶层决定了一切。其在一个民族中创造出新的民族,将一个阶层人与另一个阶层的人撕裂开来,就像印度教徒与非印度教徒之间的分割那样。穆斯林是没有这种阶层划分的(虽然,在印度的穆斯林中,这种划分还是有明显的痕迹);但是穆斯林人傲慢的拒人于千里之外的态度使得穆斯林信徒们与其他教徒之间相互分离。印度的欧洲人,

---

① 参见 Ilbert 的《印度政府》(Government of India),第91页。
② 据估计,印度的印度教徒约为2亿700万人,穆斯林约为5700万人,土著为900万人,基督徒为200万人。

在与印度教徒或穆斯林交谈时,就能强烈的感受到他与这些人之间的差距有多大。同时他还体会到一种局促感,因为两方都知道有一些话题是不适宜拿来讨论的。在和当地的上层基督徒谈话时,情况就大不相同了。和他讲话时是没有什么要做保留的。不过我们还是应尊重其民族情感,因为他毕竟不是英国人。宗教团体对当地受教育的基督徒的影响,使得他们更亲近于欧洲人而非印度教人或穆斯林。因为他是一个基督徒,他自然觉得和欧洲统治者们更趣味相投,而非和他同根同种的小老百姓凑得近些。

当人们思考印度更为远期的状况时,就接触到了问题的关键了。要想在印度实现更为卓著的政治成就,就要依靠基督教的传播,虽然现在上层社会尚未太多的觉察到这种传播的进程,但是,这一进程最终很可能比上个世纪发展得更快。[58]这里,我的意思并不是说印度教或伊斯兰教是印度对英国的统治产生敌意的缘由。我也不是在暗示说当地人在信仰基督教后就会和欧洲人或者欧亚人融合。但是,如果基督徒的数量,特别是在上层或中层中,能够增长的话,那么,印度的统治者们现在深切感到的在了解当地人想法时的困难,就会大大的减轻了,而社会上当地人与欧洲人之间的分裂也会变得不那么尖锐。这对各层面都是大为有利的事情。

当我们返回来再看罗马帝国时,我们不得不说罗马没有宗教划分政策是那么地惊人!我们甚至无法说那是什么宗教宽容政策,因为这里就没有什么需要宽容的。每一种宗教对其自己的国家或民族来说都是同样的真实有效。信仰奥林匹亚诸神的讽刺作家或许会嘲笑埃及的兽神和他们的崇拜所引起的狂热。但是,没有人会想要渡化鳄鱼或者猫的崇拜者。由德鲁伊教的祭司抚养的不列颠人或者在年轻时期崇拜沃登①的弗里西人,如被派往叙利

---

① [译注]沃登(Woden):日耳曼神话中的主神,相当于北欧神话中的奥丁。

亚戍边,都不会为参加对叙利亚的太阳神的牺牲,或者嫁给太阳神牧师的女儿而犯愁。可能,在古代世界,有关在选择配偶时要关注宗教信仰的第一个训谕,是由圣保罗提出来的,他说:"不能不公平地将信教者与不信教者凑在一起。"之所以基督教有这个其他宗教没有的规矩,那是因为,对基督教来说,其他的宗教都是虚假的和有害的,是在将人赶离真正的唯一的上帝。据此,我们可以说,罗马开始征服地中海地区诸国后便发觉,各国强大的历史悠久的宗教并不对其人民融入罗马民族构成障碍。

[59]但一神论登场后,一切便都开始改变了。犹太人是唯一一支在宗教上而不在政治上反叛罗马的民族。在第四、五、六和七世纪,神学上尖锐的冲突开始在基督徒中造成分裂,特别是在东方,当异教理论出现的时候,从未出现过的由宗教引起的危机也开始显现了。教内的骚动,比如多纳图派教徒,和异端,开始扰乱政治领域了。哥特的阿里乌斯派和汪达尔人与他们征服的信仰正统教的行省人还是有很大的区别。在埃及这个倾向于宗教狂热的国家里,基督一元论者们对东帝国皇帝的正统教的敌视是如此的强烈,以至于早在查士丁尼时期当地人就已表现出了不满,而在一个世纪后,对来自阿拉伯的穆斯林侵略者们,他们就几乎没有做什么抵抗。对这些穆斯林们,当地人并不比对他们自己的在君士坦丁堡的君主表现出更多的厌烦。

罗马帝国拥有的第四个实现民族融合的利器,乃是文学和语言。这也是印度的英国人一直想得到的。罗马的征服是奠基于希腊的语言和文化在东地中海沿岸的传播之上的。甚至在小亚细亚腹地和叙利亚地区,虽然当地的方言直到提比略①时期才消失,②

---

① [译注]提比略:罗马皇帝(公元14—37年在位),被奥古斯都选作王位继承人,是罗马帝国第二位皇帝。
② 就像在吕高尼,参见《使徒行传》14。

以及可能还包括在一些乡村地区,直到阿拉伯征服时,希腊文都是为富裕阶层所使用,并作为一种商业语言而运用于从西西里岛到幼发拉底河的广大地区之间。① 希腊文文献是教育之基础,统治着受教育阶层的思维。帝国的受教育阶层,甚至西部帝国的受教育阶层都很熟悉希腊文的文献。也正是通过这些人,才使得到安东尼时期,[60]除了个别偏远的地区,比如巴斯克的农村地区,瓦尔河沿岸或者西北高卢地区之外,拉丁文开始成为一种通用语言。这种统一进程由上层到大众的推进最终的结果是促成了不同的人之间的同化,实现了知识的普及,以及创造出了一种大众化的文明形式。正如拉丁文和拉丁文的圣经的使用使得基督教国家和民族,哪怕是在最黑暗和动荡的中世纪时期都能保持团结一样,拉丁文和希腊文在整个罗马帝国的使用,强有力地将这个国家各个部分连接在了一起。而在前奥古斯都和奥古斯都时期的古典拉丁和希腊作家在谈及关于帝国的主题时,都使用了同样的诗体和散文体,也起到了同样重要的作用。特别是在维吉尔②成为罗马的御用诗人后,在他那里帝国的爱国情怀形成了最高水准的表达方式。

印度的情形就大为不同了。英国人到达印度后便发现这里没有全国性的文字,除非我们非要把这个名字用到梵语史诗,但是,这种语言早在很多个世纪前就绝迹了。波斯语和阿拉伯语是有修养的语言,为受过教育的穆斯林和一小簇作为穆斯林王公侍从的印度教徒所使用。被称为印度斯坦与或乌尔都语的那种起源于莫卧儿皇帝的营地的语言乃是印度的通用语言,但是在南部则没什么人用。只有屈指可数的几个人受到充分的教育,能看懂各种文献,或者说除了方言之外的其他语言。现在,印欧语的五大分支将

---

① 关于这点,有一个奇怪的故事:当克拉苏的人头被带到帕提亚的国王那里的时候,有一个希腊人在朝堂上吟诵了欧里庇得斯《巴克斯的女祭司》(*Bacchae*)中的一篇。
② [译注]维吉尔:罗马诗人。他最伟大的史诗《埃涅阿斯纪》讲述了埃涅阿斯在特洛伊陷落后的流浪经历。

印度人分隔开来了。①

[61]达罗毗荼语的北部语种、西北语种、中印度语种和其他四种语种②遍布印度的整个南部地区,此外,还有很多其他的小语种。英国征服者的语言,在1835年被采用为官方语言后,仅仅是2.87亿人中的25万人的母语,平均每一千个人不到一个人。现在,有越来越多的受过教育的人在开始学着使用英语,但是,就算我们把这一因素也考虑进去,它影响的人群还是相当的微不足道的。我已经指出,由于当地人语言和宗教的不同,以及由于在印度教中阶级森严,所以,印度人无法团结起来抵御入侵。于是,这就成了我们征服和统治印度的一个优势。罗马也享有这个类似的优势,只不过程度较低罢了。但是,在罗马帝国,希腊文和拉丁文的传播很迅速和稳健,以至于各个民族很快就融合到了一起,而在印度,则没有这两种语言,知识传播的速度也很慢。于是,大量的印度人就没有任何可以作为他们思想、文学、科技交流的通用工具。所以,印度没有任何的民族文学形式,也没有任何出现的可能了。那里没有西塞罗在构思散文的形式,也没有维吉尔鼓励人们对帝国的爱国激情。英国最近建立了一套新的教学模式,这种模式不是太像牛津和剑桥的模式,倒是有点像最近在英国兴起的苏格兰大学和新大学学院③的模式,外加五个考试大学(examining Universities)。通过这些教学机构,我们能给那些雄心勃勃的印度青年,特别是那些想要进入政府任职或者成为专家的年轻人一种欧式的教育。这是一种和他们的天生的素质和印度式的思维倾向相差甚远的教学模式,不太可能会催生出带有典型的印度人特征的文学。[62]确实,到目前为止,这些教育的主要效果还只是使受教

---

① 北印度语,孟加拉语,马拉地语,旁遮普语和古吉特拉语。
② 泰卢固语,泰米尔语,卡纳拉语,马拉雅拉姆语。
③ [译注]大学学院(University College):是一种提供大学预备班教育的教育模式。其通常是大学的一个部分,而并非独立的学校。

育者不再成为印度教徒或者穆斯林,而不是使他们成为基督徒或者欧洲人。它就像是一种强力溶剂,摧毁了旧式的保守礼教,使人们注意不到它们的存在。这些效果可能在近一两代人都不会显现。但是,当它们显现时,必将大展其功。

如果在历史上有一种语言能够在印度盛行,其不仅能成为商业、法律、行政管理用语,还能成为文学用语的话,那么,也只有英语堪当此重任了;而且,届时,英语也早就是世界上最主要的语言了。① 这不仅会将整个印度的人们融合为一体,而且(从某种意义上)会拉近他们与统治者之间的关系。然而,到那时,如果真能实现这点的话,又会发生很多其他的改变,所以,我们在这里猜想到底会产生出什么样的文明形式是徒然无益的。

上述的思考向我们展示了在英国与罗马的对外征服之间有多少的不同之处。对于后者来说,从一开始,这就是一个双重的进程。行省间相互同化,而罗马与行省之间也在相互同化。罗马的特性在进入到行省之后,受到行省的影响,被稀释了。于是,从众多的被征服民族和这个征服民族之中,产生出一个统一的民族(虽然还是有很多地方特色存在),并且,在 4 世纪中期,这个统一的民族基本上倾向于信仰同一种宗教,有同样的爱国精神,在物质文明和精神生活的形式上也趋于同一。不过,这个进程并没有完成。在 4 世纪末期,因为经济与军事上的衰落,而非内部的分裂,[63]帝国开始屈服于入侵和迁入的民族,而这使得帝国的各个部分陷于分裂。不过,这一进程在霍诺里乌斯时期已初具规模,所以克劳迪安曾这样写道:"喝罗纳河水的人与喝奥伦特斯水的人属于同一个民族。"在这个巨大的国家里,罗马的城市和人民

---

① 据估计,目前有 1.15 亿人说英语,有 8000 万人说俄语,有 7000 万人说德语,5000 万人说西班牙语,4500 万人说法语。在这些语言当中,说英语的人数增长最快,俄语其次,德语再次之。

都融于其中，他们各自的特征都变得不再明显，于是他们的名字也都已然湮没无闻了。但是，在印度，征服者与被征服者的融合是不可能的，而各个被征服民族融合为一个民族也是没听说过的事情。民族、语言以及宗教上的区别阻碍了印度人之间的融合——或许未来可能实现这种融合。而征服者与被征服之间的融合则看起来像是被气候、特征和文明之间的区别，以及肤色和宗教上的敌意而阻滞了。英国人太不像印度人或者其中任何一个民族了，也就不能融入印度人之中，或者用克劳迪安的话来说，形成一个统一的民族了。

被罗马征服和吞并的国家和部落要么是古老的，是和它一样先进的文明国家，要么就是像高卢和日耳曼这种地方，智力超群，能够从罗马那里学到东西，很快就达到它的文化程度。反观印度各民族，他们不仅在物质文明上要远远落后于英国，而且有些民族在智力上也一直都很驽钝，另外一些民族虽然有和欧洲人同样的聪明的头脑和学习能力，却在精力和意志力上要差一点。就算是这些差异不会从根本上造成不能融合，宗教和肤色也会使得这种结果遥不可及。南西伯利亚的半野蛮的民族会变成俄国人。外高加索地区的格鲁吉亚人和亚美尼亚人，如果不是其与公立教堂之间的联系挽救了他们的话，也会成为俄国人。甚至突厥汗国的土库曼人在未来的某一天也会成为俄国人，[64]就像喀山和克里米亚的鞑靼人现在已经逐渐在变成俄国人了一样。但是，看起来英国人是注定要和印度的当地人泾渭分明了，无论是和他们通婚，还是将特征和习惯传授给当地人都不顶用。

所以同样的，我们也可以预测说，任凭岁月荏苒，美国人和菲律宾群岛的土著之间也不会有任何的融合发生。

有评论认为，正是因为罗马把它的法律和名字给了世界，才导致罗马变得黯然失色。因此，我们也有必要研究一下印度会给英格兰带来什么导致倒退的因素。在罗马的编年史中，充斥着战争、征服和领土扩张。自意大利战争结束以降的罗马宪政史、经济史和社会史在相当程度上都是由其作为统治者的地位决定的,开始是在意大利地区呼风唤雨,继而是在地中海世界傲视群雄。在它当上行省的发号施令者后,对罗马城造成了很大的影响,而这对罗马旧有的宪法和罗马人曾经的率直诚实的性格造成了极大的破坏。通过这种方式,行省报复了入侵者。最终,罗马城的历史终结了,除了在建筑上尚有些建树外,它整个就在它的帝国中沉沦了。在相当大的程度上,这既是罗马的结局,也是意大利的结局。意大利,这个臣服了很多行省的地方,最终却以自己也成为一个行省的方式终结了自己的命运——这个意大利行省并不比其他的行省更为重要,除了它的名字得到尊崇之外。从奥古斯都到东哥特国王奥多埃塞①和西奥德里克②罗马历史,仅仅是帝国历史的一部分。英格兰则大为不同。虽然英国建立了很多殖民地,向外大量殖民,征服了广阔的领土,但它本土的历史,自从它失去诺曼底和阿基坦之后,相对来讲,很少受到频繁的战事和大规模的扩展的影响。[65]人们在撰写的英格兰的宪政历史、经济和工业史、神学史、文学史或者社会史时,就不怎么太需要提及殖民地或者印度。在英国征服任何殖民地或者印度之前,它早就是一个欧洲强国了;同时,就算它失去这些海外的殖民地,它依旧是一个欧洲强国。在普拉西之战后的一个半世纪里,印度事务只在很少的一段时间里严重地影响了英国政治。人们都记得1783年福克斯的印度议案③、沃伦·黑斯廷斯案和一度令人觉得社会与政治黑暗的纳波布式的

---

① [译注]奥多埃塞(Odovaker,433—493年):日尔曼部落首领,在476年废黜罗慕罗斯·奥古斯都(475—476年在位),结束了西罗马帝国。
② [译注]西奥德里克(Theodorich,454—526年):东歌德首领,战败了的奥多埃塞,在意大利建立了东哥特国。
③ [译注]福克斯的印度议案:福克斯提出来的改组东印度公司并给政府更多的任命权的议案。该议案并未获通过,并且"福克斯北方联盟"也被国王取缔。

致富通途。① 正是在印度,威灵顿公爵②第一次展示了他的力量。正是通过印度的鸦片贸易,英国和中国之间第一次发生了碰撞。

有种观点认为俄国的野心会危害到英国在印度的安全。这种观点和克里米亚战争的爆发有点关系,并且和之后英国对土耳其的政策也有关系。直至1880年以前,英国一直都奉行该政策。而正是因为1878—1879年糟糕的阿富汗战争,更为彻底地导致了1880年贝肯斯菲尔德首相的倒台。此外,印度问题还在很多事情上牵涉到英国的国际政治,或者引起国会的争议;不过,英伦两党经常暗通款曲,极力——通常是机智地——避免印度的管理问题变成不可避免的党派间的论战。然而,就算把这些例子堆在一起,也未必见得有人们想象的那样众多,而且印度对英国的意义也并非是如此这般的重大。而且,就算我们将印度市场对英国贸易的影响加上去,再加上占有印度这一事实对英国人的思想和志向的不可置疑的影响——这个加强了他们的自豪感和所谓的帝国精神[66]——我们会惊讶地发现,对巨大的领土的控制以及对七倍于我们的人口的统治并没给英国带来多少的转变,也没给英国的历史多添几笔色彩。但是,假如英国没有征服印度呢?英国国内的发展,无论是宪政或者社会,会与现在的情况有啥不同吗?就我们看来,不会有什么不同。而且,如果英国能远远地避开这些被征服的国家,没有那么多的人因为征服和隆隆火车带来的财富的影响而变得道德堕落的话,那还真是英国之福了。③

在讨论的一开始,我就这样说过,即英民族和印度土族的接

---

① [译注]纳波布(Nabobs):指那些在印度发财回到英国的人,在18世纪英语中叫"纳波布"。
② [译注]威灵顿公爵(1769—1852年):英国将军和政治家。在半岛战争(1808—1814年)中任英军指挥官,在滑铁卢战役(1815年)中打败了拿破仑,从而结束了拿破仑战争。在他任首相(1828—1830年)期间,通过了《天主教徒解放法案》(1829年)。
③ 对于所有人来说,没有奴隶制和基督教的存在,与其他因素一样,都是造成现在与罗马世界不同的原因之一。

触,以及前者施予后者物质文明,将欧洲先进知识的种子带到亚洲人之中,仅仅是欧洲民族和当地土族接触的一小部分,也是后者被前者欧洲化的一小部分。前者的脚步遍布整个世界。法国在北非和马达加斯加干着类似的事情。俄国在土耳其斯坦和阿穆尔河正在干这事,而且很快就会在满洲从事此事。德国在非洲热带地区也在做着同样的事情。英格拉在埃及、婆罗洲和莱拉也正在从事于此。美国人民正向菲律宾群岛输送此物。每一个这么干的国家都宣称自己是出于博爱之心而为此善行。但是,显然他们这么做的动机并非是因为他们仁爱,而且,也不会真的给人类增添那么一丁点的幸福。

然而,正是在印度,这个过程正以空前绝后的态势如火如荼地开展着。而哪怕是在有了一个世纪的相关经验的今天,人们也不能对最终的结果做出一个准确的判断,因为这是一个正处在转型期的国家,[67]有各种各样的新元素,比如铁路、报纸、大学,而且这些新的元素对那里的穷人和富人来说都是全新的。但是,有三件事情,就英国在印度的事业来说,是可确定的。第一,如果一个欧洲的民族能遵循严格的正义原则,并限制权力滥用之自然倾向,则对当地土族的统治是可能的。英国人对印度的统治就是基于这些原则之上的。就算是真有什么压迫或者残暴的行为,那也不是欧洲官员干的,而是他们的当地下属干的,特别是当地的那些警察,因为他们的罪行往往能从欧洲官员的眼皮底下溜过。欧洲人有时会对当地人表示轻蔑或者傲慢,这对政府统治的良好效果危害尤大。但是,同样的,这是某个个人或者有时是下级军官,而不是政府的欧洲官员,在滥用他们民族的优越性。

第二,较少数的欧洲人,由少量的军队支持,就能在有大量人口的落后地区维持良好的秩序和和平。同时,由于宗教仇恨,这些地区被割裂成很多小块,乃至于可能爆发内战,所以,欧洲人就不能从这些地区撤出。

第三,存在着这么一种体系,能够使统治者与被统治者之间的利益在严格区分的同时又能和谐共存。而且,这两者之间的楚河汉界经过几百年的交流之后正在逐渐缩小。但是,有些人却认为这种分别变得更大了,并不无遗憾地指出当地的欧洲官员更为频繁而便捷地访问英格兰本土,[68]故而相比他们的七十多年前的前辈,并不那么把自己视为是地道的印度人。现在以及将来最大的一个问题是欧洲的全部民族与其他肤色的落后民族之间,秉性各异,又不愿意相互融合,或者也可以说是难以融合。这点影响十分重大,并对未来之状况殊为重要。人类第一次相互融合的努力发生在被罗马征服的各个民族之间,并产生了希腊—罗马式的文明。但是,古代世界的状况与现在人类面临的情势已然是迥然相异的了。

除非我们一而再地追溯到罗马帝国时期,并清楚了解有哪些事件,在什么样的环境下,促成了人类第一次大融合——这一过程在十四个世纪前已经结束了——否则,我们就没法弄清楚英国对东方帝国统治的未来境况,并也没法重新唤回这种原动力。

一个帝国,有时会因为暴力而消亡,有时则会因为瘟疫而崩溃。但是,帝国经常会被两者的结合体摧垮,即一些历时持久的痼疾削弱了帝国的生命力,而这时一小股外部的势力便足以摧垮这个岌岌可危的肌体。罗马帝国就是这么被搞垮的。从表面上看来,是因为北部野蛮人的入侵才使得罗马丢掉了西部的行省,而1453年土耳其人的攻击则给了羸弱而苟延残喘的东部帝国致命的一击。西罗马帝国的解体是从411年放弃不列颠开始的,终于568年意大利伦巴第的建立,又经历了7世纪的时候西迪·阿克巴(Sidi Okba)领导的阿拉伯人对非洲的征服和9世纪的时候穆斯林舰队对西西里的占领。表面看来,解体的原因是因为外来入侵,但其实真正的病灶在于帝国的内部,而且已然潜伏许久了。至少在一些行省之中,管理变得效率低下、腐败,[69]下层人民受到上层的压迫。在很多地区，人口锐减。在大多数地方，尚武的精神荡然无存，所以，野蛮人在边境上聚集，并从当地强征保护费，代替了当地的军队。财政收入并不足以维持一直用于防御的军队。政府的财政窘境到底有多大程度上是源于地力的耗竭和管理不善，现在是无法说清楚了。但是，这些状况在遇上260—282年的入侵和动乱后而愈发恶化了。有关统治阶层的智力能力和大众的精力是否有下降，我们现在也是说不清了。但是，现在，清楚的是，图拉真当年布置下的军队和岁入足足保卫了罗马帝国300年，直到第一记致命的闷拳袭来。因此，我们可以这么说，由于内部的病灶，由于精力萎靡或者活力衰退，由于缺人缺财，或者甚至是由于缺少智慧，而非是由于有更为强大的敌人出现，才使得西罗马帝国消亡。

不列颠在印度的势力没有一丝虚弱的迹象，因为虽然印度国内的和平导致英国不是那么地容易能招募到一流的战士了，比如旁遮普过去一直提供的战士，但是，到目前为止，我们还是可以按照过去的标准来维持军队的数量和效率。但是，罗马的前车之鉴我们亦应铭记在心。罗马的困难在于它的财政恶化和农民的贫穷化。而财政问题以及农民的困苦——他们通常徘徊在饥馑的边缘，但还是被课以重税——正是印度的执政者面临的问题；而且，这些问题也毫无减弱的趋势。因为人口增长了，对食物的需求只会增长，而且花费在前线防务上的花费，[70]包括修建战略用途的铁路，也正在快速地增长。

像罗马一样，英国本土的安全并不受印度反叛的影响。但是，英国在面对外敌的威胁时，比罗马要更为泰然，因为它有更为便于防守的国境，即它掌握海洋以及巨大的山峦，凭借这些贫瘠的峡谷地区，一支较小的军队便能击退远道而来的入侵者，并迫使他们不得不随军携带大量的粮食作为补给之用。现在，唯有一件需要英国略察的事是在臣民之上加以太重之赋税会引起他们的不满。据称，有朝一日，分裂印度人民的阶层与宗教之别趋于消散，欧洲的文明将所有的印度人凝聚为一个大"我",欧洲的智慧培育出一大批有识之士,他们不安于现状,不愿忍受外来之压迫,到那一天,新的威胁将会危及英国永恒之权柄。然而,这些可能性尚属缥缈,目前不甚现实。

当然,实在不行我们还能依靠英格兰本土的实力。这件事还是在它的能力范围之内。不过英国还是应以审慎和以和为主的作风引领其整个对外和殖民政策。英格兰既不应插手毫无益之战事,也不应该担当镇压不忠臣民之重担。

英格兰必须掌握住海上的霸权,并需有8万名士兵用于卫戍国家。如果其不能完成此事,则印度又会成为怎么一番光景呢?印度的政治统一全仰赖于英国的统治。如果英国不能担当此责,则印度的统一便会宛如朝日的薄霭,一瞬便逝。战事将起,源起于野心、掠夺,甚或宗教的战争将会以少数几个冒险家的胜利告终。[71]会发动这些战争的不仅仅有当地的土国,还可能有帕坦人、锡克人以及西北的穆斯林。马拉地人将在西部雄起。尼泊尔人会奇袭孟加拉。或者,经过一阵内乱之后,整个国家有沦入另一个欧洲列强之祸。对印度来说,与英国的分离,意味着混乱、流血和掠夺。而对英国来说,除了会出现一些引发英国与印度间联系断裂事件,以及可能会损失一个市场外,与印度的分离则不会引起什么持久的创伤。此外,我们耗费自己的力量来镇守印度,这不能增加我们的力量,而仅仅是增加了我们的名声。而在登陆印度之前,我们英格兰就已经是一个伟大而强盛的国家了。而且,如果没有这片东部的领土,我们也就没有必要在那里建立海军基地保护我们的商业了。那样一来,我们将变得更为伟大和强盛。

所幸的是,诸如此类的问题,现在仅仅是纯粹的学术探讨罢了。

第二篇　罗马法和英国法在全世界的扩张

第一节　罗马法和英国法适用的地区

[72]罗马和英国都征服和管理着超过它们原始领土面积的大片领土,在我们就这两个国家做一个总的比较时,很自然的,我们就要思考一下领土扩张所带来的一项工作:为世界立法。两个国家都建立了自己的法律体系——就罗马法来说,虽然罗马帝国覆灭了,但是直到今天罗马法都还富有生命力——这一法律体系被适用于广大的地区,而这些地区都是这一体系的建立者们所未闻的。在这个方面,罗马和英国都堪称一枝独秀,但伊斯兰法——伊斯兰宗教的一个部分——除外,因为无论穆斯林在哪里,都会受到穆斯林法的管辖。

虽然现在罗马法或多或少因为各国的习俗、当地的家庭习俗、地方的习俗或现代的法律而有所改变,但是其依旧在欧洲各国盛行,这些地方要么是古代罗马的一部分,要么是中世纪时期罗马帝国的一部分,即意大利、希腊和东南欧的其他地区(只要是属于基督徒居住地的)、[73]西班牙、葡萄牙、瑞士、法国、德国(包括匈牙利帝国的斯拉夫人部分和日耳曼部分)、比利时和荷兰。这里面,唯一的例外就是南不列颠。公元五世纪，随着盎格鲁—撒克逊人的迁入，罗马法便从那里销声匿迹了。此外，一些偏远的国家也在适用罗马法学的一些主要原理。这些国家大量地借鉴了其他一些国家的法律。这些被借鉴的国家是丹麦、挪威、瑞士、俄国和匈牙利。此外，欧洲之外的殖民地也在使用罗马法，因为在那里居住的都是来自上述这些地区的人，比如路易斯安那、加拿大的魁北克省、锡兰、英属圭亚那、南非（所有上面的这些地区都曾是法国或荷兰的殖民地）、德属非洲、法属非洲以及一些以前从属于西班牙或葡萄牙的地区，包括墨西哥、中美洲、南美洲和菲律宾群岛。此外还有荷属和法属东部印度和西伯利亚。另外，苏格兰，在 1532 年由詹姆斯国王在那里设立了民事法庭之后，也是在罗马民法和（某种程度上）罗马教会法的基础上建立起来了自己的法律。①

英国法不仅在英格兰、威尔士和爱尔兰有效，而且在大多数的英国殖民地也有效。除魁北克、锡兰、毛里求斯、南非和少部分的南印度岛适用罗马法外，②在其他的地区，包括澳大利亚、新西兰和除魁北克之外的加拿大其他地区，适用的都是英国法律；美国，除了路易斯安娜之外，也适用英国法律，其中还包括夏威夷群岛。另外，印度也适用英国法律。不过，比较特殊的是，印度还同时适用当地的法律。

[74]因此，在它们之间，这两种体系覆盖了几乎整个文明世界和大部分未开化的地区。只有两个地区被排除在外——东穆斯林地区，即土耳其、波斯、西土耳其斯坦和阿富汗，那里适用的是伊斯

---

① 在现代的苏格兰法中，已经很少有凯尔特习惯的痕迹了。但是，土地法却充满了封建的遗痕；另外，最近，那里的商业法受到了英国法的影响。
② 但是，在西印度群岛上，西班牙法——比如特立尼达岛和多巴哥岛，以及法国法——比如圣文森特的痕迹已经很淡了；相反，在很久以前，在这些岛屿之上（除了古巴、波多黎各、瓜德罗普和马提尼克）都已经完全适用英国法。关于英国殖民地的概述，参见《立法的方法和形式》（*Legislative Methods and Forms*），C. P. Ilbert 著，第九章。

兰的神法；另一个便是中国，它有自己的习惯法。我们很难就适用英国普通法的人的总数做一个估计，因为人们不知道要不要将那些半野蛮地区的土著也计算在内，比如乌干达或者斐济。但是，大约有1.2亿文明人（没有将印度的土著包含在内）适用的是英国普通法；而适用现代版罗马法的人数则要更多。

这两个体系的起源地都不过方寸，一个是意大利城，一个则是条顿人的部落群，但是，他们却扩张到了世界上十分之九的地区。这个是我接下去想要谈的。这两个体系能形成现在这个局面，其中有很多相同之处，但也有很多不同的地方。在这方面，最主要的差别是，(大致是)罗马法适用范围的扩张靠的是征服，也就是靠罗马权力范围的扩张，而英国法靠的是殖民，也就是靠英国民族的扩张。不过，在印度，英国靠的是政府而非殖民。因此，在英国法在印度的扩张和罗马法在罗马帝国的扩张之间，我们可以做一个很好的比较。同时，我们还要注意的是，罗马法在传到现代后，已经发生很多的改变以至于比殖民地的英国法更能适应现代的状况。英国法的扩张仅仅是上三个世纪的事情，而整个英国法的历史也只有1100年，始于伊恩和阿尔弗雷德国王，直至1900年，或者是8个世纪，[75]如果我们从亨利二世国王算起的话。而罗马法则有25个世纪的历史了，在这其中，在除前三个世纪外的其他时期里，这一扩张一直都没有停止过。罗马人很早就开始将自己的法律适用于其国民。虽然其间有一些改变，但是，法的要旨还是被传了下来。这点我们之后会谈到。现在，让我们先来看看是什么样的原因和环境促使罗马法的规则和原理被用到整个世界的。

第二节　通过征服实现的罗马法扩张

罗马的第一次征服是在意大利进行的。但是，这个并没有牵涉任何法律上的变化，因为这次征服仅仅意味着消灭独立的城邦或者城邦联合体,或者是将部落变成藩属地区,并必须送部队到罗马军中服役。被征服地区的自治不受干扰是当时的一个规矩,这种自治包括民事管辖,所以,意大利和希腊—罗马的城市继续使用它们自己的法律。在这其中,至少欧斯堪人和翁布里亚人的地区通常是很像罗马人的地区的,而且,那里甚至在罗马市民权推行到拉丁同盟之前就已经被罗马同化了。公元230年,罗马吞并西里西亚并建立第一个行省政府后,行政管理和法律方面的问题便开始显现了。接下去,罗马快速地一个接一个地吞并新的行省,直到最后的不列颠(克劳狄乌斯于43年入侵当地)。现在,罗马需要在所有的行省中维持秩序、征缴税赋及维持社会正义。这些事情,特别是维持社会正义,需要根据各省不同的环境而采用不同的方式。有些行省,比如西里西亚、亚该亚、马其顿和西小亚细亚的行省,还有非洲(即曾由迦太基控制的各省)[76]都是一些开化的国家。①这些地区原本就有法院。几乎所有地区的法律都源于当地的习惯法,因为我们在希腊城邦中见到的那些法典本质上都是政治类的宪法典和刑法典,而非是私法的综述;而在有些城邦里,这些习俗却已经总结汇编了。② 其他的一些行省,比如色雷斯、阿尔卑斯山北高卢、西班牙和不列颠,都处于社会组织形态的低级阶段,而且,在它们被征服时,还在使用原始部落的习惯,并没太多的法律。这些原始习惯与这些部落中的野蛮人倒是蛮相配的。在被征服之前,它们并不太需要什么新的法律。而在被征服之后,当地的习惯

---

① "西西里人的法律权利是这样的。发生在同一个城市的两位公民之间的案子应当按照这个城市的法律由这个城市的法庭审理。发生在不同城市的两位西西里人之间的案子,应当由执法官抽签挑选法庭成员"(Siculi hoc iure sunt ut quod civis cum cive agat, domi certet suis legibus; quod Siculus cum Siculo non eiusdem civitatis, ut de eo praetor iudices sortiatu),西塞罗《反维勒斯之二审控词》2.13.32(参王晓朝译文)。
② 比如,人们最近在一块碑的碑铭上发现了公布于公元前5世纪的克里特岛戈提那法典(laws of Gortyn)。虽然保存下来的内容不太完整,但是,我们依旧可以看到其中有很大篇幅是关于土地法的。

就不再能满足这些地区的需求了,因为它们在被罗马统治之后,便很快在财富上和文化上发展起来了。所以,罗马需要制定新的法律。

这些行省中的居民也都分成两个阶层。一个是享有罗马市民权的阶层,其中不仅有意大利人,还有后来被授予市民权的人(比如,那些从军队退役的人),或者那些获得市民权这一个"红利"的城市中的居民(比如圣保罗的出生地,西里西亚的塔尔苏斯)。①这是一个很大的阶层,而且人数在快速的增长之中。对于这个群体来说,除了要遵守当地的习俗之外,也适用纯正的罗马法。

另一个阶层由外省人组成,他们仅仅是臣民,或者以罗马法的角度来说,是外国人(外侨)。[77]他们有自己的法律或者部落的习惯法。而且,对他们来说,最开始的时候罗马法是不适用的,这不仅是因为罗马法太新奇、太陌生了,与他们的习惯相异,所以如果要适用罗马法的话就会变得很不公正并且极不方便,而且是因为,就像其他的文明古国一样,罗马习惯于将法律权利与成员身份相联系,所以,将一个群体的私法用于另一个群体的市民便会显得很不自然。当然,在一段时间之后,罗马人消除了这种偏见,正如从一个较早的时期起,罗马人就已经将它们的私权利保护的范围扩大到了很多成为他们盟友的城市之上。不过,他们在制定行省的法律政策时,这种想法依旧萦绕在他们的脑海之中(公元前230—120年)。

至于那些法律政策,我就简单地提一下。这部分是因为我了解得不多,虽然,近些年来,对铭文的发现和收集已经极大的扩充了这方面的知识,部分是因为如果不涉及很多技术层面的点,就不

---

① 我所说的公民权,不仅仅指政治上的公民权,也指私人的市民权利(罗马人称这些权利为 connubium[婚姻权]和 commercium[经商权]),包括罗马的家庭和继承法、罗马的合同法和财产法。到安东尼时期,西班牙的开化阶层以及希腊上层的大部分人都已经获得了市民权。

能说清楚这些问题,而这些技术层面的东西又会使得不熟悉罗马法的读者不知所措。所以,在这里,我只谈一下征服者设定的法律政策的一些主要方面。

每一个行省都有一个执政官加上一班从属的官员,其中高级别的官员由罗马人担任,而对从属的官员(在共和时期)的任命仅在现任执政官的任期内有效。该执政官是司法、军队和内政管理方面的领导,正如罗马的执政官(Consul)①在最开始时也拥有司法、军队和内政管理方面的大权,或者就像是罗马的司法官(praetor)②,虽然他通常忙于司法事务,但是还是拥有军事和内政方面的大权。这些执政官的法庭仅审理行省内有市民权的人的案件,并且,[78]关于他们的家庭关系、继承权、相互间的合同关系等问题,适用的是罗马法,正如英国法适用于塞浦路斯或香港的英国人。对于他们来说,不太需要其他特别的法律。至于那些外省人,它们有自己的法律,无论这些法律是什么。但后来外国人的法律也有了一个重大的改变。每当一个执政官开始执掌他的行省时,他就会发布一道敕令,设定某些他希望在他的任期中执行的法令。这些法令在他的任期内有效,而他的继任者又会颁布新的敕令。但是,基本上,这些新颁布的敕令的内容不过是前者的翻版而已。因此,这些相同的基本原则乃是长期有效的,尽管可能在细节上有所改变,因为就经验所示,这些改变乃是必要的。③ 这也是罗马司法官采取的办法。所以,有此先例,行省的执政官也就亦步亦趋了。于是,这一法令除了包含关于岁入和民政的总则性规定之外,还包含了不少更为细节性的法律条文。它不仅能指示执政官法庭处理罗马人之间的诉讼问题,还能就罗马人与外国人之间的纠纷

---

① [译注]Consul 是罗马共和国的两名主要执政官中的一名,由选举产生,任期一年。
② [译注]praetor 是古罗马共和国司法官,一年选举一次,位列执政官之下,但具有与执政官几乎相同的职权。
③ 参见第十四篇,第 692 页及以下。

作出指示,甚至有时还会涉及外国人之间的纠纷。只有当该法令的规定不适用时,才会施用外国人自己的法律。在以自治方式组织的城市里,特别是在那些比较文明的行省里,当地的城市在被征服后,毫无疑问会继续使用当地的城市法庭,正如它们在罗马人来之前所干的那样,及适用当地的民法;那些所谓的自由城市,即已经成为了帝国的联盟者的城市,当地的城市法庭就长期处理这些诉讼。然而,刑法则属于执政官法庭的管辖范围之内,至少在大多数地方,针对那些严重的刑事犯罪是如此,[79]因为刑法是确保公共秩序的必要保证,也是弹压骚乱和阴谋的重要保障,而这些事理所当然是属于执政官的职责范围之内的事情。① 因此,执政官法庭不仅处理罗马市民之间的纠纷和岁入问题,还处理罗马市民和外国人之间的纠纷以及严重的刑事犯罪。同时,这个法庭似乎还受理某些外国人之间的诉讼案件,比如那种来自两个不同的城市或地区的外国人,或者在没有市政法庭存在时,这种案件就由这个法庭管辖。而且(很可能),它还接收那种由市政法庭上诉的外国人之间的案件。此外,当外国人,甚至是来自同一个城市的外国人,选择向该法庭起诉时,则该法庭也会受理。这里,我谈的是法庭,而不是法律,因为我们必须记住,虽然在习惯上,我们通常会认为是先有法律,再有运用它的法庭,但是,实际上,应该是先有法庭,然后,在诉讼中,法律才逐步建立起来。这些法律部分是源于人们遵守的习惯,部分则是源于法官自身的正义观念。这点,在所有的国家都是普遍运用的,尤其在那些法律不是很完善的国家和那些有很多不同阶层的人,对这些不同阶层的人要施用不同的法律的国家中,更是真理。

另外,我们还能从罗马建立对行省的司法管理体系方面学到

---

① 然而,在圣保罗时期,雅典的战神山法院还能维持其管辖权限;参见《使徒行传》17:19。罗马人对希腊人采取了特别的对待。

一些经验。在吞并意大利外的其他地区之前,罗马就已经是一个外国商人的定居所和聚居地,所以,罗马要同时管理本国市民和外国人。故而,早在公元前247年,罗马设立了一种文职官员,专门处理外国人之间或有一方为外国人的民事案件。这个文职官员适用的是商业惯例、公平原则和常识。[80]这些规则适用于当事人双方的本国法不同的情况,这种办法很自然就会对行省的行政官法院形成一种先例。

毫无疑问,行政官的主要目标以及公认的义务,乃是尽可能不扰乱行省的惯例。而罗马的执政官倒也不曾受到诱惑,试图去改革地方的法律,引进纯正的罗马教义或刻意地去实现什么整齐划一。① 如果他们真的这么干的话,会惹出很多的麻烦。他们为什么要这么干? 有抱负的行政官渴望的是军功,稍逊一些的想要的是金钱。而像西塞罗,较晚一些时候则是普林尼②,这样的较优者,则喜欢接受行省庆祝,喜欢接受心怀感激的城市建造起来的雕像。这些东西都不是靠法律改革能实现的,贤明的政治家可能会想要发动法律改革,但是却没人要求这么干。从我们对其他地方的官员的天性的了解来看,我们完全可以这么说,即罗马官员一直试图做的是实现捞钱与维持稳定共存。当能确保这些事情的时候,其他的事情就被他们抛至脑后了。

然而,当官员们希望这一切停下来时,事物却照惯性继续向前发展。当新的有力的影响力被带入一个善于接受新事物而不刻板的民族混合体时(正如在罗马治下的小亚细亚发生的那样),或当

---

① 其中一个对威勒斯的指控就是说他藐视所有的法律。通过他,西塞罗说西西人"既不能按照他们自己,也不能按照属于一切民族的法律来保护自己"(neque suas leges neque nostra senatus consulta neque communia iura tenuerunt),《反维勒斯之一审控词》4.13(参王晓朝译文)。
② [译注]普林尼(62? —113年,Pliny):古罗马执政官和作家,老普林尼的外甥。他的书信提供了有关古罗马人生活的珍贵信息。

一种先进文化通过政府对后进人群的管理而人工地起作用时（正如罗马治下的高卢发生的那样），法律和人类行为的其他方面就也会发生改变。[81]在这里，有两种力量在同时起作用。其中一个是不断增长的罗马市民人数，他们都为罗马法所管辖。另一个则是政府身上的一种倾向，即其不断地倾向于指挥和管理行省的整个公共生活。当君主政体成为罗马政府的建制之时，行省的管理就变得更加有组织了，并且，不久之后，一个规则的官僚群体也就成长了起来。执政官法院的管辖范围随之扩张。最后，适用同样规则的下级法院又补上了执政官法院留下来的空缺。适用于市民与非市民之间冲突的法律变得愈发丰富和明晰。行省的法令逐渐丰富，并且其大部分内容确定了下来。所以，逐渐地，在潜移默化之间，行省的法律，包括其基本精神和主要概念，可能还有一些特殊的部分，如果这些部分没有为该行省的原本的地方法律所涵盖的话，都被罗马化了。但是，这一进程在各个行省并不是同步的，也没有产生出统一的法律产物，因为有相当多的地方习惯法被保存了下来，当然，这些习惯法是因各个行省而异的。比如，在希腊的城邦或希腊化的国家之中，先前存在的法律自然是要比西方的法律强大和充实的；而且，因为其比高卢或西班牙的野蛮惯例要更为有效，同时还因为罗马人感觉他们在智慧上是受到了希腊人的恩惠的，所以，罗马人对之要更重视。

人们或许会问在这个时期罗马有为行省直接立过什么法没有？罗马市民大会有没有通过什么法令，就像有时英国议会对印度所作的那样，或者有没有在行省设立什么立法机构？在罗马私法所及的范围内，在共和时期，罗马没有干过上面任何一件事情。[1][82]人们觉得没有必要那么干，因为变更罗马法主要是为了定居在行省的

---

[1] 李维在《自建城以来》35.7 中提到的《色姆璞若尼阿法》（Lex Sempronia），看起来是一个例外，这是因为其非常特殊的环境所致。

以及住在意大利的罗马人而干的,而对于外省的异邦人来说,执政官的敕令,以及根据法院判决所建立起来的规定就足以满足任何所需的变更了。但是,元老院却发布了要在行省施行的政令,并且,当皇帝开始向行省执政官下达旨意,或者以其他的形式宣告其旨意的时候,这就有了法律的效力,并成为了立法行为。这种立法有部分是普遍适用的,有部分则是专门适用于个别行省。

同时——现在我在谈的是从公元前150年到公元150年罗马法的三个决定性的发展期——另一个进程的发展就更为重要了。罗马法的特征改变了,从一种严格的高度技术化的体系——形式古老而规定严格,重文字而轻精神,强调制式短语的运用——逐步转变成为了一种自由的有弹性的体系——充满了公平的精神,服务于开化的商业群体,为他们的日常活动提供方便。关于这一过程的实质,我们将在第一卷的其他地方来谈。① 其结果便是,原本只能用于市民的罗马法通过解释市民法(ius civile),能够为与外邦人之间的交易服务(ius gentium[万民法]),这样一来,这些规则将能够为任何的文明人所用,因为它是奠基于理性和实用之上的,而同时其又不失规定之详尽和质量之上乘。

在大约公元150年的时候,罗马法达到了这种效果,那时,各行省的法律基本上都已经罗马化了。因此,各地的法律——为方便起见,在这里我们权且将行省的法律视为一个整体——变得更为相近了。[83]罗马城的旧法接受了不断的扩张与改变,直至其能在行省的适用。各个行省的各种法律经常性地吸收罗马城的这种扩张和改变了的法律。因此,当最终的融合到来时,两者之间的区别已经是很小的了,以至于融合进行得很容易,很自然,对现存的事物的状况几乎没什么太多的扰乱。有时,人们在阿尔卑斯山的南侧会看到两条在邻近的山谷中奔流的溪流。其中一条的水来

---

① 参见第十一和第十四篇,第706页。

自于冰川的融水,沿途将来自冰原的白色泥土沉淀在了岩石的河床上。另一条则源自清洁的泉水的喷薄,并在下游途经松软的土层或者冲积平原时将各色的物质裹挟其中。当这两条溪流最终汇合的时候,源自冰川的那条变得很干净以至于当其与另一条浑浊的溪流融汇之后就难以辨别出原来的色彩了。因此,罗马和行省的法律,源自于不同点却最终实现了相互间差异的消减。两者在2世纪的时候变得如此相似,以至于市民与异邦人在私权和救济方面的规定之上,几乎没有太多区别了。

然而,有一个区别之处值得我们注意。法律的某些分支的融合比另一些显得更为彻底;那些与古老的民族特征和感情有关联的法律的融合就很不彻底。而在财产和合同法方面,除了很少一些例外之外,①几乎是变得完全一致了。融合同样也出现在刑法和诉讼法方面。[84]但是,在家庭关系法和继承法方面,这种与家庭关系有密切联系的法律,不同之处是很明显的;同时,我们能够发现这一现象在印度的英国法和土著法的历史上也曾有上演过。

此外,在二世纪,有两种其他的影响力推进了这一融合的进程,这点之前我还没有谈到。一个是皇帝的直接立法行为,这点在帝制建立后的第一个世纪内还很少见到,而现在则变得越来越常见了,并且大多数这种立法行为针对罗马市民和异邦人都是一视同仁的。另一种则是皇帝作为最高司法机关的司法行为。皇帝有时对案件直接做出一审判决,而更多的则是对下级法院的上诉案件做判决。他有一个被称作是参议会(Consistory)的班子代表他审理案件,因为特别是在马可·奥勒留②之后的动荡时代——这也预示着帝国的最终解体——皇帝很少能够亲自听审案件的。这

---

① 比如罗马的 stipulatio[承诺,约定]和希腊的 syngraphe[契约]在技术方面的特点。
② [译注]马可·奥勒留(Marcus Aurelius,121—180 年):新斯多葛派哲学家,罗马皇帝,161—180 年在位。

个参议会的判决,是以皇帝的名义做出的,所以具有皇帝签发的法令的同等效力。这也使得各省和社会各阶层之间的法律趋于一致。①

第三节　帝国统一的法律制度的建立

最终,在第三世纪开始的时候,决定性的一步踏出了。因为所有的罗马臣民都获得了市民权,所以,市民和外邦人之间的区别便消失了。但是,在最开始的时候,这种授权仅仅适用于有组织的群体,并且不适用于农村的落后社区,比如科西嘉或者阿尔卑斯峡谷的某些地区。[85]令人遗憾的是,对于这个出台了著名的卡拉卡拉法令②的时代,我们知之甚少。盖乌斯,法律鼎盛时期最好的立法者,生活在离这个时代 50 到 60 年前。《查士丁尼国法大全》是我们对罗马法整体认识的主要来源,但该书的编纂者们生活在 300 年之后,到那时,罗马市民和外邦人之间的法律权利的区别已经成为过去,已经是史学家们研究的对象了。这些编纂者修改了法学家之前在《国法大全》中所做的论述,以使得它们显得更为贴近时代。从实践的角度来考虑,他们这么做是没有错的。但是,他们在这么干了之后,却削弱了法学家论述的历史价值,正如教堂的现代修缮者毁坏了教堂在建筑史上的价值一样,他们通常是出于自己的美感和为了自己的方便而随意改动教堂的建筑风格。同样

---

① 这些皇帝的 decreta[诏令]都被算在他的 Constitutiones[法规]之内(参见文章 14,第 720 页及以下)。对于这些诏令,并没有形成公共的档案或者编纂出版,但是毫无疑问,其中很多都通过法律学校或者其他的方式传播到各处。而将其诏令正式编纂起来则是后来的事情。

② [译注]卡拉卡拉(Caracalla,188—217 年):罗马皇帝(211—217 年在位),曾着迷地试图效仿亚历山大大帝。然而,他对帝国的残暴,不合理的统治,以致被暗杀,只留下遗臭万年的污名。其于 212 年宣布授予所有罗马帝国的自由男性以公民权,所有女性以罗马妇女相同的权利。这便是著名的"卡拉卡拉法典"。

的,人们还可以这么认为,当卡拉卡拉授予市民权的时候,较发达行省的大多数人,或者至少是市镇的居民们中的多数,都已经获得了全部或者部分的市民权,并且,那些人都享有了之前仅限市民们享有的市民权,比如使用所谓的盖七玺的禁卫军长官指令(Praetorian Will with its seven seals)。

到底在哪一瞬之间,扩散的市民权在多大程度上代替了行省或地区之前存在的法律,或者说,到底管辖的方式和私人之间的关系受到了什么直接的影响,则是一个我们现在还无从解答的问题。很明显,未来的立法活动还是会面对很多困难。①［86］而且人们还会说罗马的规定与行省的规定有诸多不同,后者不可能一下子就被前者代替掉。

在这里,有一些事情可以帮助我们更好地了解这个问题,比如,罗马的父亲对子女及孙子女的权力是否有扩张到行省的家庭。罗马人自己将父权视为罗马人特有的制度。对我们现代人,特别是美国人和英国人来说,这种规定看起来太压迫人了,所以会认为其在实质执行时应与纸面的规定不同。但是,虽然到安东尼时期其已经没有古时那么严格了,即便如此父权对未成年人依旧不是一个令人欣喜的玩意儿。

从卡拉卡拉时期(公元211—217年)开始到狄奥多西大帝时期(公元395年)为止,帝国只制定了一部法律。当然,罗马对个别省份颁布了一些特别法,以及对某些行省来说,还是有大量的习惯法的。虽然在查士丁尼时期之前,罗马国民,除了边境地区的半野蛮人,比如高加索地区的索恩人(Soanes)和阿布哈西亚人(Abkhasians)或者努比亚的埃塞俄比亚部落之外,以及除了少部

---

① 关于这个问题,请参见 L. Mitteis 博士的论文(该文对我的帮助很大),《罗马帝国东部行省的帝国司法和市民权利》(*Reichsrecht und Volksrecht in den östlichen Provinzen des romischen Kaiserreichs*)第6章。

分的被释放奴外,都享有罗马市民权,并且拥有基本相同的私权利,但是,很清楚的是,在东部地区,当地的居民和下等人的法律顾问从未透彻地理解罗马法的一些原则和基本原理,而另一些原则则没能成功地替换掉他们实际使用的规则。从我们最近复原的一部曾被广泛适用的法典中,即叙利亚和亚美尼亚人所使用的法典的版本中,我们找到了这方面的证据。既然在东部行省都是如此,那么在其他地方情况会是如何也就是毋庸置疑的了。比如,在埃及,[87]在将莎草纸碎片拼接复原后(最近该书已出版),我们看到,当地旧有的习惯,虽然在某些程度上被希腊法给覆盖或者改造了,但是却一直到6或7世纪都还岿然不动。① 不过,在允许行省就罗马法做出这些地方化的变更之后,哲学化的法律体系和抚平一切的独裁者便完成了他们的工作。他们有史以来第一次带给这个文明世界一个和谐一致的法律体系。

总的来说,有五个原因使得罗马人能够达成这一结果:

(1) 之前行省的法律体系的根基都不够牢固和强大,乃至于能够抵御罗马法的扩张。高度发达的成文法或者习惯法体系仅仅存在于城邦,比如希腊或者爱琴海两岸的希腊化行省(Graecized provinces)。那些大的国家,比如本都、马其顿或者高卢,其法律意识都是杂乱无章或者落后的。因此,罗马人,就算不是填补空白,也在扩张法律或者在做成这件事情上没费太大劲。

(2) 人们的法律观念和习惯之外没有被包着宗教情感和传统的外衣,所以这些观念和习惯并没有牢牢掌握住人们的感情。除

---

① 前引文,Mitteis博士认为叙利亚和埃及也有同样的制度。他认为(第30—33页)叙利亚圣经中的法律,虽然带有些许东方习惯的痕迹,但主要还是来源于希腊,所以其与《学说汇纂》(*Corpus Iuris*)中的纯粹罗马法是不同的。同时,他还提到,由于东方一神论强烈地反对君士坦丁堡信仰正教的皇帝,所以,这可能造成他们更加坚守自己的习惯法。叙利亚圣经源于公元5世纪,所以早于查士丁尼(Bruns und Sachau,《五世纪以来的叙利亚—罗马法律著作》[*Syrisch-romisches Rechtsbuch aus dem funften Jahrhundert*])。

了基督徒,及从某些程度上说,埃及人之外,罗马在征服时都没有动用它的宗教力量,就像现在印度的伊斯兰和印度教。

(3)赐给地区或者个人的罗马市民权是一个很高的特权,因为这无论在社会地位上,还是在对抗官员专横行为的保护上都是一个很大的提升。[88]因此,就算是那些本来对当地的法律情有独钟的人也都迫不及待的丢弃自己法律,以获取罗马市民的豁免权。

(4)罗马执政官和罗马官员享有的行政任意决断权比任何一个现代政府的官员都要大,因此自然也要比英国或者美国议会授予任何人的权力都要大。罗马执政官可以通过他们的敕令和他们的司法行为制定法律,并能自由修订法律,使其更为符合行省的需求,这便大大促进了从地方法或者习惯到统一的罗马法律体系的转变。

(5)罗马法自身,即罗马城的法律,是不断扩大和改变的。其摆脱了狭隘的民族性和技术上生硬之处,最终成为整个世界的法律。这个过程持续进行,是一种从行省到罗马及从罗马到行省的政治和社会的同化过程的自然结果。

在狄奥多西大帝死的时候,罗马帝国已经最终分裂成为东部和西部两半了,因此,从那以后,就有两个立法主体存在了。为了维护法律的尽可能的统一,在这帝国的两半之间是有法令相互传递的安排。其目的乃是为了如果一方的法令能够得到对方的认可的话,可以同样地施行于帝国的另一半。然而,这些安排并未得到切实的执行,并且不久之后,西部帝国也变得不是很太平,乃至于其立法活动实际上停止了。但狄奥多西二世的伟大法典(Codex,是帝国法令的汇编,颁布于公元438年)却同时在东部和西部帝国颁布,但近一个世纪后颁布的查士丁尼法学汇编和法典却只是为东部帝国指定的,虽然随后通过再征服而扩张到了意大利、西西里和非洲。[89]狄奥多西法典的部分内容载于法律手册之中,其目的是为便于一些罗马人的臣民——野蛮人的首领——使用。公元476年,罗马帝国的势力在西部帝国彻底消失之后,西部行省地区依旧承认狄奥多西的法典,并且,确实,这连同这些手册一起,成为一股源泉。在很长的一段时间里,罗马人正是靠着这个,才得以将他们行省的法律与法兰西、勃艮第和西哥特人制定的法律相区别。

随后,暮气沉沉的中世纪降临了。

第四节 西部帝国覆灭之后罗马法的扩张

至于之后的罗马法的历史,以及其在现代世界中扩散的情况,我就仅能简单地涉及一下了,因为这个话题与我们正在讨论的问题关系不大。罗马法的扩张之路,除了偶然是通过征服的方式之外,基本上都通过和平的方式,铺就到落后民族之中。他们没有成型的法律体系,并且逐渐受到他们周边先进民族的影响,并从这些邻居处学了不少东西,而这些先进民族的体系又是来自于罗马人的。那时,法律知识之光的源头只有两个,一个是10到15世纪的君士坦丁堡,它的光普泽巴尔干和尤克西奈(Euxine)地区的国家,另一个是12到16世纪的意大利,它的光笼罩着它以北和以西的地区。那之后,德国、荷兰和法国宣传了罗马帝国的法律。德国是通过它的大学和作家们完成这件事的,而法国和荷兰则是通过他们的法学家和殖民扩张。

在中世纪和现代的法律扩张史上,有五个特殊的引进法律的时间点或者阶段值得我们注意:

第一个时期就是法律研究的复兴期,[90]开始于11世纪末的意大利,中心为波洛尼亚学派,该学派之后闻名数代。从这一时期开始,意大利、法国、英国、德国的大学里开始讲授和评注查士丁尼法典——其在东罗马帝国已经被其他法典所取代了——并且这一股风潮一直到我们的时代都没有停止。除了英国之外,这形成了所有的法律训练和知识的基石。而英国自亨利三世时期起，就已经拥有强大的普通法了，并且，在当地，普通法最终战胜了罗马法。

第二个时期是为了指导教会事务和法庭——该法庭在中世纪的管辖范围比我们现在的法庭要大得多——而创立大量规则的时期。我们称这些规则为教会法。这些规则，从神学会议的法典和教皇的敕令中脱胎而来，于12世纪逐渐体系化，并于13世纪中叶由教皇乔治九世整理成为一套系统的法律文件。① 这些规则大都奠基于罗马法，所以我们甚至可以称之为罗马法发展的产物。其创新之处，部分在于新的角度，部分在于新的精神，且虽然其与世俗法院的民法相互抵牾，但它依旧还是扩大了罗马法律在知识上的影响。

第三个时期是之前没有罗马法的国家接受罗马法为有约束力的法律的时期，这种情况在德国和苏格兰特别明显。罗马法之所以为德国所接受，是因为德国国王（在奥托大帝之后）被认为是罗马皇帝，是古老的罗马人民集会、执政官和皇帝的合法继承人；而且这种观念，因为德国法学家在意大利大学中所接受的法学训练，而得到了极大的扩散。其原本作为德国传统的附属物，地位并不重要，但是，因为德国的法官在意大利接受的都是罗马法体系的训练，所以他们要求在适用德国习惯法之前必须先证实存在这种习惯，[91]所以，逐渐地罗马法代替了习惯法，虽然在萨克森地区，情况略好一些，那里，当地的法典Sachsenspiegel已经有一定的影响了。不过，罗马法并没有完全代替德国的习惯法，比如土地权就保留了其封建的特性。通常认为皇帝马克西米利安一世于1495年建立皇家法院（Reichskammergericht）正式标志着学说汇纂（Corpus Iuris）在德国的普遍适用。荷兰因为其后来依旧是德意志帝国及勃艮第遗产的一部分，所以，罗马法也就成了荷兰法，之后又

---

① 其他部分是后面加上去的。

成为了爪哇、西里伯岛及南非地区的法律。在苏格兰,罗马法在国王詹姆士五世根据巴黎最高法院组建苏格兰最高民事法院时被采用。对英国的政治上的敌意,对法国的迷恋,加上宗教法规学者的影响,自然造成了苏格兰国王和法院采用了在欧洲大陆普遍适用的法律体系。

第四个时期是法典化时期。罗马法在高卢的很多地区,当然在普罗旺斯和郎格多克情况要略好一些,都退化成为习惯法的一部分。需知一千年前,罗马法就是从习惯中脱胎而来的;在高卢北部和中部的一些地区,一些习惯法,特别是与土地相关的习惯法,都不是原来罗马法中有的。最后,直到路易十四时期,法典化的进程才开始。从 1667 年开始直到 1747 年,法国制定了内容广泛的法令,其中每一个部分就是一个部门法。这些法律奠基于罗马法的原则之上,施行于法国全境,极大推进了由法学家开创的将法国北部习惯法罗马化的事业。至于法国南部(成文法国家)则更是要罗马化一点,因为南部较少受到法兰克族征服和殖民的影响。[92]自 1803 年到 1810 年,拿破仑颁布了 5 部法典。① 在其他的拉丁系国家中,这些法律在略作修改后就被重新利用。

在普鲁士,弗雷德里克二世指示要制定一部法典,这部法典在其 1794 年去世后即成为了法律。从 1848 年起,有部分德国法开始法典化(各个地区各不相同),最开始的时候是有几个邦自己制定法典,随后是新兴的帝国的立法机关开始制定法典。最后,在经过 22 年的苦功之后,议会通过了一部适用于全德意志帝国的新法典,该法于 1900 年 1 月 1 日开始生效。但是其并没有彻底代替之前存在的地方法。该法典和罗马法的不同之处在于其融合了不少

---

① 比利时、意大利、西班牙、葡萄牙、墨西哥和智利将这部法国的法典作为自己的典范。参见 E. Schuster 先生的文章,《季度法律评论》(*Law Quarterly Review*),1896,1。

中世纪的习惯（特别是与土地权有关的习惯），并将它们现代化以适应现代环境，同时它还包含了大量的后中世纪的立法成果。[①]有些德国法学家抱怨说该法典太过于日耳曼化了；另一些人却说其还不够日耳曼化。人们可以从这些相左的批评中得出这样的结论，即该法典的编纂者在修订该法典时很明智地综合利用了罗马法和德国法的元素。

总的来说，法国法和德国法的基础——即其框架和基础法律术语——都是罗马法的。这就像一种语言的特色特点取决于其语法，而不管其融合了多少外国单词一样，无论罗马法中被融合进了多少新元素以适应现代化的要求，其依旧是罗马法。

第五个时期是将拥有现代形式的罗马法移植到新的国家之中的时期。[93]西班牙人、葡萄牙人、法国人、荷兰人和德国人各自都将其法律体系带到了被其所征服和殖民的领土之上；并且就算该领土最后易主，之上的法律都经常得以保持原样。这是因为法律是一株生命力顽强的植物，甚至比语言更难被消灭；新上台的统治者也大都认识到重订法律除了激怒百姓之外并无太多益处。因此，罗马—法国法在魁北克（除了某些涉及商业的领域之外）和路易斯安娜得以留存，罗马—荷兰法则可见诸于圭亚那和南非。

至于波兰、俄国和斯堪的纳维亚的情况的成因，则是源于一个与上述所述过程不同的过程。俄国法最初源于斯拉夫人的习惯，并于俄国当初接受罗马的基督教和最早的文学潮时，在某种程度上受到东罗马帝国的影响。以其现在的形式而论，其保持了不少斯拉夫人的特色，所以，不像罗马法，倒有点像是法国法，因为其从拿破仑法典中吸收了不少东西，特别是财产权和合同法的原则，并从德国那里也学了一些东西。因此这也可以被称为是罗马法的

[①] 关于德国队罗马法的继受问题，参见 Ledlie 先生翻译的 Erwin Grüber 博士的著作 *Sohm's Institutionen*（第一版）。

"间接介入",而俄国也可以被视为是罗马法所覆盖的领域中偏远的和半同化了的行省。波兰在地理上离德国很近,并且其作为一个天主教国家,受到教会法以及德国教育与出版物的影响,所以比俄国更多借鉴了罗马法的原则。① 波兰的国民最初在意大利,[94]然后是德国大学学习罗马法,最后,当他们成为法官后,自然就适用罗马的原则了。斯堪的纳维亚诸国适用的法律都是条顿式的,其深受罗马的大学以及德国的司法文书(其中罗马法原则浸染于旧的习惯之中)的影响。另一方面,塞尔维亚、保加利亚和罗马尼亚,在其于中世纪接受罗马的宗教和文化之时,就受到了东罗马帝国法律的影响。因此,他们现代的法律也是罗马法式的,因为其特色不仅受到了拜占庭的影响——当然主要是受到了斯拉夫人传统的影响——而且还受到了法国和奥地利的影响。

第五节　英国法的传播

英国,就像罗马一样,将其法律广播大地。但是,英国的这一过程比罗马法,要短得多,要简单得多。这一工作乃是于前3个世纪中完成的(除爱尔兰之外),而且是通过和平的手段而不是武力征服(除爱尔兰和印度之外)来实现的。这是英国与罗马之间的两个不同点之一。另一个不同点是英国法本身没有受到这一过程的影响。在从亨利二世开始的7个世纪里,英国法一直都在改变,自十二铜表法制定开始到卡拉卡拉执政为止的7个世纪里,罗马法也都一直在改变。但英国法改变的程度没有罗马法那么大,而且英国的这些改变发生的原因并非是因为英国法的扩张,而罗马法

---

① 在立陶宛,对任何案件都没有明确的法律规定,所以,人们只能使用"基督法"。一般来说,人们可以说,正是靠着基督教,也正是和基督教一起,罗马法才得以在德国的东部以及东部帝国的北部地区实行。

发生改变的原因，如上所述，则是因为其之扩张。英国法本应发生这些改变的，如果英国人继续留在不列颠而没有走出去的话。这些改变本应该以同样的方式和同样的程度覆盖这些地区的。

现在英国法扩张到了两类领土之上。

[95]第一种是英国人和平殖民的领土——北美（除了下加拿大）、澳大利亚、新西兰、斐济、福克兰群岛。所有的这些地区，除了美国，都与英国王室保持着政治上的联系。

第二种是被征服的领地。在其中一些地区，比如威尔士、爱尔兰、直布罗陀、安大略和新斯科舍的加拿大省、几个西印第安岛屿，英国的法律都是当地唯一的法律制度，适应于全体国民①。在另一些地区，比如马耳他、塞浦路斯、新加坡和印度，英国法管的是英国人，而当地法管的是当地人，两种制度并行不悖。在所有的这些例子中，现在，问题最大的，利害最为攸关的是印度。但是，在我们开始讨论印度之前，我们需对前一类地区略作解释。除了西印度群岛、斐济和福克兰群岛之外，这些地区都拥有自己的自治政府，因此可以随时改变自己的法律。它们可以完全自主的完成这件事。现在，美国有 49 个立法机关，即国会，四十五个州议会，还有三个藩属地区（Organized Territories）。自从从英国手里独立之后，它们制定了大量的法律。但是，就算它们制定的法律再多，做的立法试验再大胆，美国法（当然要除去路易斯安那）实际上依旧是英国法。英国的大律师在美国的联邦或者州法院中，除了个别的程序或者法条会影响其争论的焦点之外，也能如鱼得水，毫无水土不服的感觉。美国法学教育的鼻祖（哈佛大学法学院的 C. C. 兰

---

① 其没有经历太多或者说甚至没有任何变化。威尔士的凯尔特习俗完全消失了；爱尔兰的法官法（Brehon law），虽然是以文字的形式记载下来，而且到都铎王朝之前还在爱尔兰的大部分地区适用，但是，在现在的爱尔兰法中，却没有留下任何的痕迹，而且，现在的爱尔兰法，除了土地法、部分刑法、婚姻法与英格兰法不同之外，其他方面都是一模一样的。

德尔教授)[96]一直拒绝谈及联邦或者州的制定法,而继续教授美国普通法。美国普通法与英国普通法之间,只有零星的区别。美国旧有的普通法,即17世纪殖民者带入的法律,现在自然都已经被美国法院的判决改变了或得到了发展。然而,这些并没有从根本上影响到其中的英国特色。当然,不同州法院所信奉的法律原则之间的区别有时是很大,比如马赛诸塞州或者新泽西州的法院与英国法院的观点之间的差别就很巨大。

这种情况在英国的自治殖民地也是如此。那里的法律也与英国本土的法律有些区别。比如在40多年前,新西兰废除了用益法(the Statute of Uses),这是英国财产转让法律制度的一根顶梁柱;澳大利亚立法机关修改了(但不止于此)英国婚姻法。但是,哪怕这些改变来得再剧烈一点,哪怕从殖民地最高法院向王室枢密院(the Crown in Council)上诉的权利取消了(当然现状并非如此),这些地区的法律,在所有的根本特征上,还是古代普通法的嫡传子嗣。

然后,我们来谈一下被英国征服的地区。在那里,英国法适用于全部或者部分的地区。在这些地区里面,我只想谈一下印度的情况,因为印度的情况向我们展示了征服者的法律与被征服者法律之间的联系,并且规模极为宏大而且最具有教益。如果一个大国要负担起统治并将文明赐予落后民族的责任的话,那么现在英国在印度做的也就是它要做的,就算规模没有这么大。俄国、法国、德国以及现在的美国,[97]都将要负担起这项任务。因此,对它们以及英国来说,英国政府在印度的经验是颇有裨益的。

第六节 英国法在印度

英国在征服印度后,发现当地有两种习惯法体系:穆斯林法和印度教法。当然,当地还存在一些其他的习惯法制度,适用于在特定的集团中。不过,对于这些,我们暂时不予关注。穆斯林法规制的是穆斯林的生活和关系;其中的部分规定,特别是刑事规定,被当权者普遍适用于所有的臣民,印度教徒也被包括在内。穆斯林法关于家庭关系和继承的规定最为健全,此外,其中还有合同法的一些分支规定,比如借款、抵押以及买卖相关的事务,还有一种被称为"捐献"(Wakuf)的行为,这是慈善或者虔诚之基。

在印度教诸侯的领地,印度教法律是占统治地位的法律,哪怕统治者是一个穆斯林。印度教法律中关于家庭关系和继承的规定都为印度教徒所尊奉。当然,印度关于地产的习惯是很多的,并且各个地区不同,而且同时为印度教徒和穆斯林所尊奉,因为他们认为这些习惯与宗教信仰的关系不大。在有些地区,比如奥德以及现在的西北省地区,这些习惯受到了莫卧儿王朝土地岁入制度的极大的影响。不过,人们很难说印度当地有法院,当地的司法公平差强人意,甚至有点不太公平的,因为贿赂和人情案的情况俯拾皆是。

印度也有商业习惯,为商人熟知与普遍遵守,并且,这些规定,[98]加上某些为穆斯林地区所认可的规则,组成了当地的契约法。

因此,人们可以说在克莱夫和沃伦·黑斯廷时期,英国统治者在当地看到的法律由如下几部分组成(除了纯宗教法之外):

第一,宏大且结构精巧的继承和家庭法体系。在全印度,穆斯林的体系比较统一,虽然在个别地区为印度教的习惯所改变,而印度教的体系则稍逊一些。这两个体系都与英国法截然不同,所以也就与英国法水火不容。两者都与当地人们的宗教和社会习惯紧密联系在一起。两者都见于古老且神圣的文疏之中,印度教的文疏是非常古老的,而且被视为是神授的,穆斯林的文疏当然要晚于古兰经才现世,由对这部经书及与之有关的传统的评注组成。

第二,大量的与土地占有和用益以及与耕作和放牧有关的各种权利,包括水权、河岸的土地增益权、林权,相关的习惯。国家的农业体系和岁入体系正是奠基于这些土地习惯之上,当然这些大多都不见诸纸面,且各地大不相同。

第三,与财产转让与抵押、合同,特别是商业合同有关的习惯。据我们所知,这些习惯数量不多而且很不完善的,但是依旧很重要。

第四,某些来自于穆斯林法律的刑法规定,其由穆斯林统治者强制实施。

因此,有很多部门法是当地没有的。当地没有民事和刑事诉讼制度,因为那里的司法方式还很原始,并且由于法官和证人腐败横行,所以当地的司法也很肮脏。当地几乎没有侵权法或者民事侵权的规定,[99]并且在财产契约和财产犯罪的法律方面,部门法律也很匮乏或者处于初级阶段。在与公众和宪法权利相关的法律方面,从来不会发生争执,因为当地根本就不存在这些权利。

因为存在这种情况,同时英国官员又有很多其他的工作要做,所以他们就很自然的选择一条捷径,即一条受抵抗最少的道路。他们接受并继续实行当地的法律。他们保留了当地的法律,穆斯林法归穆斯林,印度教法归印度教徒。在个别地区,帕西法归帕西人,耆那法归耆那人。因此,各种信仰的人——在印度,人们不是按照种族或者忠诚而是按照信仰来分类的——都根据他们各自的法律生活,就像16世纪勃艮第人、法兰克人和罗马化的高卢人在欧洲做的那样。当地的社会结构没有被打乱,因为土地习惯和继承权制度得到尊重,并且,当地的小官员,就是那些经常要与农民打交道的官员们,还是由当地人来担任。因此,当地的村民几乎就感受不到政权的更迭,也不会皈依异国的信仰。他的生命依旧从白色的清真寺或者圣林旁逝去。政权从印度教统治者转移给穆斯林统治者将会引起的改变要比建立这种英国政权大得多;并且,生活在这种政权之下比生活在一个王公或者苏丹的统治之下要恬静得多,因为欧洲官员很快就剿灭了当地的土匪团伙,他们之前一直是当地农民的梦魇。

这种情况延续了超过一代人的时间。所以,确实,宗教、婚姻、收养(在印度教徒间)和其他家庭关系以及财产继承方面的法律保持了原状。所有的相关的事务,英国人建立的当地法院在审理时所适用的都是当地的法律;[100]当案件从当地的最高法院上诉至英国枢密院时,枢密院的法官在审理案件时所依据的是古兰经中的字句和伊斯兰传统,或者深奥的摩奴法典中的篇章,并将它们视作是澳大利亚的制定法一样地对待。① 除了之后要提到的个别点之外,伊斯兰和婆罗门的圣法都未受到欧洲观念的玷污。但是,它们并不是完全没有改变,因为这两个体系的内容都受到来自于律师、法官和法律教材作者的仔细的和彻底的检查的影响,并且,无论这些人是当地的或者英国的,其身上都洋溢着欧洲的科学精神。他们一直在阐释和解释这些体系,从含糊不清的原材料中抽离出比之前更为肯定的和刚性的法律要旨。罗马人也曾对行省的地方法或者部落法这么干过。

在这些部门法方面,之前的当地习惯并不足以构建出一个足够大的法律体系,也不够细致以至于开化的法庭能够凭此断案。所以,英国人觉得他们有必要填补这些空白。他们通过两个途径来完成的这件事。有时是由法院大胆的适用英国法,有时则将常识,即他们自己的公正公平的观念,填补当地的习惯。在没有确定的规定、制定法或者习惯法的时候,法官就按照法律原则断案。这些法律原则都符合"衡平与善良意识"的观念。对于一个不懂法的

---

① 有一个与这个相关的事情:有一个在印度中部的柯尔人的山地部落,其与印度政府就与林权有关的某些问题发生了争议。这个案件的结果是有利于柯尔人的,所以,印度政府便向司法委员会(Judicial Committee)提出了上诉。之后不久,有个路过的旅客发现这个部落的长者聚集在一起,将一个小孩献为牺牲。他问他们说:"你们在祈拜的是什么神?"他们回答他说:"这个神充满了力量,但是很遥远。他的名字是枢密院。"

地方治安官来说,"衡平与善良意识"也就等于说他要按着自己的"自然正义"观念来判案,而且他的判决也不比法学家的观点更让人不能接受,任凭那些法学家妄图从布莱克斯通①或者奇蒂②的杂乱的集子中找答案。[101]在商业事务上,商人的习惯将会辅助常识一起断案。如涉及侵权案件,当地的习惯一般都没有相关规定,但是,治安官着眼于实质正义,却能给予人们从地方法院处无法得到的东西。所以,人们对这些改变也就无从置以微词了。至于举证规则,年轻的益格鲁-印度市民,如果他们足够聪明的话,就不会忘记其从母国习得的英国诉讼技巧,并将这种天赋的技巧勤加善用。③

在英国统治印度的最初 60 多年里,英国几乎没有什么将印度法英国化的企图,也没有将之规范化系统化的愿望。发生在印度法上的改变只是欧洲人广泛传播英国法的自然产物。但是,这一原则有两个例外,那就是程序法和刑法。甚至在征服前,在摩门教三人评议会所辖镇区(Presidency towns)就已经设立了法院。随着司法工作的扩展,藩属省主要镇区的下级法院的逐步设立,对某些规范程序的需求也日益高涨了起来。1773 年,英国政府的一部法令授权威廉堡(加尔各答)的法院自己制定规定,指导其审判行为。参照此法令,1781 年英国议会制定了一部法令,授权印度政府制定规定,指导省属法院审判行为。基于此,印度政府仿照英国的程序法,制定了一整套规范的程序法体系,并且,1781 年的法令也规定了与当地的宗教和礼仪相适应的执行程序规则和形式。

---

① [译注]威廉·布莱克斯通(William Blackstone,1723—1780 年):英国法官和教育家,著有《英国法律评论》(1765—1769 年),这是对英国总体法律最为全面的独家论述。
② [译注]约瑟夫·奇蒂(Joseph Chitty,1775—1841 年):英国律师、法律作家。他的作品是很多早期法律职业者的教材。
③ 文中以下所用的事实,引自 C. P. Ilbert(总督参议会前法律委员)的论文,《论印度政府》(The Government of India)。

至于刑法,最开始的时候英国人采用的是为穆斯林当权派熟悉的规则。[102]但是,很快他们就发现这里面有很多规定是一个文明的和名义上的基督政府所不该采用的。比如,在当地,断肢刑是一种惩罚盗窃的手段,而石刑则被用来惩罚性犯罪。但是,这些刑法上的规定都与欧洲人的观念不太契合;并且,对欧洲人来说,下面这种原则更是不可接受的,即拿一个非穆斯林人的证词来指控一个穆斯林是无效的。因此,英国人从他们自己的角度对穆斯林的刑法作了大量的修改。在加尔各答,最高法院毫不犹豫地就适用了英国的刑法来审理当地人的案件,并且,着意将该法适用于沃伦·黑斯廷案之上。1775年,最高法院根据英国法1728年的规定,因为伪证罪而将黑斯廷的控告者南寇玛(Nuncomar)处以绞刑。不过,在很多高层眼里,这种办法并没有在印度完全推行下去。不过,很明显的是,英国人还是应该将刑事管辖权握在自己的手中——罗马也是这么对待他们的行省的——同时,他们还应该按照自己观念修改那里的刑法。只是,他们在做这事的时候太被动了,几乎全是因事而举的。结果,刑法就成了一锅大杂烩。所以,在英国统治印度的第二个时期里——下面我们将做讨论——制定刑法典乃是英国在印度法典化事业的头号目标。

在我们正式开始讨论著名的"第二时期"之前,我们必须认识到印度的英国人虽然很重要,但是人数并不多。并且,适用于他们的全是英国法。当地的普通法和衡平法与同时代的英国法一模一样,但是,其却因为下述事项而被复杂化了,即当地政府为印度本地制定了一系列规定,这是因为很多英国法在制定时并不是为了也不能适用于印度(虽然这点有时是有疑问的),并且,议会还明确地为印度制定一些法律。[103]因此,虽然适用于英国人的英国法没有明显的受到印度当地习惯的影响,却很混乱很麻烦。所以,虽然被派往印度审案的法官在学识上往往不及英国的法官,但是,这不是一个致命的缺陷,因为在横渡印度法之海的时候,英国判例的知识是一个负担,阻碍着法官抵达公平的彼岸。

英国统治印度的第一个时期是领土高速扩张的时期,也是由临时政府统治的时期。据说,这个时期的终结以 1817—1818 年第三次马拉地战争的结束为标志。阿姆赫斯特爵士和威廉·本廷克统治的时期(1823—1835 年)是一个相对平静的时期,那时国内改革得以推行,就像罗马帝国在哈德良和安东尼纳斯·皮乌斯①治下时一样。在那个时期,法律改革的精神在英格兰大行其道,边沁的思想开始开花结果,而罗米利②的工作也由布鲁厄姆和其他人继续开展。所以,英国根据英国的法律规定和规则将适用于英国人的法律和适用于印度当地人的法律从中剖开,重新填装,缝好,塑形,以实现法律的简单化和重塑的目的。

这一重塑时期的源起是 1833 年印度宪章法中的一个条文,里面谈到应该在印度建立一个普遍管辖的司法体系以及一个普遍适应的法律体系,该司法体系和法律体系应能管辖社会各个阶层,无论欧洲人或印度人,并且,应查明、整理并修正所有的现行法律和习惯。然后,该法进一步规定应设立一个专家机构,名为印度法委员会,其职责是就印度的法院、程序和现存法律加以调查并作出报告。在这个委员会中,麦考利于 1833 年接受任命。他是总督参议会的法律专家,还是这个委员会的策划人。在该委员会的推动下,法典化的进程开始了。[104]该委员会编纂了一部刑法典,但是,这部刑法典直到 1860 年才得以通过,因为自从麦考利回到英国之后,加上很多印度法官强烈反对该草案,该委员会的活动力被削弱了。之后,根据 1853 法令的规定,又组建了一个新的委员会,位于英国。其成功地确保了刑法典、民法典和刑事诉讼法制定完成。

---

① [译注]安东尼纳斯·皮乌斯(Antoninus Pius,86—161 年):古罗马皇帝(138—161 年在位)。
② [译注]塞缪尔·罗米利(Sir Samuel Romilly,1757—1818 年):英国法律改革家,废除包括伊丽莎白法令之内的诸多法律。

1861年,组建了第三个委员会。该委员会起草了其他的一些法律。印度政府对其中的一些变更提出了反对意见,并且公开宣称该立法过程过于仓促。该委员会对这些反对意见表示不满,并于1870年集体辞职;自那之后,起草和制定法典化法律的事情在印度就基本上完成了。所以,自麦考利1834年推动此事以来,一共花了66年。这66年的最终的结果是通过了如下一些法律。它们实现了印度法律的法典化并对其中一些规定作了修正,据称这些法典同时适用于在印度的欧洲人和当地人:

  刑法(1860)
  刑事诉讼法(1861,1882,和1898)
  民事诉讼法(1859和1882)
  证据法(1872)
  诉讼时效法(1877)
  特定救济法(1877)
  遗嘱检验和实施法(1881)
  合同法(1872)(但是只有总则和部分细则)
  可流通票据法(1881)(但是从属于当地习惯)

除此之外,还有一些完成了法典化的法律并不适用于整个印度,而仅仅适用于一部分地区,或者个别阶层,包括:

  信托法(1882)
  财产转让法(1882)
  继承法(Succession)(1865)
  地役法(1882)
  [105]监护人与被监护人法(1890)

第二篇　罗马法和英国法在全世界的扩张

上述的这些法律涵盖了几乎所有的部门法,剩下的重要部分就只剩下侵权法(该法数年前已起草完毕,但是一直未获通过);合同法的某些分支,这些尚不急于系统化,因为如果有案子发生的话,那一定是在大城市的法院里审理,而这些法院完全有能力完满地处理这些案件;家庭法,这个不宜插手,因为印度教徒、穆斯林和欧洲人的家庭习俗各不相同;无遗嘱继承及遗赠法(Inheritance)法,其中的大部分,出于同样的原因都留给印度当地的习惯自己去解决了。不过,其中有些问题在继承法(Succession Act)中也有涉及。因此,印度政府认为,它现在已经穷尽所有可能统一的法典了。如再敢越雷池半步,就会触怒印度教徒或者穆斯林,或者两者皆怒:虽然将分属于印度教徒和穆斯林的法律清楚和谐地融于一处确有裨益,但是,要想创造出符合两者口味,且还能符合欧洲人口味的法律委实是不可能的。在这里,宗教是一种比罗马人畏惧的反对或者不悦都要巨大多的可怕力量。

上述法典皆没有涉及上面提到的这些法律部门,所以,英国人、印度教徒和穆斯林都各各遵照自己的法律行事。帕西人、锡克教徒、佛教徒(在缅甸人数众多)和耆那教徒也是如此。但是如果他们没有自己的法律或者习惯,那么法官就会自然的选择英国法的原则,原封不动的加以适用。因此,在新立法典之侧,各式旧法携其信仰照旧平稳运行。

[106]那么,接下来的问题是——对于其他的因素,采取了什么行动呢?这个问题又可以分为三个问题:

英国在多大程度上影响到了现存的当地法律?

现存的当地法律又在多大程度上影响到了英国法?

这些法典化了的法律是如何成型的——是两种法律的折中,还是一个占了上风,统辖全局呢?

对第一个问题的回答是英国法对当地的法律确有影响,不过影响不大。当地的法律在英国征服前勉强算是完整,不过与当地的宗教交织在一起,乃至于人们几乎可以视其为宗教的一部分。英国法将印度教法和穆斯林法中规范家庭关系和继位权的部分都详细清楚地确定了下来,特别是印度教法中的内容。印度教法要比穆斯林的习俗更有弹性,全国没有定例。信托被正式地法律化了,所设定的义务加大了。收养被规范化和定式化了,因为在法律实践中,其将造成的影响并不确定。在几种法律规定相冲突的情况下,就会采用被英国法院,特别是作为最高上诉法院的枢密院确认的规定,而将其他的置于一边。而印度教的遗嘱法——在很多方面为英国立法所增补——以及一些与欧洲的观念不一致的习惯,比如寡妇在丈夫火葬仪式上的自愿殉葬,现在都被废除了。至于其他的法律,只要是非关涉宗教的,虽然也受到当地习惯的规制,英国依旧对其做了一些改变。佃农的权利得到了进一步的保障。林权被确认和阐释。当然这么做部分是出于政府的利益的需要,对此,农民通常是不予承认的。[107]不过,我们从来也没有尝试将这些法律部门从整体上加以英国化。

另一方面,适用于欧洲人的法律很少(如果不是彻底没有的话)受到当地法律的影响。这里的法律还是和英国的法律一模一样,除了出于印度特殊情况的需要而特别制定的法律。

第三个问题涉及到这些法律的内容,即上面列举的法典化了的法律,并且这些法律对欧洲人和本地人一视同仁。在这些法律之中,英国法起的是主导作用。之所以会如此,不仅是因为欧洲人不可能屈就于不同且落后的民族的法律,而且是因为当地的习惯缺少必要的内容。在程序法或者证据法方面,英国人没什么可以向当地人学习的。当地的商业惯例并不足以撑起一个体系,甚至连合同法的基本原则都不够数,更不用说运用这些原则的详细规定了。因此,合同法本质上是按照英国法制定的,至于其不同于英国判例的地方,不仅是因为受到了当地的观念或者习惯的影响,而且是因为受到了该法典的起草者和持英国判例法应予修改者的影响。这些人在制定该法时,是按照为英国起草合同法典的思路来起草的,在各处都做了修改。不过,在刑法典中,有几处可以看出该法是为印度量身定制的。在对正当防卫的权利的表述上,所用的术语要比英国法宽泛,因为麦考利认为当地人大都不善以武力自卫,基于此考虑,该法之规定就应当与英国法略显不同。至于对暴力行为如抢劫(结伙抢劫)、试图贿赂法官或者证人、警察刑讯逼供、绑架、侮辱或者破坏圣地等行为,[108]该法典的规定都要比英国法详细具体,因为这种规定在英国本是不必要的。通奸行为,根据东方的观念,也被列入刑诉的一个对象。尽管有上述的以及其他的不同之处,但是这些都不损及这些法典在本质上是英国法这一说。征服者将自己的法律赐给了被征服者。在被征服者自己的法律为现如今的立法活动所消融的情况下,就有必要使用征服者的法律了。他们的法律并不足以应对不断推进的文明进程,因此,征服者的法律是唯一的选择。

第七节　印度法典的运行

另外还有一个问题。解决这个问题有两个好处,一方面,这个问题的答案影响我们就英国政府在印度所依循的道路的判断,另一方面,它还向英国传递了警告或者鼓励的信号。这个问题是——印度的法典是如何实施的?它们是否改善了当地的司法实践?人们对它们是否满意?制定这些法典是否使人们更容易了解法律,更方便适用法律,更容易改革法律中的缺憾?

1888—1889年,我在印度的旅行途中从很多有资格就这个问题提出意见的人那里得到了不少看法。这些看法各不相同,但是总的结论却犹如下述。在此,我仅举四部最重要的法律。从对这四部法律的评价中,我们能够很容易的获得一些真知灼见。

首先是两部程序法,即民事诉讼法和刑事诉讼法。这两部法典获得了普遍的认可。这两部法典不是凭空想象的产物,而是经过将原本僵硬混乱的法律和规定合并以及删减之后的产物。[109]此正是太平生于乱象。这种结果,虽然有其普遍的益处,但在地方法庭却更能发挥功效,因为那里的法官比加尔各答、马德拉斯、孟买、阿拉哈巴德和拉合尔五处最高法院的法官在经验上和学识上都要略逊一筹。

刑法典获得了普遍的认可;它理应得到这些赞赏,因为这是麦考利智慧的最高结晶。为了对其功绩做恰当的认识,人们有必要了解这部法典在1834年起草的时候,要比当时的英国刑法先进多少。对于这部法律,可以做出一系列的肯定评价。就印度来说,它现在主要使用的是成文法而不是普通法。它走的是科学的并且也是符合常识的路径,这样做的结果是制定出了一组简明易懂的规则。拥有这些规定,乡下的治安官就能省下不少力,因为他们大都缺少法律的训练。同时,印度还需要一部能够大力震慑犯罪的法典;至于这种震慑在多大程度上取决于对这个清楚公正的规则体系的运用,在多大程度上取决于更为效率的警察执法行为,则是一个我不敢擅下定论的问题。①

对证据法却没有类似的褒奖。对此法,多数评价是认为这部法过于形而上,缺少实质性的规定。其中有很多规定被认为是多余的,正因为是多余的,所以有点让人摸不清头脑。但是,就算是提出批评意见的人也承认这部法律对未受过训练的治安官和从业人员来说是有用的。我自己就曾听这些未受过训练的人说过他们认为这部法律对他们是有帮助的。[110]在印度,这个团体的人数比英国要大得多。

现在争议最大的莫过于合同法的功过问题了。读过此法的人

---

① H. Speyer 先生对这部法典做了有趣且有价值的探讨,参见他的文章 Le Droit Pénal Anglo-indien, *Revue de l'Université de Bruxelles*, 1900, 4。

都能看出来这部法典是有缺陷的。其既不精确也不细致,并且所使用的语言也不够明晰。是J·F·史蒂芬先生(后来成为了史蒂芬法官)将这部法律制定成型的,并且该法是在其担任议会的法律成员的时候获得通过的。同时史蒂芬先生还是证据法的起草人。大家都同意史蒂芬先生是一个很勤奋的人,富有智慧,热心于法律的法典化。但是,他起草法律的能力却与其喜好并不相配。他缺少辨别力,并且不善于精巧的表达。在注意到这些情况后,印度的批评家评论说,在农村,这部合同法的4/5的条文都是多余的,剩下的法条有时还会束缚治安官或者法官的判断力。他们为其专业术语所累,无法给出实质正义的判决,但符合实质正义的判决才是农村的控辩双方所真正需要的。同时,法官不能抛开法律作判决,因为一旦该案上诉至上级法院,而上级法院又是只看提交上去的书面证据,不听审证人的,所以定然是要按照法律的规定来断案的。在像印度这样的国家里,法律规定不应该太僵硬,权利的规定也不能如这部合同法这样太僵硬。现如今,通过英国法院依照生硬的法律所作的判决,债主获得了比之前更多的凌驾于债务人之上的权利,而且这要比英国官员认可的权利还要大得多。而合同法还将这些权利推得更高。这一批评并不是质疑合同法的立法水平,而是在向欧洲人解释一些他们不知道的事情,即为什么将法律定得太精细,[111]太具体地规定法官该怎么做,是不行的。要知道,在一个半开化的地区制定一部僵硬法律,算不上是什么福祉。

关于农村地区情况的讨论到此为止。现在让我们来谈谈三人评议会下属城市的情况。那些地区的大多数专家都宣称合同法是没用的。法官和律师都已经熟悉其所涵盖的问题,并且认为——至少很多人都这么说——照此法执行实在太麻烦。他们认为该法限制了他们在法庭上论证法律问题的自由。所以,他们更加偏好富有弹性的普通法。并且,实际上,他们看起来没怎么使用该法。他们还是遵照前辈的路径来处理案件。

不过对这些批评也不能照单全收,因为法律职业本身就是趋向保守的。坦普尔法学院或者林肯法学院训练出来的人,对只现身于胡格利①而没同时出现在泰晤士的任何法律也都是很厌烦的。并且,该法的教育价值尚可弥补其自身的缺憾,那些在本地没有受过系统的教育或者没有太多经验的律师或者治安官,大都不能熟练地运用合同法。所以,该法正好可以提供这么一个渠道。对他们来说,这部合同法正好可以是一本手册,短小简单,同时还具有权威性;并且,他们认为它对他们学习法律技能是有帮助的。因此,总的来说,虽然该法并不配得上有时授予它的荣耀,但是,人们说它完全是一个错误也是值得商榷的。至少,它为后来的完善的合同法打下了基础。

法典化的成果,作为一个整体,对印度是有裨益的。刑法和两部诉讼法是纯收益。成文法的合并也是如此,因为惠特利·斯多克先生②在这上面费了很多的辛苦和心思。[112]其他的法典化了的法律,总的来说,在改善法律的内容和提高法律的可知性上见效不少。但是,这些法律的实施却远未及多数欧洲人所认为的那样完满,因为其中有很多规定仅适用于部分地区,而其他的一些规定也为地方习惯极大地修正——诚如法律的保留条款中所述的那样,这些法律对于地方习惯是抱以恰到好处的尊重的。如果我们对罗马帝国的行省有一定了解的话,可能会发现有很多的地方习惯伴随在普适统一的帝国法的旁边,其数量远非我们从查士丁尼诸部汇编中所见之所能比。

在上面我们已经讨论过英国法适用于印度的英国人时,印度

---

① [译注]胡格利(Hooghly):东印度恒河上的一条水道,长约257公里(160英里),是恒河三角洲最西端的水道,连接加尔各答和孟加拉湾。
② [译注]惠特利·斯多克(Whitley Stokes,1830—1909年):爱尔兰律师,凯尔特语专家。其于1877年接受任命成为总督参议会的法律委员之一,负责起草了民事诉讼法、刑事诉讼法及其他一些法典。

对英国法的影响是微乎其微的。印度对英国本土的法律所产生的影响就更小了。在三四十年前,人们比现在更醉心于推进普遍的法律改革和法典化。那时,人们臆想说印度法典的制定和其将取得的成功定将反作用于英国,强化人们之决心,将英国法纳入到一种简明的体系化的形式之中。但是,这种想法并未成为现实。英国法律法典化的愿望并没有因为印度的先例而得到加强。也没有人敢断言说,印度的先例告诉了法学家或者政治家很多其原来不知道的事情:有一部好的法典是一件非常好的事情,不过有一部坏的法典,只要当地的法官还算胜任,也要比没有法典好——这些观点是无需印度的先例来检验的。证据法和合同法毁誉参半的成功,只不过给加利福尼亚民法典和纽约程序法典已经做过的事情中多加了一个例证。早在人们谈及印度法典化之前,[113]萨维尼就已经谈到过,用一套确定的语言来表达法律规定,而又不伤及其弹性并阻碍其未来的发展是一件多么困难的事情。但他很少涉及刑法,更不用说程序法了,因为这些东西没有太多进一步发展的空间。不过,合同法和正在计划中的侵权法,在制定后,其未来的发展将会为我们提供一些有用的数据,来检测萨维尼的这种学说是否正确。

至于为什么印度的实验几乎没有影响到英国人的观念,其中一个原因是很少有英国人会知道或者关注印度人的事情。英国公众没有认识到一个问题,即在过去的70年间,只是靠着少数几个人就决定了英国在印度的法律政策方面的问题。唐宁街和加尔各答的两三个官员就决定了一切,并且几乎没有什么外来的干涉。甚至后来在成立了一个委员会后,决定事务的人数也不超过12个。当然,罗马也是这样的。确实,人们很少认识到统治世界的人数有多少。在有的地方,人们认为当地政府的权力是归于公众的,而在有的地方,人们认为当地政府的权力是由独裁者控制的。但是,实际上,真正控制权力的人总是那么少数几个,他们的知识和意志超越于或高耸于主权的名义所有者之上。

在我们开始试图预测印度的英国法的未来之前,我们先来回顾一下这段历史。在回顾时,我们将会拿这段历史与古代世界罗马法的历史做一个比较。

第八节　罗马法与英国法的比较

[114]罗马不断的发展,直到它的法律在全意大利拔得头筹,继而傲立于全世界。这个城邦成了全世界,城市(Urbs)成了世界(Orbis),遂专注于雕词琢句。它的法律通过三种方式遍布至整个帝国:

市民权逐步地扩展到各个行省,直到最终所有的人都成了市民。

通过罗马治安官和法庭的司法活动,特别是通过行省的敕令的形式,很多罗马法的法律原则和规定在行省出现及扩散。

罗马的古代法逐步的修正,去除其中的术语,并在形式上得以简化,最终成为了世界之法。

因此,罗马法通过市民权的扩散正式成为整个帝国的法律不能算是一件强迫融合的事情,因为这个过程已经进行了整整四个世纪。整个融合的过程都是很自然的;并且,因为很自然,所以进行得也很彻底、很终局。而罗马法分流的现象始于公元 5 世纪,之后就没有间断过。之所以会这样,纯粹是出于历史原因。不过近来(正如我们在后面要谈到的),各条分支间亦有相互趋同的迹象。

在这个长达 4 个多世纪的过程当中(公元前 241 年到公元后 211—217 年),那时,发展和同化的三条道路正在进行之中,在罗马和行省的非罗马籍外邦人(peregrini)的影响下,罗马原始的法律被重新制定和修改,而行省的治安官和法官制定创设的半罗马法却得以在行省实施。[115]这些治安官和法官住在行省,并且,在提比略之后,多是在行省出生的。因此,当地所有的智慧、思考和经验都在为法律的发展做出了贡献、起了作用。法官、律师、法学家及教师以及立法者都参加到这项工作中来了。所以,最终成型的法律是倾举国之力的结果。确实,主要是通过制定这部同时适用于意大利人和外省人的法律,罗马帝国才得以成为一个真正的国家。

在印度,这一进程大不相同,因为其情况十分不同。印度离英国有一万英里远,当地的英国居民寥寥可数。

印度人所处的文明发展阶段与英国不同。他们因为宗教信仰的不同而不相往来,因为肤色的不同而形同陌路。

因此,英国法从未与当地法融合。英国法也从未想要改变自己以成为印度人的法。英国法没有像罗马法一样,委屈自己向行省妥协。这种妥协是毫无必要的,因为英国法在一个世纪前就已经远比征服开始时的罗马法发达了,并且,19世纪时,英国法在革除自身的中古代术语方面进展迅速,而且其能达到如此的成果纯粹源于国内的影响,而印度的需求和影响都未能涉足于此。

罗马人没有像英国人那样能够抵抗各种不同的宗教,因为他们臣属的法律没有像印度人的法律那样缠绕在宗教信仰或者习惯的周围。他们要更多地顾及行省的习俗,[116]并且,他们还要面对不少先进的法律体系,特别是希腊化的行省的法律体系,首先要认识,然后才能超越。这些体系比英国人曾碰到过的都要先进。

在印度没有一个阶层能与罗马帝国头两个世纪里行省的罗马市民相提并论。印度的英国人,包括欧亚混血儿,人数都很少。并且,他们不过是一股过渡性的力量,因为他们的故土在英国,他们仅仅享有一部分特权和豁免权,而特权和豁免权正是罗马市民权的真正价值所在。之所以会如此,是因为英国人要比罗马人更为自由,在印度成为英国的藩属之后,其国民也就享有了大宪章和权利法案授予的权利。比如,印度人就加入了兰尼米德的男爵派以及1688年的辉格党。

现在的情况是，英国人把自己的部分法律给了印度（以某种简化的形式），而印度确实也适合接受这些法律。这些法律对欧洲人和印度人同时适用。只是，事实上，在法典化之前，这些法律即已能适用于欧洲人。现在英国人已经填满了印度当地法所无法解决的各个法律部门，当然，有时，他们还是尊重当地的习俗的。在这里，有人会发现一个与罗马的情况相类似的有趣的事情。罗马人，就像英国人一样，认为刑法和程序法都是能够轻松快捷处理的法律部门。他们，就像英国人一样，都被迫默许某些与家庭和财产继承相关的古代地方习俗的存在。但是，这种默许仅限存在于某些地方、部分法律之中，而英国人也没有将自己法律上更为专业化的部分强加给印度人，[117]比如与土地相关的法律，也没有试图替代当地法律中的那些受宗教影响的部分，比如包括家庭关系和遗产继承在内的相关法律。因此，在这种情况下，印度也就没有像第三世纪之初罗马帝国那样的普遍融合的情况出现了。

关于法典化，在某些方面，英国做得要比罗马好，而在其他方面又做得要比罗马差。他们将刑法、程序法、证据法和信托法缩减成紧凑的规则。在这方面，英国人做得要比查士丁尼好。但是，他们没有将所有的法律汇编成为一部"国法大全"，而是留下了好几大块庞杂的法律，并且各是一式三份，即由适用于印度教徒、穆斯林和欧洲人的法律组成的完全不同的三部分。

而且，由于征服者的法律在适用于被征服者后并没有受到当地法律的影响，所以，同样的，英国本土的法律也没有因为这一进程而改变。其在印度没有发生实质性的改变。当地没有法典化的英国法（除了地方性的制定法之外），还是和英国本土的法律一样。英国本土的法律所受的影响就更少了。如果罗马没有吞并它的帝国，它的法律也不会成为查士丁尼时期的那样。但是如果英国从没有踏上过印度，它的法律还是会像现在的这个样子。

印度当地人也不能和罗马的臣属相比。他们没有在推动法律发展这一事业中起任何作用。他们当中的有些人，比如法律教科书作者或者法官，在阐明古印度教习俗方面功勋卓著，但是，在将英国法法典化的工作上——现在该法在印度同时适用于印度人和欧洲人——却毫无建树。这完全是由英国人完成的。在这方面，先进的文明同样表现出了更具优势的创造力。

第九节　英国法在印度的未来

[118]不过，我们应该记得，我们不是在研究一个已经完成的进程，比如罗马的情况。罗马的进程，在5世纪西罗马帝国分裂之前就已经完成了。而印度的进程尚在进行中。英国为在当地建立稳固的统治只花了差不多一个世纪的时间，为吞并旁遮普和（紧接着）奥德也仅仅花了半个世纪的时间。虽然，最近20年印度政府没有像之前20年那样积极投身于法典化工作之中了，并且认为能做的也就是已经做得这些了，但是，从长远来说，印度的英国政权还是要担负起法律的平等化和推动法律发展的重任，远超现如今我们所能预期的。目前，英国的政权还是很稳固的，并且如果其能够继续保持其制海权，不征收超额赋税引发不满的话，这一政权或可万世传承。

印度的英国法的发展有两种可能的方式。第一种是一些法律部门，其内容并不受印度的特殊情况左右，将会被进一步地法典化，并同时适用于欧洲人和当地人。到这种程度，其平等化和同化的进程将随之停止，因为这达到了它天然的极限。另一种是，这一过程将会继续，直到该法变得更为强大，更为先进，吸收当地的法律，最终得以适用于整个帝国。

这两种情况中哪一种将会成真取决于当地的宗教，特别是印度教和伊斯兰教的未来发展，因为当地法律传统的根脉是宗教。

正是因为有这个问题的存在,所以,我们不可能做出预测;同样的,[119]我们也不能将这个问题与欧洲宗教未来的发展割裂开来看。影响印度教和伊斯兰教的人数甚巨,积习颇深,且不受欧洲的影响。在未来很长的一段时间里,这两种宗教都不太可能衰落。但是,就我们现有的经验来看,任何形式的偶像崇拜,甚至是古老的、来自于印度教中的偶像崇拜,都无法抵御欧洲科学和思想的摧毁力。甚至在目前,虽然印度教日盛一日,在山民中形成了更为原始的迷信,但是在知识阶层中,却在丧失控制力,并且,下层的民众也在逐渐投向伊斯兰教。同样的,伊斯兰教,虽然扎根很深,却还是在基督教面前折戟了,并且尽管它在中非大举进军,却在地中海地区丢地陷城。到目前为止,不仅有不少人转变了信仰,而且穆斯林的人口数也在下降;但是,人们不能妄断说要到土耳其苏丹或者哈里发消失后,其也不会失去现在的对东方的控制。很可能的情况是,现在印度强劲运转的两股变更力量,印度教和伊斯兰教,在一两个世纪里就会出现崩溃的迹象。那时,一夫多妻制就会成为历史。法律中关系家庭和继承的其他特殊习俗也会随之湮没,虽然有个别的习俗能在原初的宗教被人们遗忘后化身为习惯而被保留下来。

在北冰洋上,有一条船搁浅在一片沃大的冰原上。船上的水手日复一日站在桅杆上眺望远方,但除了看似一动不动地躺在那里的坚实的冰原外,一无所获。不过,实际上,这块冰原,载着镶嵌于其上的那条船,一直在缓慢地向南方漂流。[120]最终,他们到达了温暖的地区,南风吹拂着大地。经过一夜,原本坚实的闪烁着寒光的冰原在黎明的微光中裂成了一大块一大块的碎片,各自漂流向远方。而原本横在冰原上的船也因此得以脱身,向自己的家乡驶去。印度的古老宗教也是这种样子。当崩溃到来的时候,一切都是那么不期而至,因为导致这一切的原因都是在一瞬间起作用的,并且都是悄无声息的降临的。倘若英国依旧是印度之主,那么没有什么能够阻挡英国法成为印度法的潮流。一旦英国法得以在印度确立并为人们所熟悉,任凭再有任何的政治变革,其都能得以保留,因为没有什么能比先进社会的法律更为绿树长青了。所以,英国法将成为永久的遗产,这不仅对现在就生活在大西洋彼岸的数百万人是如此,而且对生活在马六甲海峡和狭长的喜马拉雅雪山之间的沃土上的数百万人来说也是如此。

我们做这个讨论的目的,是为了知道英国在印度的经验能给欧洲国家在处理与落后民族之间的关系问题上以什么借鉴。这些欧洲国家正在夺取落后民族的领地,并且不久之后,这些落后地区都会成为欧洲国家的属地。①

这些民族可以被分为两种类型,一种拥有一个完整的法律体系,另一种则没有完整的法律体系。土耳其人、波斯人、埃及人、摩尔人和暹罗人属于第一种;欧洲之外的其他民族则属于后者。

对于后者,我们没有太多的疑问。当科萨人、蒙古人或者豪萨人的文明发展到一定程度,需要一套法律规则体系的时候,[121]他们就会(如果他们的欧洲主子认为这值得的话)使用欧洲主子的法律。当然,这些法律或多或少会根据当地的习俗和需求而作些改变。所以,可以想见的是法国法将会在马达加斯加盛行,英国法会施行于乌干达,而黑龙江流域则会使用俄国法。

穆斯林以及佛教国家则属于前者。这些国家的法律体系,特别是商法,虽然不甚完美,但是在某些方面却是精雕细琢,并且,委身于宗教之上。所以,这些国家的情况就没有这么简单了。而英国在印度的经验则告诉我们欧洲法可以占领当地法律体系中非宗教的部分,并且会逐渐蚕食和侵蚀其宗教部分,虽然只要伊斯兰教

---

① 日本不算是落后国家,但是,土耳其和波斯应该名列其间。中国的命运还在沉浮之间。虽然我们可以说欧洲对它的影响是不会消失的,而且会越来越大,但是,它一定不会由欧洲人统治。

(或者婆罗门教)能够保持其统治地位,与宗教联系紧密的法律传统和规则就不可能被消灭。聪明的统治者不会想要消灭这种趋势,因为其既不残忍,也不违反道德。只有古老的宗教——印度教、佛教,特别是伊斯兰教——能够或者会抵抗欧洲法上升的势头,虽然这种抵抗是暂时的,并且应该是部分的。

第十节　罗马法和英国法现在在世界上的地位

在上面,我们提到过,欧洲法要么是罗马法,要么就是英国法,那么最后的一个问题是:其中的一个体系,如果可能的话,是否会胜过另一个?

这场对决并非是不公平的。虽然,至今,全世界罗马的法学家(如果我们将俄国法也算作是一种修正过的罗马法的话)影响的人口要更多一些,但是,布拉克顿、科克和曼斯菲尔德却会为另一件事感到欣喜,即他们的法律学说在世界范围内散播得更快,随之传播的还有他们的英国式的言说方式。[122]法律体系之间的竞争是一个很有趣的问题,也是历史学家和地理学家都很关注的问题,并且,还并非是仅值得少数人研究其历史意义而与世俗世界无甚关系的问题。其向人们展示了一个非凡的例证,即在社会发展领域内,某些强势的力量排挤和消灭掉弱者。这个世界现在是,或者之后将会被两套不同的法律规则的概念给分割开来,并且,只有两种。老的那种发源于意大利的一个小城中,经历过很多改变,现在呈现出各种形式,但是,其与众不同的特征并未改变,并且各种不同的形式之间还展现出一种内在的统一性。新的那种发源于下日耳曼部落的旧俗,外加上于11世纪进入英格兰的法国化的北欧海盗们经过精心、细致和反复的讨论制定出的规则。其受到了老的体系的影响,但是却保留了自己突出的特征和精神。其精神在与个人权利有关的方面和与确认个人权利的方式有关的方面都与帝国法律形成了鲜明的反差。并且,在宪法国家里,它的部分精神还被套上了罗马法的更为先进的外壳。

现在,来自罗马市镇广场的法律占领了更大的地盘,并且决定着更多数量的人与人之间的关系。而源于威斯敏斯特市政大厅的法律也在高速的增长,占领了美国以及英国的殖民地,并将最终在印度盛行。两者中没有一个能够超过对方或者吞并对方。但是,它们可能会互相靠近,并且,假以时日,[123]从这两套体系中生发出来的私法规则体系在合同、财产和侵权,可能还有过错责任方面都会趋同。实际上,各个文明国家的商法现在都已经是一样的了,这也就是说,各国的商法都保护从事交易的人们的权利,赔偿人们遭受的损失,向人们提供等价的担保。虽然各国的商法走的路径各异,但殊途同归。

越是与经济利益相关的法律部门,各国的规定就愈为趋同,因为在经济领域之中,理性和科学唱的是主角。相反,越是与人类感情相关的法律部门,比如在处理夫妻之间的关系或者父子之间的关系时,或者确定个人对国家的自由范围时,各国规定之间的分歧就越可能保持下去,甚至还可能出现新的差异。

不过,总的来说,世界的法律还是趋于统一的,并且,这种统一比宗教信仰方面的统一或者政治制度方面的统一要更为彻底。

第三篇　柔性宪法和刚性宪法[①]

第一节　罗马的宪法和英国的宪法

[124]罗马、英国这两个国家的宪法与世界的利益关系最紧密,对世界的影响也最巨大。从一个台伯河上的共和国开始,一个周围都是农地的城邦,比萨里郡或者罗得岛还要小一点,成长成为一个世界帝国,而且,它的制度体系经久长存。它凭借着这个制度体系,虽然为众多的敌邦包围和威胁,但是最终还是证明了自己乃是其中最为强大的一个。在英格兰,一个君主国,开始是部落制,然后是封建制,从最初的小国家逐渐成长为焕然一新的世界帝国——第二个世界帝国——与此同时,这个国家的古代政府,经历了一系列的争斗和奋进,以及几分刻意的引导,逐渐演变成为了一个名义上的君主政府体系。这个体系,在18世纪的时候,成为了整个现代政治哲学的肇始,[②]在19世纪的时候,[125]成为了众多

[①] 这篇文章原来是我在1884年做的两次演讲,名字中的"刚性"和"柔性"指的是文章中所说的两种宪法。我对原文的内容做了些扩充,成了现在的这个样子,但是意义还是一样的。

[②] 孟德斯鸠对英国宪法的浓厚兴趣可堪与波利比乌斯对罗马宪法的兴趣相提并论。

从古代世界演变而来的自由的代表制政体和新生国家的模型。

然而,我们之所以要对罗马和英国的宪法做长期的研究,不仅是因为它们影响的范围广大,即罗马宪法对整个古代世界造成了影响,英国宪法对整个现代世界造成了影响。宪法是一个国家特征的集中体现,而且,反过来,它又造就了使用它的人们的特征;而且,这两个国家的这项伟大成果,不仅使得这两个国家的人民变得伟大了起来,而且使得这两个国家也变得强大和富有,特别是对各个时代的所有民族都充满启发。在公元前 5 世纪的时候,在地中海诸国中,有数以百计的联合体采用的是共和政体,而且其中有不少与罗马很像。在 14 世纪的时候,在欧洲有数个君主国的宪政结构和英格兰大同小异,并且看起来都有可能变得富强。于前一种情况,罗马独存,灭环堵诸国。于后一种情况,英格兰乃唯一于 18 世纪末变为跨洋强大国之邦,其能确保公共秩序及公民之自由,公民拥有言论自由,并能对国家政策施以影响。其余的国家或者堕入专政的深渊,或者依旧处于原始与未开化的泥沼。因此,在拿破仑的征服硝烟散尽之后,当欧洲人开始尝试制定自由宪法时,他们发现英格兰的模型是最值得参照的,并开始尝试将它的原则变得适合他们各自的状况。

更有甚者,以未来的视角来看,英格兰乃是自由政府之母。虽然,其在包围世界之前,并不像罗马那样将它的政府体制向外推广,[126]但是,在海洋的彼岸,在那里,它的子嗣们组建了自治政府并复制了这种体制。17 个自治殖民地使用的是英国宪法的缩减版。其中,北美的 7 个殖民地联合了起来,组成了联邦。它们的政府结构与英国的一致。在澳大利亚,6 个殖民地也组成了类似的联邦政府,并且大体上与英国的形式一致。此外,还有一个独立的共和国,人口上比所有的殖民地加起来还多。总的来说,其已经得母国政治之原则,弃母国政治之外壳。因此,后起者通常会把目光投向英国和罗马的宪法,它们代表着古代和现代有序的政治生活的最高成就。并且,那些想要将宪法分类并了解不同宪法类型各自特色的人们,将会发现罗马和英国是两个最常出现、最资研究的例证。①

第二节 传统的宪法分类

流传至今的宪法的传统分类都是基于这么一个基础做出的,即法律是否成文。这种分类本身就是模糊不清的,容易让人迷糊的,因为"不成文法"(ius non scriptum)指的是一种习惯,而当这种习惯被以书面形式记录下来时,我们就很难称它们是不成文的了。这种分类法将成文宪法解释为用文件的形式明确的记录宪法,[127]而将不成文宪法解释为存在于人的回忆之中的条文(并非通说,但却为常见的说法),并且就算为了避免出现错误,这些不成文宪法最终被成文化,其定义被明确化,这也不过是一种具体化的表现,人们遵守的还是旧有的规则,而不是正式地受到了成文法律的约束。

虽然这组概念间的区别很明显,但却远非合理。在这两类宪法之间所作的区分并不清楚明确,因为,正如我们所见的那样,成文宪法中必有不成文宪法的影子,而在不成文宪法中也有一种强烈的趋势,视记录成文的惯例和先例为有约束力的,并将这些记录等同于正式制定的法律,而且不成文宪法中通常也包含一些成文的法律,虽然,这些法律源起于惯例。而且,这组概念仅仅停留于表面的区别之上,而忽视了我们在下面将要提到的一个更为关键性的东西。因此,下面,让我们来试着做一个更好的区分。

如果对宪法做一个全面的调查(包括过去的和现在的宪法)的话,那么,我们就会发现它可以被分为两大类。第一类是自然形成

---

① 关于目前有哪些国家或者民族能算是拥有宪法的问题,请参见本文末尾的分析。

的宪法。它们在形式和内容上的发展并不均匀。它们由很多各类的不同时间订立的具体规定和协议组成,可能来自不同的渠道,并且与惯例融合在了一起。这些惯例通常是一些传统或者先例,但是却被认为在实践意义上同样具有权威性。第二类是人们有意为之的宪法。它们是议会经过努力一次性制定的条理清楚的条款。政府据此组建和施政。这类宪法通常只是一个文件[128]——也可能是几个文件——这个文件是经过庄严的程序制定,它的形式和标题都使它显得与众不同。我们可以暂时称这两种宪法为旧的宪法和新的宪法,因为所有的古代、中世纪和一小部分近代的宪法都属于前者,而大多数现代的宪法属于后者。这个区别就大概像是英格兰和美国所谓的普通法和制定法之间的区别,或是罗马的不成文法(ius)和成文法(lex)之间的区别,因此我们大概可以将这两种类型的宪法比拟成普通法类的宪法和制定法类的宪法。但是,这类划分并非总是这样的标准。那些使用普通法类宪法的国家经常会制定一些法令,宣布、修改或者废除先例。这些新颁布的法令取代了普通法类宪法中的法谚的一部分,可能还是很大一部分,所以,最后,大多数的宪法主要原则都被囊括于少数几部成文法之中了。另一方面,制定法类的宪法则因为解释而发展,因为决议而扩展,并因为习惯而扩大或者改变。所以,经过一段时间之后,这些书面的文字就不再是它们原来要表达的意思了。因此,对上面两类我们做了笼统的概括的概念,我们有必要做一些更为明确和鲜明的测验,制定一些更为确切和特征突出的标准。

第三节 一种新的宪法分类法

这两种宪法的区别的标准见于宪法与普通法律的同异以及宪法的立法者与普通法律的立法者的同异之上。有些宪法,包括所有属于老的或者普通法种类的法律,都是国家的普通法律,无论这些法律是以制定法的形式存在，还是划定、确认习惯的书面判决的形式存在。[129]这些宪法由制定普通法律的立法者制定，而且立法者是以普通法律的形式宣布或撤销此类宪法的。在这种情况下，这种"宪法"和国家的制定法、惯例是一样的，如果这些制定法或惯例包含了决定国家的政治体系的形式和组织方式的内容的话。并且（我们将在下面谈到），我们很难区分某一种具体的法律是不是政治宪法的一部分。

其他的宪法，大多数属于新的或者制定法的类型，位于国家的其他法律之上。这类宪法的法律文件的制定者不同于普通类法律的立法者。并且，这类宪法撤销的方式也不同，撤销这类宪法所要求的权力层级要高于一般法律。这些宪法并不是由普通的立法者制定的，而是由一些更高级别的或者被特别授权的人或机构制定。如果这些宪法允许改变的话，也只能由这类人或机构来改变。当它的条款与普通类法律的条款矛盾时，总是宪法占上风，而一般法律只得甘拜下风。这些特征，即法律性和政治性，是区别上述两类宪法的标准；虽然在少数例子中，还会有某个国家的宪法属于何种类型的问题，但是，这个宪法的分类标准依旧是清楚明确、普遍适用的。在一个拥有前一种宪法——那种旧有类型的宪法——的国家中，所有的法律（除了地方法律，市政条例等等）都是同一级别的，有同样的效力。并且，仅有一个有权机关可以在各种情况下，为各种目的而制定法律。但是在一个拥有后一种宪法——那种新的类型的宪法——的国家中，有两种法律，一种法律比另一种级别更高，更为强势；并且，有两种类似的立法机关，一个更为高级，可以为各种目的而制定法律，[130]另一种则相对级别较低，只能在高级立法机关授权和指定的范围内立法。

下面，我将通过具体的例子来解释这两类宪法的不同之处。在公元前2世纪的罗马，只有一种宪法。所有以会议形式（无论是百人团大会[comitia centuriata]还是部族大会[comitia tributa]）

制定的法律,都拥有同样的普适性和效力。那时,只有一个有权的立法机关,那就是由人民投票的公共议事会。同样的,在英格兰,在最近的几个世纪之中,也只有一个直接的立法机关,那就是议会。它是最高的机关,由其制定的法律对所有公民都具有约束力。因此,在英格兰,宪法性法律只不过在所涉事项上不同于其他法律,在层级上却没有什么区别。虽然我们统称这些法律是英国宪法,但是,这些法律却如其他一般法律一样,能被普通立法机关随时修改。在这几部法律之间,即在曼彻斯特和利物浦之间修建铁路的法律、扩大户主的选举权的法律和废除爱尔兰新教徒的圣公会的法律,并没有任何的形式上或立法者级别上的区别。但是,在瑞士和法国,情况就不太一样了。瑞士联邦的宪法是一部法律文件,由人民制定,并且其修正案也需由人民做出,而瑞士的一般法律则由联邦两院的立法机关加以制定。① 现行的法兰西共和国的宪法由两院组成的制宪会议制定完成,也只能在两院都觉得需要修改宪法时,由上述制宪会议加以修订。而法国的一般法律是由两院分别通过的。[131]因此,在瑞士和法国,立法者之间的权力是有区别的,所制定的法律在质量和效力上也有区别。被称为宪法的法律在级别上整体要比其他法律高。这些一般法律是由普通立法机关在日常办公时通过的。

至于在采用后一种宪法的国家中到底哪个机关才是制宪的有权机关,则完全要看各个国家的具体规定了。这可能是全体人民,采用投票的形式,哪怕有时不是那么情愿,这种形式被称为全民公决。也可能是采用特设机关的形式,问题解决后就予以解散。也可能是采用当地的机关,就同一个上呈的文件分别投票。也可能像是在前面提到过的法国那样,由一个常设的立法机关,

---

① 关于瑞士将全民公决的办法用于制定普通法律的规定,鉴于其过于复杂,且与本文主旨不符,故于此处暂不作分析。

采用特殊的组成形式,或者采用特别多数的方式决议,或者采用多次决议的方式来制宪。这些都是一些细节性问题。而重要的问题则是在这些国家中的宪法属于新的类型,这些宪法是基本法,是最高法,在法律体系中拥有最高的地位,并且不能为一般立法机关所修订。

我一直在想用什么样的名字才能够生动形象地勾勒出这两种类型的宪法。或许我们可以称它们为变动的宪法和静止的宪法,因为旧有类型的宪法虽然总是表面上静止不变,但是,实际上却在潜移默化中因一般法的制立而慢慢改变,虽然这些变化很细微;相反,新兴类型的宪法,总是岿然不动,没有任何的变化。或者也可这么说,前一种宪法是液态的,而后一种类型的宪法是固态的或结晶化了的。当一个人企图改变液体的结构时,[①]他就可以往里面倒进一些新的液体或者将一块固体溶于液体之中,然后晃一下。[132]但是,如果要想改变固体的结构,他就必须先将它溶解或者熔化,然后,在它被丢到液体之中或者成为气态后,根据具体情况,再将它混入到其他物质之中,或者从其他物体之中提取出来。这两个名字还是可以挺形象地表达出这两种不同的加工过程,以及两种宪法所可资改变的方式。但是,还有另一种愈发简单的比喻法,虽然并不算太完美,却在整体上更为可取。我们可以用柔性宪法称呼前一种宪法,因为它们拥有弹性,可以曲折,可以改变形式,但在主要特点上却尚能保持原样。而后一种宪法则不能,因为它们的线条是刚硬的、固定的。所以,我们可以称它们为刚性宪法。那么,下面,我们就采用这种说法了。当然,在这里,我们对这两种宪法的特征的探讨还不能算是讲得足够清楚明白,所以,接下来,我们将要做一个更为细致地探讨。

我将从柔性宪法开始这场讨论,这不仅是因为罗马史学者和

---

① 即机械的而非化学的改变。

英国人对之更为熟悉,而且它们在时间上也更为早一些。在古代世界,它们是唯一类型的宪法。要是没有亚里士多德的名著《政治学》的话,我们对古代世界的绝大多数宪法(除了罗马和迦太基),包括希腊的宪法(除了雅典)知之甚少。至于为啥我们能肯定地说这些宪法属于柔性宪法,将在后面加以探讨。不过,在现代世界,这种类型的宪法已经很稀罕了。除了专制国家,比如俄国、土耳其和黑山,在欧洲只有三个地方采用这种宪法,它们是英国、匈牙利——有一部历史悠久且十分有趣的宪法,[133]与英国的宪法很相似——和意大利。这些国家的宪法虽然起初是以文件的形式出现的,但是修改程序则更为倾向于柔性宪法。除了这三个地方以外,欧洲其他国家的宪法就都是刚性的了。①

但是,在这个问题上,我要首先考虑一个根本性的缺陷。既然这些国家的法律,比如罗马和英国的各种法律之间,没有什么正式的和技术性的区别,那么我们凭什么说一种法律是宪法呢?既然在罗马和英国只有一个立法机关,其所有的制定法都拥有同等的效力,那么在与政府的宏观结构相联系的法律和与行政管理上的细节问题相关的法律之间又有什么不同呢?比如说1832年的改革法案——还有1867年和1884年的议会改革法案——都很清楚是属于宪法性法律的。但是,其中也包含少量非根本性的条款,而且在这些条款中,有一些很快就为另一些非宪法性的法律所改变了。还有很多法律,比如1834年的市政改革令(同时,我还想加上1888年和1894年的地方政府令),就很难说不是宪法性的法律了。此外,还有一些法律不属于宪法性的法律(比如1852年的苏格兰大学令),但在事实上改变了很多的像与苏格兰的联盟令(5 Anne, c. 6, art. xxv)之类的宪法性文件。

因此,从技术层面上来看,我们无法将宪法性法律和其他法律

---

① 除了南非共和国(德兰士瓦)宪法之外,英国自治殖民地的情况将在随后提及。

截然分开。严格说来,罗马没有宪法,英国也没有宪法。这就是说,我们就无法划分出一种被称为基本法的东西,来明确和分配政府权力、公权力的创立模式以及市民的各种权利和豁免权。[134]那种我们称之为罗马宪法和英国宪法的东西,其实是一堆储存在人们的记忆或书面的档案之中的先例、律师和政治家口中的法谚、政府办事时的习惯、惯例、规矩和信条以及一些法条。这些"宪法性法律",有些包含了一些细枝末节的事情,另一些则涉及私人间的事务。所有的这些法律都以先例和习惯为前提,并有先例和习惯混杂其中,并且,所有这些法律都为一些寄生于其上的判例或政治习惯所包裹,以至于没有这些东西,法律自身就无法起效,或者就与它们实际上起到的效果截然不同。哪怕是一个最高超的分类家,也没法开出一个清单,把英国和罗马宪法类法律列清楚,而别人又无从指摘:哪怕真有这么一个清单,分类出来的法律也总会包含了一些重要的学说和规定。比如,这么一个关于英国法的列表,就不会包含有内阁,也很少会提及上下议院之间的关系。关于这些议题,即下议院对国际事务的控制,王室接受或者在某些情况下可能有权推翻大臣的建议,都会被抛置于一边。然而,正是这些法律形成了英国宪法中最为清楚、最具有操作性的实质性部分。而另一些实质性部分,根据它们特性来看,是模糊的,模棱两可的,难以判断其相互差别的,并且在很多例子中,也是无法确立明确规则的。① 其中有一部分已经或者将要被废除了。另外一部分,则关系到不同历史或法学学派之间的争论了。这种情况在罗马也是如此,[135]因为,在罗马,执政官的权力是没有法律加以明确的,而且执政官与元老院之间的关系问题也没有以法律加以廓清,更不用说对作为大治安官的司法官的准立法性的权力设立界限了。其中,最不清楚的还是元老院的权力。在西塞罗一朝,关于元老院的敕令是不是有完全的法律效力,

---

① 戴雪(Dicey)先生的著作《宪法法律》(*Law of the Constitution*)有力的提出了这点。

就引起过人们在宪法层面的争论：①人们依据其各自的政治倾向而采取了不同的观点，比如在英国，人们也曾就上议院处理财政法案的权力各持一端。

当然，很明显，这些事实对每一个英国法学家，或者对法律的门外汉，只要他们有一点历史或者法律知识，就足够说明问题了。但是，如果是普通大众，就是另一回事了。对他们来说，宪法应该是明确肯定的。现在，有很多关于修改宪法的风险的讨论，②就是从"宪法"这个名字生发出来的，因为这个名字代表了一个确定的事物，一个明确肯定的法律实体，白字黑字，不得改变。罗马人没有专门表示"宪法"的词。甚至在共和末年，西塞罗也不得不使用一些短语来表示宪法，比如 forma[形式、模样]、ratio[道理、比例、规则]、genus rei publicae 或者 leges et instituta[共同体/共和国的种类]；而我们所说的"宪法性法律"，在罗马法学家那里，就成了 ius quod as statum rei Romanae spectat[关注罗马政治状态的法]。③

然而，那些我们一直在探讨的反对意见，仅仅是源于对"宪法"这个词的误解，而不是停留在这个词本身，因为在某些情况下，使用这个词是不可避免的了。既然有这么一个事物存在，就必须有个名词来形容它。而且，这个事情也并不会因为其轮廓不能被廓清而变得不太真实。山还是山，平原还是平原，哪怕我们不能确定那座山在具体什么位置下降并过渡到平原。[136]在国家的公共生活中形成的法律和习惯的集合就完全应该被称为宪法，或者用更为模糊的词汇来称呼也是可以的，比如"宪法精神"、"宪法原则"等就很适合，因为它们也描述了众多法律和习惯的普遍特性或者

---

① 关于这点，请参见文章十四，第716页。
② 虽然将这几句用于1884年的情况要比用于1900年的情况更为贴切，但是我还是允许其保留了下来。到1900年，很多宪法条文的变更都已经生效了，所以，关于改变宪法可能产生的危险的争论也就随之减少了。
③ 参见尤里安，《法律汇编》，i. 1, 2。

趋向，而这些习惯和法律所统治的国家又给予了这些习惯和法律以不同于其他国家的宪法的特征；这正像是每个伟大的国家都有我们称之为民族性的东西，而这种民族性通常是说起来容易，而要真正确定起来，还是很难。

第四节 柔性宪法的起源

现在，让我们回来，继续思考柔性宪法的历史以及柔性宪法的特性。我们已经看到柔性宪法比刚性宪法更为古老。人们可能会认为之所以如此，是因为柔性宪法更容易与野蛮状态下的社会契合，它们源于习惯，是法律最初的来源，也是一个规则的政治社会能接受的最简单和最明显的宪法形式。这是真的，但是，这并不足以解释整个现象。

一个由法律加以组织和管理的政治社会，其骨架乃是宪法，这即是说生活在这么一个社会中，这个社会通过法律建立起了长久不变的法律制度，各有各的功能和权限。现在，这种形式的有组织的政治社会首先在小的共同体中出现，包括城邦，就像希腊的城邦国家，或者农村，就像英格兰早期或者中世纪的瑞士的农村那样。在那些巨大的共同体的文明的早期阶段，比如埃及、亚述、波斯和16世纪的俄国，我们都能发现部落组织已开始向专制统治转变，①[137]但是都尚未完成。在这个过渡阶段中，君主或多或少都受到限制。现在，在一些小地方，人们还是通过召开市民大会授权政府

---

① 在这里，为了方便起见，我使用专制统治（despotism）这个词，但是，毫无疑问，没有一个君主国是绝对专制的，至少在野蛮时代不是如此；君主总是对公众意见表示顺从，而且当他们是部落的首领或者手持武装的人民的领袖的时候更是如此。真正的区别在于政府是因为被宗教情感裹挟着的古代惯例以及对人民起义的恐惧而畏手畏脚，还是为了遵守完善的制度和法律规定而按章办事？就俄国来说，虽然其没有真正意义上的宪法，但是还是存在着三个基本法——宣布专制权力拥有主权地位的法律，要求国王成为东正教教民的法律，以及确定王位继承制度的法律。

的形式来实现当地的自治。我们日耳曼祖先的"民众大会"(Folk Mot),正如现在依旧存在于尤日(Uri)或者阿彭策尔的民会(Landesgemeinde),是农村地区的自治机构。这与荷马时期希腊的 $\dot{α}γορά$[市场]、晚期希腊城邦的 $ἐκκλησία$[公民大会]和罗马的国民大会(comitia)是一样的;同时,在这里我还想加上,这还和现在阿尔巴尼亚的人民大会(popular meeting)(以一种更原初的形式)、巴苏陀和贝专纳卡菲尔人(Bechuana Kafir)举行的(Pitso)一样。这些集会,正如新英格兰镇的集会一样,都是全民公决大会,不是代表制的会议。它们由当地所有的自由人参加,虽然在早期阶段,实际上还是由领袖决定整个集会的行动。这些会议负责制定法律,所以其不仅仅是最高的立法机关,还是唯一的立法机关。他们能在任何时候改变他们认为的基本法,如果真的有这些法的话。之所以这么说是因为那时,他们尚处于习惯法的阶段,不知道什么是基本法。无论他们的政府体系是正式的规定于一系列特殊的重要法律之中,或是,更为经常的是,散落在很多的制定法以及与之相补充的习惯中,该系统都保持在一个与其他法律和习惯相平行的水平,因为它们来自于同样的渠道,即是说,公民公决大会。一直要到代表制成熟,人们熟知了人民掌权与人民代表制之间的区别之后,[138]刚性宪法才会产生,因为到那时,会产生一种办法,使通过这种办法制定出来的法律高于其他的普通立法机关制定出来的法律。因此,全民公决大会,无论是在古希腊、意大利或是在中世纪的欧洲,都运行了一段时间,并且可能在正规的政治宪法观念出现之前,就已经通过其经常性的行为创造出了一部实际上的"宪法"(即一系列的既定规则,规定了并指示政府的行为)。这种正规的宪法观念是在政治观念和法学的发展过程中形成的。那时,人们开始区分法律与习惯之间的区别,且这些法律和习惯是与国家结构和公共事务治理,以及其他事务,比如私权,相关的;并且,那时他们也开始区分规定和成型的惯例之间的区别,这些惯例之所以会被固定下来,是因为它们受到了普遍的遵守并被固定的用于一再发生的某些事项之上,具体的判决被用于相对应的具体案件之中。在这种意义上,罗马人可能觉得他们在征服意大利之前就已经有一部宪法了。我们的英国祖先在14世纪的时候,也有同样的成就了,那时政治先例受到很大的压力,于是人们授权议会,一个代议制组织,代表整个国家做出决定,于是也就确立起了议会对抗王室的权力。① 公元1297年的征税确认令(Confirmation of the Charters)与无同意课税法(De Tallagio Non Concedendo)被视为英国宪法出现的标志,但是,可能60年后议会成功抵抗国王爱德华三世会是一个更好的节点。[139]无论如何,亨利六世的首席大法官福特斯库(Fortescue)的话清晰的展示了在他所处的时期,宪法是如何逐步变为中流砥柱的。当这个阶段达到之后,人们有时会努力给这些宪法规定或者其中的某些规定以额外的效力和持久性。这些规定可能记载于一份特别神圣的文件之中,或者它们受到誓言的保护。但是,真正的刚性宪法的出现要更晚一些,那时代议制已经产生了。个中原因,我将在之后做一个探讨。

第五节　柔性宪法的优势和劣势

我用来指称这种类型的宪法的词,即柔性或者流动的,看起来就让人感觉这些宪法是不稳定的,没有任何的固定性和持久性可言。它们一直就处于变动不定的状态,就像是赫拉克利特所说的河那样,世上没有人能够踏入两次。它们不仅或多或少的受到新

---

① 英国的历史证明了这里所说的大部落和小部落的情况。西撒克逊人的人民决议大会在演变成为大参议会后,虽然在理论上依旧还是全民最高统治会议,但是在实际上已经不是所有自由人的会议了。其不再能代表和保护人们的宪法权利,不过随后却催生了代表制度。当然,代表制度再受欢迎,也不再是之前的全民最高统治会议了。

第三篇 柔性宪法和刚性宪法

颁布的法律的影响一样。而且还受到运用时遇到的具体情况的改变。这正如人的性格每天都于潜移默化之间受到其所为、所思以及每日的生活经历所带来的情感上的变化的影响,所以,每隔十年,我们再次着眼于罗马宪法或者英国宪法时,便可发现,在这10年的末端,其已与十年前的模样有些许不同了。哪怕人们是刻意的采取一种保守的政策,都无法阻止这一变化的进程。就算是这种变化并未现诸法条本身,也必然作用于人的思想,且在时机成熟时,或将以一种更为强烈的方式作用于立法。其反应,比如卢修斯·科尼利厄斯·苏拉在罗马所推行的,或者护国公克伦威尔倒台后所发生的,如革命一般的富于变化。不过,过去的历史是无法抹去的,[140]因为对过去的回忆乃是形成未来的元素,但重塑形状的办法,却不在于原来的形状之中,而更多的在于它的新变化之中以及进一步的变化之中。只有一种情况会使宪法的发展趋于停滞,那便是如在威尼斯或者中世纪后瑞士的某些城市中,一个寡头政权控制了政府,并且消灭了自由的精神和惯例,阻止了这一发展和运动的自然进程。这种情况要到某些强大的邻邦推翻这一政权,或者其内部的经济变化诱发了革命才会停止。但是,就算在这么一个寡头政权下,政府的组织体系在每个世纪也是各不相同的,这正如旧法国的王权,以及现在看来是变动不易的土耳其政府所展示的那样。但是,独裁政权体系,很难说是宪法性的,所以,也就不在我们今天探讨的范围之内了。

柔性宪法(也就是所谓的不成文宪法)是由普通的立法机关制定和修改的,且不包含于任何特殊的神圣的法律文件之中。人们认为柔性宪法是经常变动的,而且变动巨大,在实践中也很易于被僭越。所以,其无法给公共秩序和私人权利以充足的保护。

然而,现实的情况并不支持人们的这一看法。让我们来看两个典型的例子:罗马和英国。罗马的宪法是一个很突出的例子,它构建了政府的框架,人们又能以一种极快速和简单的方式进行很大变更。要变更宪法,所需要的只是一个合格的地方长官的提议,公共议事会(comitia)的投票表决,再加上护民官的默许。毫无疑问,护民官能够阻止公共议事会的决议,但是,在罗马共和末年,要想换换或者赶跑"惹众怒的"护民官也不是什么难事。[141]然而,罗马宪法,就其法律层面而言,在从李奇尼法出台到苏拉时代这三百年之间,就鲜有改变,因为那些对古代惯例的改变(这些改变如我们所知导致了罗马的覆灭),在形式上是法律的,而实质上仅仅是采用了宪法承认的"近路"。相比之下,之前人们是很少抄近路的,而且在抄近路的时候也要小心得多。同样的,在英国,议会是有权运用最高权力的,而且,有时,议会反应敏捷,比如不久以前(1883年4月9号),下议院在几个小时内就通过了炸药法案(Explosives Act)(议事程序被中止了),并递交给了上议院,然后第二天就获得了国王的批准。宪法中那些最为神圣的规定和原则——包括大宪章、权利法案和定居法——总是通过最为严格的法律程序被废除了,但其通过的速度不亚于炸药法案。不过,自1689年和1701年起建立起来的英国政府主体框架在法律上依然保持原状,并且,近些年来对其所作的最为重大的改变,是在旷日持久的争论之后才起效的。① 我们都知道,在英国,要想在宪法上做一丁点的改变,比如废除一些完全没用的只会惹麻烦的条款,同时又要确保安全,是一种多么难得事情啊,这将会导致众议院议员们的离席,并重新选举内阁成员。

对这一问题(虽然有时会被人们忽略),有一种不错的解释,即:宪法的稳定性并不奠定于其形式之上,而在于其后的经济和社会力量。是这两种力量支撑着整部宪法,[142]如果宪法的形式与这两种力量间的平衡相一致,则宪法将不会改变。除这种解释之外,还有两个解释值得一提。

---

① 发生最快的变化中,最重要的两个是与苏格兰的联合以及与爱尔兰的联合。

有时,柔性宪法或者习惯法宪法的稳定性乃是基于一个前提,该前提使得宪法从单本法条或者习惯中繁衍成为稳固的政府结构。当然,在这方面有很多例子,比如,古希腊的很多城邦,其人民的热切而不安的精神,以及小派别的暴力活动,就从没有使得任何的政府体系能够延续很久,以至于能够扎下深深的根基。这些宪法通常都是独立成典的,而且本也应是稳定的,制定它们的人也知道如何去保持它们的稳定性。不过,它们很少是从长期使用的习惯中生发出来的。相反,保守民族的宪法则都是柔性宪法的典范。这些民族尊重古风,重视先例,希望跟着祖辈们的行事方式办事。这种民族性能使得柔性宪法得到发展,支持并珍视这种宪法。更为重要的是,英国议会有广泛的权力,可以修改宪法,但它从未滥用过这种权力。它每次使用这种权力的时候,都小心谨慎,有节制。要知道拥有这种权力的人最容易滥用它了。[①] 这种情况在英国和罗马都可见到。当然,在瑞士也是如此(虽然 H·梅因先生和其他人都说,瑞士农村的这些习惯乃是源于愚蠢的民族保守主义),因为在瑞士农村地区,几乎所有人都是国民,生活安逸,生活水平不相上下,对政治改革没有动力。

此外,还有一个理由,[143]即这种从一大堆法律、先例和习惯中冒出来的宪法,比那些人们看到的普通的法律文件,不仅要显得更为神秘和令人敬畏,而且也无法为人们自由感受,随性而为。那种成文的宪法,由人们起草并投票表决形成,是没有一丝的古迹或神秘的气息的。它源于人民主权,宣示着人民主权,并彰显没有他物能超越于人民主权至上。可能,那仅是国内一个政党的成果;并且,有一天,当这个政党背负污名之时,这部宪法也就会遭受污名。相反,柔性宪法的遥远与神秘的起源使其显得高贵,正如这种起源

---

① "他应庆幸去到有祖业之家"(ἀρχαιοπλούτων δεσποτῶν πολλὴ χάρις),埃斯库罗斯《阿伽门农》1043(参王焕生译文)。

在王室家族身上所起的效果那样。这种高贵在古代和中世纪时，通过与宗教结盟而得到加强。在希腊和意大利，城邦的守护神守护着最古老的法律。在中世纪的国家中，国家的命令则是上帝旨意的一种表达。虽然，这些观点在现代社会已经消失不见了，但是，这个事实，即古代宪法代表着一段很长的发展历程，或者用一个更为通俗点儿的词的话，就是一段很长的演变史，则为宪法加上了不少的想象空间以及哲学的意味。在很多国家中，道德力量的这些源头足以维持政治制度的生命，这些政治制度只能由人民，或者立法机关改变，并且在有些情况下，只能由其他一些更为适应已经改变来的环境的制度来代替。

因此，宣称柔性宪法是不稳定的，是一种错误的看法。它们真正值得注意的地方，和它们突出的优点，正是其弹性。在紧急情况下，它们能被拉伸或者弯曲，而不至于毁坏整体结构；并且，当紧急情况过去之后，它们又能恢复到原有的形状，就像一棵树的枝条被拉到一边以便车辆能够通行。正因为它们的形式没有被严格的固定下来，[144]所以，临时的改变才不至于导致太过严重的改变。对既成制度的感觉也不会因此而发生动摇。旧的习惯得到了维持，这个机器，在某些不为人所知的地方发生了改变之后，还能够照常运行。

至于这种运行是不是较前完全一致，则是另一回事了。在两个半世纪中，从爱德华三世到詹姆斯一世，英国的宪法，在法律层面，罕有改动。虽然，在那个时期的某些时候，议会的权势超于王室之上，而在另一些时候，王室又统辖着议会，但是直到内战之前，宪法都没有任何永久性的改变出现。从安妮女王到威廉四世时期，宪法的法律特性也几乎就没有任何改变。但是，在实质上，其还是有所改变的。所以，我们能够这么认为，宪法的柔性特性有时能使其从震荡中恢复过来而不受任何伤害，有时，这种特性隐藏了所遭受的震荡的效果，而这种效果所引起的习惯上的改变和没有表达出来的或无法表达出来的人们观念上的改变，会引起法律形式上的改变。在这方面,英国议会上下两院的关系,议会与殖民地自治政府之间的关系就是例证。

没有什么比罗马宪法更能证明上述现象的了。罗马宪法是一部复杂的作品,由很多部分组成,各部分之间联系紧密,但是又能各自独立适用。在遇到各种特殊情况时,其能向各种方向弯曲、扭转或者拉伸。但是,就算它被弯曲或者拉伸,它还是保持了自己的力量,并且,当那种扭曲的力量削减后,它还能大致回到原来的样子。从执政官到军事护民官的变革、经常性任命独裁官、由十大执政官执政的难忘经历、[145]地方行政官的创立,甚至允许新的、有时是大量的异族成为市民权并拥有选举权以及改革旧的机制以使其适应统治被征服行省这一新任务,在数个世纪中,上述的这些改变,都没有对宪法平衡造成什么永久性的妨害或者动摇宪法的基本原则。对个体市民的普通权利的中止或者对地方行政官的普通权力的扩展,都创立了有害的先例,并足以摧毁大多数国家。但是,它们在罗马是无害的,因为法律和习惯都视它们为必要时的权宜之计,将之合法化,并去除了其革命性的特性。因此,它们,作为宪法的一部分,虽然这些部分仅仅是在紧急情况下才会用到,既不会动摇对原来法律的情感,也不会造成对自由的危害——那即是说,在整个城邦居民的整体个性都改变了,共和国的疆域极大的扩展以至于旧有的宪法明显过时了,现实情况超过了其原本设计的承重量之前,这些权宜之计都是无害的。

在受到邻邦侵扰时,希腊城邦或者中世纪的意大利都会设立独裁官。紧接着,它们就会发现它们给自己找了一个主子,这个主子在危险过去后拒绝交出权力,而继续作为老爷或者太太统治国家。之所以会出现这种情况,不仅是因为人民优柔寡断而领导人野心勃勃(但罗马人同样兼有优柔寡断和野心勃勃两种性情),更主要是因为在这些城邦之中,没有什么应对紧急情况的规定存在;因此,当有必要将大量的权力交到少数几个人手里的时候,宪法就受到了强力的扭曲,再也无法恢复了。在罗马,人们就预见到了这种不时之需,所以,在遇到这种情况之时就能用法律的方式加以应对。在人们和领导人心中,存在这么一种信念,即野心需要被控制。[146]所以,任独裁官者并不会因为受到了提升而喜不自禁,而市民也不会因此而失去对其体制的坚固性的信任,这种体制的坚固性从不会令他们失望。

英国宪法的弹性在某些特性上与罗马宪法不同,也没有罗马宪法光彩夺目,但用起来却毫不逊色。我们英国人不任命独裁官,因为我们很幸运有一个永久的最高统治者,虽然最近以来,其成了名义上而非实质上的最高统治者。而且,我们也少遇到古代世界的城邦国家所需惧怕的那些危机。但是,我们留有一个很宽广且模糊的特权地带,其虽然在实践上无法与议会的意志对抗,但是,却足以规定不少重要性超越于普通立法权之上的事项。统领陆军和海军的权力以及控制对外政策的权力就是这样的例子。并且,基于此,普通的行政权力也会得到极大的提高。当一部法律,比如人身保护令,被中止效力时,或者当通过了一大笔特支费时,普通法律和法院,以及下议院对内阁成员的控制力,就会暂时的(特别是在国会没有开会时)和为某些特定的目的中止;并且,今天的王权(或者说是内阁)和都铎的伊丽莎白或者斯图亚特的詹姆斯那会儿是大为不同了。在遇到混乱状况的时候,在国内可以采用严厉的政策加以压制,在国外可以威胁或者真的采取军事行动,这些都是超过王室的法权范围的,并且,根据惯例,也是超越于其自主权和职责之上的。所以,同样地,当为了管理的方便,而非是因为紧急情况,而将最高立法权委托给一个低级立法机关时,[147]旧有王室的优先权和枢密院就因为其优越性而被启用了。议会可以授权王室发布疏密令,以处理大宗原本应由法律加以规制的事项;并且这些命令有时是立刻生效的,有时,则在呈交议会并没有受到否决后一定时期内生效。正是通过这种途径,每年都有一大批二级

第三篇 柔性宪法和刚性宪法

法律出台,并且虽然其非来自于议会,却有着议会立法的权威,还不违反议会是唯一的立法机关这一原则。同样的,从王室和枢密院旧有的司法职能出发——枢密院能向国王提出建议,但这一功能在一个世纪前就已作废了——演变出了一种新的司法体系。一种被称为枢密院司法委员会的机关出现了;它有点像是罗马皇帝的教会法院,现在担任着主管英国海外属地的最高上诉法院,包括印度及其他殖民地。

罗马和英国宪法的这种弹性特质的优越性在于其提供了一种方式,即通过半路截杀的办法来防止或最小化革命的发生。让我们来研究一下两种宪法,即刚性宪法和柔性宪法,在严重的危机发生时是如何表现的,因为面对这种危机,国内的一部分人会倾向于改变宪法,而另一部分人则会主张维持宪法的原状。如果是一部刚性宪法的话,一旦其自身的法律改革方式不足以满足法定多数人提出的变革要求,则将承受很大的压力。它可能会成功地扛住这种压力,但就算是如此,在斗争之后,国家依旧可能会发生动摇,而大多数人的思想中的敌视情绪也被煽动了起来。于是,假如这种反对力量很强大的话,这种宪法结构便会被打破,而非仅仅局限于修改。而如果是一部柔性宪法的话,其更易于并能更为简洁的发生改变。[148]它有一个联接不太紧密的结构,所以不用打破它的结构就能接受改变以迎合大多数人的要求,并且,只要求斗争双方中的一方让步就能避免革命。这种让步会被尊为先例而得到遵守,虽然其并不体现于任何法律或其他正式的法律文件之中。在这方面,上议院要求改变财政议案的权力的消灭就是一个例证。或者,柔性宪法可能会长出一些分支器官。这些器官虽然是新的,但是,却沾上了某些旧的特质而掩盖了其新颖性。这么一来,它就能继续运行而无需从实质上中止其延续性了。这种宪法因为能够轻松的改变所以也使得改革派不那么的激进,而保守派不那么的顽固,并令双方都更倾向于相互妥协。在罗马,如平民有要求,而贵族又不同意选任一个平民出身的执政官（Consul）的话，执政官可以任命军事护民官。这种做法延迟了革命的发生，并在这个过程中，双方的观念会发生变化，直到革命的危机过去。所以，随后，出于妥协，另一种稍低一级的大法官（Praetor）出现了，其具有执政官的职能，但是却还负有一些特殊的职责。这种妥协平息了保守力量的感情，并完成了新旧之间的转变。英国宪法的历史是由一连串小改变所组成的历史，其中，没有一个改变，就算是当时被称为革命的权利法案，或者1832年的改革法案，也没有使得这个体系与之前看起来有什么太多的不同。毫无疑问，其中有一些东西被去除了，另一些东西则是新增的，但是，整体结构看起来无甚两样，因为留下的总比新增的要多。

有两个主要的进程，将英国政府从都铎王朝的统治转变为今日的财阀民主政体，那就是对王室特权的限制以及将拥有选举权的人数从少数人扩大到多数。[149]这两个进程进展缓慢，一步一步地向前迈进，每一步都迈得很小，但是却都向着同一方向前进。基于此，各派之间的斗争，由于大多数人希望的仅仅是适度的改革所以也就不是那么激烈了。这些人要求左翼和右翼的极端势力相互妥协，而他们之所以能这么干，则是因为宪法本身允许小的改革。如果改变是大规模的，或者无法加以改变的话，那么改革派就会发动革命，但是，现在，改革派倾向于分次进行改革；并且，其中偏温和的派别只希望改革。1840—1850年间，英国宪章派引起了一些险情。但是，在他们和老辉格党人之间，有一些观念逐渐地相互渗透；①并且，当局势看起来像是向接近于宪章派所主张的改变发展时，他们之中较不激进的成员逐渐地被辉格党或者自由党所吸收，同时后者也发生了类似的变化；而且，其中有些改变，特别是

---

① 宪章运动是英国19世纪30—50年代发生的一场工人运动，共有三次高潮，数百万无产者参加。其与辉格党代表的资产者的利益直接对立。

第三篇 柔性宪法和刚性宪法

投票选举权,最终乃是在没有重大摩擦的情况下实现的。

不过,人们毋需记住,在大多数国家的历史上,一旦弹性本身成为了一种危险,危机就会接踵而至,因为,那时,人们将会滥用这种便利以求改变。对于人的身体来说,没有比能作出剧烈、突然的动作而身体依然无恙更为好的了;而且,也没有什么比这个更能令拥有这种力量的人骄傲的了。但是,这些人达到中年后就会发现,在激昂的情绪下过度用力乃是有害的。一而再地不受惩罚乃是对人们的一种鼓励,鼓励他们在情况不利时,[150]或者力量不如年轻人丰沛时,尝试发力。有一个故事讲的是克罗顿的米罗。某日,他独自穿过一个树林,看到一个伐木工人正在将楔子插入一棵橡树以便将它砍到。米罗跑上前去,将楔子拔了出来,然后试图将这棵橡树劈开。但是,他已经没有年轻时的力量了。所以,这棵树因为没有楔子支撑而向回倾斜。结果,树的枝杈死死的卡住了他。最终他就被这样卡死了。跟我们同时代的韦伯船长,成功地游过了英吉利海峡。他受到这一成功的刺激,不断尝试更为刺激的冒险,最终死在尼亚加拉瀑布的漩涡之中。所以,罗马人,有很多次在特殊情况下将额外的权力授予给执政官的先例,最终却发现他们创造出另一个先例,即使得老的柔性宪法实质上已被推翻了。苏拉成为了一种新的独裁官。虽然不久后其便辞去了此职务,但是,这一例子乃证明,王政已离此不远了。朱利乌斯·凯撒同样接受了额外的权力,并用它组建了一支军队,终结了共和政体。凯撒的独裁官职务通过某些不同的形式最终变成了一种永久的专制权力。这实际上就是一场革命,而且还是在遵守旧宪法的名义下发动的革命。在英国,16 世纪的时候,曾经出现过一次或者两次议会授权国王的情况,国王遂危害到了宪法本身。17 世纪,王权被废除,护国公职务乃通过革命的办法确立。这是战争的结果,其毁坏了旧机器的重要部分,并令那些为废除王权而拿起武器的人们后悔不迭。从那以后,我们再也没看到过宪法受到什么实质性的威胁(除了国王詹姆斯二世统治时期)。

然而,这也暗示着,议会可能会毫无顾忌地使用其巨大的力量颠覆根本性的制度,所以,我们也应审慎的对议会的行为加一些限制。[151]那些人,在注意到议会面对逐渐增大的压力会弯曲和摇摆,以及没有充分的规定来确保迅速的完成职责后,①经常预测说,众议院有一天会将自己交到内阁手上,因为内阁名义上是获得众议院的授权,而实际上则是由选民直接授权的。同时,政党组织的权力已变得如此巨大,乃至于内阁首相可以算作是一个独裁者。② 另一些则就政党机器描绘出了一幅更为可怕的图景。他们称这为小集团,这些小集团一方面将政策下达给选民,一方面则下达给内阁。他们的统治拥有王权的核,却披着宪法的衣。不过,就我们目前所知,就算英国宪法真的凋零的话,我们也没有理由相信其会堕落成这种可鄙的形式。③

当柔性宪法走到末路的时候,其就会有两种发展方向。有时,它会变成独裁政府,或通过暴力革命猛力钳杀宪法,或身披法律的外衣,独占宪法之一支,并最终挤占其他各支之活路。有时,它会变成刚性宪法。不过,对于促成后一种变化之原因,[152]乃属于对第二种宪法考察之部分,故而,在考察柔性宪法的一些其他特性后,我们再来谈这个问题。

---

① 本文写于1884年。在那年以后,众议院的程序发生了改变,个人议员的权力被削弱了,机会也减少了,而内阁阁员的权力则增大了。但是,他们并没有成功地夺取众议院所有的或者几乎所有的职权;而且,在新的法律之下,人们越来越放肆地使用贿选这种手段。

② 在1880年至1885年间,人们可以经常听到有人提及这种担忧。由于确实不会出现个人独裁的局面,所以最终什么也没有发生。这种担心可能源于这样一个事实,即1867年至1885年间两党的领导者是两个精力异常充沛、影响力卓著的人。然而,内阁对于众议院的权力无疑是处于稳步且快速增长之中的,而且到1901年,它依旧在增长。

③ 现在,相比1884年,其可能之中的危险已经很少听到了。"伯明翰决策委员会"(Birmingham Caucus)这个词也不再被用来惊吓胆小者了。

第六节　贵族政体和柔性宪法

柔性宪法天然就倾向于贵族型的政府结构。这里，我不是说柔性宪法只会在出身好或者富裕人掌权时才会出现，虽然宪法最初产生的社会通常都处于寡头式政府的阶段（哪怕最上面还有一个国王）。但是，在贵族政体和无限制的柔性政府形式之间有一种自然的吸引力，就像在现代国家中，在这种政府形式和纯粹的民主之间存在一种天然的离心力那样。所以，为了保证柔性宪法的安全运行，需要大量的知识、技能和经验，而这只有受教育阶层才拥有这些品质。现代国家的民众很少有人能认识到古代的惯例、形式或适用先例的价值。在一些小的民主国家中，比如瑞士的林地省①，就会发现人们惯于使用这些惯例，因为在那里，传统深入每个人的生活，对古代形式的维护是一件值得当地人骄傲的事情。但是，在一些大的国家中，只有受过教育的人才了解这些有着悠久历史的复杂体系，才能按照它的规则，将它们的原则用到实践之中。而没有受过教育的人，则会喜欢一些简单的、直白的和直接的东西。那些奥秘的东西（arcana imperii）会使人生疑，而怀疑一般都是有根据的，因为内行人总是会把对秘密的知识用于自己的私利。现在，一部普通法宪法有很多的先例，有些是过时了的，有些则是充满了可疑的解释，满是奥秘。哪怕到今天，就算是从 1832 年以来，阐明化和简单化的进程发展得很快，[153]在英国宪法中，还是有一些晦暗不明的区域。

此外，还有一个理由能解释为什么普通法宪法而不是民主制

---

① ［译注］林地省（Forest Canton）：16 世纪的时候，瑞士由 13 个省组成。这 13 个省可以分为两类，即 6 个林地省，7 个城市省（City Canton）。其中，林地省都是民主共和国，而城市省则是寡头制的共和国。

度更能与贵族制相处。这是因为它们允许政府的首脑,比如罗马的高级执政官,或者英国的王室大臣(the Ministers of the Crown),拥有更大的权力范围。这些官员的职责没有被严格的圈定,因为法律规定虽然在某些方向上限定了他们的权利(英国闲杂的限定比罗马要严格的多了),却没有在其周围画一个封闭的圆,而是留了一些空隙,也就是说,允许通过传统和先例,跑到权力范围之外自由活动。贵族制鼓励这种自由。其之所以鼓励自由,是因为对贵族阶层的显要成员来说,权力无限制后,这些人可以自由行动,可以宣称其个人意愿,可以在不用担心超越宪法的情况下自由主张。另一方面,上层的不太显眼的成员没有太多的理由害怕官员的广泛的权力,因为他们的社会地位和家庭关系的影响使他们免于受到专横的对待。对于人民大众来说,他们是没有这些优势的。几乎没有人能够获得权力。他们可能会因为这种权力而受害,因为贵族使用这种权力并不明显违法,所以,他们也就没有理由要求赔偿。因此,人们就想着如果能够给权力划个界限,使它更像是刚性宪法而非柔性宪法,则实在是有百利而无一害的。在历史上,当对平等的热切追求为对权贵的不信任所加强时,也就到了人民运动兴起,大幅削弱统治者的权力直到与国家的安全相称的地步。这一进程能走多远则是对这个国家中民主原则与贵族原则之间的损益的一项测试。[154]有关这一点,英格兰的情况就与罗马大为不同。罗马的正史对这方面记录的第一件事情是平民试图通过立法的方式来划定执政官的权力范围。但是,这一努力失败了。这是罗马人的性格决定的。在罗马制定出法律,即后来的十二铜表法,平民的地位也随之提高。但是,执政官的权力依旧很大,而且没有法律上的边界,直到死神降临夺取他们的失去生命为止。当然,随着历史的发展,这些权力有了界限,大众的因素在宪法中不断增多,但是,这种限制不是靠对权力范围的压缩实现的,而是靠引进新元素实现的。罗马人从比以往更大的范围中选出两个执政官,而这两个执政官相互之间通常会有所不和。其他的官职设立的初衷便是为与执政官对抗,并且,如果其愿意的话,是可以出手钳制执政官的。第三,常设的非代表制的元老院乃是主要由去职的官员组成,其影响不断增长,并且大体上能够控制地方的官员。在英国,情况则大为不同了。王室的这种特权是贵族和民众所惧怕的,所以他们团结起来限制王权,直到有一天,靠着一部分土地豪门的帮助,民众的实力足够强大到能够推翻王权为止。在这一缓慢削弱王室的特权,砍掉部分权力,并严格限制其他一些权力的过程中,他们限制了王室和大臣们的权利。直到最后,他们稳固地确立起议会代表们的权力,指示王室什么人是它可以委任作为大臣的,这样一来,旧有的限制专权的动力便消失了。[155]现在,那些一度被人们视为主子而恐惧的人,成为了人们的仆人了。人们不再厌恶王室的剩下的特权了,因为他们的代表能够控制特权的持有人,而作为统治者的议会成员则开始觉得维持大臣的权力与公共利益相符的,并且不和他们的私利相冲突,因为有这些权力,很多事情做起来比通过事无巨细的法令要来得更为快捷容易。不过,甚至在这种情况下,还是有危险存在,那就是王室的特权被过度自由地使用,因为这种特权意味着议会大多数领导人的意志,他的行为会在因为其拥趸的头脑发热中获得隆隆的掌声和许可,这样就超过了固定的宪法惯例的界限了。

人们曾对罗马和英国宪法中的制衡制度作过这样的评价,即两者之间有着根本性的不同。当然,每一部宪法都必须有制衡制度,否则其将很快覆灭,或者打个比方来说,就是船需要压仓物,使其能在经受猛烈的摇晃之后恢复平衡。在罗马,这种制衡制度体现在各类地方官吏的并存之中,他们能够互相制止对方的行为;此外,这种制衡制度还体现在常设的元老院中,其拥有很大的但是界限不甚明确的权柄;至于民众集会,虽然在理论上是万能的,但实际上,却由于程序上很多奇特的特征而受到限制。这些特征使得其不如大多数希腊共和城邦中的民众集会那样有效。罗马的民众集会只在执政官召集会议时才召开大会,并且其行为可为另一个执政官所阻止,而且还经常被元老院推翻或者避过。另一方面,在英国,在17世纪的斗争前,王室的特权受到议会的,并且是经常性的制衡,而在17世纪之后王室也就是偶然出来为难一下现在地位至高的议会,并且,随着时间的推移,连这种为难也变得越来越少了。[156]目前对议会的草率或者粗暴的行为的限制,则部分见于议会本身的两院制,部分见于下议院的议员都是保守派。这种情况在上议院失去道德影响力,逐渐沦为议会中一党的玩物之时特别明显。之所以说下议院是保守的,是因为下议院的代表都是富人,而且都属于所谓的上流社会。当一个代议机构中的成员都安于现状,接受指示按照传统的管理方式行使权力时,是不会出问题的。可能出问题的情况是有人挑动阶级狂热,这就像全体国民大会,比如雅典或者叙拉古的国民大会。参加国民大会的人基本上都是些贱民,而且多数人同情心泛滥以至于感性凌驾于理性之上。这是倍加危险的事情。因此,与古代城邦的民主制相比,现代欧洲的代议制集会就起到了调和剂的作用了。但是,现在这些集会的特征正在慢慢地改变着,因为其所处的国家正在慢慢地改变。由于铁路、电报、普及的大众教育和便宜的报纸的作用,科学的发展已将大国的居民之间及居民与代表之间的距离变得越来越近,相互间的联系也显得愈发密切,以至于小城邦的状况几被重塑。住在柯克沃尔的人知道昨夜发生在800英里之外的伦敦的事情,这样比当年住在马拉松的人了解(步行8小时的距离)昨天发生在雅典的事情还要更为快捷和完整。同样的新闻能在同一时间抵达所有的国民,同样的情感能同时感染所有人,并且通过媒体,这种情感结合着各地的反应而变得更强了。这也就是说,相比三个世纪以前,[157]整个国家的空间距离被大大的压缩了,而且比之前也愈来愈像是一个公民大会了。如果像是某些预言所说的那样,在这些改变之外,同时还对代议制议会的成员造成了一种更为密切的、更为严密的控制的话,那么,这些代表就成了听指挥的代理人,而不是因为值得信任和聪明而被挑选出来演讲和投票的人。于是,代议制作为缓和剂的殊多价值便也会随之丧失。

毋庸置疑,在英国,目前,上述的这种改变没有带来什么风险。代表们没有成为代理人,并且,就算他们成了代理人,那也是因为他们自己的原因造成的,而不是选举人造成的,因为选举人欣赏勇气并且看重独立的价值。在英国,政党组织的权力,随着其不断的缓慢发展,超越于选区和选民之上。但事实上,这些政党组织并不像小派别或者利益团体那样,为保持自身的优势,而试图威胁候选人。而且,针对议会潜在的鲁莽行为,还有一种可贵的制衡制度,那就是其(不像是某些民众集会)是受到责任大臣引导的。到目前为止,他们很少有人是煽动家,且都富有经验,仕途光明,维护本阶级的理念。在这里,我想指出的是,当一种改变对代议制集会行动的前提发生作用,并且对他们对公共情感做出迅捷反应的前提也发生作用时,民主政府的风险也将随之扩大。但目前,历史并没有对柔性宪法盖棺定论,也没有在其发展的路径上开启一个新的阶段。

第七节 宪法对一个国家思想的影响

[158]我们已经讨论过一个国家在什么样的情况下会选择什么样的宪法的问题。现在,让我们来探讨一个相反的问题,即这些普通法宪法,或者说柔性宪法,对国家的政治思想和习惯会造成什么样的影响,以及要有什么样的国家特征才能作为柔性宪法的根基并促使柔性宪法茁壮成长。

政府的组织形式乃是同时作为原因和结果而存在的,并且就像父母的性格影响着家中的孩童一样,给予生活在其下的人民以智力和德行上的训练。现在,普通法宪法,以及其复杂性、经过精妙调整和平衡处理的机制,相互之间的不协调,细微的差别(nuances)——在这里,我不得不使用一个法语词汇,因为没有英语词汇能够表达出这种细微的区别之意——大量未解决的问题(对于这点,人们通过细腻的感觉就能感觉出凭借案件的判决是不能制定出一个清楚、明确的规则的)——这种宪法,毫无疑问,只能在一个富有技巧并且具有判断力的统治阶级中得到完善和成熟。这种判断力能够辨别出细微的区别,并能将旧有的原则运用于新生事物之上,而这也保证了人民将广泛的权力交给治安官或者治国的议会是安全的。这在他们之中形成了一种观念,即议会不应单纯按照宪法许可与否行事,有很多无法为法典僵化语言所表达的含义是存在于先例的记录之中的,在形成治国者的理念的传统上熠熠生辉。所以,柔性宪法凭借以生存的东西被称为"精神"。"文字要了它的性命,而精神赐予其新生"。

然而,很明显,只有在特定的国家中,并且这些国家必须拥有特定的天赋,这种宪法才可能成熟,「159」成为科学的主题,艺术的精品。在这里,有三件事是必须的。第一件是法律的思维,这是一种对法律的喜爱、法律的天赋。第二件是一种保守的秉性,在这里,我指的是谨慎,除经证明确有必要外,拒绝改变,所以,改变不是突然而为的,而是一点一点缓慢进行的。第三件是智力上的活力和生命力,其不会因为对法律的敬仰或者对改变的厌恶而顽固不易。只有当这三个品质完美结合的时候,或者相互均匀平衡的时候,这种法律的伟大体系或者美好协调的并且有持久生命力的宪法才可能形成。有很多各具其他禀赋的人们,比如古代的雅典人,或者很久之后的现代的西班牙人,缺少其中的一个或数个禀赋,所以就无法驾驭这样的法律或宪法。当然,这也可能是因为他们拥有其他的禀赋,而那些禀赋无法与这些禀赋共存,所以雅典人最终还是失败了。

当一个国家的法律开始具备科学的色彩的时候,法律和宪法就成了人们的导师。但是,人们毋需记住,这种训练针对的阶层主要是执法和治国阶层。因为虽然在理解并吸收宪法的经脉,领会政府各部门的机能时,一个国家中的人总是作为一个整体出现的。但是,相对来说,其中能透彻的理解这个体系,或者对其运行提出意见的人总是少数。要想到达这一程度,所需要的不仅仅是历史知识,还有对运转中的体系的密切且持续的观察,对治国事务的参与和与从事此类事务的人们的交往。普通民众是不可能通晓这些的。他们就像是远洋油轮上的旅客,耳闻引擎的轰鸣,眼观活塞的伸缩,叹服于巨大齿轮的运转,[160]知道蒸汽的运转靠得是气体的膨胀,却对机器的一些必要部件是如何与另一些部件联动的知之甚少,对调速轮、连杆和校准仪的运用机理也不甚了解。他们能看到这艘船驶向何方,能推测运动的速率,但是却必须依靠机师操作汽锅和引擎,以及船长指挥航行方向。在国家生活的早期阶段中,人们通常并且愿意将国家的管理权交于一小个上层阶级,正如乘客信任船长和机师那样。但是,当群众获取并觉得他们已经获取国家的主权的时候,这种默许授权就不再可行了。那些没有必要的知识,没有经受过必要训练的人们,或者用我们前面提到的例子来说,那些仅仅知道蒸汽膨胀运动或者直线运动变成旋转运动的人们,甚至都没有意识到需要接受新的知识和训练。他们对先例毫无尊重,对其所处的方位也无力了解,如此竟还掌管了引擎和船只的大权:这么一来,与会的代表就只能是一些对滥用议会大权所造成的恶果毫无警醒的人。如果真的发生这种改变的话,宪法就将受到极大的损害;而且作为其优越性的弹性也将化为危机之源。

基于此,人们可以说在以下三个选项中,必须要选择一个,以解救柔性宪法于困境。要么是(1)至高权必须为有政治素养并符合政治正当性的少数人所掌握;要么是(2)大多数人必须继续,而不是断断续续地对政治感兴趣,并且还要熟悉政治;要么是(3)大多数人,虽然在法律上是至高无上的,却必须依旧容忍少数人掌管具体的治国事务,而自己只设立一些基本的原则。在这三个条件中,[161]第一个已经几乎从所有的文明国家中绝迹了,第二个也是很少见的,并且,在大的工业化国家中,现在看来,这也是无法实现的。因此,要想成功,最好的选择还是第三种方式,但是,其需要群众的一致拥护,而这种拥护在遇到民主煽动家的时候,就会动摇。

罗马共和国的历史,也展现了宪法对国家的影响和形成柔性宪法所需的特殊能力。罗马的著名宪法基本上都是柔性的。罗马的宪法之所以能够长期存在,并能渡过如此多的致命危机,是因为制定宪法的罗马人能力的卓著。他们拥有三种特殊的能力,即法律思维、保守和对实际状况的敏锐把握。罗马宪法训练了罗马民族的思维,使他们尊重秩序、信奉法律,同时,他们还拥有创造性的天赋。正是基于此他们才创造出了整个罗马私法体系。最后,罗马宪法覆灭了,因为市民大众不再能按照原有规划承担这些功能了。他们不再能进入统治阶层的核心圈子了。首先是出身好的,然后是富裕阶层将公共职位攥在他们手里。这个特征,贯穿罗马的历史,一直都甚为明显。但是,他们在获得权力后,却表现得腐败堕落,横行霸道,对国家的自由和福利漠不关心。另一方面,统治阶层受到了大众的道德堕落的诱惑,沦为其中一员,失去了他们旧有的对法律的信奉。甚至连有原则的哲学家,比如西塞罗,未经审判就毫不犹豫地将囚犯处死,并且,在为自己辩护时,还引用了一个四百年前的例子,来证明自己违法的暴行是正确的。那时的罗马领导者们还是有能力运转整个系统的,还是有充足的知识和娴熟的技能的,但是,他们已经没有昔日对原则的敬仰了,也失去了肩负公共义务的传统意识;罗马已经是世界的霸主了,[162]所以,一个正常人的德性已是无法扛得住罗马执政官这个职务所带来道德破坏力了。道德力量,那种能够无视罗马宪法的复杂性而使其运行如故的道德力量,那种能够无视罗马宪法自身包藏的危机而使其长存的道德力量,现在一蹶不振,无可逆转。权力滥用以及制衡系统引起的僵局,变得越来越频繁和严重了。这部机器接二连三的受到打击,一次比一次猛烈,各派别又没有足够的爱国精神来使这种打击变得和缓,也就无法停止这种打击。从共和国肇始,重大的危机就包藏在授予地方官员的巨大权力之中。这些权力是必须的,因为国家不断地遭受着外来的打击;除了对国家利益的奉献精神外,没有其他的东西能控制住党派利益,而这种党派利益对于一个庞大而又分散的人群来说,其效果显然不如在一个城邦的四壁之中那么强烈。后来罗马统治了庞大的疆域,它的边境与几个大的文明体接壤,所以它要长期与边境上的大君主国或者部落群作战,于是,军队首领被授予重权,并且授权时间都很长。因此,共和宪法的衰落源于自身的病灶,虽然压倒性的爱国精神在最初令其无害。

在研究制度史的时候,判断一项制度的成败有多少是因为其自身的特征所致,又有多少是因为其运转时所处的内外环境造成的,永远都不是一件容易的事情。罗马宪法的时运在罗马的早期和晚期各不相同,在早期,罗马很少受到周遭敌邦的倾轧,而在晚期,其之征服力量已渐渐消退。同样地,要想在罗马和英国这两个风格迥异的国家间做个比较也是很难的——罗马宪法是罗马城的宪法,无法自我扩展成为整个意大利的宪法[163]——而英国的宪法起源于埃格伯特和阿尔弗烈德时期,曾是一大片农村和分散地区的共同宪法。然而,如果我们试着这么对比一下,我们或许能够发现自 14 世纪之后,英国王室(无论是王室还是其大臣)从来没有获得像罗马授予地方执政官那样的大权力。在公法领域,英国比罗马更为成功地适用了市民权不可侵犯的原则,以对抗政府组织,虽然这个原则起源于罗马。罗马人和他们的法律天赋被政府权力无限制这一观念所蒙蔽,乃至于竟然未对执政者的行为做必要的限制。而当必须要这么做以制衡执政官时,他们竟又设立了一个执政官,而不是通过法律来限制执政官的权力。他们也没能像英国人那样,将审判权从政府行政部门那里剥离开来。在这两个方面,英国宪法的成功可能应归功于诺曼人的封建主义,是他们精确地限定了领主和农奴各自的权利——所有的领主都是上层的农奴,上层的农奴其实也是领主——这有助于形成这么一种观念并造成影响的深刻,即权力应被限于一定的范围之内,虽然在该范围内权力是强势的,同时,司法判决还有权决定这种权力范围的大小。另外,大量的僧侣享有的豁免权的范围受到限定,并且是由司法机关来确定,这点也对训练人们的这种习惯思维有助益。英国毫无疑问是受益于其岛国的地理位置,能够在确保其国内自由的前提下,留给了国王很大的自主决定权。这便也造就了下议院的兴起和在国王权势上拴紧缰绳。但是,在这其中,[164]更大的缘由还在于对个人权利的精确界定确保了人的生命和财产免于政府的侵害,同时令政府对其越权行为负责的习惯,以及将司法权最终从王室的影响下剥离的做法使个人能够通过法律手段来强制实现其权利。这些原则深深地融入整个民族的思想之中,协助形成了自由宪法借以运转的思维模式和行为模式。它们就像是刚性宪法的原则那样强硬,不受议会立法手段的支配。当然,这主要是因为它们都有数百年的历史,而英国人又是一个尊重传统的民族,并且经过训练而敬仰祖先们建立的原则的价值。

第八节　宪法之领土扩张的能力

在我们结束有关柔性宪法的讨论之前,还有一个问题,即一个国家是应该通过征服的方式还是领土割让条约的方式来扩张其领土、吞并其他地区呢?

这样的宪法看起来特别适合于那些正处于变动时期的国家来采用,无论这种变动是内部的还是外部的。新的阶级获得政治权力,或者新吞并的领土的居民被接纳成为市民,这些事最快受到普通立法机关影响。在罗马和英国成长的早期阶段,它们各自都利用了自身的灵活性。英国之成为国家,乃是源于西撒克逊族的扩张,尔后,其又在没有改变其之前的宪法的情况下将威尔士并入自身,[165]然后,1707年是苏格兰,1800年是爱尔兰。在上述情况下,英国都只是将宪法做了相应的修改,这样一来,这两个新增的成员就可以进入议会两院,另外,英国还限制了这些地区的某些职务的职能。之所以这些早期的扩张不甚费力,乃是基于这样一种事实,即在中世纪,由于国王的显著地位,任何部落或地区在臣服于他的时候需带部落或地区进来。一个部落的全民大会,比如南撒克逊的全民大会,伺其国王为西撒克逊国王取代时,即沦为一个二级机构,这是因为由国王召集并主持的联合会议的与会者皆是国王的臣民。稍迟一些,虽然苏格兰和爱尔兰有自己的议会,但是这些议会很容易与英国的议会融合,因为在这三个国家之中,议会都是代表制的。但英国止步于此。英国拥有的广大疆域悬于海外,虽然他们在法律上皆臣服于王室和议会,却没有被真正的纳入到母邦宪政的框架之下。确实,在没有重塑现有的政府结构的情况下,是很难将它们纳入其中的,而要想重塑现有政府结构的话,就务必要制定一部刚性宪法了。

同样地,罗马国也是从相邻部落间的联盟开始的,这些部落的成员大会最终融合成了一个会议。随着时间的流逝,其宪法的柔性使得政治权利得以扩张到很多位于罗马原疆域之外的地区。但是,不久,这一过程便停止了(指有效的政治扩张),因为在那时,人们尚未发明代表制。[166]公元前90年,在拉丁姆联盟大反叛之后,罗马被迫授予拉丁部落的诸多成员完整的市民权。这时,它也没有采用现代通常的做法,在各个联盟部落中选派代表,创设代表会议,而仅仅是将新进的市民们分派到老的部落之中。这倒是一个很省力的法子,能够改变联盟成员的地位,使他们获得与罗马市民同等的法律地位,获得了市民权就意味着他们获得了罗马人的各种特权和豁免权,但在实际上,他们并不参与政府管理,因为几乎没有人会专程跑来罗马参加民众大会的投票。无论是政治寡头们，还是那些所谓的群众党的领导人，都不会乐意于放弃对罗马城居民的实质统治权力，以及行贿和接受贿赂的机会，去成立一个联邦制或者准联邦制的意大利共和国的市民集会。而且，就连意大利联盟自己，都没有想过要搞这种代表制会议。在斗争的过程中，他们建立了一个敌政府。但这个也仅仅是复制了罗马宪法的一般模式，而没有创立出任何代表制的会议。如果当初有创设出这个会议的话，那么其便能极好地实现他们的目的了。在古代世界，这种城市共同体的观念所产生的影响是如此深远，以至于在政治制度的领域中，人类的新发明竟毫无作为。

如果一个不断扩张过程中的国家以条约的形式吸收其他地区，而这些地区已或多或少的有一个宪政制的政府的话，那么这一过程通常会采用创设联邦的形式，而几乎所有的这类联邦都会采用刚性宪法。在这方面，一个国家的柔性宪法吸收其他国家的宪法的情况（就像英国宪法吸收苏格兰宪法）是很少的。古老的神圣罗马帝国（Romano-Germanic Empire）确有一部柔性宪法，但早已腐朽得难辨面目了，而且最终被拿破仑消灭了。[167]当其想整合独立的国家，重新建立德意志帝国时，其也只能通过刚性宪法创设一个联邦体系来完成这件事。在意大利，之所以没有采用同样的机制，是因为这些地区在1859年至1871年与撒丁王国联合时，并没有组成宪政性的政府，而只是解散了各自以前的政权。它们都渴望组成联盟，而在它们的渴望中，却鲜有对维护任何地方权利（local rights）的关心。

第九节　刚性宪法的由来

现在，我们开始讨论另外一种类型的宪法，这种宪法，我称之为刚性宪法。其之特征见于如下事实，即刚性宪法的效力要高于其他法律,而且撤销或者制定刚性宪法的程序也不同于其他法律。刚性宪法的历史要比柔性宪法短。后者的历史可以追溯到有组织的政治社会形成之初,是社会组织最开始采用的政治形式。而刚性宪法则标志着政治发展到一个相对高级的阶段,当时,将基本法从其他类型的法律中分离出来的观念已为人们所熟悉,而且在政府事务上和政治事务上也已经积累了很多经验。因此,在近一百年的历史中,刚性宪法就比柔性宪法更为受人欢迎。

在欧洲,除了英国、匈牙利和意大利之外,其他宪政国家采用的都是刚性宪法。但是在亚洲却没有刚性宪法,因为亚洲,这个文明的摇篮,除了日本之外,就没有一个自主的宪政国家。日本的宪法,制定于1889年,有几分与德意志帝国的宪法相似。[168]美洲,作为一块新大陆,几乎全是采用的刚性宪法。美利坚合众国不仅仅是现代世界采用刚性宪法最为瞩目的例子,同时还因为其成功而成为了其他共和国争相仿效的对象,就像在19世纪的时候,旧世界中很多现代国家在建立它们的政府时,或多或少都拿英国作为它们的模板一样。美国国内四十五个州的宪法都是刚性的,不可为这些州的立法机关所修改。加拿大自治领也是如此,有权修改宪法的只是帝国议会。加拿大七个行省的宪法,根据其立法机关来说,也应算是柔性宪法。其可以由普通行省的立法修改(除了关于副省长的职务外),但是,所有的行省法律都从属于自治领的否决权,而这些宪法则不受这种权力的支配。墨西哥和其他五个中美的共和国,以及九个南美的共和国,都采用了这种刚性宪法,其立法机关都无权加以修改。非洲是最落后的一个大洲,但是在奥伦治自由邦,这个小小的共和国采用的也是刚性宪法。人们曾争论说南非共和国(德兰士瓦省)的宪法也是刚性宪法,但这只是法律形式上来看是如此,而在实际上其通常被归于柔性宪法。①

---

① 参见文章7,第378页。

澳大拉西亚（Australasian）殖民地的宪法则向人们提出了一些有难度的法律问题，这主要是由于帝国法令规定了制定或者确认这些宪法的程序。只要修改宪法的办法还是由这些殖民地的普通法令加以规定的，殖民地的立法机关还是有权修改宪法的。然而，由于这些办法是由英国议会或者由王室签发的文件规定的，[169]所以，问题就变得更加复杂了，需要一个比这更为全面的讨论。然而，这些关于一个立法机关从属于一个最高立法机关的问题，可以说是一个不同的问题：我们可以说，如果这些殖民地宪法被视为只与当地的立法机关有关，那么它们就是柔性宪法。关于澳大利亚的新联邦宪法的性质问题是毫无疑问的，这是刚性宪法①，因为修改这部宪法需要全国大多数州通过和大多数人直接投票同意。每一个不列颠殖民地的所有法律都可由总督或者王室推翻，但是（虽然有时规定这些宪法性法律应根据王室的喜乐而予以"保留"），这种权力却没有单纯地限于修改宪法，因为根据英国的习惯，在宪法和其他法律之间无甚区别。

上述的所有宪法都是最近125年来的成果。但是，在1776年是否存在这种独立的国家，且在这些国家中宪法不能和普通法律一样被修改还是不确定的。在这方面，瑞士联盟是肯定不属于这一类型的，因为这个联邦，直到法国在18世纪最后几年插手其中的时候，还是一个州的同盟，而不是一个国家，所以也没有任何实质意义上的宪法，更不用说这个联盟所构成的共和国能够以与制定联盟条约同样的方式来改变联盟的条约了。这种观点同样适用于荷兰七个联省组成的联邦。

然而，刚性宪法的起源可以被追溯到17世纪。[170]最早的

---

① 关于这部宪法，请参见第八篇，第334页。关于澳大利亚殖民地和其他英国殖民地的宪法，请参见已故的 Henry Jenkyns 先生的著作，《英国法律和海外治权》（*British Rule and Jurisdiction beyond the Seas*），该书出版的时间相当早。

北美不列颠殖民地的殖民者,管辖他们的政府是由皇家宪章创立的,殖民地的立法机关是无权加以修改的,因此,人们也就熟悉了这种有一个法律文件高于立法机关及立法机关自己制定的法律的观念。① 在一个殖民地(康涅狄格),1638年,殖民者自己为他们的政府起草了一系列的规定,史称《康涅狄格基本法》(Fundamental Orders)②。这些规定随后逐渐发展成为一部皇家宪章,最终真的成了一部初级的宪法。并且,几乎是同时,在内战期间,这种观念也出现在英格兰。1647年,向长议会(Long Parliament)提交的人民协议包括了有关英国政府框架的概要。按预想这个概要的效力是位于议会之上的,议会无权加以修改。同样的,奥利弗·克伦威尔在1652年发布的政府文件(Instrument of Government),也想要创设出一部刚性宪法,至少,其中的一些条款是要高于议会的,议会也无权加以修改。但是,他自己的议会拒绝承认其无权干涉这些条款。③

通过对各地情况的快速回顾,现在,我们来看一下刚性宪法得以产生的环境是怎么样的。刚性宪法的创立通常是因为如下四个动机中的一个或者数个:

(1) 市民的愿望,也就是说一部分享有政治权利的人民的愿望,即希望在受到威胁时能保护他们的权利,限制统治者的行为。

(2) 市民的愿望,或者想要取悦市民的统治者的愿望,即

---

① 关于对这个问题的分析,请参见作者的著作《美国联邦》(*American Commonwealth*),第37章。
② [译注]康涅狄格基本法:创立于1639年,确定每一位公民都有选举权。这部基本法,已被人们公认为世界上最老的一部成文宪法。
③ 这些文件载于S. R. Gardiner先生的著作《清教徒革命的宪法文件》(*Constitutional Documents of the Puritan Revolution*)。对于这些法律文件的简要说明见于 *Goldwin Smith* 先生的著作《联合王国》(*United Kingdom*),第1卷,第605—608页。

将之前存在的政府体系用明确肯定的条款确定下来,以排除可能的争论。

[171]（3）想要建立新的政治共同体的人的愿望,即在一部法律文件中具体设计了他们提出的政治组织的规划,且该法律文件能够确保自身的永恒性并为人民所理解接受。

（4）出于分裂者或者个别群体、部分人的愿望,即创立条款,以通过一个政府保护自己的权利和利益,并确保在共同的事件上能有效地合作。

在这四种情况中,现有政府修改宪法时,会出现前两种情况。而人们凝聚成共同体或之前分裂的共同体形成更大的共同体时,比如联邦,会出现后两种情况。

下面,请注意,刚性宪法的制定有下面四种方式：

1. 可能是君主将宪法给予他的臣民,以便其和其继承人辩护说他们是用合法的宪政的方式治国的,并无之前的权力滥用的行为。有一些现代欧洲国家的宪法就是这么形成的,比如普鲁士的宪法,是由国王弗雷德里克·威廉四世于1850年授予。现在扩展成为了意大利国的撒丁岛的宪法性法律（Statuto）或者基本法也一度被人们视为是同样的一种情况。但是,现在人们已经认为其所采用的宪法是柔性宪法了。自由大宪章本也是刚性宪法的组成部分,按照法律,其不受国王议事会（Great Council）、英格兰最高立法机关的修改,但是,其却是由国王在国王议事会中制定的,并经常为这个机构所修改。法国的大宪章（Charte Constitutionnelle）由路易十八在1814年颁布,[172]并且在1830年选择路易·菲利普为国王时形式上也有所改变。这部宪法由国王赐予给西班牙和葡萄牙,也是同样的情况。

2. 当一个国家放弃旧政府形式（或者从旧的形式中释放出来）,重新创立一个新政府的时候,会采用刚性宪法。自1790年以降,历届法兰西共和国的各种宪法都属于这种情况,奥伦治自由邦的宪法①和现在的(1901年)巴西宪法也是如此。美国联邦(American Union)的最初三个州的宪法也是属于这种情况。然而,其中有两个州想要保留他们在不列颠殖民地时期的宪章—宪法(charter-constitutions)的内容,所以它们仅仅是将这些条文转换成州宪法。除了联邦宪法之外,没有其他的法律在州宪法之上。这么一来联邦变成了一个联盟,而非全国性的政府。奥匈帝国奥地利部分的宪法也属于这种情况。其包含有五部基本法,于1867年制定,且立法机关仅得以特别规定的方式加以修改。

3. 可能是一个新的共同体,之前尚未成立国家,在刻意的和正式的着手于组织作为一个自治政府(无论其是否还是一个更大的政治体的一部分)的政治生活时,创立这种宪法。这比如1790年美国联邦的州宪法。还有比利时最初的宪法,比利时以前是荷兰的一部分。再比如加拿大自治领的宪法,虽然这是一个有奇特的特征的法律文件——不列颠所有自治殖民地的宪法都是如此——这部宪法是由当地制定的,但根据1867年的法令规定,[173]其却受到一个外在权力的控制,即英国议会。自治领的立法机关是无权修改这部宪法的,所以,如前定义,其属于刚性宪法。当然,犹如其他法令,英国议会可以对其作出修改。澳大利亚的新联邦宪法也属于这种情况,且由来相同。②

4. 也可能是由于要收紧松弛的各自治国家联系而制定出刚性宪法。当外在的危机或者经济利益促使这些共同体想要组成一个紧密的联盟而不是之前的协定或者联邦协议时,它们就会联合

---

① 参见第七篇,第361页。
② 关于这部宪法,请参见第八篇。与加拿大宪法不同的是,澳洲人民自己就可以修改宪法而无需帝国议会的辅助。

成为一个国家,并创立一个新的政府,当然它们是通过法律的形式来完成此事的。这样一来,这些共同体就联接到了一起,而且还作为一个统一体行动。将一个州的联盟转变成一个联邦国家,实际上就创立了刚性宪法,因为各州自然想要增设障碍,延滞可能改变联盟条款的行为来确保它们各自的权利,因此它们会将宪法置于普通立法机关的修改权之外。然而,各州可能会放弃这种安全机制。亚该亚同盟①就是这么做的,因此,其宪法是一部柔性宪法,但是,随后,亚该亚同盟就很难再被称为是严格意义上的国家的了。其不过是一个联盟,虽然是一个紧密的联盟,就像18世纪时期的瑞士联邦。

关于第四种情况,人们最耳熟能详的例子就是美利坚合众国、墨西哥联邦(如果其不算是第二种情况的话)和现在的瑞士联邦。[174]另外,还有一个很奇特的例子,那就是新德意志帝国,其分为两步,即1866年和1871年,脱胎于之前的1815年德意志联邦。这个联邦是由于古东法兰西和日耳曼王国的分裂而产生的,在整个中世纪,其使用的宪法类似于英格兰、法国和13世纪的卡斯蒂利亚②的柔性宪法。

---

① [译注]亚该亚同盟:在伯罗奔尼撒半岛北部阿哈伊亚地区,公元前4世纪有一个由12个城邦组成的同盟,至公元前4世纪晚期,同盟在马其顿打击下解体。公元前280年一些城邦乘马其顿内乱之机又重新结盟。公元前251年西居昂参加同盟。以后同盟的领域逐渐扩大,至公元前3世纪下半叶最盛时,已经包括伯罗奔尼撒半岛和中部希腊的许多城邦。同盟内部各邦一律平等,内政自主,仅在外交和军事上要求一致行动。同盟最高权力机构是全同盟公民大会,每年召开两次。同盟的最高官员是一位将军,战时领兵出征,平时也拥有很大权力。将军一年一选,卸任后隔一年可重新当选。西居昂的亚拉图从公元前245年起的30年内,每隔一年当选一次将军。在他当政时期,阿哈伊亚同盟与马其顿进行了多年的斗争。公元前239—前229年曾与埃托利亚同盟联合起来抗击马其顿。公元前221年亚拉图又勾结马其顿人反对斯巴达。公元前198年,同盟协助罗马反对马其顿。公元前146年,同盟在与罗马的战争中失败,遂被解散。
② [译注]卡斯蒂利亚(Castile):西班牙中部和北部一地区。

第十节　刚性宪法的制定和修改

在我们开始讨论这种宪法制定和修改的方式之前,让我们来对它们最近的一些表现形式做一个说明。文件形式的宪法,包括了一个或者数个用于此目的的法律文件。这种形式是很古老的。在希腊的城邦中,有很多这种类型的宪法;并且,在制定这些宪法后,人们还做了些努力,宣布它们是不可更改的,以确保其永久性。但是,在过去,当民众大会——这些大会由所有的自由市民组成——还在统治城邦国家(以及有的时候还包括一些小的农村国家)时,没有更高的权力超越于制定宪法的立法机关之上,因为这个立法机关是由全体市民组成的机关。相应的,在此时,如果人们确定要使某些政治安排具有永恒性,之后无人能够推翻它,有两种可用的方式。第一种是使所有的领导人,可能是全体人民,庄严宣誓会保存它,并因此将国家的保护神作为该法的共同立法人,或者至少是该法的保护及赐予人。这个办法是斯巴达的来库古想出来的。另一种办法就是在法律中做相应的规定,使其成为基本法,以至于任何想要废除它的提议都不会被接受,[175]或者对那些大胆提议要废除它的人处以重罚。这两种办法的反对意见认为它们禁止了任何的修正,哪怕这些修正是必要的,哪怕是众望所归的。因此在实践中,它们很少被人们采用,当然虔诚的或者迷信的斯巴达人是一个例外,他们因为害怕神的震怒而基本上阻止政府上有任何的变化。而且,针对上述第二种方式或障碍,反对者很容易就能够绕过去,撤销基本法以及禁止令和处罚。一旦禁止令和处罚被废除——当然除非成功是万无一失的,否则是没有人会提议这么干——基本法也会接着被废除。然而,在这里,还需要提一句的是,虽然希腊城邦都采用了要求多数投票(即 2/3)才能修改基本法,或者要求在 3 个月内经过 4 个会议连续通过的方案,但人们还是怀疑这种规定是否能限制得住这个群体的大多数修改宪法，这个群体是如此地小、易受煽动，而且寡有法律思维。

有些人建议英国应该在基本法中收录一些我们称之为英国宪法的法律，并且规定这些法令不受议会的修改，或不受议会以通常的方式修改。这些人似乎忘记了这种收录宪法的法律以及这种规定本身就会像其他法令一样，可由议会以修改其他法令的方式修改。所有的这些发明创造都不过是给废除或者修正宪法的过程多加一个手续，吸引人们和立法机关的注意，郑重地告诉他们这个事实：他们做出的庄重的决定是可以被推翻的。有些人可能会认为，这是一个保险装置，尽管不那么完美，也是值得拥有的。[176]然而，实际上，这种加于其上的限制只是道义上的，不具有法律意义。①

一部宪法，如位于立法机关的权限之外，可以用法律规定的方式修改，也可不再变动。有时，宪法自制定伊始，无论有什么变故，都没有再制定新的条款。这种情况见于由国王赐予臣民的宪法——比如现今的西班牙宪法便是如此——但是，关于这种情况，我们完全有理由这么认为，即鉴于该法律文件中没有规定，而且也没有必要规定任何的单方面的义务，所以，该赐予人是暗中保留了改变其赐予物的权力的。正如我们之所见，现在的意大利王国的宪法最开始是由查尔斯·艾伯特在1848年赐予给撒丁岛的；并且，在相当长的一段时间

---

① 在我写完这些文字之后不久，有人将这个办法提交议会。在关于1886年爱尔兰自治条例的争论之中，问题的焦点在于议会是否可以给爱尔兰组建一个立法机构，划给它一定的立法权限而无需议会授权或者由议会制定成为法律。法学家们普遍认为议会不能自限其权，其通过的任何法律都是可以修改的，而且任何法律都不得就未来议会的权力做出限制。

关于议会可不可以制定一部新的宪法排除自己随后废止该宪法的权力的问题，我认为，如果听那群摆弄学术的家伙的话，真的让议会那么干的话，无疑就等于夺去了议会现有的地位，将它推入火坑。这也就是说要废除所有议会组织法，取缔国王普通法中召集议会的权力，解散现有议会，并在新宪法中规定召集议会的办法。这样一来的话，就再也没法召集老的议会了，而新的议会，除了宪法自身规定之外，将无法对宪法做出修改。

里,王室都独掌着修改宪法的大权。直到后来(1859—1871年),通过一系列的公共表决,该宪法才得以适用于意大利其他地区,而有人认为至少这种批准权会使宪法的基本规定不受修改。但是,认为立法权可以修改宪法的观点还是占了上风,并且,实际上在有些方面,其确已经修改。由路易十八赐予法国的大宪章适用了很多年。[177]该法原想要通过君主授权的方式,创立一个议会政府。但是,随后,在路易斯·菲利普的统治下,却通过协议的方式,或者君主和人民之间的契约的方式完成了这个事情。该法不包含修订条款,很明显,这么做是想要使其永远有效,不受修改;但是,因为在宪法中没有提供办法来满足法国人的改善政府机制的要求,缓和他们的不满,所以,很快,法国人的不满就充盈了起来。没有什么人类创造出来的东西是可以不朽的;所以,如果制宪人能够记住这个道理的话,那么,他们就不会那么想要使其成果活得比应有的生命更长了。

挪威的宪法(制定于1814年,但是随后被修改了)以及希腊的宪法(制定于1864年)规定修改应仅限于非基本性的条文,但是却没有规定什么条文才是基本性的。

现存的法国宪法从法律上来说是不可修改的,所以,任何提议废除共和形式政府的提案也就都不会被接受了。人们或许会问,什么是共和形式? 有人或许会说,如果要回答这个问题的话,我们要看的是事实,而不只是法律的规定。同样的,美国的宪法是事实上,而不是技术上,不能被修改。没有州在未经其同意的前提下被剥夺在参议院中平等的代表权。因为没有州可能同意这种改变,这个改变在法律就是不可能的了;并且,如果宪法修正案想要强制减少一个州的代表数的话,那么会遭到该州的反对,并且,该州还因此获得了退出联邦政府的口实。根据美国这一先例,澳大利亚的新宪法宣布任何州在议会中相应比例的代表数,或者在下议院中的最小代表数,[178]在没有经过大多数选举人同意修改宪法的情况下,不得被削减①。

---

① 参见第八篇。

在所有的修正刚性宪法的办法中,就现在的情况来看,主要有这么四种:

第一种方式是授权立法机关,但是却要求其以一种不同于普通法的特殊方式来通过修正案。比如说,可能是要求一个固定的法定人数来商议修正案。比利时将开会的法定人数确定为上下议院各2/3,同时还要求各院2/3的多数来通过修正案。巴伐利亚将该开会的法定人数确定为各院的3/4;罗马尼亚则为2/3。或者——这是一个很常见的规定,甚至在没有上述规定也会有出现——由一个特定的最小多数的投票通过修正案。有时,这个比例是3/4(比如希腊和萨克森,和德意志帝国在联邦议会中的投票);但是,更常见的比例还是2/3,比如美国国会、墨西哥议会、挪威、比利时、罗马尼亚、塞尔维亚、保加利亚。另一个办法是要求解散立法机关,这样一来原议会提出来的修正案可以由大众公选来评判,新选出来的立法机关要么通过,要么就否决该修正案。这种办法,通常和2/3多数原则相结合,在很多国家中可以见到,包括:荷兰、挪威、罗马尼亚、葡萄牙、冰岛、瑞典(在那里,修正案需要经过两届连续的议会通过),以及其他一些国家,包括西班牙美洲领地的一些共和国。实际上,这个办法在将权力交付代表的同时,还交给了公众,因此也就多加上了一道保险,避免仓促的改革。[179]最后一个办法是立法机关的两院必须像一个制宪会议一样坐到一起开会。因此在法国(1875年宪法)当议会各院都决定应该修改宪法时,两院便应该坐到一起,讨论并通过修正案。海地(1899年宪法)用的也是类似的办法,但是,很奇怪的是,这个办法并不是从法国学来的,而是在1843年它就已经在用了。当然,也没有人会怀疑说是法国从海地学来了这个办法。

第二种方式是专门成立一个负责修改宪法的机构。在美国,如果各州要对宪法做很多的制定和修改工作就会成立一个专门的制宪会议(Convention)机构。该机构通常在想要重新起草整部宪法时选人,不过最终通过宪法草案的权力则归属于人民。① 在塞尔维亚和保加利亚,普通立法机关两次通过修正案后,就会组成一种专门会议。这种专门会议也是经过与议会选举相同的程序组成,只是组成人数规模两倍于普通议会。其被称为是大国民议会(塞尔维亚是 Great Skuptschina,保加利亚是 Great Sobranje),拥有对该修正案的最终决定权。

巴拉圭共和国、危地马拉、洪都拉斯、尼加拉瓜和萨尔瓦多都同样规定要成立这种制宪会议,该机关经立法机关 2/3 多数投票决定组成。②

第三种方式是将新宪法或者修正案(如果只是部分修改的话)交给大量次一级的或者地方的当局批准。很明显,这种方式在联邦国家中比较适合,并且已被美国、墨西哥、哥伦比亚、瑞士、新澳大利亚联邦(new Australian Commonwealth)采用。[180]在这些国家中,中央要与所有的州磋商。美国要求 3/4 多数的州做出批准,而瑞士、澳大利亚和墨西哥则要求一般多数。(瑞士和澳大利亚一般还要求人民的多数同意。)然而,联邦国家不一都是如此,比如阿根廷联邦,就将修正案的权力授予制宪会议,并要求立法机关 3/4 多数投票通过,而巴西(现在也是一个联邦国家了)将这种权力交给立法机关,要求该机构连续三次会议的 2/3 多数投票通过。这种办法也不一定仅限于联邦才能使用,比如现行的马萨诸塞州宪法(1780 年)就是交给州内的镇(即镇区),由其作为投票团体,以多数通过的方式投票通过的。

---

① 但是,1890 年密西西比宪法只是由制宪会议制定的,并且从未提交给人民表决。关于美国的情况,请参见作者的著作《美国联邦》,第 37 章。
② 关于宪法修改的模式问题,请参见我的朋友,日内瓦的教授,M Charles Borgeaud 的很具有价值的著作《宪法的制定和修改》。同时请参见 Darest 的著作《近代宪法》(*Les Constitutions Modernes*)。这两本书对我的帮助很大,特别是前者,我提到的多数与小的州有关的事实都来源于这本书。

第四种方式是将修正案直接交由人民公决。这种方式源于美国的新英格兰州。在那里民主制最早盛行,而后传播到瑞士和澳大利亚,这两个地方都要求修改基本法律文件时,必须经过多数的选举人以及州的投票通过。现在,这种方式适用范围不仅包括两个联邦,还包括美国的各州(只有极少的例外)。一般来说,普通多数同意就足够了,除了罗得岛,在那里需要 3/5 的多数;在印第安纳和俄勒冈,则要求所有合格的投票人总数的多数同意。普选制同时也在瑞士的各州适用,在第一次大革命期间的法国,还有第二帝国时期拿破仑治下也可见到(名为 plédiscite)。

上述各种修改宪法的方式都很有趣,值得我们就此做一些评论。

一般来说,有两种方式最常用,即将修改权交给立法机关,并要求超过一般多数的投票表决通过的方式,以及将权力交给人民,即合格的投票人的方式。[181]前一种方式通常在最终表决前解散立法机关,以确保人民通过某种方式就该争论中的问题做出自己的决断。而后一种方式则更为清楚和直接,因为其是一个对人民主权的更为直接的确认;而且它还有一个优势,即使制宪工作成了整个国家的工作,而不是只代表个别小集团。而在立法机关中,可能就只有一个党投票通过修正案罢了。因此,这种方式乃使得政府的支柱奠基于最为广泛和稳定的基础之上。制宪会议是一种位于两者之间的中间方式,在旧大陆没有太多的根基。而在美国,实际上,其(在制定权上)已被人民普选的方式所代替。

从地理的角度来看,以立法机关代为修改宪法的方式在欧洲最为盛行,此外还可见于西班牙美洲领地的大部(后来,这些地区有时也结合使用制宪会议的方式)。因为欧洲最早制定宪法的是荷兰,它于 1814 年革命之后制定了宪法,所以它的宪法对欧洲其他国家影响最大,而且在这方面成为了各国的模板。另一方面,美国(除了联邦政府)、瑞士民主政府和澳大利亚联邦采用的是人民普选的方式。其中,这种宪法的经典模板是1780年的马萨诸塞州的宪法。

关于修改宪法便利与否,有趣的是,普鲁士的宪法修改起来最为快捷容易,因为其没有规定任何的安全机制,除了规定连续两次提议修改,且两次投票间最少间隔21天之外;法国的宪法修改起来也很快捷容易,其规定议会各院绝对多数提议修改,以及两院联合开会并经绝对多数投票通过。[182]法国议会在1875年犯了一个疏忽,没有规定要将制定的宪法或者宪法的修正案交由人民批准。其之所以会犯下这种疏忽,是因为各派都对将宪法交给人民大众会有什么结果犹疑不定。共和党人虽然知道普选制能够防止通过立法机关建立君主制宪法,却不太确定这种方式会不会实现共和制。因此,法国,这个在1793年比其他任何大国都要在人民主权上走得更远的国家,从1875年起却由一个没有经过人民批准的法律文件统治着,而且该法律最开始还被视为纯粹是临时性的。

最难修改的宪法是美国宪法。事实上,从1809年开始,除了在1865与1870年间的三次修改之外,它就没有被修改过。这三次修改是在内战之后,由内战引起的。当时的整体条件都很特殊,有些州正处于军事占领(military duress)之下。

关于修改宪法,最近几年的趋势是采取比19世纪前半叶的做法更为便捷容易的做法:德国的法学家和政论家倾向于弱化宪法修正和普通法律修改之间的区别,这可能部分是因为人民主权的教条在治理这个新的帝国时,无法得到学界的共鸣。这个帝国呈现出一种很特殊的现象。在魏玛共和国或者德意志联邦的议会中,普通的立法权就可以修改宪法。但是,在联邦理事会中,却要求多数的投票通过,以便普鲁士或者一些较小的州的联合能够阻止对宪法的修正。这可能是因为德意志联邦的成员不像美国、瑞士或者澳大利亚那样,都是共和制的州,而是(除了三个汉撒同盟的城市之外)①君主制的州,乃至于联邦上议院所代表的不是人民,而是德意志各州政府。

[183]很明显,宪法的稳定性(在其他条件相同的情况下)取决于按照上述办法修改宪法的难易程度。比如说其中那个将修改宪法的权力交给制宪会议,且不采取普选的办法,看起来就没有比将宪法修改权交给立法机关两院的普通立法程序解决更为困难或者漫长。所以,人们会问为什么一部能够如此方便就被修改的宪法能够被称作是刚性宪法。正是因为修改宪法的办法和普通法律不同,所以,人们才认识到这个事情的重要性,为组建特殊机构的困难和复杂程序所威慑,而没有太轻率或者频繁地改动他们的基本法律。组建这种特别会议是一件重大的事情,要比由乡村的立法机构执行一个措施或者进行日常的立法工作重大得多。而且,美国的经验显示(在美国,这个办法被广泛地用于重订或者起草修正案),各州的宪法都是由一组专门的参与制宪会议的人来制定宪法,它们要比从那些由普通立法机关制定的宪法要好得多,而且这个机构开会时的议事程序要比立法机关的议事程序吸引更多注意并激发更多的讨论。这个机构现在没有得到太多的尊重,虽然其理应获得这些尊重。② 然而,现在由制宪会议起草的宪法草案在美国经常要提交人民公决。

[184]法国的方法,即令两院一起开会以组成制宪会议,对英国人来说,有一些借鉴意义,因为它告诉人们,上下议院之间的矛

---

① [译注]汉撒同盟(Hanse):德意志北部城市之间形成的商业、政治联盟。汉撒一词,德文意为"公所"或者"会馆"。13世纪逐渐形成,14世纪达到兴盛,加盟城市最多达到160个。1367年成立以吕贝克城为首的领导机构,有汉堡、科隆、不来梅等大城市的富商、贵族参加。拥有武装和金库。1370年战胜丹麦,订立《斯特拉尔松德条约》。同盟垄断波罗的海地区贸易,并在西起伦敦,东至诺夫哥罗德的沿海地区建立商站,实力雄厚。15世纪转衰,1669年解体。
② 1787—1789年的联邦宪法由制宪会议起草并获得十三州接受。对于这部宪法,从未召开过任何制宪会议加以修订。

盾可以通过联合投票的方式来解决,比如像13世纪的时候,那时还没有形成现在的两院分别讨论和表决的机制,就召开了大参议会(the Great Council)。① 现在,在各议院会议开始和结束时,如果有君主或者君主的代理人出席,那么两院还会作为一个统一体召开会议(不一起讨论和表决了)。

下面,为了研究一下刚性宪法与众不同的特性,我必须沿着我们探讨柔性宪法时走过的道路,再走一遍,因为柔性宪法所短正是刚性宪法之所长,反之亦然。当然,也正是有了前面的基础,这次探索也不会太漫长。

对于刚性宪法来说,其有两个突出的特征,即明确性和稳定性。

第十一节　刚性宪法的明确性

上面我们已经看到,刚性宪法有一个突出的特征,即其地位比普通法律要高。其不由普通立法机关制定,因此,也不由该机关修改。它们的表现形式是一部成文的法律文件,或者可能是一些文件,因此它的法条是确定的,任何术语的内涵是明确无疑。它之所以会有这种特征,主要是因为其比其他的法律地位要更高,所以也更为重要。[185]它是一个国家的国本,是它赋予政治计划以确定的形式。所以,这就决定它不能是不成文的,也不能是一大堆相互之间存在矛盾的文件。无论其是出自于社会契约,还是国王的恩赐,其都必须载于唯一的法律文件之中。如果实在不行的话,也应该尽可能是少量的重要法律文件。用于限制立法机构权力的基本

---

① 如果向现在的上议院提出这个方案,则会更为顺利地通过,而在1760年,上议院人数尚不足200人。但现在其已经和众议院一样庞大了。而且在这其中,每15个人中,就有14个属于同一个政党。所以,少数派政党可能会感觉机会不均等。

法必须使用具体无误的术语——否则,人们又怎么能知道立法机关有没有越界或者违反法律规定呢？柔性宪法,即立法机关可以随意修改和破坏的法律,虽然也可以载于一部法律文件之中,但事实上基本都存在于数部法律文件之中,并且,正如英国宪法那样,其还常常散落于大量的制定法和先例集之中。不过,如果刚性宪法的条文内容含糊的话,那么它的这种优势也就不复存在了。

然而,对一个采用刚性宪法的国家来说,其国民如果想单凭宪法就了解政府的各个方面并对政府的性质有一个完整的认识的话,也是不切实际的。没有什么成文法律能够预见并涵盖事物的各个方面。① 其总会有一些遗漏之处,有一些还是故意遗漏的,因为这些宪法没有涉及之处通常更适合随后由普通立法机关来加以规定;或者,有时是因为宪法的制定者或者制宪机关在这些问题上尚未达成一致。另一些遗漏之处则是在当时并未为人所注意、随着事态的发展而逐渐显现的,因为有一些问题是制宪者在制定宪法时想象力或预见力所未能及的。有时候,有的条文规定的模糊不清,[186]在运用于某些未预见的情况时,显得模棱两可。下面,让我们来谈三种不同的遗漏或者模糊之处:

第一种情况是成文宪法没有做出相关规定,而该问题又过于巨大或者重大而不能由普通立法机关或者其他政府机关加以解决的,比如该问题涉及立法机关破坏宪法的平衡,侵害行政权、司法权或者(在联邦国家中)州的权力的情况。属于这种类型的问题就只能通过宪法修正案来加以解决了。

第二种情况则包括一些空白或者遗漏之处,其由于宪法对立法机关权限的划定而位于立法机关的职权范围之外。对此,最好

---

① "任何制定法或者元老院的决议都无法囊括所有人的诉求。"("Neque leges neque senatus consulta ita scribi possunt, ut omnes casus qui quandoque inciderint comprehendantur.")——《法律汇编》,尤里安,i. 3, 10。

的解决方法是由立法机关通过制定法对这些事项加以规范,或者由政府的各个部门在其相关权限范围之内分别加以解决。这些机关会创造出一系列的惯例,这些惯例是对症下药的,其之作用,诚如制定法一样,乃是对宪法的补充。

第三种情况并不是遗漏,而是宪法术语含义的模糊不清。在这里,问题是有权当局想要对这些词汇作何解释。这里的有权当局,在有的国家,指的是立法机关,而在其他国家则指的是法院。关于如何解释这个问题,我们稍后再做讨论。同时,我们必须注意的是,立法和惯例在填补宪法空白方面,以及词义解释在解决宪法应用于一系列未被该词原义涵盖的新情况方面,扩张和发展了宪法,[187]并且经过一段很长的时间之后,使得该宪法不同于原初的状态。上述的制定法、惯例和解释在事实上都是对宪法的某种侵犯,附着于其上并实际上拥有与其相同的法律效力。因此,可能发生的情况是(比如在美国)在宪法文件周围缠绕着大量的寄生法律。当然,在寄生法律及惯例与宪法条文之间还是有明显区别的。人们除了以宪法修正案的形式外,无法改变后者。而制定法则可以由立法习惯修改;惯例可以重新定向;对宪法做出解释的决定可以由做出它们的有权机关加以撤销或者修改。所以,在实际上,这些都不过是柔性宪法寄生在刚性宪法这一主干之上。因此,人们可以看到,成文宪法表面上的明确与简洁在很大程度上受到大量滋长的准宪法的削弱。这些情况使我们在了解刚性宪法实际运行之前所应该知晓的。

第十二节 刚性宪法的稳定性

宪法的稳定性是值得人们追求的,这不仅是因为其能在人们的头脑里唤起一种安全感,鼓励秩序、勤奋和节俭,还因为其使经验得以积累,从而改进宪法的实际运作。政治制度在任何情况下都很难实施,并且如果经常变动的话,国家便会无所适从。实践出真知,但是,实践需要耗费时间。并且如果人们经常要挖出它的根来看看它是不是扎得深的话,这棵树是没法长大的。[188]载于法律文件中的宪法,不受立法机关的修改。人们预想是要使它耐用,而且它看起来应该是经久耐用的。正是因为很确定,它才没有给细小的背离和曲解留有余地。这些背离与曲解通常起于柔性宪法或者不成文宪法的模糊之处,或者是法律与法律传统之间的差异。这样的宪法能够被打得稀巴烂,但是却没法很容易的被侵蚀掉(除非通过下面我们要谈到的手段)。当对它们发动攻击的时候,无论这是违反宪法规定的行政行为,还是通过了与宪法规定不一致的制定法,这样的攻击都很难湮没不闻。对于宪法的守卫者来说,这是一个清楚的信号,号召他们集结起来,向人们展示这种阴险的改变将造成的损害,煽动大家的情绪。政府所赖以生存的原则,形式简单而庞大,牢牢得抓住了人们的思想,并且,如果其获得了公众的认可的话,公众将不会同意对之做任何的改动。更有甚者,修改宪法的程序中有很多的拖拉及缛节,乃使得想要修改它的人三思而行,甚或退却。瑞士和美国各州一再出现这种情况,即由立法机关批准的宪法修正案受到人们的抵制,这不仅是因为人民大众通常要比他们的代表更为保守,或者说是更为少的牵扯到特殊利益或者党派观念,还因为更为充分的讨论展示出了不同意见,而这种反对意见的重量在有人最开始提出修正案时,是没有受到重视的。在这些方面,刚性宪法真的是富有稳定性的。

然而,刚性宪法并不像它所表现的那样稳定,因为它太刻板,而这是一个致命的缺陷。

[189]在前面,我们已经注意到柔性宪法的弹性使得它们在遇到紧急情况时能够延展而确保安全,然后,在危机过后,它们又能复原,这就能够使得革命在半路便铩羽而归。而这正是刚性宪法所不能做到的。让我来打个比方,这就像是一座铁造的铁路

桥,造得很坚固,能抵御强风和巨浪的侵袭。如果这座桥使用的材料很好,造桥的技艺很精良,那么,它便能很轻松的抵御风浪,面对最顶级的大浪或者狂风也不会显示出一丝一毫的扭曲或者移位。但是,当风浪过去之后,它却可能突然地整个崩碎,就像1879年11月暴风之后的老泰河桥那样。实际的情况是这座桥很强大,钉是钉,铆是铆,所以才能够扛得住小的震动和波动。而正是这种优良的表象才使得其结局显得尤为糟糕。刚性宪法就像是这座坍塌的桥,其能够扛得住各种改革的提议,却可能会被人民的暴动所推翻。暴民的借口是他们主张的改变在当时的政治环境中无法通过修正案的方式实现。当一个派别起来嚷嚷说要发动改革,而这些改革只能通过改变宪法的方式实现,或者当一些问题出现,而宪法没有提供解决途径时,那么,如果该宪法因为无法获得法律规定的多数而不能通过法律的手段加以修正的话,法律的栅栏将不再能圈住人们的不满。这种不满必将找寻一种新的发泄渠道。这就可能是革命或者内战。关于这个问题,人们去看看美国关于奴隶问题的历史,便足以解释一切,无需更多的例证了。1787年宪法确认了奴隶制的存在,留下了大堆的问题——特别是将奴隶制向新的领地和州推广这一问题——没有解决。[190]30年后,这些事情变成了争端的根源,而再过一个30年之后,这些争端变得如此尖锐以至于威胁到了国家的和平。两方都主张宪法的规定是向着他们这边的。如果该宪法文件不是这么难于修改,如果美国宪法是可以变更的,那么,在事态的早期,国会的多数派自个儿便能解决这个问题了。那么,很可能——虽然不是一定的——美国内战就打不起来。在这里,我们能够看到,这部原本想要凝结整个国家的宪法却没有做到这点。无论如何,其引起了武装冲突,诚如1641年英国柔性宪法所致的那样。当然,也可能是拥护奴隶制度的一方看到自己对政府的控制被削弱之后,铁了心要干成这事,因为他们认为奴隶制是宪法的组成部分,同时还是因为宪法使得在美国要达成妥协比在其他也有最高立法机关的国家中更难实现。

在适用这种宪法的国家中,同时存在两种趋势。一种起巩固国家的作用,而另一种则起削弱作用。第一种趋势源于宪法悠久的历史。这就像是一对夫妇,如果他们不是互不喜欢,而且他们各自的个性没有因为疾病或者厄运而改变,那么,他们之间的感情将历久弥坚。他们可能没有热烈的开始,但是同甘共苦的经历会使他们感情日深,即使之间偶有争吵与不快,习惯的力量将使与对方共处成为必须,并使得他们在出离愤怒时所作的分离抉择化为致命的痛击。[191]所以,对于一个国家来说,虽然其可能不满于现有宪法,对其中的某些规定争执不休,但是却因为与其长期共存而日渐喜欢了它,在它的统治下获得繁荣,并可能习惯于向其他的国家吹嘘它的卓越,在公众聚会上称耀该法之伟大。自怜自爱的魔力甚至能够把最差的部分吹嘘得卓尔不群,而虚饰的崇敬则使其获得更多的赞许。这正是时间发挥的作用。但是,时间也起着相反的作用,因为时间在改变着人们的社会和物质环境,使得过去的政治安排不甚符合今人的需求。现在,没有人讨论最佳的政府形式这种问题了,因为大家都知道一种政治形式只有适合具体的环境和怀有不同观念的人才能发挥应有的功用。现在,如果一个国家的环境改变了,不同阶级之间的力量对比、精英阶层的主要观念、财富的分配、财富的源泉、政府行政部门的职务等改变了,而政府的形式和宪政体制没有改变,那么,毫无疑问的是,宪法上将会出现之前没有的裂痕,新的问题也会随之产生,而这又是当下的安排无法解决的。于是,补救的手段自然只有修改宪法。但是,这实际上是不可能的,因为没法达到规定的大多数;同时反对修改宪法的人在规定的程序所筑起的壁垒前又挖起了战壕,并最终使得所有的改变无法得逞。这样一来,他们也就"维护住了"国家的安全。这些本是为了维护国家安全而设计的规定现在倒成了致命的病灶,因为它们硬生生的挡住了自然发展的大道。

就算没有很强的党派利益牵涉其中,宪法修正案也很难获得通过。[192]在这方面,美国历史又为我们提供了一个很好的例证。大多数政治思想家都承认美国宪法有两个重大的缺陷。一个是其无权在整个联邦中建立一套统一的加入和退出的法律。另一个是其总统的选举组织办法,该办法在1876年的时候使得美国处于内战的边缘,并且可能每四年就重蹈一次旧景。但是,人们知道对上面两点是无法做修正的,因为为了确保国会2/3多数和各州3/4的同意,必须要公众团结一致,共同施力。政治家没有足够的兴趣来处理第一个缺陷,而第二个也被遗忘掉了,因为没有人对该采取什么替代办法有一个清晰的思路,并且,各派都觉得,与这个问题纠缠不清获益不多。

从历史的角度对这两种宪法做比较,即关注它们运作时的顺畅程度以及在维持国家的稳定上所起的作用,是没有太多益处的,因为不同国家的环境各异,无法平行比较,同时,这也因为宪法的制定太依赖于立法技巧以及各个条文不同特点了。比如现在的法国宪法由两个短而简单的文件组成,仅仅决定了政府的基本结构,而且在规模上也仅是瑞士联邦宪法的1/20。因此,该法留给了法国的立法机关和行政机关比在瑞士大得多的自由范围;因此,这两者在应对国家情势改变时,权力更大,同时也正是因为它们的权力更大,所以也就有更大的可能做出仓促和不理智的行为,造成破坏。正如适应性是柔性宪法的优势,[193]而不稳定性是其缺陷一样,刚性宪法的优势是其耐用性,而其短板则是其应对经济、社会和政治形式改变时的无能。一个条文严格限制了政府的结构,也就等于妨碍人们根据时局需要设立新的机构之可能。如果一个禁止令使得立法机关不能通过一些措施,而这种措施又是恰合时宜的,那么这就注定成为悲剧。要知道每一种安全措施都是有其相应缺陷的。

第十三节　对刚性宪法作解释

　　一部编得好的刚性宪法会只涉足要点，而把琐碎的细节留给随后的普通法律和惯例去管。但是（正如我们前面所看到的那样）哪怕是最好的法律文件都会漏掉一些必须的东西，会设下一些多余的限制，会包含一些模棱两可的条款以至于在临到事情时令人不知所措。当这些事情发生时，当局，即立法机关和行政机关，在运用宪法时，就会觉得诸多不便。宪法要么是没有授权做什么事，要么是禁止做什么事，要么就是留下大团的矛盾和含混。面对这种情况，当局或者国家可以有三种选择。第一种是向宪法所作的限制屈服，放弃想干的事情，哪怕此事有助于增进公益。这种办法不讨人喜欢，但是如果事情不是那么急迫的话，则是最好的选择。不过，这将引起人们对宪法的憎恶。第二种办法是修改宪法：如果这么做可行的话，很明显是最佳的选择。但是，实际上，这么做常是不可能的，[194]因为通过一部修正案耗时持久，而目前要解决的问题又是火烧眉毛的，或者虽然大多数人同意修改宪法，但是相比宪法规定的绝大多数来说，又显得人数不足。于是，剩下的办法就是所谓的扩大解释了。不过这实际上相当于是在打擦边球。打擦边球是有害的，尽管可能如没有公开违法那样严重的动摇公众的信心，诚如有人说相比直接的作恶，要一些文字上的小伎俩对人的良心伤害要小一些。行政机关或立法机关的这种"守法的"做法，比如强行套用宪法，强加给宪法术语一些基本没有的含义，在实际上都是拉升和扭曲宪法的做法。接下来的问题是这种打擦边球的做法是不是合法，比如上述的这种强行套用宪法的做法是不是合宪，对国民有没有产生法律效力？对于这个问题的解答，要借助于一个我们尚未讨论过的事情，很深刻也很重要，那就是当局是靠什么来取得解释宪法的权力。

关于这个问题,在英国法的国家和罗马法的国家之间,存在一个巨大的理论和实践上的差异。英国法的特点是将解释法律这种事情交给司法系统来解决。由于宪法性文件也是法律,与其他法律之间的区别仅仅是它有更高的位阶,故而按照原则来说,其应该像其他法律一样,通过具体的诉讼案件由法庭来解释,并由终审上诉法院做出最终的决定。这种将所有法律解释的问题都交给法院的原则可以说是内生于英国普通法的,并且对所有法律体系奠基于普通法的国家来说都是如此,特别是在英国和美国两国效果尤佳。[195]如果说这一原则,即英国议会可以随意地修改宪法的任何部分,最为重要的话,那么这种原则对英国政治的重要性仅能排在第二位,因为当法院对法律的宪法性解释真的存在什么严重的问题时,还会有立法机关出面摆平。然而,当立法机关拒绝解决现有法律的解释问题时,比如涉及英国国教的教义和戒令的法律,法院的作用便是众望所归了。所以在17世纪,当国王和下议院之间就某些宪法问题争执不休,而无法通过制定法解决时,因为国王同意了下议院通过的议案,而这个议案按常理是他会拒绝的,这时法官宣布古代宪法规则的权力就拥有重要意义。在美国,当国会不能修改宪法时,司法机关根据宪法规定解释人民的意愿的功能就得到了高度的发展。宪法的缔造者可能很少会注意到他们这种安排将会起到什么样的作用。因为,这种安排起作用不是立刻发生的,而是在它问世10多年后;当时,最高法院宣布国会的法令是无效的,因为该法令超过了宪法授予的权力。人们对最高院的这种决定表示惊讶乃至于愤怒。然而,法院做出这种判决的逻辑推理是很合理的。因此,很快的,这种做法为加拿大和澳大利亚所接受。两国的法院在联邦的宪法事务上,作用举足轻重。

欧洲大陆则是另一种观点的天下。在宪法之下,立法机关是其自身权力的评判人,所以,法官制法无法动摇制定法的权威性。比如,在瑞士就是如此。瑞士,和在欧洲大陆多数地区一样,[196]

司法权与其他两权分离的程度比英格兰更加彻底,对所谓的法治的尊崇却没有英国人和美国人那么深刻。对法院来说,通过解释宪法来限制政府行为,甚为艰巨并且在性质上也有太多的政治内涵,故此无法担当。因此,这种权力被授予给国民大会。在出现诸如联邦法律或者行政行为是否合宪或者州宪法违反了联邦宪法等问题时,国民大会有权做出决定。同样的原则在德意志帝国、奥地利君主国、法国和比利时也都适用,虽然这种原则并不是完全没有问题。在奥伦治自由邦,适用的是罗马—荷兰法律(Roman-Dutch law)。当地的法院遵循美国先例宣布自身拥有宪法的解释权,但是当地的立法机关却没有表态同意。

美国法学家认为当立法机关成为其自身权力的评判者,有权宣布违宪的法律为合宪的时候,刚性宪法的力量和价值就受到极大的削弱。然而,瑞士却认为美国的方法缺陷更为严重,因为他们认为美国人把决定权交给法官,而法官本没有获得授权。那些美国的法官现在行使的正是根据公众的意愿和传统国民大会决定不予授予他们以防滥用的权力。同时,值得注意的是,目前,美国人也已经感受到了瑞士人提到的这种困境。比如,最高法院拒绝承认国会的"纯政治类案件"(比如关于国会的行为是不是合宪的争论)是政治性的。

现在让我们回到关于违宪的立法行为的问题。[197]很明显,如果立法机关,就像在瑞士那样,成为了权力的主宰者,那么,这种违宪的立法行为的合法性就不会受到法院的质疑。这是毫无疑问的。但是,如果可以挑战这种合法性,就像在美国那样,那么,也就可以撤销这种违宪的制定。于是,那种拉伸或者扭曲宪法的行为也就无从谈起了。不过,经验显示,如果公众观念强烈地支持立法机关扩张宪法的行为的话,那么,法院也会受到这种观念的影响。法官会在他们的法律良心和职业观念所允许的最大范围内——有时可能会更远一些——承认立法机关做的事情是合法的。当行政管理上出现新问题时,这种情况就很常见了。事实上,法院承认"发展原则"在政治上和理论上都是强有力的。政体,无论是什么样子的,只要受到扩张或者拉伸,就会出现漏洞;如果是刚性宪法的话,裁判官就务必要给它加上一些弹性。这种情况在美国发生过,比如20多年前最高法院就做过这样的事。虽然州立法机关处理铁路公司的做法与法院之前宣布的判决相违背,但最高院却对此予以承认。①

[198]为什么其中潜伏着危机呢?是不是立法机关中的多数派,无论通过正常的或者不正常的手段,只要获得了司法系统的附和,就可以漠视宪法的存在呢?是不是行政机关与其合谋,操纵最高上诉法院以获取想要的宪法解释呢?是不是宪法因此被缓慢的侵蚀了呢?当然。这些事情是可能发生的。只有公众观念和固定的传统才能有助于防止这种情况的发生。但是,由传统铸成的公众观念乃是每一个自由政府最后的退路。

第十四节 民主主义和刚性宪法

上面提到的传统指的是人们从思想上和道德上进行判断的习惯,即国内形成的并引导该国政治生活的习惯(我们也是靠这些习惯过每天的生活的)。我们在这里提到这种传统,是为了就成文宪法对生活于其统摄之下的人们的习惯和观念所造成的影响做一个研究。对于这个问题,我不会冒险做一般地泛化,因为人们很难弄

---

① 在本文付梓期间(1901年6月),出现了一些更为明显的例证。美国最高法院在一系列案件中就美国宪法在波多黎各岛屿上的适用问题做出了判决。波多黎各岛是最近由西班牙转手给美国的。最高法院针对宪法问题做出的判决与联邦宪法是否能适用于通过征服或者条约兼并的土地这类大的国家政策密切相关;而且这些案件中的判决(这些判决都是经多数人表决同意的)扩张了宪法的范围,即将之前未确定的,而且众多法学家未予承认的宪法条文的含义——虽然其确有这种含义——宣布出来,成为其真实的含义。

清楚这种情况有多少是由一个国家的种族倾向引起的,有多少是因为其历史环境所致,有多少又是源于其制度的设计。但是,瑞士和美国的例子向我们展示了宪法文件的这种倾向能培养保守的秉性。宪法给予政府固定不变的形态,国家亦感觉心如止水。立法机关中的争斗尚不足以成祸,因为人们知道这个机关根本无法撼动根本制度的设计。相反,这种争斗还会引起人们对改变的抵触,否决立法机关提交的修正案。瑞士就存在这种情况,在上文中,我们已经谈过这点了;而美国人,虽然有时会出现大的突然的政治观念上的波动,[199]但是对国会的做法也是淡然处之——国会自1870年之后就没有提交过任何修正案了。① 在这里,我有必要澄清一点,那就是,美国个别州的宪法是经常重新制定或者做详细修改的。这是真的,但是个中原因并不在于州立法机关好变的脾性,是公众对立法机关的不信任导致了他们侵夺普通立法机关的很大一部分权力,并以宪法的形式来制定他们希望的法律。现在,州宪法中包含了很多细枝末节的规定,因此,在很多州中,它们也就不再被视为是根本性的法律文件了。修改或者修正宪法也就成了一种公众直接立法的快捷通道了,这有点像是瑞士的公众立法动议权与公民复决权(the Swiss Popular Initiative and Referendum)。不过,瑞士很少修改这些法律文件的根本部分。

在就柔性宪法对国家政治特征的形成所起的影响,对国家的智慧所起的促进作用和判断所发挥的训练作用上做估计的时候,有人评价说,只有统治阶级,即一个国家中的一小部分人,哪怕是在民主国家中也是少数人,才会受到柔性宪法的直接影响。但如果换成是刚性宪法,则就成了另一幅图景。柔性宪法,比如英国或者罗马的宪法,要求实施者具有丰富的知识、娴熟的技巧和过人的胆识,同时,通过实施宪法,参与其中的人,比如立法者、公务员或

---

① 同时,这里还有另一个要件,即修改宪法需要绝对多数人的同意。

第三篇 柔性宪法和刚性宪法

者治安官,其知识、技巧和勇气也都得到了训练,而刚性宪法则更倾向于培养人的精巧、细致和逻辑思辨力。一切倾向于对多数问题做出法律的解答,所以就把法律知识和法律能力的地位给抬得很高,甚至有点太高了。但是,其并不止步于此。它比柔性宪法影响了更多人,而很少有人,哪怕是统治阶级内部的人,能够懂得柔性宪法。西塞罗时期参加国民大会的普通罗马选民,[200]就像现在投票日的英国选民那样,可能很少会知道统治他们的政府采用的法律结构是怎样的。但是,普通的瑞士选民,和普通的美国选民(除去新来的移民不算的话)一样,却清楚地知道他们的政府是怎么样的,能够对此做出解释,并且还从那里获得了不会少的教育。在和索洛图恩或者格拉鲁斯①的瑞士农民交谈时,你就会为其掌握法律原则的程度以及知识的详尽感到惊讶。很可能,在他家里还会有一本联邦宪法。他几乎在学校里就已经学过宪法了。它训练了他的大脑,就像《威斯敏斯德小教要问答》②对苏格兰长老会农民所作的训练一样。也许有人会认为一旦政府的机理失去神秘性了,人们就不会再敬畏它。但这其实是杞人忧天。他会感觉他是政府的一部分,并会经常为尊重所充盈,哪怕是对法律文件中的

---

① [译注]索洛图恩、拉鲁斯皆为瑞士地名。其中拉鲁斯位于瑞士西北部,格拉鲁斯位于瑞士东部。
② [译注]《威斯敏斯德小教要问答》是在1647年英国威斯敏斯德会议产生的。1648年7月为苏格兰大议会采纳,同年9月由英国议院审查批准,直到今天一直为改革宗教会广泛使用。它用字审慎、字义明晰,在宗教改革所产生的众多信条和教理问答中堪称奇葩。它既可作为教导孩童和初信者的指南,也是信徒研究神学最好的入门书。它所集中讨论的是基督教的教义,而不是事实,所以它的结构不是按圣经记载中历史的顺序,而是按教义内在的逻辑顺序。正如著名改革宗神学家华菲德博士(Benjamin Brekinridge Warfield,1852—1920年)所言,威斯敏斯德议会所留给后代的是"迄今为止人所撰述的最详尽的教义陈述",始终散发出"属灵宗教最美的香气"。在威斯敏斯德会议制定的文件中,最有影响的就是《威斯敏斯德小要理问答》。它作为教导基督教信仰的简介,将基督教的教义简明扼要地阐明,是教理问答中的杰作。目前,此教理问答仍然是改革宗教会的教义标准之一。

一个字符也是如此。这种感觉有助于形成一个民主政权所需的守法精神。

对于人民来说，成文宪法是他们权力的直接产物，是他们主权的外在标志。在与古老的普通法宪法的模糊术语做比较后，人们对成文宪法的评价是它很简单。大多数人，特别是那些人数众多的大阶级，那些知识匮乏，仅靠从低等教育的枯燥乏味的手册中学习知识的人，和那些在晚年除了新闻、低俗小说或者一便士一份的周报之外什么都不读的人，他们的口味，在欧洲甚至在更多的新兴国家里，比如美洲西部和英国殖民地，是一种与他们的理解力、性情和主张相适应的口味（这种性情并不精细，但他们主张却可以清楚地被划分为左派或右派）。[201]因此民主主义者（按柏拉图的叫法）很乐意亲自读一下并了解他们的宪法。宪法越简单易懂越好，因为那样的话，他就不用问专家这些宪法条款该如何解释了。至于为什么人们对这种平实易懂的表达方式情有独钟，那是因为原来人们对老宪法一知半解，所以导致了行政权的滥用，而刚性宪法则清楚明白，人民的利益便得到了保障。自由大宪章、权利法案、十二铜表法都是宪法的一部分，或者片段，它们比普通法更为亲切可人，因为它们代表着自由和秩序的更高阶段。①

民主理论认为普通大众既有能力的，也是有兴趣的：他们有能力理解政府的结构以及他们的功能和职责之所在，他们对评价这些功能又很有兴趣，而且还敢于承担相应的职责。一部白纸黑字写得明明白白的宪法，记载于一部简单的文件之中，要比从一长串的争执与妥协之中脱胎而来的宪法来得更为易懂易记，所以似乎特别适合于那些由人民统治的国家。运用这种宪法只需要记忆和一般的意识。刚性宪法的基本原则清楚、明白、权威，而如果过去

---

① 1848年的"人民宪章"被称为是一大进步。其提出的六个要点是作为政府民主重构的基础的。

的宪法则法出多门,且如要正确表达的话,用语繁复艰涩。现在的普通人,如果是足够智慧以至于能够理解政治的话,都喜欢成文宪法的基本原则。即使如有人认为的那样,他们可能对这些基本原则确实评价过高了一些,不过这些原则还真是有助于他们理解政府和附属机构的运作,[202]这点在大民主国家中是一个很大的优势。

在公众急于构建一种能发出代表他们自己的声音的政府结构以保护自己的权利并反对公权力入侵时,刚性宪法就出现了。同时,它们还给小众提供了有价值的保护。对于小众来说,就算他们不被大众的专政压垮,也会因为人数稀少而湮没于茫茫人海。所以,他们迫切需要各种各样的法律保护。因此人们普遍认为这种宪法拥有民主的特征,虽然就德国和日本宪法而言,此点尚存疑问。

然而,近些年来,这种观点已有极大的改变。美国和英国自治殖民地的新民主主义者以及欧洲的人民自治国中的人们已不再害怕统治者滥用权力了。他们自己就是统治者,热衷于接受他人的吹捧和溜须。所以,看起来,他们并不需要刚性宪法的保护。在美国,立法权受到限制。这种限制体现于联邦或者州的宪法(各州的情况略有差异)之中。这些宪法保护着人们的财产权利和契约义务的履行。这些宪法提供的保护措施令社会主义者和其他改革派都倍感不快。诚如有时这些保护措施会阻碍亟需的修正,并反过来保护暗地里侵蚀宪法根基的滥用行为,所以,这些宪法条款招致各个阶层的批评和责难,并且,州立法机关根据劳工党魁的建议多次尝试绕过或者避开宪法的限制。不过,这些尝试通常会被法院击溃,[203]自此之后,联邦宪法和司法机关的功能便经常受到攻击。而戏谑的是,美国在半个世纪以前还为拥有这两者而自鸣得意。当今美国的一个显著特征是法院(旧教条[见于州或联邦的刚性宪法]的卫道士)与议会(多数选民的代表)之间的斗争。

如果我们能注意到在敌对阵营中也在发生同样的改变,那么这种观念改变的重要性就愈发凸显了。对于美国的改革派来说,限制公众权力是可憎的,因为在公众权力的背后隐约闪动着大集团及所谓的"企业联合体"(资本家的普遍利益)的身影。上述这些观点影响了很多英国人,他们认为限制公众权力和财产保护措施一样都是无价的。在英国,政治权力已经由少数派移交至多数人手中。虽然认识到上述这点时已经有点晚了,但是人们还是果断采取了措施。由于担心多数人滥用权力,并为爱尔兰土地立法的先例所震惊,所以,人们捆住了英国议会的手足。这么做正当其时!制定规定,禁止无端侵犯个人所有权,限制将个人私产充归公用,保护契约自由,禁止侵害合同的意思自治。在英国,另一些人,他们想要解救处于危难之中的政治制度,所以提议阻止任何突然的公众行为,并将这些制度置于议会的日常行为之外。换句话说,就是民主政治的怀疑者开始倡导要在英国制定一部刚性宪法了。"想象一下",——所以他们争辩到——"一个国家拥有大量的财富,但是贫富悬殊;[204]统治着广大的帝国,并将繁荣奠基于大生产之上,但是却易受到恶法的损害;奠基于商业之上,却因为蹩脚的外交而备受其害;并且,这个国家的权力被分配给了大量的没受过训练的选民,煽动者会利用他们的贪婪,江湖骗子恰好能钻他们无知的空子。这样的宪法立足于传统,过于复杂,既难取得平衡,又极易遭受根本性的改变。发起这种改变的多数派大都头脑发热,想要搞个天翻地覆,但又打着合法的幌子。难道我们的国家就不需要一部更好的宪法来保障自身的安全么?难道这个国家不该把它体系的根基和政府的重要原则置于议会中不负责任的大多数的控制之外,不该使得他们的修改程序变得缓慢且困难,为保守力量的集结提供时间,以抵抗致命的改变降临么?"

在这里,我提到这些争论,就是从1884年拥有投票权的选民的范围扩展之后,在英格兰被人们频繁提起的那些争论。[①] 不过我提及这些争论的目的不在于讨论它们是不是公正,因为这些都属于政见的范围。在这里,我这么做的唯一目的,仅仅是为了告诉大家同一个法律制度在不同的人眼里存在着多么巨大的差异。在一个世纪以前,改革者是刚性宪法的传教徒,而他们的对手是保守派。而在大概四十年前,英国宪法体系的崇拜者以英国宪法的柔韧性为荣,而在狂热的美国宪法的崇拜者眼里,美国宪法的刚性才是值得夸耀的。

第十五节 柔性宪法与刚性宪法的未来

[205]在我们讨论了这么多之后,关于这两种类型的宪法的未来,还是留有一些疑问在我们的大脑里萦绕。它们可能继续存在么?如果不是的话,哪种会存在更长的时间呢?

在这里,有两个理由注定刚性宪法会普及。第一个是已经有很多年都没有新的宪法产生了,除非我们把英国自治领的宪法也算进去的话。[②] 第二个是那些现在适用刚性宪法的国家都没有要改弦更张的迹象。实际的情况正好相反。现在,适用柔性宪法的国家正纷纷改用刚性宪法,而不是相反。[③] 甚至是那些抱怨美国宪法太保守的人,都没有要废除美国宪法,或者是将该宪法置于国会的掌控之下的打算。他们不过是想要去除部分的规定,虽然这些规定毫无疑问对宪法整体的运行至关重要(比如司法部门权力

---

① 现在(1900年)就很少听到这些争论了,这是因为另一套制度已经占领了人们的头脑,同时也是因为原本人们声称不许其革新的政党随后在英国议会中控制了多数的议席。
② 英国的自治领(除了两大联邦之外,参见前文,第168—169页)都可以通过自身的立法机关部分或者全部的修改宪法,但是,它们都不是独立的国家,因此,它们的立法机关修改宪法的权力也是不完整的。
③ 上面提到的意大利宪法就恰好是个例外。

的条款)。

　　与这两个理由相对的事实是,在大多数国家,公众权力已经占据主导地位,不再需要法律制度的保护来控制立法权和行政权了。这是因为法律制度太僵硬,不能仰公众观念之鼻息了。如果我们像古人那样是生活在小国家中,那么,我们就能在公众大会上立法。人们或许会问,为什么他们想要限制立法机关的权力,而这个机关又是完全在于人们的掌控之下的?[206]要知道过去要钳制立法权和行政权的理由现在都已经不成立了。为什么这些人,信誓旦旦,要在自己身上加一把锁呢?事情之所以会变成这样,自然是有它的道理的。但是,人们务必记住,现代国家吞并了很多小国家,变得比过去要大很多了。于是,立法事务就没法在公众大会上完成了,就算是有"全民公决"的协助也不行。这样一来,立法机关也就成了必须。现在,立法机关已经无处不得到人们的尊重和信任。当然,在成文宪法国家里,立法机关还是位于宪法之下的。所以,为了获取立法权而废除立法机关是不切实际的,哪怕人们想要更多的通过直接立法制定法律,比如瑞士人或者美国联邦中某些州就是如此。所以,总的来说,刚性宪法将会在现在适用这类宪法的国家中长期存在下去了。

　　此外,还有两个问题:柔性宪法会继续存在么?新出现的国家会采用刚性宪法,还是柔性宪法呢?

　　如果对匈牙利和英国等国进行的研究,看这些至今依旧适用古老的柔性宪法的国家是否会调转枪头开始适用刚性宪法的话,人们一定会发现这种研究最终必然会成为对该国政治前景的研究。就算不做这种研究,我们现在也只是能说现在已不同于19世纪最初60年的革命和后革命时期,再也没有发生普遍性变革的趋势了。然而,对长期以来被誉为卓越且无限荣光的英国宪法做个把的改变是否可能这个问题也值得我们来探讨。在这里,英国宪法是指古代英格兰宪法,随后扩张到了苏格兰和爱尔兰。

鉴于英国国内的原因和力量的对比,改变英国宪法是不可能的。尽管不安的人们感受到危机的存在并提出改革宪法的建议,[207]但是人们并不可能放弃他们历史悠久的内阁和议会体系。英国从未做过什么宪法性的改革,这恐怕是因为其理论以及出于对修改宪法可能出现的恶果的恐惧。对政府框架的修正一直是渐进的,但宪法确曾由于某些迫切需求而作了一些改动。

但是,还有另外一些理由和力量,而且正如人们所见,这些理由及力量对这个问题产生了影响。人们注意到那些原本是自治或者半自治政府,后来成为联邦的国家中出现了刚性宪法。这些国家发现单纯靠协议来维系内部的联合不足以满足它们的需求,所以就成立了联邦政府,并以成文宪法的形式规定它们的新的更为紧密的联系。这种宪法的层级总是位于立法机关之上,因为才成立的联邦政府对自治政府怀有疑虑,故而不会将这些权力留给立法机关掌握。这种情况在1787—1789年的美国,拿破仑倒台后的瑞士,以及1866年和1870—1871年北德意志联盟和德意志帝国建立起来后的德国曾出现过。另外,它还可见于如今的加拿大和澳大利亚。

关于英国,最近有人提了两个颇具联邦意味的提议,其中一个是要将英国分成由四个州组成的联邦,另一个则是要把英国变成一个大联邦的成员之一。目前看来,这两个提议是没有一个适合实施的,但都还值得一提,因为它们展示了宪法转型的外部环境以及推动转型时使用的方法。英国与其自治殖民地之间的关系就像是国际关系上的永久同盟关系,母邦挑大梁,[208]但各地也有自己独立的立法和行政机关。① 很多人认为这种同盟不足以令人满

---

① 但是,这些殖民地的自治权并不完整,因为母邦可以否决其立法,只是它很少真的使用这种权力罢了。在加拿大,自治立法机关并不能影响到各个省的权力,这种权力,根据其帝国议会于1867年通过的联邦法案(Confederation Act),还在帝国议会的手中。所以,根据澳大利亚联邦的宪法,各个殖民地的权力也受到联邦法律文件的保护。

意，也不是一种永久的形式，因为现在整个海军和陆军防御部队的费用几乎都落在了英国的肩上——这个负担很重——同时，殖民地不仅在经营这种国际关系方面没有份，还可能在一言未发的情况下就被卷入战事或者为协议所约束。因此，这种情况促成了一种观点渐趋成熟，即认为应该建立某种联邦，下设联邦会议，由各个成员州（目前是七个）的代表组成。[①] 该会议负责整联邦的各种公共事务，比如国际关系，陆军和海军装备体系等。如果这个观点得以成型的话，那么就需要制定一部法典，确定新的宪法，并创建联邦会议。该法律应由英国议会通过，并对母邦和殖民地都有完整的法律效力（应规定该法在整个帝国中实施）。现在，如果该法律将某些特别事项的决定权，比如宗主国防御和开支的控制权、商业航行及版权等事项的立法权等，从现在和未来的英国议会及各殖民地议会的手中收过来，然后授予给联邦议会，并且禁止英国议会撤销或者修改这些授权的话（除非经各殖民地的同意或者可能是联邦会议的同意），[209]那么，现在英国议会广大的权力就会受到削弱。如此一来，英国宪法的一部分将会超然于议会的控制之上；由此，英国宪法，据前定义，便不再属于柔性的了。[②] 议会应该不具有全部主权；并且，如果英国议会或者殖民地议会通过的法律与该法授权联邦议会通过的法律不一致的话，法院将会宣布这部"违法的"法律无效。

毫无疑问，如果真的出台这么一部联邦宪法的话，那么由殖

[①] 即英国、英国的两大殖民地联邦（加拿大和澳大利亚）、四个相对较小的自治领，包括新西兰、好望角、纳塔尔和纽芬兰。

[②] 当然，我们可以这么说（参见前文，第 175 页）只要英国议会还是按照现在的模式选举产生的，那么它就不能褫夺自己为整个帝国立法的职权，因此也就可以撤销它自己制定的取消自己对某些事情的管辖权的法令，继续管理这些事情。这是罗马人称为 non sunt iura[非法的] 的 apices iuris[法律的极点]的其中一种；并且，实际上，没有议会可以违反"法令是可以撤销的"这一铁律。不过，其中法律上的难点可以通过某些前面提到过的方法避免。

民地法官组成的最高上诉法院就是必不可少的了。然后,与联邦法令有关的案件(比如联邦会议的权力范围或者其他事项)都会提交该法院,有时是一审,有时则是从下级法院来的上诉案件。

另一个建议是要将英格兰、苏格兰、爱尔兰和威尔士变成四个州,这样一来,英国就变成了一个联邦国家。上述四地由各自的立法机关和行政机关来管理当地的事务。此外,还应建立一个帝国议会,作为中央或者联邦的立法机关负责联邦的公共事务,就像美国的国会、加拿大的自治领议会(Dominion Parliament)以及澳大利亚的联邦议会(Commonwealth Parliament)。如果该计划规定,而且其很可能就会这么规定,授予立法机关对地方事务的排他的权力的话,那么,这就能将宗主国议会的干扰清除出去,同时也会摧毁英国现有的柔性宪法,[210]换成一部刚性宪法。人们应该小心地选取合适的方式消灭现有议会的普遍统治权,比如通过指导新联邦立法机关按照一种新的方式进行选举来实现新旧立法机关之前的转接。这样的话,到新宪法生效之时,旧立法机关就彻底停止运转了。根据这一计划,法院有权决定在什么情况下联邦立法机关或者地方立法机关超过了它们的权限范围。

有人建议将这两个提议合二为一。这样的话,就将英国本土的四部分变成四个成员,加上各殖民地,组成一个泛大不列颠联邦议会,同时将各地的地方立法机关,比如苏格兰的立法机关或者威尔士的议会,放在与澳大利亚联邦(Australian Commonwealth)或者新西兰议会一样的地位。这个计划同样会导致英国宪法变成刚性宪法。

这些提议被法律上的和实践中的困难,不管是分开遇到的,还是一下子遇到的,包围了。这些困难要比这些提议的倡导者之前所设想的要大得多。

第十六节　可能出现新的宪法么？

剩下来的问题是，当然这个问题有一丝畅想的味道，在新的国家中会不会出现新的宪法呢？

有两种方式会创造新的国家，一种是在新的国家中建立新的政府，在那里，稳定且文明的政府乃是闻所未闻的事物；另一种则是将既有的国家分裂成数个小国家。

第一种方式现在已经不太可能了，因为最近，少数几个文明国家占领了除欧洲以外地球另外 2/3 的土地。北美现在落于三个国家之手。[211]中美和南美也都被占领了，虽然占领这些地区的都是些弱小且人口不多的国家。随着阿根廷宣布对巴塔哥尼亚的主权，最后一个机会也就这么溜走了。原本，巴塔哥尼亚是挺适合北欧民族在那里建立一块新殖民地的，正如威尔士殖民者曾经在小范围内作的那样。澳洲整个就已经被占领了。亚洲，除了东部的中国和日本，西部的两个垂死的穆斯林政权之外，实际上已经被英国和俄国人瓜分殆尽，法国人在东南部的角上占了一小块地。至于非洲，除了个别旮旯角落之外，都已经被五个欧洲强国占领了。它们是葡萄牙、英国、法国、德国和意大利。因此，现在已经几乎没有一寸土地留存下来，容许人们像希腊在公元前 8 和 7 世纪建立很多的共同体那样，或者像是在罗马帝国解体时日耳曼入侵者建立他们的国家那样，建立一个新的自治国家了。

不过，采用第二种方式，即将既有的国家分裂成数个小国家，无论是通过反叛或者和平分裂，前景也并不怎么乐观。这种办法确实有点鸡肋。在这个世纪，欧洲新出现了六个国家。其中有五个国家是从之前国家的领土中破胎而出的——即希腊、罗马尼亚、塞尔维亚、保加利亚以及黑山；并且，目前还有可能再在欧洲，更有可能在亚洲出现一两个这种国家，当然奥斯曼帝国在亚洲和欧洲的领土更可能被现有的国家瓜分掉,而不是出现新的国家。奥匈帝国现在松散的统治将分崩离析;俄国部分的亚洲领地很可能会脱离莫斯科母邦的控制,独立出来,不过这种情况近期内不太会发生;中南美洲一些落后的共和国可能会分裂或者联合形成新的国家,[212]虽然对这些国家来说,用"城头变化大王旗"(plus cela change, plus c'est la même chose)来形容它们更为合适,它们现在是不会给人带来任何一丝新奇的了。但是,总体上来说,现代的总体趋势是更加倾向于小国家的聚合而不是大国家的分裂。在这方面,有很多重要的影响因素,比如商业和大大改进了的通讯设备,所以,这种大国吸收小国的趋势使得我们在几代人之内看到很多新宪法出现的希望渺茫,而新宪法的出现可以为未来的历史学家或者法学家提供研究的材料。

这些新出现的国家,无论它们是什么时候,以什么样子出现的,会喜欢什么样的宪法呢?关于这一点,人们看到自从1850年之后,所有新出现的国家采用的都是刚性宪法。不过这要除去黑山,因为黑山根本就没有宪法,而是由世俗的独裁者加以统治。该独裁者继承了古代教会主教的衣钵(Vladika)。① 这些新出现的国家,从最开始便觉得需要通过正式文件确立政府的框架,并且,它们通过将这种法律文件置于普通立法权之上得作法而使它神圣化了。这些新出现的国家在刚刚出生时,遇到的外部环境大体相同,各自的动机也差异不大,所以不太可能作什么出格的举动。现在,唯一可能出现柔性宪法的情况就是原来适用柔性宪法的国家分裂成几块,而分裂出来的小国家又保持了既有的传统;或者参与叛乱的人或者群体在组建国家后,政府治理的惯例自然而然地得到遵守,逐渐成为一部宪法。现在,这两种情况的可实现性都不太乐观。[213]新的国家基本上都会采用成文宪法,比如1776年后起

---

① 但是,关于意大利,请参见前文,第171页及176页([译按]指书页码)。

义的英国殖民地、1811年后起义的西班牙殖民地及脱离土耳其统治的东南欧的基督徒。总而言之,未来是刚性宪法而非柔性宪法的天下。

在我们结束这些畅想时,再啰嗦一句说"所有的政治学上的预测都是推测性的"。环境改变了,观念也就会跟着转变;知识是增多了,而理性地使用知识的力量却未必随之增多。①

自然拥有一种精巧的力量,特别是它能将原本看来毫无关联的事物巧妙地联系起来。这大大地超越于人们的计算和预测能力之上。因此,很多事情,在世界政治设计方面和人类信仰方面,看起来是永久的,实际上却如昙花一现,转瞬凋零。民主这个东西,虽然大多数人都认为它将会变得更为强大和发达,但是却可能朱华退尽。人性长存,但是,人性却寄身于各种的制度之中,且时常随性而改变寄住的居所,恰如其在过去所作的那样。

---

① "悠久无尽的岁月把万物生来世上,复又使之消失在自己里面"(ἅπανθ᾽ ὁ μακρὸς κἀναρίθμητος χρόνος φύει τ᾽ ἄδηλα καὶ φανέντα κρύπτεται),索福克勒斯《埃阿斯》646(参张竹明译文)。

对第三篇的阐释：宪政政府和其他类型的政府

[214]根据所采用的政府形式的不同,可以将世界各民族和国家分为四种类型:——

第一种国家是创立并持续拥有稳定的政治制度的国家。这种制度会给政府的各机构分派不同的职能,并为国民开辟一些参与政府事务的途径。

这些国家的宪法是纯正的宪法。所有的欧洲国家,除了俄国、黑山之外,都属于这一类;在欧洲之外,英国的自治殖民地、美国和墨西哥、非洲南部的两个共和国、日本、智利,甚至阿根廷共和国,都属于这一类。

第二种国家的政治制度仅仅存在理论之中,只说不用,因为这种国家的政治局势长期处于动荡之中,并且通常是由军阀把持着国家大政,无法无天。中美和南美的共和国都属于这个类型,除了智利,或许还有阿根廷之外。阿根廷的形势现在稍微稳定一些了。

第三种国家,虽然其上层是受教育阶层,但国中的多数人都尚未开化,所以这种国家对上述的政治制度都还没有想法,还处于专制统治之下。[215]俄国和黑山就属于这种国家,而日本最近才刚刚从这一行列中逃离出来;并且,在新兴的欧洲国家中,有那么两三个,如果不是有外来民族插手的话,或许至今还停留在这种状态之中呢。

第四种国家,因为某些原因导致尚未理解什么是固定的政治制度,也不需要固定的政治制度。除了上面提到的国家之外,世界上所有剩下的国家,包括暹罗、波斯等智慧的民族和非洲的野蛮部落,都属于这一种类。

在这里,只有第一种宪法,按我们在上面讨论过的含义来看的话,才算是真正的宪法。第二种宪法只能勉强算得上是宪法。所以,在现代世界中,有宪法的仅限于欧洲诸国及其殖民地,外加模仿欧洲的日本。在古代世界,有宪法的,只有三个民族,希腊人、意大利人和腓尼基人。可能有人还会加上利西亚人,他们从希腊人那里学到了这种宪法制度。拥有宪法的国家的序列要比拥有法律的序列狭窄一些,那就是说,拥有法律的民族,比如土耳其的穆斯林、埃及和波斯,未必就有宪法。

除了曾是罗马帝国领土的土耳其帝国的现属领地之外,没有原本采用宪政的民族会永久地脱离宪政的;罗马帝国,虽然其政府从未改变其宪政的特性,到最后,却改变了长期以来的自治政府。

第四篇　政治宪法的向心力和离心力[①]

[216]正因为政府和宪法都是各种力量相互角逐的结果,所以,政府和宪法在形成之后就能化为一股力量,凝聚人心,把人们引向一个共同的目标,使他们为实现该目标而在一定程度上牺牲自身利益。这种力量是如此强大,以至于这个共同体不断的扩张,吸收吞并了其他原本不归属于它的人们或者群体;单纯靠强力来吞并是不行的,因为多数人偏好政治社会,哪怕他们不能参与其中,仅成为被孤立的一方。如果这个扩张和兼并的过程持续下去的话,不同政治体之间最后不得不相互接壤。强者会征服或者和平地吞并弱者,因此政治体的数量会持续下降。当两强相遇的时候,相互之间能各自抵御对方的吸引。[217]但是,殊不知世态多变,故而必有一强迎难而上,做大做强,臣服对手;因此,世易时移,最终可资称为中心者,其实不多,因为弱者皆为强者所并。此乃普遍之事理,虽然,如我们之所见,未非无一疏漏。除此之外,还有另一股力量在发挥作用,其在历史上,有时也能够积聚起强大的力量。

---

① 本文写于1885年上半年。我对原文做了彻底的修改,但是并未改变主旨。

第一节　分与合的趋势对宪法的影响

自然界的法则和精神世界的法则之间有很多相似的地方。其中,最为人们熟知的自然法则乃是牛顿天文学。它告诉人们有两股力量在我们的太阳系中经常性地起作用。其中一股力量将行星向体系的中心——太阳——拉去,而另一股力量则起相反的作用。所以,在政治界,我们也能将这种将人们和群体拉向有组织的中心,并使他们无法脱离的力量称作向心力,将人们和群体拆散和分开的力量称为离心力。一部政治宪法或者政府结构,就像是一个法律的复杂集合,包含的是一个共同体得以组织、治理和凝聚的原则和规定。其暴露在各种力量的作用之下。向心力通过引导人们(或群体)维护或加强相互间的联系来实现强化宪法和政府结构的目的。上述这种联系乃是一个共同体的成员得以形成有组织的社会的关键。而离心力则向其发动攻击,拖开人们,使紧密的联系变松弛,并且可能最后还会解开或者破坏这种联系。很明显,没有一个共同体可以避免向心力。但是,也没有共同体能完全躲得过离心力。[218]因为每一个共同体都源自于小群落,而这些群落鲜有彻底失落其吸引力特性之可能,故而,该吸引力对于其他群体和其成员而言自然就成为了一种离心力。① 此外,就算是在大的共同体之中,全体成员的观点、想法、利益、感情也不可能完全一致。很多人肯定会对一些事情愤愤不平,因为在某些事情上他们被搁在一边,出于某些原因他们遭到不同对待,或者(在某些极端的情况下)被彻底地隔离。以这股怨气为核心,会形成一个集团,凝聚成

---

① 下文中的群体(group)这个词指的是同处于一个更大的共同体之中某一类人,这些人相互之间都具有着某种联系,可能是共同的利益、情感、种族或者居住地区。于是,他们便形成了大共同体之中的小圈子。

一股分离的力量。因此,每个共同体的历史及每部宪法的历史都应被视为是两股不同力量之间的角逐。一边在努力撮合,一边却在奋力挣脱,一边在牵线搭桥,一边却在从中作梗。

人们认为,这个题目既是历史性的,因为从历史的角度,人们能从历史资料中总结出普世的结论;也是属于政治科学的,即政治动力学的范畴,关于这点,宪法学家还未直接关注过。然而,如果宪法学家想要理解这个题目并且有所斩获的话,在法学之外必须同时精通历史学。他研究的法律制度绝不单纯是抽象的东西,也应该是具体的物质世界的一部分。制度的健全不单纯是一个逻辑问题,也是一个实践运用的问题。这也就是说,制度和规则必须能反应并适合某个特定国度之中的某种特定的现象。人们可以通过历史了解这些现象。历史向人们解释了是如何成为现在这样的。历史向人们展现了这种发展趋势的结果是在继续上升还是正在衰落。[219]历史将不同时期和地方的类似现象作比较以向人们做出解释。因此,如果法学家想要就任何的历史问题做出思考并给出建议的话,或者如果法学家想设计出一种宪法结构以解决某个政治上的难题的话,那么他就必须像一个历史学家那样研究这种问题,否则他就会犯错并误导别人。一般来说,伟大的法学家都会犯这种错误,结果凄凉。如果一个法学家用处理不动产法律问题等技术类法律问题的方法来处理宪法问题的话,那就会像是一个政治犯的辩护人或者公诉人,只关心在书上看到的叛国或者煽动的相关法律规定,而对陪审团的脾气和宪法一点都没有摸清一样。这就完全是一本糊涂账了。

下面这种情况是一个明显的例证,即当人们从宪法的角度对某个共同体做研究,并就其是应该适用柔性宪法还是刚性宪法做调查时,两股力量中哪一股更为强大就成为了一个重要的问题。如果向心力比较强大的话,那么无论采用哪种宪法都可以将该共同体凝聚在一起;并且,具体要选何种宪法,决定性的因素在其他方面。但是,如果离心力比较强大,并且出于某些原因而要制约其进一步发展的话,那么就应该建立一套刚性的宪法制度。同时,这还是一个很微妙很艰难的事情。如果制定宪法是出于中央集权的需要,那么就会有不少风险,并且要求比目前更强的向心力,而为了得到这种力量,这部宪法会遭受超越其承受力极限的强大压力。世事常易,刚性宪法永远代表着过去,而不是当前;并且如果当前的趋势是共同体将分崩离析的话,[220]那么由于刚性宪法设定的政府结构中没有包含这种趋势,其必然会落后于时代并最终被弃置一边。另一方面,如果共同体内部现存的小团体想要控制自己的事务,并且鉴于共同体的现状其之存在能为人们所察觉并得到适当的承认的话,如果人们想要从法律上承认这种小团体的存在,保护另一些地方团体或者次级共同体不受大团体或者整个共同体的践踏的话,那么创设刚性宪法便给这些人提供了一条宝贵的途径。因为这部宪法会将当地的小团体置于固定的法律制度的保护之下,并使它们的特权成为政府制度设计中不可缺少的一部分,这样一来,整部宪法就将与小团体所享有的权利休戚与共了。① 关于这种刚性宪法,有一个为人们熟知的例子,那就是联邦宪法。其特别适合于这么一种国家,即其内部的离心力是如此强大乃至于各个小团体不同意完全融合成为一个统一的共同体,制定一部统一的刚性宪法,虽然其充分了解联合的好处并愿意进入一个合格但有限的联盟之中。并且,在这些情况下,有时,事实证明这种宪法能为未来的中央集权化铺平道路。那就是说,长期以来强化向心力的最好方式给予向心力以再次确认,并破除了离心力的影响,而且这还会保证联盟得以凝聚的因素平稳地运转而不会激起任何的不满。

因此,研究宪法的历史学家以及宪法的起草者必须时刻关注

---

① 关于可以增加哪些条款修改宪法的问题,请参见第三篇,第176页及以下。

这两股力量。[221]它们是立法者必须要加以规制的。是它们导致了宪法不得不面对的时势状况,所以需要制定一些原则和规定来确认这种力量的存在,并设置一些安全措施以防其动作过猛。这种动作会保留或者毁坏宪法——如果宪法给予这些行为适当的承认和自由空间的话,那么,宪法就得以保留;但是如果宪法的规定与其针锋相对的话,那么,宪法就将被破坏。对于设计制度的法学家或者立法者来说,这些改变自然的力量和(用培根的名言来说)自然力量对于人是一样的。这些法学家或者立法者不过是这些力量的奴仆和解释者。他只能服从于这些力量才有可能征服它们。如果他胆敢挑战或者曲解这些力量,那么他的成果就将被它们所摧毁。如果他知道如何去好好利用这些力量,那么他的成果还有留存的余地。但是他遇到的困难要远比物理学家所遇到要大得多,因为这些社会力量要比机械的自然力复杂得多,且不断更替。

第二节　既可以做向心力也可以做离心力的趋势

现在,让我们来看下在政治社会中,有哪些主要的趋势是既可以做离心力,也可以做向心力的。

从个人层面来说,所有作用于个人的力都具有联合的趋势,那就是说,每一件事情都在将人们组成一个团队,使他们行动一致。人与人之间相互排斥的现象是很少的,我们完全可以忽略不计。甚至最激进的个人主义者都希望别人能听从他的意见,为一个共同的目的结合在一起。

关于我们正在讨论的政治社会,我将会将列举一些趋势,其既会起向心的作用,也能起离心的作用。[222]在任何特定的国家中,这些趋势起的是凝聚和强化的作用,还是分裂和破坏的作用,取决于在当时其是在支持一个统一的国家,为之提供服务,还是强化国家内部的小集团，为这些小集团主张集团利益或者独立出一份力。甚至服从，甘愿屈服和听从指挥，这些看起来像是向心力的趋势，也可能成为一股反抗国家的离心力，如果其导致一股反对势力向某小集团的首领投诚的话。而对自由的钟爱，对彻底的独立自主的向往，也可能会成为一股向心力，如果人们反抗的是内部派别的暴政，反对党政而主张人民整体的利益和权利的话。所以，在这里，我们能够看到有两个中心和两类集团，大一点的那个是国家，小一点的则是次一级的共同体，比如省、地区或者属地，或者仅仅是一个政党或者派别。小中心的向心力，对于大中心来说，就是离心力。

这两种趋势，即顺从与自我，是很相似的。前者乃是人性使然，无需做过多的讨论，此不赘述。至于另一种趋势，其既可以做离心力，也能做向心力，则可以归于利益一致和趣味相投这两个名头之下。在利益一致这个名头下面，起作用的是财产，当然还包括作为取得财产的工商业。利益趋同促进了巩固和同化。供应商和供销商能获得好处，因为其所服务的消费者的区域将不再受到关税的影响从而变得无限广阔。[223]海路和陆路交通变得安全、容易、快捷和便宜，在大的国家中因为强势政府的存在而能保障这些方面的安全，这是一种好处。在广大地区里货币、度量衡实现了统一，这也是一种好处。在国家的每个角落，法律、司法体系实现了统一——国家愈大愈好——法律得以平稳实施，公共秩序得到保障，这也是一种好处。这些事情不仅有利于工业的发展、商业的扩张，还有利于财产价值的提升。并且，为赢取这些好处，一国中的国民经常会产生联合一致的想法，并还会向往国家的扩张及实行中央集权。因此，这种对利益的考量经常是作为一种向心力而起作用的。正是通过商业利益，德国才能在之前的神圣罗马帝国倾覆后形成新的关税同盟，并借此最终形成了现在的德意志帝国。在苏格兰和英格兰达成联盟之后，正是商业的发展，才逐渐使苏格兰人摒弃陈见,破除这么做会消灭其民族存在的观念。也正是由于挪威和瑞典之间并无太多的商业联系,才导致其不懈努力的意图缔造的政治同盟遇到阻力。

然而,在某些特殊情况下,利益所产生的影响也会是离心的。比如说,居住在某个地区的一群经销商或者地产主认为如果由其自己来制定法律管理自己的事务或者排除对手的竞争,而不仅仅是加入或者留在一个大国的统一体下,其就能得到更多的好处的话,那么,这种影响就是离心的。① [224]正是出于贸易的考量,才使得美国蓄奴州的种植园主想要从联邦中脱身而出,摆脱贸易保护主义者的控制。部分是出于经济的原因,奥匈帝国奥地利（Cis-Leithanian）部分的各个行省才得以存在并想获得自治权。大部分是因为经济观点和利益上的差异,才使得新南威尔士长期不能与贸易保护主义者殖民地的联盟间实现自由贸易;也无法构建工业基础,而这又使得昆士兰的加入长期以来处于晦暗不明的状态。

在趣味相投名下,所产生的影响并不来自对可得的好处的计算和向往,而是来自于情感或者情绪。对共同体的感情,无论是信仰、智力上的确信、品位或者感觉（对特定人或者事的爱或者恨）,都会产生趣味相投的感觉,并使人们结合在一起。承认有一个共同的祖先,使用同样的语言,拥有同样的文字也都属于这种情况。这些因素的重要性经常被人们夸大。一些最狂热的爱尔兰革命党人因为血统的原因而成为了英国人,因为信仰的原因而成为了新

---

① 爱尔兰的情况就证明了工商业利益具有上述的力量,无论这种利益是现实的还是预期的。这些力量部分成为了向心力,部分成为了离心力。民族主义党（Nationalistparty）认为由地方立法议会立法可以创造出经济利益,有助于地方经济的发展。商人阶层,特别是东北地区的商人阶层,则担心出现可能阻碍他们与苏格兰和英格兰商业往来的情况,或者有损于他们的商业信用的情况,因为这将给他们造成损失。在这里,我不是要关心上述哪种观点更为合理,而是想要提醒大家关注这些事实。

教徒。诺森伯兰郡①以及贝里克郡②的边民并不相互憎恨,因为他们有同样的血统,说同样的话。因弗内斯郡的凯尔特人和洛锡安区的条顿人现在都成为了坚定的苏格兰人,虽然他们几乎在沃尔特·斯科特时期之前还互不喜欢,互相轻视。③ [225]单纯的血统相同并不算什么大不了的事情,这就像定居在匈牙利的德国人和犹太人,虽然对匈牙利疯狂热爱,身上可能就没有流淌着一滴马扎尔人的血液。使用共同的语言也并不比有同一个祖先来得更能产生爱,相反可能还会增加仇恨,因为从过往的事件中,两个敌对派别能找到不少相互伤害的事情。内战,就像是家庭矛盾,毫无疑问会加深仇恨。1833年,托克维尔这样写道,他不能想象还有什么比美国人对英国人的仇恨更为刻骨的了。所以,虽然缺乏上述共同体因素可能会对统一构成障碍,但是就算有这些因素存在,也不能确保共同体一定会形成。可能有同样的传统和历史,以及拥有纪念过往辉煌的物品比这些因素的作用要更明显一些。大多数人通过回忆自己国家、部落、党派、或者宗派的功绩及奋斗史来获取满足感和自豪感,所以对艰苦创业或者苦难的回忆是一种有效的凝聚人心的方式。我们都见识过这种记忆的力量在刺激意大利、德国、匈牙利、苏格兰、葡萄牙和爱尔兰的民族情感时发挥了多大的作用。

我们也没有必要探讨宗教的影响,因为其触及的是人类人性的最深处,所以能够缔造最大程度的和谐或唤起最大程度的混乱。没有什么力量比宗教更能将不同的派别和国家连结在一起,或者将他们分开,使他们相互强烈地敌视了。东方帝国(Eastern Empire)原来只是一些分散的民族,八百年间飘摇于来自各方的威胁

---

① [译注]诺森伯兰郡:英格兰地名。
② [译注]贝里克郡:苏格兰地名。
③ 苏格兰低地人对苏格兰高地人一直都不太喜欢,这点可以从卡莱尔对他的朋友,诗人托马斯·坎贝尔的苏格兰高地人的妻子的评论中窥见一斑。

之中。[226]正是宗教将它们连接在了一起组成了东方帝国。尽管土耳其帝国的政府软弱无能,但是,宗教却将人们紧紧联系在了一起。查理五世之后,因为宗教的不同,神圣罗马帝国分崩离析。至于犹太人和亚美尼亚人的例子,则更是家喻户晓了。

还有一些庞杂情况内含趣味相投的因素,我们可以统称为兼容性。性格、观念、社会习惯的特点,精神生活、口味,乃至日常生活中的所谓的习惯的相似性都使人们紧密连结到一起,相互同化,或者如无上述因素则起分化和异化的作用,因为缺少这些因素,对于一个集团、种族、地方或者社会来说,就会产生分歧而导致相互之间不相往来,甚至相互轻视,或者认为受到了侮辱。德国人对斯拉夫人天然的厌恶,及斯拉夫人对德国人的排斥,似乎就根植于相互之间性格和秉性上的差异。同样的,这种排斥也出现在当今的奥地利帝国之中。在古代,倔强而暴躁的埃及人似乎也在与异族,特别是傲慢的波斯人,接触过程中被激怒了,展示出了类似的敌意。

趣味相投所能产生的影响,恰如利益所产生的影响,根据中心的不同,即代表国家的大圈的中心与代表部落、地区、行省、宗派、小集体、派别的小圈的中心的不同,起向心作用或离心作用。根据个人观点、口味或者环境的不同,同样的感觉能起不同的作用。因此,在一个由诸多自治学院组成的大学里,[227]有人可以成为领导者,从财政上和行政上将各个学院纳入大学的统一管理之下,而其他人却可能会维持各个学院的独立状态。两种人都将协作精神放在高位,令其充盈人心。前者是赞颂大学整体的精神,而后者则是将此精神托付给各学院自身。同样的爱国精神,使马尔扎人想要将克罗地亚并入匈牙利,却使克罗地亚人想要将他们自己的土地从匈牙利分离出来,而对匈牙利王室来说,马尔扎人的情感是向心的,而克罗地亚人的情感则起得是排斥的作用。这种复杂的情感是真实存在的,其存在的基础是种族、语言、文字、历史、观念的相同性，我们称之为民族情感。这种情感在古代和中世纪相对较弱，其在一开始并没有成为政治学中的一个元素，直到16、17世纪宗教狂热整体消退，政治自由在美国和法国大革命中福音普泽大地、荡涤人们的思想时，才真正出现。至于欧洲诸国，这种情感所起的作用既是向心的，也是离心的。是它协助建立起了德意志帝国；同时，又是因为它的存在，巴伐利亚才不愿意并入该帝国。在巴伐利亚，当然在苏格兰更是如此，因为当地有着长久且辉煌的过去，所以，对当地的热爱可堪与对帝国的热爱相匹敌。

最近，一个值得注意的现象是在美国人相互联系并引以为豪的共同利益周围，萦绕着一股相反的力量，起于某种情感，施展强化小集体内部生活的影响，使人们相互分离，弱化了美国人的紧密联合。[228]这种现象源于这一事实，即文明的进程体现于两个方面，物质及智力与道德。在物质方面，其一般能确保统一。在智力和社会或者道德方面，其能在两个方面起作用。它能破除地方偏见，在一个广阔的区域培养起统一的习惯和性格。但是，对过去的记忆也因此变得更为厚重。旧的伤疤一再燃起新的怨恨。它以社会和政治平等的观念填塞人们的大脑，使人们更为深刻的体味到自己在社会或政治上的低卑。它唤起人们对自我和民族的意识，并怂恿他们组织起自己的团体，争取自己的权力。所以我们能注意到一个现象，即人们，因为受到一些委屈（这些委屈比祖先受到的要小得多），就心生不满或者意欲分裂，而其祖先因为无知和绝望则能够默默承受一切。在这方面，有两个例子可资佐证，即1782年后的信仰罗马天主教的爱尔兰人和1848年后的特兰西瓦尼亚的罗马尼亚人。

所有这些趋势朝向的方向各不相同。这些都是宪法所应面对的问题，这些力量也正是其应加以利用的以确保自身效力和存在。对于一个自由的国度而言，其政府体系是自然形成的，普通的主权机构通过普通的程序就可以对之加以修订，即如果是一部柔性宪法的话,宪法的规定和惯例代表的是局势的走向,反映的是力量的对比,并从这些力量中获得能量。而就算是在这么一个国家里,[229]宪法代表的是多数派的而非少数人的意志,因此,少数派会感到不满,暗中骚动。这种不满和骚动将危害到政府机制的运行,成为了一个不稳定的因素。如果多数人足够明智的话,他们就会向少数派做些让步,修改宪法——如果能够安全修改的话——以去除那些危害和谐的因素。在这种国家中,离心力并不足以搅动局势,因为总体来看向心力要更为强大一些。但是,离心力还是可以制造一些有害的摩擦的,并且,如果国家面临外来的攻击的话,这种力量还是致命的。大家都知道在同盟者战争之前,罗马人本应该赋予意大利同盟公民权的;在1796年,爱尔兰国会本应制定,或者在1800年同盟之后,英国议会本应立刻制定天主教解放令(Catholic Emancipation)的;丹麦本不应该等到1874年之后才承认冰岛的自治权的;如果丹麦在1864年战争之前有向德意志公爵领地的居民的某些要求让步的话,或许就不会失去什勒斯威格-霍斯坦了。如果我们将这一原则用于专制国家的话,大多数人都会承认在1859年前,奥地利就该从伦巴第退兵,土耳其抓着保加利亚就该一无所获,而其现在抓着马其顿也将一无所获。

第三节 宪法该如何利用向心力以促进国家的统一

此处我们讨论的是政治学(即政治动力学)中宪法与各种力量及趋势之间的关系问题。为了搞清楚这个问题,我们有必要探讨一下宪法是如何完成规制和控制各种力量的。

每一部政治宪法都有三个主要目标。

第一个目标是建立和维持政府结构。在其之下,整个国家能够有效地运行,并且这种政府结构的目标,一方面是将人民与政府联合到一起,[230]另一方面是维持公共秩序,避免仓促的决定,维护国家政策的韧性。

第二个目标是合理确保每个公民的权利,包括人身、财产和思想的安全。这样他们就将不再惧怕行政权或者狂热的多数人的专政。自从这些权利获得充分地认可之后,这一目标就归于幕后了。但是,以前,从《自由大宪章》到《权利法案》和《独立宣言》,这些东西一直都是宪法的主题。英格兰宪法为保护这些权利所设置的安全机制,可能是要比其他事物更令国外的研究18世纪时期的宪法的学者动容的了。

第三个目标是维护国家的统一,即防止国家因为反叛或者分裂而瓦解,创造各地与中央联接的良好机制,将各种利益诉求和情感引向统一的政府,以加强国家的凝聚力。

宪法是通过法律规定来实现这些目标的,而在蛮荒时代,这一般是通过暴力来实现的。当然,在任何时候,人服从的天性(其来源我已经在其他地方分析过了[①])要比暴力来得更有效。然而,后者也是需要的,之所以这么说,是因为有时从政府的角度,此乃维持社会秩序并使国民承受公共税赋之必需,有时从国民的角度,此乃制约统治者权力的滥用所需求。军队维护社会秩序,镇压叛乱,人民手持武器,[231]随时准备起义推翻暴君,驱逐佞臣。此两者都是蛮荒时期政治社会不可少之利器。

拥有一部好的宪法,政府就没有必要老是动用军事力量,因为宪法可以确保获得多数人支持的人担任执政者,也有助于高效迅速地采取强制手段以令骚乱不能爆发,或者就算骚乱真的爆发了也会被快速镇压。同样地,这种宪法还使人们免于采取反叛之手段,因为其能提供一种机制,通过这种机制,委屈者的抱怨都可向上传达。并且,如果机制构建完整的话,这些抱怨都会对统治者产生预期的影响,迫使他们拨乱反正,或者如果他们做不到的话,就

---

① 参见第九篇,第467页及以下。

会被下课。

关于宪法机制该如何构建,该机制如何运作以实现构建合理的政府机制和保护个人权利这两个目标,我们这里就不提了。而对第三个目标,我们有必要探讨一下应该如何制定宪法以维护和加强国家统一。

有两种方式可以实现这点。第一是推动各种向心力起作用,第二则是防止各种或者部分离心力起作用。

前面,我列举了将人们凝聚到一起,成为一个共同体的各种趋势或者影响,或大或小的,并且指出了在特定情况下,这些趋势将有助于维护国家的统一,或者将有助于小团体或者帮派势力的增长而破坏团结。现在,让我们来考虑一下,如何设计宪法结构才能将国家的每一个成员和各个小团体纳入统一体之中。

[232]最常见的产生向心力的渠道是贸易。商品的交换给了生产者一个市场,给了消费者一个获得其所需产品的地方,给了中间商一份工作,惠及到了众人。在促进国家的统一和富强方面,宪法的功效尚不及自由贸易来得卓著。在中世纪的历史上,正是领主收取的车船费、车船通行所冒的风险及对建设良好的道路的渴望才造成了欧洲地方的割据,因为如此一来,便宜货物的生产者只能就近出售货物,而人们的视野也因此被限制在一片狭小的天地里了。英国,由于拥有强大而集权的政府,被强索车船费或者直面行路风险的情况因此也略少于欧洲大陆各国。故而,英国的统一要早于欧洲各国。相反地,没有什么比联邦宪法更能起到统一美国辽阔疆域的作用了,因为这部宪法保护贸易自由,并授予联邦政府规制联邦各州之间交流的权力。同样地,1829年在普鲁士的主持下形成的日耳曼各邦的关税同盟起到了大力促进工业的作用,同时还向人们显示了联合行动的好处,并为新德意志帝国的形成铺平了道路。

另一种方式是建立普通法和法院体系。这种方式的效果不如贸易那样稳固可靠,因为仓促出台改变人们习惯的法律(无论是习惯法还是制定法)可能会激起人们的抵抗,[233]阻碍统一大业。英国人精明地断绝了将自己的法律强加于所占领或者购买的土地之上的欲念。罗马—荷兰法律继续残留在南非、锡兰、圭亚那;罗马—法国法律则残留在下加拿大。所以,法国的法典不仅在阿尔萨斯—罗琳地区,即1871年德国占领的地区中适用,还在下莱茵河左岸的德国领土,即1814年回归德国管辖的地区中适用。同样地,现在罗马法依旧存在于路易斯安那州,因为那曾经是法国的领地。但是,如果法律体系能够在不激起人们的怨恨的情况下传至整个国家的话,那它就可以成为一股有力的统一力量。关于法律的实效,将通过思维、行为定式的形成、公正和统一观念的铸就而产生。关于法治,则全赖给中央行政权一个发挥作用的机制,并且通常是一个起好的作用的机制来实现。中世纪,人们发现英格兰——自亨利二世以降——和(随后)法国的国王法庭是扩张中央政府的权力和将人们团结在国王周围的有效手段,因为这样国王就代表着国家的统一和公正。近30年以来,在老挝及暹罗北部众多小公国中,我们发现了类似的现象。这些公国的主子各自独立,住在丛林和山中,对曼谷的暹罗君王只保持名义上的君臣关系。但是,当来自英属缅甸的伐木工人来到这里,想要砍倒这些柚木,出口来换钱时,争吵就在老挝的首领和木材商人之间爆发了。印度政府觉得有必要与暹罗的国王签订条约。[234]根据此条约,将在清迈建立一个由暹罗官员组成的法庭,管辖该国。通过该法院,暹罗政府能够逐步获得对林区的完全的控制权,增加税收,还能顺便增强对老挝各地的掌控力。

同样地,英国枢密院,作为殖民地和印度的最高上诉法院,美国最高法院,作为(在某些案件中)国家的终审法院,这两者的管辖令其国内的成员认识到了其与整个国家之间的政治联系。以美国为例,对联邦法院的敬仰和与法律发展相关的切身利益——该法律发展乃是司法解释所致,背后是一群强大有力的法律职业人——成为了一种强化民族统一意识的重要因素。

在法律之后是宗教信仰,之所以将它列于法律之后,并不是因为它没有影响力。实际上,它更具影响力,只是不太确定,因为它经常作为一种分裂的力量出现。不过,就所发出的能量来看,在早期和晚期形态的宗教之间,还是有明显区别的。在文明的早期阶段,那时传统和仪式的地位尊贵,而抽象理论尚未形成,对国家或者城市的保护神的崇拜是政治宪法和国家生活的一部分,是一个必要的有时还是最根深蒂固的部分。在埃及,一个神的起落通常标志着一个王朝的盛衰。摩押、伊多姆和阿蒙,都曾是当地人民的神。在被掳走(the Captivity)之后,那时小闪族人已经衰落或者消失了,以色列人依旧以耶和华的名义,靠着主赐给的律法继续团结在一起。各希腊和意大利城邦都有自己的守护神。在众多神中,有时一个民族会对其中一个神格外尊奉,[235]比如多利安人对阿波罗很尊奉,雅典人对雅典娜(Virgin Goddess)很尊奉,中世纪时瑞典人对欧丁神很尊奉,挪威人对托尔神也很尊奉等等,都是如此。就罗马帝国而言,因为其是由很多民族和城邦组成的,所以大家尊奉的就不是同一个神或者同一群神。因此,当时位于祭坛上的是罗马女神以及皇帝的守护神。这成为了大家共同尊奉的对象。现代,强大的宗教(除了印度教之外)都是世界性的,而不是国家或者地方的古老宗教了。但是,这些宗教所能发挥的政治力量其实更大。这些神教,可能演绎出设计精巧的宗教祭祀仪式和典礼,而其最初却都是抽象的宗教。其抽象的观点和信条对人们的思想和心理都构成了坚实且排他的控制。因此,其相比古意大利-希腊世界的崇拜在凝聚人心方面起的纽带作用更为巨大。当罗马帝国的行省纷纷开始自立的时候,基督教就成为了一种新的凝结力量。伊斯兰教将一个广大疆域中的诸多民族凝聚到了一起。世界性宗教中两个相互敌视的宗派,比如伊斯兰教中的逊尼派和什叶派,在真正的分裂出现前,都像这些宗教本身一样起着巩固或者分裂的作用。当一种信仰及其特殊的信条或仪式受到一派人的尊奉而为另一派人所憎恶时,其就成为了一种恐怖的离心力。多数人在接受同一种信仰后,相互之间的政治联系便得到了加强,并且还能从其他的共同体中吸引有相同信仰的人或群体加入。同样的原则也适用于那些尚不称其为宗教但却同样作用于人们情感之上的信仰。哪怕是没有超自然力卷入其中,那些被视为对个人或者社会价值非凡的思想也能成为向心力或者离心力。

[236]一个国家如果有一种宗教得到全体或几乎全体国民尊奉的话,那么就拥有一种凝聚人心的力量。这种力量将随着宗教传统与国家生活之间联系的日趋紧密而不断增强。三个世纪前,俄民族的文明程度是如此地低,而现在,这个民族很团结,并因为团结而变得强大,忠于君主。这几乎全拜东正教所赐,因为东正教的首领毫不逊色于世俗的沙皇,施威严于众臣民。① 因此,无论国教于何时创立且占据人心,只要其与政府和公共生活的潮流连结在一起,便能增强控制着教廷的国家的凝聚力和政府的力量。在这里,我并不是在谈论这些安排对教廷和宗教所可能起的恶劣影响;这是另一个问题。我只是想指出如果对宗教的安排能与世俗政府相联系的话,宪法便能获得力量,而国家的统一也将使所有人都皈依于同一信仰和崇拜。

同样地,只要制宪者能给人们提供一种教育体制以助其拥有共同的观念和企望,只要他们能规劝当地人使用同样的语言,若该国家曾使用两种以上语言的话,或者只要他们还能使当地人过共同的节日,有同样的仪式,那么,其所能发挥的作用便是不可小觑的。继1814年从法国手里收复莱茵河左岸后,普鲁士政府立刻创

---

① 当然,俄国也有反对派,而且这些反对派也有不少的追随者,但是他们毕竟是少数,而且对整个国家的政治统一并不能造成任何大的影响。

办了伯恩大学，继1871年收复阿尔萨斯后，又创办了斯特拉斯堡大学。[237]两事都着眼于施惠当地，并通过学生的迁移来拉近其与普鲁士其他地区的联系。这些目的皆已真真切切地实现了。德国大学为整个德语世界提供教育，这一非地方化的特色在两个世纪里（1648到1870）有力地强化了德意志民族的民族性，从而改变了这两个世纪里德国四分五裂的状况。奥林匹克、德尔菲、科林斯地峡和尼米亚运动等几个运动会在希腊人中所发挥出的促进国家统一意识形成、对抗蛮族人的作用也毫不逊色。要知道希腊人从来都没有享受过，也并不想要什么政治联盟。允许马其顿国王参加奥林匹克运动会是一个非常重要的政治事件，因为这等于承认菲利和亚历山大大帝的子嗣们属于希腊民族了。

相比之下，政府行为而非宪法在促进国家统一方面成效更为卓著。只是，贸易自由、宗教义务或者宗教自由有时是由刚性宪法来加以规定的。另外，宪法有时还会提及使用某种官方语言的问题。如果所采用的宪法是柔性的话，那么规制这些事情的法律是否是宪法的一部分就完全取决于其重要性了，因为此时，就该宪法而论，在基本法和其他规定之间并无形式上的差别。

第四节　宪法如何才能削弱或者控制离心力

现在，让我们来看一下宪法对另一种趋势将发挥什么作用，即在遇上分裂力量时，将发挥什么样的作用以应对、控制乃至于消除它。[238]这种分裂力量使一个国家分裂成很多小集团，也就是国家的离心力。

那么这些分裂趋势是怎么样的呢？从历史当中，我们知道，分裂趋势的主要成分是民族情感、对旧伤害的愤懑和对工业、贸易、教育、语言或者宗教上的不平等遭遇的幽恨。这种不平仅仅是施于一小撮人之上的，如果是施于所有人的，或者全部的下等人之上的,就会使人感到不安,但不必然造成分裂,即仅仅使人对政府感到憎恶或者反感,而不会造成行省的自立或者小集团的独立。正是心怀不平,小集团或者地区才妄图崩疆裂土。这正合了我们在讨论的问题。每每出现这种情况,究其原因,要么是因为小集团中的人对国内其他人的厌恶,要么是因为这么做颇有油水,才使得这般局面现世;而且后者必将导致前者的出现。而且,一旦两种乃至更多的这些原因搅和在一起,那么分裂的愿望将强大到前所未有。

下面,我举几个例子来说明我的意思。在古代世界,民族情感罕有其用,这可能是因为先进民族多分居于小城邦共同体之中,而落后民族却居于大帝国之中,比如波斯或者塞琉古。这些民族获准保留各自的习惯和宗教,有自己的首领,且其为臣民的义务也不过限于纳贡和遣兵参战。唯一给波斯的阿契美尼德国王造成很多麻烦的民族是埃及,[239]这是一个很特殊很狂傲的民族,是小亚细亚的希腊。罗马帝国治下鲜有反叛,这可能是因为帝国政府施政甚均,充分保证公民权的自由,并将国民的民族情感置换成身属伟大世界帝国的自豪感,而实际上正是该帝国吞并了他们的母国。最主要的分裂力量是一神论宗教。基督唤起了不止一次的盲目反叛。当基督教成为帝国的国教之后,教内矛盾和异端邪说又开始制造麻烦了。非洲受到了多纳图斯派运动的震动。埃及因为基督一性说而心生不悦,所以暗中投向阿拉伯征服者。6世纪时,遭受迫害的弗里吉亚的孟他努派教徒起义。因为信仰拜火教而受到宗教迫害的萨桑王也曾煽动从属于他的亚美尼亚人发动反叛。① 同样地,15和16世纪,民族情感尚未到达其顶峰,而国家的统一主要受到宗教分裂的威胁。荷兰正是因此而被西班牙夺去了尼德兰。也正是这事造成了神圣罗马帝国的分裂,并在三十年战争之后造成了萦绕于国家之上的阴影。还是这事使得苏格兰高地的居

---

① 波斯的二元的拜火教看起来向一元的宗教借鉴了不少的元素。

民在宗教改革之后（当然还有其他原因）不同于低地的居民，而且这在爱尔兰还是一股更有力的力量。在我们的时代，在宗德本德战争中，也是因为这个原因造成了瑞士一分为二。相反，人们只要注意到西班牙境内民族联合体鲜受威胁，而该国不同行省的居民和方言迥异，个性各异，[240]就会发现个中原因不仅是因为当地行省之间天然边界很模糊，而且还是因为该国保存了卓著的宗教联合体。

在我们的时代，宗教的力量被削弱了，但民族情感却开始威胁内部联系不紧密的国家。这迫使1868年奥地利帝国转型成为现在的双头帝制（Dual Monarchy）。其动摇了现在的帝国的奥地利部分，挑起了波西米亚的捷克人与奥地利的斯拉夫人及西部和西南部王室领地的德国人之间的仇恨。冰岛与丹麦的语言，性格和习惯皆不同，但从1380年（或者1397年）起，其从属于丹麦管辖，所以，一直图谋自治，并在1874年大部得偿所愿。其之所以会如此，虽有经济上遭受不平的影响，但是民族情感却是一个更大的造成不满的因素，纵然这在其无力自立时稍受挫抑。挪威的一个强大的政党一直想要摆脱瑞典的控制，那是在1814年的时候，由维也纳国会强制加给挪威的。其之所以想独立，不仅是因为对其在外国事务和领事事务上抱怨，还因为挪威人民在思想和秉性上都更趋向于自由，而且其高傲的民族情感也不允许委身于邻邦，虽然路德教徒都喜欢瑞典人。波兰的情况就很简单，虽然其现为俄国人所吞并，但曾经是一个独立的王国。其虽毁于俄国人的诡计与攻伐，但独立的记忆现如今依旧新鲜，并且国民多皈依不同的宗教，在语言上也与俄国人大不相同。一旦其国中农民燃起与上中层同样的爱国情怀，波兰定将脱离现如今之钳制。即便是现在，其之不满依旧是俄国孱弱的一个源头。[241]在爱尔兰，各种不满的情绪混合在一起燃起了人们的激情，并使自由之战变得旷日持久，甚或显得有些狂热。这一切主要是因为现存信仰之不同，虽然语言的差异已然消失。并且,这种不同因为对所受的迫害的回忆而显得愈发深重。这之中有经济上的压迫,上个世纪当地的工业尽毁于敌手,且更为可恨的是地主的残酷剥削和农民对土地所有权可望而不可及;此外还有个性和脾气上的不和,部分是因为历史环境所致,部分是因为凯尔特人和条顿人之间的世仇。所有的这些原因都促使爱尔兰人不甘于躬身事人。如若在其他情况下,换作别人,或许就会隐忍不发了。并且,虽然其人数较之前为少,却已有些蠢蠢欲动了。

如果爱尔兰的离心力是明确的,并且足够强大而足以作用于全体国民而非仅仅是占人口大部的贫弱百姓,那么其早就该大获成功了,诚如那要弱得多的离心力就煽动起了美国南部诸州的反叛。而且,要知道,在美国既没有宗教的因素,也没有丝毫的恨意,更不用提有任何的不平或者受压迫感了。在联邦议会上,美国南部已经获得了比其应获得的大得多的权力和影响力了,但是,种植园主却自认为其拥有的奴隶和整个奴隶制度受到了北部和西部反奴隶制度者不断增长的力量的影响,并认为对方已下定决心要限制奴隶制度的发展了;同时,长期的争执所燃起的愤怒,加上双方习惯和观念上的差异,导致南部头脑发热的寡头团体妄图分裂国家。[242]可能这些缘由本都不够充足乃至于能够挑起国内的战事。但恰恰是州政府的存在,以及对州权力的确信,认为宪法授予了州自立门户的法律基础,才最终导致南部胆敢博此一役。

那么如何制定或者实施宪法才能削弱上述这些离心力量呢?

当然,这些离心力将受到武力的攻击。如果一个政府很强大且意志坚定,并得到多数人的支持,那么,其便能摧毁各个不满的行省或者小集团的力量。但是,对于自由国家来说,有一句格言,而且这句话对世界上任何国家都适用,即能用自由的办法解决的事情,就别用武力的手段。只是,采用压迫的手段看起来要简单的多,并且,多为昏庸、残暴、急躁且专横的主子、傲慢的执政官或者狂热的群众所偏爱。但是,压迫,败则成大患,胜则伏隐忧,因为其在被击败的人心中种下了深深的不满,并败坏了胜利者的德性,乃至于可能危及未来的政府结构,破坏政治传统。因此,只要宪法的制定和实施能够重视这些离心力,拔除其利爪,并能使国内各小团体和国家各部安心的置身于同一个政府之下,那么,其就将为人所重用。当然,有时它也会失手。需知,每一种方略都有失灵的时候。但是,相比暴力,最终的成功总是更为可望的,因为在自由国度中,暴力绝非一方济世良药,而是一剂延期发作的毒药和一封对旧日失败的供认状。

为实现上述目的,[243]宪法可采用多种手段,包括如下这些:

宪法可以设定一些保障机制以对抗压迫,通过行政机关或者立法机关来给予制裁,并以此安抚人们的神经。这可见诸《自由大宪章》、权利请愿书、美国联邦和州宪法以及1789年法国人权宣言之中。这么做通常是为了保护国民和臣民,同时,还有一个好处是它能够给予长期遭受权力滥用的群体、行省或者行省群以特殊保护,因为他们属于小众,易受政府或者大众的排挤,缺乏可以修改普遍性立法的特殊方式。如此便可使个别地区免受普遍性立法未曾顾忌他们的利益或情感之害。苏格兰在1603年王室合并之后是一个遥远的独立王国,在1707年合并条约和法案签订之后又是联合王国中一块遥远的国土。正是这种特殊的法律修改方式促使了苏格兰在必要时被分别对待。当地的信仰、法律和司法体系,还有政府体系都保存完好,为当地的人们所喜爱,并无害于国家的统一①。同样的,芬兰是一个独立的公国,保留了自己的语言、宗教、法律和特权。这一切有沙皇在加冕礼上的誓言做保证。沙皇这么做乃使得芬兰国民忠诚并安心,不再谋图从俄国的势力下脱身而

---

① 虽然我们必须承认强行通过多数苏格兰代表都不同意的法律,或者没有按照他们的要求制定法律经常会招来抱怨。

出、自立门户。[1][244]至于匈牙利与奥地利君主之间以及克罗地亚与匈牙利之间的情况,也是一样的。

宪法可以将某些事务的管辖权交给地方立法机关,比如克罗地亚或者芬兰这样的地区,其可以像苏格兰一样作为政治特区,留存自己的法律,也可以不像苏格兰一样,作为共同体,独享自治权。所有的联邦国家都以这种体系为基础;并且从加拿大的例子中,我们能看到这种体系是有好处的。魁北克的罗马天主教享有独立的立法权,而不用与其他省的占人口大多数的清教徒混为一谈。

宪法可以将某些行政权以及部分立法职能授予某些小地方的居民,比如郡,授权其以自己的方式管理当地的事务。这种条款通常并不罗列于欧洲的宪法性文件之中。但是,美国的州宪法中却有这类规定。并且,这些规定的确是设计完好的宪法的一部分,因为没有什么其他的规定能够令中央政府运转更为良好并更能满足人民的需求了,而将这些事情交给相对较小的当地共同体则能实现这一切。当地政府的治理以及对地方政府的喜爱非但不构成一股离心力,相反却能给当地划定无害的独立活动范围,从而起到消除矛盾,提高地方人民的满意程度的作用。只有在现存的不平等待遇激起人们的分裂情绪时,如果此时地方实体又拥有很大的独立权限,这才会使人们感到不安。

宪法可以将某些事情从中央政府的权力范围中排除,并因此使人们免于就此发生争吵。在与国家有关的宗教事务上,美国、加拿大和瑞士的宪法很明智地遵循了这一原则。在有的联邦国家中,[245]同样地,也有部分事情被排除在州立法机关的权限之外,以免令联邦的成员相互之间心存芥蒂。因此,在美国,州立法机关无权对从一州到另一州的货物征税,也无权插手州之间的商贸

---

[1] 但是,不幸的是,现在(1900年),这一明智之举已不再执行,于是,热爱自由和进步的人们不得不对由此带来的结果扼腕叹息了。

事务。

通过这些方式，宪法可以防止分裂势力威胁到中央政府的稳定或者国家的统一。通过移除这些势力的着力点可以削弱其影响力，并可以将它们引入安全的政治轨道上来。虽然柔性宪法也能胜任此事，但如果实施者尊重基本原则，施愤愤不平的小众以仁政，则作用最佳，并且这种效果通常见于刚性宪法之中，因为相比无所不能的立法机关，刚性宪法能更有力地保证小众或者国内的小部分人。事实上，我们在前面讨论过的问题，即争论的存在和分裂的可能性，是促成联邦政府和刚性宪法形成的主要原因之一。

在结束这一部分之前，让我们来再做一个研究。种族的差异和仇恨在威胁国家统一上起了很大的作用。在不友好的种族占领国家的各个部分时，这种差异和仇恨就是很危险的了。如果他们混居在一起，人数大体相当，并且如果他们在宗教信仰上没有差异，还讲着同一种话，那么在一代或者两代人之间，通过交往，特别是通婚，这种敌意就会消失。合法的通婚权利建立后，罗马的贵族和平民之间的融合也就开始了。同样的情况见于 10 和 11 世纪的北欧人，以及 11 和 12 世纪的北欧-法国人，他们与英国人混在一起。[246]虽然马扎尔人和撒克逊人占领了国家的不同地区，并在一定程度上保留了自己的语言，但是在特兰西瓦尼亚，他们却开始相互交融。正是因为克罗地亚的罗马尼亚人与其他地区的撒克逊人和马扎尔人说的语言以及所信的信仰不同，才使得他们相互分离；就算这些差异有一天突然消失了，这些罗马尼亚人也不可能翻越崇山峻岭，满心欢喜地与其他州的居民混居于一处。当然，在有一种情况下，任何融合都是不可能的，这种情况令所有政治家绝望。对于这一问题，没有什么宪法能够加以解决。这和上述的种族问题是同胞姐妹。

这是一个最近才出现的历史现象。在古代世界，几乎罗马征服和吞并的所有蛮邦都是在意大利和希腊化的亚洲附近，在那里通婚不是问题。在罗马的影响下,迦太基人,人数不多,很快就失去了鲜明的民族性;而犹太人却保留了个性,并未为征服者所染。① 甚至埃及人和努米底亚人,虽然都是黑人,但罗马人对他们也并非太过排斥。而且,要知道这两个民族都是充满智慧的,特别是前者,是一个高度发达的民族。随着非洲奴隶贸易的盛行,历史翻开了悲惨的一页。在我们的时代,欧洲人殖民各地土著的领地,迫使当地土著奋起反抗,比如南非的非洲土著,或者西南美的秘鲁和阿劳干人,还有就是有色人种的涌入,[247]上述的这些情况都导致了或者将导致尖锐的矛盾。如果在一个共同体中存在着两个以上的不同民族,人种不同,在社会上也无法融合,那么这个共同体就无法成为一个统一的国家。如果有色人种被排斥而未获得政治权利,那么,缺憾,甚至危机就产生了。就算他们获准进入,也是无法充分参与属于当地文明人小圈子的政治生活的。他们将受到蔑视,所以表面的政治平等并不能抚慰他们的心,同时,他们的无能以及易受腐化的特性也会降低当地的政治水平。如果有色人种均匀地散布于欧洲各国,而不是像现在这样的大群的定居在一起,那么就不足以成为一种离心力,造成分裂。不过这样一来,他们就会成为任何一个民主国家施政的障碍,因为他们分化人群,令政治问题复杂化,阻碍国家意识的形成。

在众多试图解决这些情况的宪法中,最为著名的一个例子就是美国宪法。最新的美国宪法修正案给予黑人以保护,并禁止任何州因为肤色或者种族的原因而剥夺任何人的投票权。不过,最近,几个州的宪法发明出了一种机巧的办法,剥夺了黑人的选举权。所以,在政治权利方面,在美国,问题远未得到解决。但是,在市民权利方面,宪法将这些权利平等地授予所有人,所以,这对黑

---

① 帝国早期的犹太人有两个方面位于罗马其他开化民族的平均水平之上,即他们极少使用奴隶,而且拥有阅读能力的人格外得多。

人来说是一个利好的消息。并且,可能在所有存在这种种族差异,甚至在敌视的国家里,给予所有人平等的民事权利及给予平等的法律保护是一件应谨慎而为的事情。[248]阿尔及利亚、南非和其他的欧洲殖民地也都采取了各自的措施解决类似的问题。但是,至今都没有找到令人满意的解决办法。① 不过这个离我们要讨论的主题太远了,此不赘述。当然,新西兰的情况还是值得一提的。在那里,人们尝试性地给予土著以议会代表的资格,而这些土著居住的土地是他们自己的预留地。至今,这种实验的结果都还是良性的。而且,这种实验的条件也是不错的,因为毛利人是勇敢且智慧的人种,并且,他们人数很少,不足以翻起什么风浪。

罗马帝国实在是天赐好运,其征服的各个民族的大部都与意大利民族没有什么明显的差异。需知,意大利人是排斥通婚和种族融合的。在罗马,对于一个手中握有重兵的人来说,种族和出生地并不构成障碍。曾有两三个罗马皇帝是非洲或者阿拉伯后裔。更有甚者,相比条顿人,南欧人似乎更不排斥黑人。西班牙和葡萄牙人不仅和中南美洲的印第安土著通婚,还和黑人通婚。相比英国人,加拿大的法国人更是开放地能与北美的印第安人通婚。

总之,一部完备的宪法应该能将向心力的作用范围最大化,并限制离心力的作用范围。但是,这个判断受到两个相互矛盾的因素的左右。其中一个是给予地方自治政府足够大的治理范围,这将能发挥出国民的能量,激发和训练出国家各成员的政治兴趣,并将中央政府从繁重的职责中解放出来。[249]另一个则是如果将离心力逼得太急了,它就会像地心的岩浆一样,从火山口处没头没脑地乱喷一气。所以,有必要在宪法中安设一种机制,避免火山爆发,并使其能与国家安全和谐相处。如果一部宪法,特别是刚性宪

---

① 在阿尔及利亚,选举资格是受限制的;在有的法国热带殖民地中,选举权则不论肤色一视同仁。

法,在制定时能够适当地关注上述两个因素,并将上述的安全机制也包括在内,那么它就可以成为一股新的向心力,为国家统一及国内各个共同体的凝聚发挥作用。在这方面,刚性宪法比柔性宪法更有优势,因为人们更易于接受刚性宪法,而刚性宪法也更易于成为人们的政治意识的一部分。如果这部宪法的制定和实施能够令国内大多数人满意——如果没有人讨厌它就更好了——那么它就能赢得人们的喜爱,人们还会引以为豪。他们之所以会引以为豪,是因为这部宪法是他们的成果,他们之所以会喜爱它,是因为他们喜欢依据它所成立的仁善的政府。时间如果未曾淡化这种感觉的话,就会强化这种感觉,因为对宪法的尊敬会与日俱增。通过给予向心力一条发挥其作用的便捷的途径或者媒介,宪法就能从源头处增强这些力量。打一个比方,宪法是一个能量槽,从发电机处充电,并在需要时释放储存在其中的能量。但是,如果发电机不再能够提供新能源了,这个能量槽就会陷于能量耗尽的状况,这也就是说如果宪法背后的社会和政治力量变弱了,而反对力量变强了,宪法也就会变得无用了。

第五节 现代历史中宪法实施的例证

[250]有个例子最能证明宪法能够强化和巩固现有的向心力,那就是美国的刚性宪法。这部宪法在最开始的时候并不讨人们喜欢,甚至在审查通过时,在很多州都碰了钉子。甚至人们在通过它最初的版本时都以为它立刻就会被修改。在之后的十五年内,最初大力倡导这部宪法的政党就被推翻了,并最终四分五裂,销声匿迹。在这部宪法最终流行起来前,整整耗去了一代人的时间。但是,后来,其竟然广受美誉,甚至在那激烈且拖沓的内战时期,都没有太多的攻击对准其身,各派的战士都声称这部宪法真的能代表自己的心声。这些争论所聚焦的并不是这部宪法的功过得失,而

仅仅是其中词句含义的解释。在内战之后,对这部宪法的修正案凝聚了内战的成果。自此,这部宪法名扬四海,威名远播,[①]并且毫无疑问为国家的统一做了莫大的贡献,为中央政府权力范围的扩大起了重要的作用。

为何这部宪法能够如此成功呢？在政府结构,即三权分立方面,美国体系所受的赞誉多少有些言过其实。同时,总统的选举方式以及国会的运作模式还有很多值得改进的地方。但是,这部宪法有两个明显的优越之处。[251]首先,这部宪法很明智地评估了向心力和离心力的力量对比,仿佛起草伊始,制宪者就真的能理解这一切似的。该宪法公开承认离心力的存在,并给予其自由的空间,同时却将所有的筹码尽数加于向心力之上。它这么做是为了避免激起社会的分裂,而且还能赢得州权利倡导者和国家统一倡导者两派人的尊重。[②] 因此,相比之下,其能给向心力增色不少。它的第二个优越之处是,这部宪法对中央政府功能下定义时所用的术语都很宽泛且具有弹性,所以,在对其做解释时,可松可紧,也就是说,既能给中央政府以宽泛的活动范围,也能加以约束。在早期,那时人们对州的情感要强于民族情感,中央政府的活动范围就受到了限制,因为行政机关和立法机关都希望如此,而且权力范围的扩张也是通过司法解释来完成的。但是后来,特别是在州与州之间的联络激发了商业的繁荣,同时内战的爆发又将州权力逼到了死路,中央政府的权力范围就扩大了,这种扩大是自然且逐步的,并不损及宪法的词句,而是通过扩大解释来完成的。这种扩大解释代表着当时正在改变的社会环境以及相应改变的民族情感上[③]。

---

① 直到1890年之后,才听到有人抱怨;参见第三篇,第202页以上。
② 但是,人们也指责这部宪法未能消除内战爆发的阴霾,取缔分裂国家的权力,最终导致了内战的爆发。但是,关于这种说法,我们认为,如果真的要解决上述问题,取缔分裂国家的权力的话,那么,该宪法就将无法获得通过了。
③ 在老学究的眼里,有时这种解释会有点别扭,但是,据我所知,还没有哪个法官说过这种解释有什么不对。

现在，人们在美国见得比较多的是美国的国旗，①[252]却较少听到有人谈及美国的宪法。之所以如此是因为宪法已经完成了它的工作，而且国旗是国家统一的标志。这个民族曾花了近一个世纪的时间来成为一个统一的国家。

人们可能会举出瑞士宪法的例子，来证明宪法在将不同的人凝聚在一起这点上效果有多好。在瑞士，有几个并存的共同体，这几个共同体的成员说着三种不同语言（一说为四种）。但是，因为1848年和1874年宪法的出现，这几个共同体间的距离被前所未有的拉近了。不过，其实瑞士的情况并没这么简单，因为瑞士面临巨大的外部压力，并且出于对这种压力的恐惧，国内呈现出精诚团结的局面。这也就是说是瑞士联邦可怕的邻居将这个房子里的几个个性迥异的住户，即阿勒曼尼人、凯尔特-勃艮第人、意大利人和罗曼斯人，都给撵到了一起。

将美国和瑞士，②与采用刚性宪法的单一制国家，比如法国、比利时、荷兰和丹麦，做一个对比，我们可以知道，刚性宪法配上联邦制度能更好地起到强化向心力的作用。因为单一制国家欠缺一种制度安排，能够保护成员共同体，免除它们的后顾之忧，令其能够效忠国家，衷心地支持中央政府。这些共同体的存在，[253]对国家政体来说，是一种离心力，因此需要对其详加研究。刚性宪法的作用正是审慎地限定了其力量的施展范围，削弱其风险，促进国

---

① 如今（1900年）这种情况比本文初完成时更为明显了。
② 可能有人会以西属（西班牙属）美洲为例。那里有很多所谓的共和国，而且其中大多数都是联邦制的。但是，如果我们放眼现在，而不纠缠于它们未见于笔端的宪政史的话，就会发现这些共和国一般都深陷于革命的泥沼，可能是表面平静，可能已经翻腾起来，甚或已被裹挟其中，不得脱身，就像大西洋上卷起阵阵旋风，将百慕大的潮水一路掀到法斯特内特（Fastnet）。所以，它们大都视其宪法为无物，而我们也就无从得出什么有价值的结论了。它们只是有共和国这个虚名罢了；从这个意义上说，H. Maine 先生在他的著作《人民政府》（*Popular Government*）中屈尊参与这种讨论实在是对民主的侮辱。它们都是军事独裁政府，是特殊的历史、地理和民族状况造就的怪胎。

家的团结。一个真正的单一制国家是不需要这种安排的。当然，如果单一制国家能够适用联邦制原则，将国家置于刚性宪法的保护之下，效果则会更好。关于这点，前述丹麦的情况可资佐证。如果当初荷兰能采用这个办法的话，比利时也就不会从中分出去了。类似的方式在1782年、1800年或者之后的不列颠群岛为什么就没有采用呢？行文至此，人们应该能够解答这个问题了。

在思考宪法所能起的强化向心力或者弱化或者限制离心力的作用时，我们不能忘记一点，即任何类型的政府结构都不能永久地抵御某种力量，如果这种力量超过了宪法预设计时的强度的话。如果向心力增强，那么，宪法条文给离心力所设置的活动范围就可能会被突破。如果离心力增强了，那么宪法就会被推翻。如果两种力量取得了平衡，那么，宪法的力量对比就会起变化，矛盾也会转移。这种矛盾将会分裂共同体，或者被外来的暴力征服。在任何情况下，如果害怕对立或者分裂的势力，宪法应该列清楚所有的利益动机，将法律至于公众情感的荫蔽之下，尽可能地顺应公众情感，[254]并避免触及反对派的神经。

第六节 未来集合和分立势力的可能的举动

在未来，是向心力还是离心力将在政治理念上占主导地位，或者换句话说，是大国还是小国更能博取人们的喜爱，是一个历史问题，而不是一个宪法原则的问题，并且，要对之做一讨论，非得要一番长时间的研究不可。历史总是首先向我们展示了一种主导力量，然后才是另一种力量，虽然，毫无疑问，在蛮荒时期，在山区或者丘陵地带，离心力总是更强的，而在相对开化的国家中，在平原和土地肥沃的地区——那里财富更易取得和贮藏，军队也更易调度——向心力总是更强的。当远古的帷幕被拉开，地中海和西南亚世界的景象尽收眼底时，人们发现那里既有几个大的国家也有成群的小国家。前者的政治生命力很弱,而后者却蓬勃激昂。自美尼斯①时代以降至阿提拉②时期,融合的趋势日盛:古代国家史告诉我们,罗马帝国不仅吞并了大量的小君主国和共和国,自身还愈加实现了高度的中央集权。但是,在罗马帝国的领土开始崩裂的时候,这一进程却被扭转了过来,并且在之后的七百多年里,离心力反倒开始唱起了主角。无数小君主国瓜分了欧洲和西亚,甚至大帝国,比如两个哈里发帝国、神圣罗马帝国、法兰西和匈牙利帝国,所具有的威势也很弱,[255]乃至于政府的实质组织和权力核心不在名义上的主权者却在于诸侯之手。自13世纪以降,情势又有逆转。一个大国——罗马帝国——在离心力的作用下开始腐朽继而消失了,但是其他的各个主要的国家却开始扩张,吞并弱小的邻邦,并开始采用一种结构精巧的组织形式,以使向心力通贯全局。这一过程在18世纪的时候,通过君主专制政体的强势问鼎而达到了顶峰。那时,封建主义的势力已经毁损殆尽,但是其残败的遗骸却依旧霸占着整个大地。与此同时,大国的影子已经开始笼罩西方的北美大陆温带地区,这一地区横亘在两大洋之间,以及东方的欧洲统治区,印度大量的人口众多的公国并于其中。紧接着,民主自治原则和民族独立原则登台亮相,威胁到了当时的政治集合体的统一。然而,实际上,这些新原则既会引起分裂,也会制造统一,因为虽然有5个国家——希腊、罗马尼亚、塞尔维亚、黑山和保加利亚——从衰败的君主国中独立了出去,16个共和国从西班牙和葡萄牙的美洲领地上拉起了大旗,但是,在民族独立原则的影响下,有两个新的大国诞生了,并且这两个大国要比之前提到的21个国家加在一起还要重要得多。1859年的时候,意大利和德国

---

① [译注]美尼斯(约公元前3000年):古埃及之王,统一上埃及和下埃及,建立埃及第一王朝。
② [译注]阿提拉(406?—453年):匈奴王,曾多次率领大军入侵东罗马帝国及西罗马帝国,并对两国构成极大的打击,被称为"上帝之鞭",意为"天罚"。

吞并了大量的王国和公国,成为了统一的国家。

因此,综上而论,民主原则和民族独立原则都没有阻碍国家聚合这一在最近六个世纪里引人注目的进程。

但是,人们会说——而且在我们开始探讨国家聚合进程是否会继续前也应先解决这一问题[256]——在上述所有的探讨之中,我们忽视了两个重要的因素。一个是征服——即军事力量。在前面,我们讨论了利益和趣味相投所起的作用,这其中涉及到了一系列的影响因素,社会的、经济的、种族的或者情感的。但是,说到底,只有征服,即最强者的力量,才是建立国家的主要因素。那么征服是一种向心力么?如果是的话,它是最强的那个吗?

另一个因素是家族继承,正是因为这个因素,在中世纪及之后,很多公国和王国合并到了一起。英国的建立也与这个因素颇有渊源,奥地利和法国更甚之。

我们很难说征服和王朝大位的继承这两个因素属于离心力,因为对它们并不像其他因素一样可以做科学的分析。强者王侯败者寇的倾向毫无疑问是人类的天性使然,因此,在历史上也是亘古不易。但是,就每一个个案来说,一场战事的胜利与否却决定于所谓的历史偶然——决定于军队的多寡与纪律,将领的才能,与其他邦国的连横,国内的团结抑或纷乱。武力与政治上的宪法分属于不同的领域。宪法可能源于征服或者一度由武力加以维持;但是,如果宪法全然委身于并且需要经常求助于武力以防被推翻,那么,这就是宪法的失败;因为,政府之宪法结构的天性和目标正是反映和适应现有环境,而这也是国民的愿望和目标,如此这般才能获得多数人,如果可能的话为绝大多数人的支持。有一句谚语说的好,手持利刃,我们所向披靡,但独不能在利刃上坐卧片刻。[257]毫无疑问,我们需要用武力来惩罚违反宪法的行为,镇压反叛的行为。但是,政府体系——据说这在所有的道德力中是最强的,否则也就不可能在自由国家中如此风靡了——不能躬身于坚船利炮之前。

同样地，通过婚姻和继承来转移侯国与王国，和通过这种方式将各个独立的国家并于一个政府下一样，是不属于真正的政治科学范围内的问题。这和征服一样，因之而出现的事务的新情况是国家日常生活中的政治和宪法现象中所不会出现的。故而这些现象也就是无法用通常的办法度量，且（可谓是）不理性的因素。①

只要因征服或者继承出现了领土合并的情况，那么普通的离心和向心进程就要重新开始了。在一地被武力兼并，比如1815年奥地利吞并伦巴底，或者因为继承而被接管，比如1580年西班牙宣布对葡萄牙的主权，之后，向心力就会有获得武力的支持。但是，面对情感释放出来的分离力量，这一支持处于下风。在占领伦巴第44年后，奥地利丢掉了这个地区；在占有葡萄牙60年后，西班牙同样不得撤离当地。在上述两个例子中，都有过战斗，但是，军事力量上的势均力敌以及当地被征服人民的深深的敌意导致了最终的分裂。阿基坦的英国国王们发动的兼并战争及之后对法国大片领土的征服，[258]特兰西瓦尼亚的土耳其人的征服之旅，霍斯坦与丹麦的结合，比利时与荷兰的合并，阿尔萨斯与法国的结合等情况的发生都没有将人民的情感估算在内，最终都走向末路。在上面提到的例子中，最后一个例子比较特殊。法国与阿尔萨斯的结合持续了近200年。其最终在1871年解体并不是因为阿尔萨斯想回到德国那里，而是因为德国想要拿回阿尔萨斯。军事动机在洛林地区被兼并问题上起着决定性作用，同样与阿尔萨斯问

---

① 一个国家的传统是否允许女人继承王位会导致王位继承的重要性出现巨大差异。如果采取不同的继承制度，卡斯蒂利亚与阿拉贡的合并，以及英格兰与苏格兰的合并就不会发生。同样地，如果大国的王位被小国的君主继承，或者小国的王冠戴在了大国王君的头上，也会导致情况大不相同。如果英格兰的君主继承了苏格兰的王位的话，苏格兰人可能会对英格兰更为仇视。如果葡萄牙的国王登上了西班牙的宝座的话，那么这两个国家现在还会是一体的。

题有关联；当然，如果阿尔萨斯的语言和习惯与德国不同，则德国的公众也不会不顾当地居民的意愿，坚持要将其收回了。

泛而论之，人们会说向心力在后一例子中比前一例子更能利用征服和继承提供的机会来发挥作用。如果当地的人民很落后，没有民族情感，那么，这就是一个好机会，自由贸易、联合政府（特别是当这个政府是一个好政府时）以及军事行动带来的自豪感等所产生的影响力能将两个不同的民族融于一个统一的国家之中。国家的统一经常取决于语言、地理位置、强大邻邦形成的外在威势。但是，如果一个民族已经形成了强大的民族情感，那么统一的希望也就宛若游丝一般了。

罗马帝国是最好的一个例子，它的大片领土就是通过征服获得的。但是，其国土的联合却是因为离心力的孱弱。被征服的国家，要么就是像高卢、西班牙和不列颠这样的地区，原来由原始部落占领，联系松散，没有普遍的民族情感，也不可能有国家的联合行动；要么就是像地中海世界那样的，[259]是一个王朝，起于军事冒险行为，①故而民族情感并不与君主统治合一。利益诱导内含的离心力——对和平、好的政府、商业便利等等的追求——在帝国治下得到一一释放，并且在这其中很快又加上了对罗马市民身份的自豪感及对国家的伟大的自豪感，正是这个伟大的国家囊括了当时世界所有的最高文明。所以，在中世纪，相当多的地区在被征服之后就涌入了征服者的怀抱，征服者变得越来越大，而其自身却未受到丝毫的削弱。但是，在最后三个世纪内，各征服者通过强力吞并了太多的地区。这些地区都已经开化，所以尽管被吞并，却依旧能抵御同化，心怀憎恨。于是，这种吞并对征服者来说实在是利

---

① 当然，那时也有不少的城邦共和国，或者共和国同盟，但是它们都太小了，不足以形成现代意义上的国家情感；罗马的体系留给它们一定的自治空间，即使它们并不因为不能独立而感到不满，又能解减少自治的情况下（经常）出现内部骚乱的可能性。

弊难辨，且可能化为祸害之源。最近有一个著名的例子，那就是波兰。它被三强瓜分，遂给这三强带来诸多烦扰。现在，有不少地区被征服，但是这些地区都几乎是些野蛮的或者半开化的地区，在武力上和国家精神上都要比征服者次一个等级，所以，它们所能搅动的离心力，至少表面上看来，是可以忽略不计的。

让我们来做个总结。这两股势力在接下来的一个世纪里的情势是怎么样的？这种集合的趋势是否会继续呢，大国是否必将拥有明天？或者还是会有其他新的势力出现逆转乾坤（虽然可能性不大），恰如在罗马帝国覆灭时这一势头被倒转一样呢？

乍一看来，集合的趋势引领着未来。虽然五个民族国家中的任何一个[260]——俄国、德国、法国、意大利、不列颠——都不可能被任何其他国家吞并，但是，人们还是有理由认为在未来的一个世纪里一些小国会被从欧洲的版图上抹去。在世界的其他地区——比如南美洲和中美洲——这一大国的扩张之旅远未终结。由于陆路和海陆交通愈发便捷和便宜了，商业贸易增长了，随之各地的交流也增多了，印刷术的伟力使得小范围流通的语言被消灭了，而说的人多的语言则广为流传——所有的这些都造成了大国的统一，并增强了大国吸收小国的实力。而且，这些效果都影响深远。

但是，在谈到被征服的开化人民时，我们必须认清这么一个事实，即征服在未来所能起的作用没有从前那么大了，因为人们已经开始意识到民族情感具有怎样的柔韧性，而这种情感的存在对征服者来说危害甚大。诚如上文所述，文明的进程通常会增强某个团体宣泄对现时的政治不满的能力，强化它的民族情感，并因此抵消商业和财富带来的正面影响。一个被大国吞并的民族，尽管会感受到忠诚所带来的实质好处，但却依旧按捺不住保持旧有国家传统的秉性，从骨子里想要复活昔日的国家生活。

但是，问题并不仅像将物质利益放在一边，将民族情感放在另一边,然后两者排在一起做个比较那么简单。世界是发展的,所以,很多影响这个事情的现象也要考虑在内。第一个就是战争发动的前提改变了。[261]第二个就是诱发战争的某些原因消失了,或者避免战争爆发的某些手段消失了,而这些手段比现存的手段要更好。第三个是所谓的集体主义的高涨,并且那种趋势,即在小范围而非大范围内适用集体主义原则的趋势,也愈发增强了,所以,很明显,有些事情没有之前那么好控制了。行文至此,我们还没有谈到科学发现对经济生活、社会生活和政治生活的影响。国家和民族之间的关系,以及国内的集团或者共同体之间的关系将会通过何种方式受到影响也是我们现在所难以思及的。而且,我们也无法预测说通盘考虑问题的办法是否会最终影响并改变人们思考问题方式,哪怕在社会和政治事务上。现在,在全世界,没有什么制度要比奴隶制度来得更为广博且根基深固了;但是,奴隶制度现在正从开化地区节节败退,并且很快就会在所有的国家销声匿迹了。所以,要预测说有什么制度是永固的确实是有难度的,除了——有人甚至连这个例外都不承认——家庭制度之外。

试想一下,如果一个世界里所有至今尚未被占领的土地都各归强主,如果关税被取消而国与国之间的平等贸易的机制得以建立,如果国际仲裁体系得以出现而战争的阴云因此消散,人们也不再有战争的念头,爱国主义不再与军队和勇武联系在一起,那么,鉴于世界舞台的宽广与各国的国内环境,现在的向心力与离心力之间的关系将得到极大的改变,

试想一下,[262]如果人们在用政府机关来实现公民的利益方面有更大的突破,并且人们愈发确信政府机关在小团体中比在国家整体更能发挥作用,那么,一种新的离心力——至少在这个国家里——会横空降世。没有人愿意冒险预言这种事情。但是,它们并不是虚无的事情;而且,很明显,它们将导致一系列不同于现世及古代任何时候的情状以及力量的出现。所以,我们也就无法预

测说大国及现在的国家的结构和组织将会永固。

至于更为遥远的将来,历史更是不敢多置一词了——因为历史不会重复。诚如赫拉克利特所说,人不能两次踏入同一条河流,这点同样适用于历史。哪怕它敢于宣称某些力量是现实存在的,也无法预测说它们在某个特定时候到底有多强,也无法说一定不会有至今没发现的力量出现并作用于其他力量之上。它现在能为法学家、政治家和立法者做的是,在他们要研究和使用可用的力量时,向他们指出这些力量的天性和特征及其强弱之处,以便于指示和引导他们观察和反省当代。所以,历史并不像有时所说的那样万能。不过,历史能提供的东西却是货真价实的,因为没有什么能比精准的观察来得更难,而且历史研究最成熟的果实是形成了一种公正的观念。这种观念源于科学的思考方式,而这种思考方式能够使历史观察免于受到偏见或激情的影响。

第五篇　早期的冰岛

[263]对大多数人来说,冰岛是一个满是火山、间歇泉和冰川的地方。但是,对历史学者来说,这也是一个诗和散文的发源地,其上的居民有着多个世纪的辉煌文明。这是一个很独特的现象,当地的文明和创造力与当地恶劣的物质条件毫无关系:它们是在物质条件极度贫瘠的情况下繁盛起来的!对于政治和法律的研究者来说,当地也是毫不逊色。那里有着与众不同的宪法,有一整套精巧复杂的法律,以至于人们很难相信能够制定出这样的法律的人每天干的主要事情竟然是相互杀戮。

除了马德拉和亚速之外,冰岛是旧世界仅存的一部分了,[1]其从未被史前种族占领过,由此,我们得以了解那里的居民所属的确切种族。

那些散居在北亚、欧洲和美洲的原始部落——拉普兰人、萨莫耶德人或者爱斯基摩人——中没有一个曾经涉足其间。阿德曼(679—704年,爱奥那的一个修道士),[264]在其名著《圣科伦巴

---

① 虽然,从地理上说,冰岛更应该算作北美洲而非欧洲的一部分,但是,从地质学上说,其和佛得角群岛、马德拉群岛、南部的亚速群岛和北部的扬马廷(Jan Mayen)岛却颇具亲缘关系。它看起来就是因为火山运动而从北极圈一侧的佛得角群岛上延长出来的一块。

传记》(Life of St. Columba)①中谈到过一个神圣的预言,关于一个名叫科尔马克(Kormak)的圣人在科伦巴时期(521—597年)三次从爱尔兰长途跋涉,寻找"海中沙漠"(eremum in Oceano)。这个称号用来形容冰岛真是恰如其分,所以,人们都认为冰岛就是其所指的地方。之后,圣人比德(Venerable Bede)(673—735年)在谈及来自图勒②上的同时代人时,说到在那里一年中有那么几天就算在午夜也能看到太阳。③ 爱尔兰僧侣狄奎丽(Dicuil)(大概是在825年写的)谈到④有一个离大陆西北部很远的岛屿,30年前僧侣们在那里度过了整个夏天。并且,据我们最早的冰岛名著,著名的 Landnámabók[土地产出之书]的记载,当最早的挪威殖民者到达那里时,发现已经有一些爱尔兰的隐居者住在那里了。但是,由于这些强大的异教徒的出现,隐居者很快就湮没不闻了,只留下一些书、钟和木杖(可能是牧杖)。挪威殖民者将他们称为"帕帕"(Papas,即牧师),或者"维斯特曼"(Westmen),这个词是用来指称爱尔兰的苏格兰人。毫无疑问,这个岛屿的最初发现者是凯尔特的隐士,是他们驾驶木头和皮革制成的轻舟穿越广阔而汹涌的海洋,在这险恶的荒野上祭祀和禁食。但是,他们并不能算作是这个岛屿的常住居民,并且也不在冰岛的历史上占有一席之地——那里的历史起于挪威人的大迁徙。

最早到达冰岛的条顿人是一个挪威的维京人,被称为拿索斯

---

① 《圣科伦巴传记》(Vita S. Columbae)第六章。
② [译注]图勒(Thule):古希腊地理学家认为的世界上有人居住的最北地区。据推断可能是不列颠北部的冰岛、挪威或席德兰群岛,但人们对此有不同看法。
③ 该评论请参见 2 Kings xx. 9。冰岛最北边的地方正好触到北极圈的边。
④ 在他的著作《论地球的测量》(De Mensura Orbis Terrae)第七章中,他将这个岛屿当作图勒;而这些僧侣的报告所指的正是冰岛,而非法罗群岛。关于法罗群岛,狄奎丽在其他的地方提到过它,而且他也没说他所说的图勒是指的什么。当然,图勒这个名字被不同的作者用来指称不同的岛屿。塔西佗说站在尤利乌斯·阿古利可拉的舰队的战船上可以看到图勒,此处他指的可能是设得兰群岛或者位于设得兰与奥克尼郡之间的费尔岛。

(Naddoð)。在9世纪下半叶,他被一阵暴风给刮到了冰岛,[265]他把那里称为"雪岛"(Snæland)。第二个到访者是一个瑞典人,名叫戈达(Gardar),他环游了冰岛一周。第三个是一个挪威人(Norseman),名叫弗罗科(Flóki),是他给了冰岛现在的名字。但是,尽管发现冰岛的消息不胫而走,很快就传遍整个北方,但是,这个地方却一直没有被占领,直到挪威人大迁徙。之后,又是红头发的国王哈拉尔德(Harald)全力征服此地。经过哈夫斯湾(Hafrsfjord)一役,他在中南挪威建立了自己的政权,并随其舰队横穿该湾,迫使当地无数的小部落的酋长承认了其霸权,课税于拥有土地的自由人之上。

在一个多世纪里,当地的武士一直驰骋在西欧的海岸线上。他们高傲的气质使他们不堪容于人下,也就不能联合起来反抗入侵者。其中最为大胆和勇敢的人出走他乡,只为自己的自由。有的人去了奥克尼、设得兰和法罗群岛,因为这些地区已经被挪威人占领。有的人加入了爱尔兰的挪威殖民者的行列,将凯尔特人赶离东海岸的某些地区。另一些跟随着霍夫·刚葛(Hrolf Ganger[Göngu Hrolfr]['the Walker'])或者也有的数把他称为罗洛(Rollo)。他是一个维京人,很令哈拉尔德恼火。他从他在卑尔根附近的海湾的家乡出发,在北高卢建立了挪威人的政权。自此以后便是诺曼公爵和英国王室悠久的历史了,从此才有拉丁族、阿尔巴的君王和罗马巍峨的城墙(Albanique patres atque altae moenia Romae)。① 至于其他人,在听到对这一新近发现的远方岛屿的赞誉之后,就都调转船头,向西行驶,在冰岛唯一的海岸边抛锚登陆。在他们登陆时也没有什么具体的或者共同的计划;各头领或者家长,都带领着自己的家里人,甚至还有一群朋友或者随从,在中意的地方安营扎寨。有时,他们在靠近海岸的地方就抛弃了饰有托儿神和奥丁神的木柱——这木柱是古代挪威人大堂中高椅的椅脚——在随着风浪推

---

① [译注]参见维吉尔的名作《埃涅阿斯纪》。

到的地方登陆。最开始,每个人都随着性子占有土地。[266]但是,随后来的人,发现好的牧场都已经被占完了,就只有买地或者抢地了;并且,关于所占土地面积的大小,还出现了一个特殊的习俗。一个男子只能占有其在一天内手持火把跑一圈所得的土地;一个妇女只能占有其在一天内带着一头两岁的母牛跑一圈所得的土地。当地的外来迁入人口增长很快,其中有很多殖民者来自挪威人占的爱尔兰和苏格兰群岛、奥克尼、设得兰群岛和赫布里底群岛(其中前两者随后成为了斯堪的纳维亚人占的地区)。这些人加入了挪威本土的挪威人移民大军,人数很快(据我们目前所知的数据估计)就达到了 5 万人。一直到 1823 年人口普查时这个数字都还没有被突破。随着爱尔兰和赫布里底群岛的人的到来,凯尔特人血统混杂其间。我们注意到冰岛人有 Njál, Kjartan 和 Kormak 这样的名字。这标志着其是爱尔兰首领的女儿所生的孩子。

最初的一批殖民者分散定居了下来。农村的土地凌乱散落,间或夹杂着沙漠、冰川和沼泽,还有湍流,所以,那里很难通行,甚至危机四伏。于是,各个定居处被相互隔离,不相往来。这样一来,这些殖民者没有,也确实无需建立什么政治或者社会组织了。但是,不久之后,一种政治形式开始逐渐成形。其之发展的过程是中世纪历史中最有趣的现象之一。作为其来源的元素毫无疑问来自于挪威,是殖民者把它们带到这里来的,并且,以下这两者都是条顿族遗产的一部分——在寺庙中联合祭拜的习惯、集合所有自由人讨论和处理关系公共利益,[267]特别是法律诉讼的习惯。① 这种集会就像是古英国的民众大会(Folk Mot),被称为"全民大会"(Thing),这个名字用我们英语来说就是"议员竞选演说坛"(Husting)("议员竞选演说坛"或者"竞选大厅"[House Thing])。讲坛里设有一个讲

---

① 这种召开成员大会的习惯在世界的很多其他地方也存在着。比如希腊人和南非的科萨人。

台,议会候选人于其上发表演讲。这种集会在1872年后便消失了,因为当时的法规规定要采用书面提名的方式。同时,该法规还引进了无记名投票制度。冰岛的国民大会(Ting)①是在寺庙里举行的,并经常是为向托儿神祭祀而召开。托儿神是挪威人最喜欢的神,就像奥丁神是瑞典人最爱的神一样;因为祭祀的地点是附近地区的中心,同时国民大会都被当地的豪强和首领所把持着,并且他们还经常是当地寺庙的所有人或者守卫人,所以,在当地的斯堪的纳维亚人当中没有专门的僧侣等级。

挪威首领在冰岛定居下来后,第一件事就是建立庙堂。并且,这庙堂通常要用他从他故国的庙堂拆下来的圣柱来建造。这个庙堂很快会成为一个圣地,他的追随者会去,本地区的其他定居者,只要不是富到自己能建造并维持自己的神殿的,也都会去。在这个神殿里,首领和他的子孙是牧师;而且当地的国民大会在这个地方开会的时候,他理所当然的是主席,这是因为他富贵逼人、权势显赫(虽然也不必然如此),同时还是因为他奉献了牺牲并且戴着神圣的神殿之戒。佩戴神殿之戒者必须发誓自己裁断案件时公正不阿,就像罗马人对着赫拉克勒斯神殿的马克西马祭坛发誓一样。因此,这个牧师就获得了(如果他尚未获得的话)当地的首领或者大王的位置,这和人们在荷马史诗中读到的英雄时代的希腊的国王也没有什么区别,[268]或者和塔西佗提到的日耳曼部落中的君主也都差不多。虽然他的头衔是牧师(Goði)②(最开始是Goði)或者牧师(priest,这个词来自于神的姓),但是他却成为了某些政治权力的受托管人(这些政治权力都带有与其所占职务同样的宗教

---

① 在这里,我在这个单词中使用的是冰岛和盎格鲁撒克逊人的字母 t,以将其与普通的英语单词相区别。
② 挪威似乎并不用牧师(Goði)这个词,但是 Ulfila 在他翻译的哥特语的圣经(公元四世纪)中使用了这个词,将ἱερεύς[祭司]翻译成 gudja。ð 这个字母的发音与 th 在 then 之中的发音一样。

色彩),这导致他变得世俗化了。同时,他自身也没有任何的圣洁可言了。在那时,宗教的影响力开始减弱了。内部的腐败,加上来自大洋彼岸的基督徒对他们的影响,都使得昔日的信仰开始土崩瓦解。信仰这种东西通常是冰冷或者随性的,我们都读到过有些人不尊奉托儿神或者奥丁神,但他们却都相信其有无边的神力。

所以,这种牧师(Goði)不太像是一个圣人,反倒是一个俗人,用我们的语言来说,是一个首领,而不是一个牧师(priest)。[①] 他作为首领的权力是十分不确定的,就和挪威当地的首领一样。他仅仅是诸多自由且尚武的地主中的首领。在这些人中,有不少人在血统上和他相等或者比他更高。他所占的职位在弱小的人手里就只是个名头,而在有实力有能力的人手里却作用巨大。因为他负责主持国民大会,所以,他也就负责维持司法程序的进行,维护秩序,并负责执行法院决定中涉及公共利益的措施。如遇不可预测的风险或者困难,他应负责提出建议或者起领导作用;集会成员都希望从他那里得到帮助和保护,而他就像是同时期英格兰条顿族的领主(thegn),希望从他们那里得到支持和顺从。但是,他没有合法的压迫他人的权力。[269]任何人都可以在国民集会上或者集会外反对他。任何集会成员都有权随时退出,投向其他的牧师,成为其他集会的一分子。[②] 请务必注意,成员集会在冰岛是没

---

① 我们对牧师(Goði)的了解全部都来自于萨迦文,但是,这些文章形成文字之时,当地的异教崇拜都已经消失了,所以很可能其所展示这个机构的原始风貌是不完整的。
② KonradMaurer对冰岛的古代宪法有着深入的研究,并且他得出的结论历久不败,所以每个要想对冰岛古代宪法做些许研究的人,都必然要从这位杰出的学者那里汲取营养。Konrad Maurer认为Goði这个词在挪威人移民到冰岛之前便已经开始使用,虽然在那个时候,牧师还没取得后来在冰岛上所获得的重要地位。在冰岛上,由于牧师承担着看管神庙的职责,所以,这也就等于将其抬到了挪威本土的世袭首领的地位之上,而在挪威本土,这种世袭首领是当地国民集会的当然主席。

如欲了解冰岛早期历史,请参见 Maurer 博士的文章,特别是他的 *Island bis zum Untergange des Freistaats*(慕尼黑,1874)和 *Beitrage zur Rechtsgeschichte des Germanischen Nordens*(慕尼黑,1852)。

有地理边界的一说的。土地和牧师的地位没有任何关系，和其获得的称赞及敬仰也没有关系。在这里，我们能看到这种制度和封建制度之间的重大区别：成为牧师也不会获得什么薪水。集会成员确要缴纳一种被称为寺庙税（hoftollr）的赋税，但是，牧师却只能将这笔钱保存在寺庙里，并拿来作为款待来此祭祀的人之用；所以，这笔钱并不会给他带来任何的收入，以用来扩张他的权力。因此，牧师职务（Goðorð）被视为是一种默示的权力而不是财产，此外（在基督教传入之后）还无需支付什一税。这个职务的一个特性是可以转让。这可能是因为其源于对寺庙的所有权，所以它被视为是一种私有财产，可以出售或者赠予，并可以共同授予数个人。并且，同样的，一个人可以通过继承或者购买而同时获得多个牧师职务。

因此，紧接着移民潮的几年里，在冰岛沿海，出现了很多细小的、互不相连的、松散的殖民者的集合体。这些集合体还算不上是国家的，也算不上是公社或者公国，[270]即在西欧出现的公国，并且在严格意义上也不是共和国，虽然它们更像是共和国而不是公国。其组织起来主要是为了公平，为了向杀人者索取赔偿，但是它们没有固定的政府结构，没有成文的法律——如果那时人们会书写的话——也没有固定的领土，并且其成员（Thingmen）之间的联系相对较弱。在那时，真正有效地联系是血缘关系；一个成员集会的成员既不是宗亲，也不来自同一个部落或家族，就像苏格兰和爱尔兰凯尔特人的公社一样。不过，血缘关系已经足够强到使整个地区介入某个人的血仇之中了。因为如果一个家族中某个成员被杀害了，那么其最亲的亲属就有责任为其复仇。复仇的方式要么是索取赔偿，并且，如果杀人者拒绝支付的话，这些亲属便可向成员集会起诉，或者直接杀死杀人者或其家族中的其他人。因此，这种仇恨，就像是科西嘉或者东肯塔基的族间血仇（Vendetta），是代代相传的。每一次复仇行动都会使一批新的人卷入其中，并最终将越来越多的家族带入其间，因为殴斗一开始，各派的私友也都会加入，并且，如果其中有人被杀死的话，那么，他们的亲属就务必要为其复仇了。

因此，在不同的团体之间没有任何的政治联系。那里既没有冰岛民族，也没有统一的冰岛国，且各个团体也并非感觉自己是其中的一分子。每个团体都是一个独立的组织；并且，如果不同成员集会的成员之间发生纠纷的话，是没有方法加以调整的，除非其自愿向其他集会妥协或者以战争的方式解决。烧杀抢掠是这个野蛮的民族每天都会干的事情——因为对于这个民族来说成为维京人（即海盗）是他们的最高的追求——这是很普通的事情，[271]特别是为同族复仇被他们视为是一种神圣的职责。

如果伤人者和被伤害者同属一个成员集会，那么其宗族的影响力，或者当地牧师的偏心，或者在提起赔偿之诉时所犯的技术上的错误，都可能妨碍最终的正义。因此，当地人开始普遍认识到需要采取一些补救措施，需要在当地建立更进一步的政治、司法组织，因为虽然挪威人喜欢互相残杀，但是他们也喜欢钱，并且，在死亡赔偿金和杀死敌人的快感之中，更偏向于前者，所以，他们需要保证能够获得死亡赔偿金。因此，大约在最初的殖民开始五十年后，一个年长且富有能力的首领，名叫乌斯菲尔特（Úlfljót），提出了一个计划。他劝导大家建立一个全国统一的国民集会，在那里可以讨论关系公共利益的所有事情，在地方集会上不能得到解决或不能得到公正解决的案件都可以在这里得到解决。他环岛走了一周，并将他的主意带到最有影响力的牧师和其他领导人物那里；并且，在那些人的要求下，他还渡海到挪威，调查了在当地实施的法律，并为这个新生的全国性的机会起草了相关规定；这个就有几分像是罗马历史中的特使了，从罗马出使希腊，并从那里带回对罗马十人执政官（Decemvirs）立法的建议和素材。同时，乌斯菲尔特的同胞兄弟，名叫"山羊鞋"（Grím Geitskór），身手矫健、冰岛最灵敏的攀岩手,受托横穿整个冰岛以寻找一个适合做集会场所的地方。在走了很长一段路之后,山羊鞋发现一个名叫"集会旷野"(Ting Vellir)的地方适合做集会场地。① [272]这个地方位于冰岛的西南部,从现在的冰岛首都雷克雅未克骑马要走大约 8 个小时。并且,在当地,第一个寺庙是由一个名叫英格尔夫(Ingolf)的最早的挪威殖民者建立的。这种环境使得当地充满了某种神圣的感觉。这里有丰沛的水和广沃的牧场,平原上的湖泊里盛产鲑鱼和野禽(现在也是如此)。(这里也有很多致命的小蚋虫,这是为什么这里的鲑鱼长得很肥的原因,但是却使得在这里捕鱼不是一件惬意的事情。)与此同时,乌斯菲尔特从挪威回来了,带来了立法的素材。于是,第一次国民集会(Alting)或者全冰岛国民大会,在公元 930 年召开了,然后每年都在 6 月后半个月内召开两周的时间,直到 1800 年。② 这是文明世界中最古老的一个国民大会,并且还是少数不同于英国议会、神圣罗马帝国三政会(Diet of the Romano-Germanic Empire)的国会之一。其并不起于偶然,即从小范围内逐步发展而来,而是由人们正式建立并有自己的既定目标,也就说有自己的书面宪法,如果那时有纸的话。这样就意味着是一群各自独立的人在目的明确的情况下签订契约,维护大家都在追求的秩序和正义。

在 10 世纪中叶以前,那时胜利者阿特尔斯坦③正在统治英

---

① Thing Vellir(集会旷野)是主格的复数形式,而 Thing Valla 则是所有格的复数形式——英国人更加熟悉这个单词的复数形式,比如辛沃尔镇(Thingwall)(在利物浦附近),马恩岛集会地(Tynwald)(在马恩岛上),丁沃尔(Dingwall)(在罗斯郡)。
② 从他在说了这么一番话起,国民集会直到 1843 年前都一直存在着。但是,在 1843 年后,这个位于雷克雅未克的机构日薄西山,沦落成为一个咨议理事会。但是,其于 1874 年重建,成为冰岛宪法下面的一个代议制类型的国家统治会议。现在,这个会议每两年在雷克雅未克召开一次会议。
③ 在记载 Egil 的萨迦文中,称呼他为 Aðalsteinn hinn Sigrsæli(意为"神佐必胜")。很奇怪的是,这个称号本应该响彻冰岛,而不闻达于英格兰。

国,他在冰岛武士斯格拉格林(Skallagrim)①的儿子索罗夫(Thorolf)和埃吉儿(Egil)的帮助下,在布鲁南布卢(Brunanburh)打败了苏格兰人和诺森伯兰人;那时撒克逊国王捕禽者亨利(Henry the Fowler)正在驱逐当地的马尔扎人土著,建立自己的日耳曼人的基地;[273]那时在高卢地区,加洛林王朝正在苟延残喘而卡佩王朝尚未崛起;与此同时,在冰岛建立了一个覆盖整个岛屿的共和国。这个共和国之所以著名,不仅是因为其具有独特的政治结构,还是因为其政府的权力范围受到极端的限制。这点在下文中我们会提到。大约30年后,当地就某些关键问题对宪法做了修改,又是40年后,大约是在1004年,又做了更多的修改。但是其具体细节尚有很多争议,同时又过于复杂,所以,我在此无法做出解释。其之最终形态的基本情况如下:各地的成员集会及牧师-首领或者牧师职务,被固定为39个。整个冰岛被分为四个部分,除了北方的部分之外,每部分有9个集会。对于北方部分,为了笼络当地的感情,给了12个集会资格。这39个集会都由各自的牧师主持。然后,出于某些原因,每三个集会又联合成了一个更大的地区集会(Tingsokn),所以,这就有了13个地区集会了,即北方4个,其他三个区各3个。然后,各个区又有更大的集会,被称为是区级集会(Fjórðungsting)。所以,在国民集会建立之前,这种制度已臻完善,并且,这代表着从小地方集会成长为更大的地区组织的第一阶段。随着时间的推移,其重要性将逐渐消失。

这些小地方集会能够决定普通法律案件和关系地方利益的问题,而更严重的案件,或者一方属于其他集会成员的案件,一方想要推翻地方集会决定的案件,以及修改普遍性法律的议案,都要提交到国民集会上决定。该国民集会的时间是每年的六月。因此,这个国民集会既是一审法院,也是上诉法院。国民集会开会时,所有的

---

① 参见 Egils Saga Skallagrimssonar,第54章。

自由人都可以参加,就像条顿或希腊全民集会一样;[274]但是,其权力却是由少数人,即牧师和一些由他们任命的人,行使的。

国民集会通过四个法院,每个区一个,来审理案件。一说认为每个地区法院(fjorðungsdómr)由36个成员组成,即当地的牧师加上24个由其任命的人,一说认为其由9个当地牧师任命的成员组成。然后,除这四个法院之外,还有一个法院,比其他法院都要晚成立(公元1004年)。其是在著名的法学家尼亚尔(Njál),托尔盖(Thorgeir)的儿子的建议下成立的。这个法院管辖其他法院无法审理的案件,而且其组成也很特殊。在它审理案件时要求法官发下更为严苛的誓言,并且其判决是以多数通过的方式通过的,而其他法院则要求全体一致。看起来,建立该法院的目的不仅包括提供一种更好的定纷止争的方式以避免械斗,还包括将整个国家组织起来,并给大家一条通向中央权力的途径。但是,这些目的却没有达到。最终证明人们无法逾越社会和自然的障碍。

在国民集会的司法委员会上,案件的提交和讨论有详细的程序并需采用特定的方式做记录,其严格程度比现在欧洲任何地方的规矩还高。颇为奇特的是,当时法律和双方提交的材料都不是书面的,而是保存在人的记忆之中的。

国民集会在立法时,是通过另一个由144名成员组成的委员会来完成的,但是,其中只有三分之一的人(48人),即39名牧师和9名被提名人有权投票表决。这九个被提名人是由东、西、南区的牧师选出来的,每个区各3名。[275]之所以这么安排是为了使各区在委员会中的力量与北区一样,因为北区有12名牧师。这48人每人都可以任命2名助理。助理只能是向他提出建议。这两人一个坐在他的后面,一个坐在他的前面,这样做是为了方便他找到他们。所以,这个委员会总人数是144人,其中,上述的48人坐在中间的一排。这个委员会的被称为法律修正委员会(Logrétta,即"法律修订"的意思)。其负责修改各种法律,讨论各种公共事务。这是一个贵族式的机关,因为整部宪法就是贵族政体式的,虽然其中并没有关于等级划分的正式说法,①更没有提及贵族头衔的事情。在公元1000年基督教传入冰岛之后,法律修正委员会加入了两个主教,并且还增加了一个选举出来的官员,被称为法律宣讲人(Speaker of the Law),站在这147人的最前面。

上面提到的最后一个职务,在整个共和国就这独一份儿,所以是整个系统中最奇特的一部分。他被称为法律宣讲人(Lögsögumaðr),意思是"宣布法律的人",我们也能理解为法律的传声筒或者宣讲人。他就是这个国家非成文法的保管人,任期为三年。他的职责是向国民集会中在座的众人大声的背诵冰岛的各种法律,此事需要在三年中不间断进行;另外,他还要背诵集会的程序,每年一次。这是法律中最有实践重要性的一部分。除此之外,他还主持法律修正委员会,并在双方投票数打平时投决定性的一票;他应告诉提问者法条的具体内容,但是,不负责告知申请者应走什么样的程序。在诉讼中如有对法律条文产生疑问的,可向其请教。他的观点是终局性的。[276]他担任该职务的报酬是每年两百厄尔(ell)②的手织布(Vaðmál,一种蓝羊毛布,之后作为货币流通,至今出于某些原因尚在流通)以及国民集会收取的一半罚没款。他是从当时最为成熟的法学家中选出来的。在他任期上,他宣布的法律都是终局的,对任何条款、任何人都是如此。因此,其行使的是一种准司法权或者准立法权,大致类似于罗马的司法官。罗马的司法官也是任期制的,也是以敕令的方式宣布法律的人。③ 但是,实际

---

① 虽然杀死一个出生高贵的人要比杀死一个普通自由处以更重的刑罚,但是人们可以从萨迦文中看到人们是如何小心地保护血统的,对古老的家族又是报以多么崇高的尊重的。
② [译注]厄尔:旧时英国丈量布匹的单位。1厄尔等于45英寸。
③ Viva vox iuris civilis[市民法是鲜活的声音]是罗马人用于描述他们的执政官(Praetor)的说法,参见第十四篇,第691页。

上，法律的宣讲人既不是法官，也不是治安官，而且，也不是立法者，虽然其有权宣布和解释法律的边界在哪里。他并不做出判决，也无权执行处罚罪犯的判决。他无权召开国民集会，也无需负责维持集会的秩序，因为这些是当地的牧师该做的事情。当地的牧师，因为国民集会在其管辖范围之内，所以被称为东道主牧师（Allsherjargoði，即主办地的牧师）。实际上，法律宣讲人除了是一部移动的法典之外，什么也不是。他只是在阐明之前传下来的习惯法规则。这些规则都是被人们接受的，但是因为没有采用书面的形式保存下来，所以大多数国民都不太了解它们的内容。

因为冰岛没有国王或者王公，所以，这个职位的重要性要更高一些。虽然在冰岛，这个职位的地位要更高，显得有些不同，但是，我们还是能在斯堪的纳维亚人或者至少挪威人中发现类似职位。在挪威、奥克尼和赫布里底群岛（不过在当地被称为"Lögman"，这个词在冰岛语中的意思是懂法律的人），都有这种职位。

集会旷野，自 930 年后，[277]就成为了国民集会的开会地点。并且，这个地方在地理环境上的名声丝毫不逊色于发生于其上的激动人心的事件。这是一个稍微有点起伏的平原，长约 5 英里，宽约 3 英里。平原的南边是一个湖，上有几个岛屿点缀其间。平原的北边环绕着高耸的山峰，黑色的火山岩嶙峋起伏，还有大片的白色雪原。平原上满是火山岩。它们有时犬牙参差，有时隐身于稀疏的灌木、低矮的桦树和柳树之中，有时却匍匐在墨绿色的草原之上。平原上满是深深的裂口，这是在其还是熔岩之时就形成的。平原的东部和西部是两座危崖，棱角崎岖。这似乎证明，之前，在熔岩冷却时，这块平原突然下陷了，留下这两堵高墙将这块平原夹在其中。在这两堵墙的西边，湖的边缘，有一条溪水川流而过。这个地方就是集会的地点。来参加集会的首领来自冰岛的各个地方。他们都带着武装扈从和护卫，因为争吵是很平常的，而械斗在诉讼中也时有发生。在到达之后，他们首先要建造自己的棚屋，用石头和草根作为支撑物,上面覆上织布或者帆布。这些棚屋的建造地点都选在斧河(Öxará)的边上。然后,他们会在湖边放牧马匹。各个法庭开会的地点都是事先指定好了的。法律修正委员会或者立法委员会的开会地点的自然环境仿佛是天然就是为此目的而布置的。平原上有两条很独特的深沟,每条都有 80 英尺深,沟中淌着淡绿色的水,最浅处都有大约 50 英尺深。深沟内侧是一条狭窄的火山岩石带,大约有 200 码长。这两条深沟将这条火山岩石带拦腰斩断,仅仅除了一个地方之外。这是一个狭窄的入口,可以容纳三个人。里面的地面比较平坦,[278]覆盖着不太高的野草。现在,有一些绵羊啃食其间。在这里,古代冰岛的英雄们为自己的法律演讲和投票,判决案件。由于地形的原因,集结起来的民众是看不到里面开会的情况的;但是,在岩石带中间有一块高耸的地方,现在还被称为是法律之山(Lögberg),在那里,法律宣讲者背诵国家的法律的情形是可以被站在深沟的另一侧的民众看见和听见的。① 同时,周围没有任何东西显示这个地方和现在有什么不同。在法律之山和湖之间是一个小的木头造的教堂和一座低矮的牧师住宅。周围没有任何房子,也没有任何的生命迹象。旁边的河上有几个小洲。法律允许的决斗经常在这些小洲上发生。另外,被宣判为巫婆的妇人会被从危崖的边缘抛下,落入这墨绿色的泛着涡旋的湖水之中。人们对宪法自由或者政治斗争的记忆,总是伴随着公众集会或者国王登基的建筑遗迹作为佐证的。但是,在这里,却什么都没有留下。当人们看到这片寂静荒凉的景象时,他们很难相信这里曾有那么多奋发的生命充盈其内,曾有那么激烈的斗争响彻其间。

---

① 自本文完成之后,一些著名的考古学家,包括我已故的朋友 Guðbrand Vigfússon 博士,争论说真正的法律之山并不在通常所说的位置,而在被称为"裂痕"(Almannagjá)的大熔岩峡谷的边沿,河的西边。参见 *The Saga Steads of Iceland*, W. G. Collingwood 和 Jón Stefánsson 著,1899 年,第 14—17 页。

国民集会不仅仅是一个为处理事情而开的会,也是整个国家的年度聚会,是一个需要在没有人烟的地方召开的聚会。与会的人的住地相互之间都相隔数英里远。距这里最远的首领,来开会时都是携家带口,还要带上一群武装侍从。他从东部海湾出发,[279]绕着中部沙漠的北部边缘走,一共要花去14天甚至更长的时间。届时,在那里,会有来自挪威和冰岛的船长出售运来的货物。还有工匠从事贸易。我们还听说那里甚至会有杂技棚和酒摊,还会有各种各样的游戏。这不仅是一个很好的加强远道而来的朋友之间的友谊的机会,还是一个安排收养和婚姻等事宜的好时候;在萨迦叙事文①中就提到过很多这样的例子,即在国民集会上求婚或者达成了婚约。在多数情况下,少女的意志总是压倒父母的意志而占上风。那是仲夏的某一天,虽然在中纬度是没有夜晚的,但是,太阳依旧会西沉几个小时,留下一个柔和昏黄的黎明。淡淡的光覆盖着天空。这种颜色是不会出现在我们那阴暗的天空中的。我们可以想象一下,那些跟他们父亲来开会的年轻人要做些什么来补偿他们在那14个孤单阴沉的冬日里失去的快乐和兴奋呢?

  国民集会不仅仅是共和国政治生活的中心,还是共和国本身,因为只有在那时,共和国才会出现在人们的眼前,才得以作为一个大集体行动。在一年的其他时间里,法律诉讼和其他公共事件都交由区集会、地方集会以及地方的牧师去处理了。国民集会只通过了很少一部分法律或者关系公共利益的决议——之所以很少,是因为其立法行为主要在于规范司法程序——这些法律和决议很

---

① [译注]萨迦叙事文(sagas):古维京人的叙事散文及史诗。内容大体是斯堪的纳维亚人和日耳曼人的历史,包括维京人早期的远航、远航中发生的战斗、向冰岛的迁徙以及冰岛各个大家族之间的争斗。这些散文和诗篇都是以古挪威人语,多数是冰岛语,写成。这些文章有时带有一些浪漫和想象的成分,但是基本上都是可考的。

少被全岛的人接受和遵守。即便这样,国民集会也并不试图加以强制执行,并且它也没有手段来强制执行。从某种宽泛的意义上说,每个牧师都是当地的执行治安官。但是,他并不是从中央或者联邦的国民集会中获得授权,也不对国民集会负责。共和国,如果我们能这么叫的话,[280]没有任何的行政人员。它唯一的官员是法律宣讲人,他的职责是宣讲法律,并且也仅仅是在国民集会开会时履行。在其他时候,各地的集会和牧师都很独立,并且还经常相互打仗,且不承担刑事和民事的责任,除非有人就此提起诉讼。这里没有警察、军队、舰队、民兵或者其他类似的同时期的欧洲封建国家有的东西。除了格陵兰岛之外——并且格陵兰岛上还有一个冰岛的殖民地——冰岛离其他国家都很远,所以,不需要什么外交政策。这里就没有公共税收,也没有财政开支、国库和预算。共和国不征税,因为其确实也没有什么开支。

冰岛共和国实际上就只有司法和(小规模意义上的)立法两个职能,没有行政和外交职能。而在希腊和罗马世界,以及现代世界,行政和外交职能是十分重要的。一个没有行政组织的共同体也真的只能在像冰岛这样的地方出现了。浩瀚狂暴的大海将这个地方与世界其他地方隔离开来,当地人口稀少,住得都很分散;这也只能是在社会的初级阶段出现,因为那时人们的需求都很少,而且每个人都能自己照料自己。

这就是这个体系的大体情况。其必然对法学理论和宪政史的研究者有所助益。有些现代的理论家说法律源于国家,且不承认法律可以脱离国家存在。有些英国人甚至拒绝承认习惯法是法律,并且定义说所有的法律都是以国家权力的名义下的命令。但是,在冰岛,我们却看到了这样的法律,[281]并且(我们下面就会谈到)这还是一个复杂的高度发达的法律体系,其之存在并没有依托像国家这样的机构;虽然为了方便之目的在上文中我们权且称之为共和国,但是根据这个词通常的意思来看,其并不能算得上是一个国家。确实,对于冰岛,人们可以这么说:并不是国家在制定法律,而是法律创造了国家——这就是说国家组织形成的目的仅仅是为了判决法律案件,然后就解散了:判决下达之后,共和国的行动就结束了。至于执行法律的事情则全归得胜的原告来做了;法院判决的唯一作用是,将抗拒判决的人宣布为非法,也就是说人人得而诛之——就像该隐——而无需为其杀人的行径负责,被杀者的亲戚也无权诉告此诛逆者。事实上,大家都没有义务执行法律。在这里,法律的制裁力,即现代法学家认为是法律这一个概念中十分重要的东西,部分地存在于大家的观念之中,部分地存在于藐视法院判决的人的忐忑不安之中。所以,这里的法律不能说是无效的,虽然其经常受到挑战,而且有时这些挑战最终还成功了。这种情况在中世纪早期,还有现代的半开化的地区,遍地都是。在冰岛,国民集会维持了司法生活的活跃性,法律被不断地制定和修正,大家在程序的细节上投入了很多的辛苦和工夫,诉讼案件的争论又是如此尖锐和充满技巧——所有的这些情况都证明了在这里法律大体上是有其地位的,并且是占主导地位的,因为人们很难说人们在这两百年之中花费的所有辛苦和工夫换来的是一无所获。同时代的中世纪早期的欧洲王国和公国都是靠着王公们的力量存在着。在这些王国或公国里,很少有什么行政管理,[282]法律在多数或者全部国家中比国家自身都要古老——那就是说其是以习惯的形式存在的,其之存在和为人遵守,在国家采取有效的手段执行前,就已是既成事实了。在这点上,它们和冰岛很相像;同样的情况见于意大利和德意志的共和制城邦。但是,冰岛是一个独特的共同体的例子,其有很多的法律,却没有中央行政机关,有很多法庭,却没有权力机关去执行它们的判决。

冰岛法律的发展过程,虽然没有冰岛的政治宪法那么特殊,但是还是向人们展示了习惯法的起源以及立法的肇始。法律源于习惯。邻近地区集合在一起形成了冰岛国民集会、挪威的地方集会或早期英国的民众大会。这种机构处理各种公共事务；并且，人们可以向这个机构就所受的侵害提起诉讼，它也会按照既定的规则，采信原告的部分陈述、被告的部分抗辩。这些习惯最终成为惯例，规定哪些案件应该采取补救措施，哪些案件应该予以驳回。语言的形式变得更加雕琢，并且这也很有必要，因为不同的表达方式会对提出的请求的本意造成不同的影响。由此产生的规则很多，因此能够投身于这个专业将它们全部记在脑子里的人不多。这些人都傲于其之学识。他们制定规则，特别是确定语言的既定形式，并且他们都乐于采用专业术语，奉语言的精确性为圭臬。惯例都是松散的、模糊的，凭着大家的记忆来解决问题的，所以，在这种情况下，就要靠这些有特殊知识的人将惯例提纯。他们会给惯例一个特殊的地位，甚至是一个效力的等级。不同的法律专家在同一惯例的理解上是不同的，或者有情况表明有的被大家普遍接受的惯例用起来很不方便。[283]而这时，由于惯例的地位是很高的，所以，公众集会——最初也可能同时还兼任一个法院的职能——并不想冒险越过惯例，特别是那些法学出身的人更是会反对这么做。因此，有必要通过该机构的行为，即公众集会和法院的决议，来正式改变这些惯例。惯例是这个机构的成员的祖先们创立的，并且现在又是这个机构负责处理当地的公共事务，所以，也只有这个机构合适担此改变惯例的重任了。于是，立法的第一个阶段就开始了。通过这种方式制定出来的法律，我们称之为制定法。制定法在很多代人中也只出那么几部，并且，在以习惯法为基础的法律之中，占的比例很小。但是，制定法是很重要的，因为它很清楚，明确无误，涉及的都是大问题——将小问题交给公众集会是很不值当的。然而，参与立法工作的人仅仅是少数，他们都是原始的集会、冰岛国民集会、英国民众大会、古希腊城邦议会或者古罗马的国民会议的成员。冰岛的法律源自于习惯，经过一代代的法律专家制定和保存，同时还包括了国民集会表决修改和增删（虽然很少）。

这些情况向我们展示了一幅生动的图景,我们在早期罗马法律形成过程中也曾看到过这样的画面。那时的罗马法律是由法学家(prudentes 和国民会议(comitia)一起制定的。

但是,冰岛给公众提供了一个了解和确认法律的途径,这是罗马所没有的。法律宣讲人是对习惯法体系的一个很好的补充(按照严格的罗马语义来说)。他填补了习惯法体系的两个重大缺陷:习惯法制度成为法律之后的不确定性和适用于具体案件时法律本身的复杂性。[284]唯有那些专事此行的人才能记得住这些法律。同时,这也是一条人们了解法律内容的渠道。对于个人来说,有权利向法律的保管者询问想知道的法律的具体内容是一个很大的恩惠,因为他们经常要忍受法律程序的极端专业性所带来的麻烦,所以,确实需要事先了解情况以免落入圈套。在这方面,冰岛的体系要比早期罗马和早期英国的体系好。在十二铜表法制定以前,罗马市民除了向专家询问外,是无从了解法律的。但是专家如果不乐意的话也是无需做出回答的,而且,他们的观点并不是权威的,只不过是有些个人的声望罢了。十二铜表法的制定,极大地减少了罗马古代的习惯法,并且使市民能普遍了解法律的内容。但是,就算是在这之后,很多的程序形式和规则,如哪天要采取什么样的法律程序,都还是由贵族保存着,不予公开。是弗拉维乌斯(Cn. Flavius)于公元前四世纪末期将这些加以公开的。在英国,没有人试图将这些法律知识掌握在少数人手里。但是,那里的习惯可以说是汗牛充栋,并且很多还是不确定的。除了通过法院的判决之外,是没有其他办法可以确认它们的。但是法院程序是冗长且昂贵的,并且这个办法仅仅只能确认在该案中出现的一两个问题。相比之下,10世纪后半叶,冰岛人就采用了这种方式,即通过他们的官员来确认某个习惯的有效性和约束力。而英国法院则要到12世纪的末期才创造出这种办法,并且还要花上数个世纪的时间来完善这一程序。

冰岛宪法最令我们惊讶的地方是其极端复杂性。一方面,这部宪法缺少很多我们认为应该有的东西,[285]所以显得很简单,甚至粗陋,另一方面,这部宪法又显得很复杂,因为其设置了各种法院和立法机关,而各种集会及所行使的不同权力在历史学家中引起了不断的争议,其中很多目前都尚未解决。我们在希腊共和城邦中也发现了类似的现象,更不用说14世纪的城邦国家,像佛罗伦萨和威尼斯的设计精巧的体系了。冰岛人强烈的独立精神——挪威人因此而著名——及冰岛首领之间的相互嫉妒,都促使大家要寻求一种方法来维护平等,防止个别集体或者地区凌驾于其他人之上。因此,冰岛宪法的精神与罗马宪法的精神大不相同。在罗马,实现统一的强烈愿望,及最大限度地实现中央集权以抵御周边敌人的现实需要,都促使人们给执政者很大的权力,最开始是国王,然后是元老院或独裁官。在冰岛,由于没有外敌,所以也不需要备战抵御,人们都分散地住在小集团里,环绕中央的沙漠一周。在这种情况下,人们不会授予行政权给任何人,而且,为了保护小集团的权利——这些小集团是共和国的细胞——以及保护代表小集团的牧师——首领的权利,人们特意采取了一些预防措施。

冰岛的法律程序也很复杂,但是,造成这种复杂状况的原因却与众不同,并且,也不是冰岛特有的。其程序的过度技术性以及对规则的极度强调,都属于人类思维发展的特殊阶段,即形式和内容尚未分离,对习惯和传统的尊重凌驾于实质正义之上。代替自然状态的法律的简化版法律是人类文明中法律发展最近一个阶段的产物。[286]那时的人们为什么要死抠法条的字面意思,不知变通呢?因为这在当时是很自然的,如果人们听任法官在适用法律时牵强附会,如果人们授予法院修改法律的权力,那么,法院就会滥用这种权力,而人们对法院的信心就会因此破灭。正是因为这种原因,罗马旧程序法才如此机械,而该法骇人的专业性一直到西塞罗时期才消失,同样地,我们英国之前的法律也是出于同样的原因才会成为那个样子的。对于那些保守的法学家来说,他们要做的是严格地遵守其学到的程序形式,并以此为职业荣誉感之源。法律越专业,这些人就越有面子,因为只要法律的专业越强,越复杂,掌握这种专业技术的少数人就越为重要。外行人关心的只是实质正义,而法学家关心的则是其他问题。出色的英国法官关心的是审理案件的程序,律师也是最为关心程序,然后是费用,最后才是案件本身的优劣势。冰岛11世纪盛行的思想和帕克男爵(Baron Parke)(温斯利戴领主)的思想相同;并且,这种观点也有其价值,法律职业者应采纳这种观点,因为与哲学精神和对进步的热爱相比,尊重传统以及极端严谨的遵循程序并没有那么重要。

  冰岛人的眼光太敏锐了,制定的法律是如此的精巧和复杂。我们可以从当地存在法院和萨迦文作者对法律的情有独钟上读到这种敏锐。同时,人们在牵涉诉讼或因为某事而触发某个不错的程序时,也会表现出这种喜爱之情。这也是当地人制定法律是眼光独到的一个例证。至于当地的法学院,那是一群年轻人围坐在亚尔①或者斯卡普特·托尔德松②这样的贤者身边,听其讲道,这就像罗马的年轻人频繁光顾蒂布·科伦卡尼斯或者Q·莫西阿斯·斯凯沃拉的家一样。[287]在与萨迦文同类的其他历史或者虚构的史料中,没有一本能贯穿如此多的法谚的。

  我们现在对冰岛早期的法律的了解,部分是源于萨迦文中的典故或引述,部分是源于一些古法律典籍。这些古法律典籍,最老的一部分是冰岛共和时期的法典,大约于12世纪中叶整编成册。其原材料有一部分是很古旧的法律,远及11世纪,甚或10世纪。冰岛的法律是在10世纪制定出来的,930年的乌斯菲尔特法典

---

① [译注]亚尔(Njál):冰岛的法学家,具体请参见亚尔的萨迦文(Njál saga)。
② [译注]斯卡普特·托尔德松(Skapti Thoroddsson):冰岛的法律宣讲人(1004—1030年)。在他任期内,他主持成立了冰岛第五上诉法庭,从而完成了对冰岛法律的一次修订。

(Úlfljótslög)指的是乌斯菲尔特从挪威回来后准备的法律，并最终为国民集会所接受，虽然其可能是根据现存的挪威人习惯改编的，并且似乎尚未采用书面的形式，因为成文法是在 12 世纪之后才出现的。随后的法典化努力是在乌斯菲尔特之后两个世纪出现的(大约是公元 1117 年)，那时人们任命了一个人数不多的委员会，负责审查习惯，挑选出其中一些并加以修改，最后制定出一部系统化的法律汇编。这就是我们从著名的牧师和法学家哈弗里斯·马尔松(Hafliði Mársson)那里所了解到的哈弗里斯之卷(Haflivaskrá)。同时，哈弗里斯·马尔松还是这个委员会的成员之一。据说这部法律为国民集会所接受，采用的是书面的形式，诚如其名字——卷轴(Skrá)——所含的意思一样。

哈弗里斯之卷通常被称为灰鹅法(Grágás)[①]，被视为是现存的两部手稿中的一部。现存的两部手稿相互之间有很大不同。然而，灰鹅法实际上并不是一部法典，甚至连一本法条都不是。它是很多没有经过整理的日期和原始规则的汇集。[288]里面有国民集会的政令、法律宣讲者宣布的决定和宣告、教会的规则、法律程序或者法律事务的规则、习俗的备忘记录。其中记录的习俗看起来应该是得到了认可并且是有效的。这里面展示的都是原始条顿人的制度和生活；并且，其还包含了不少早期英国人——英国人和益格鲁—诺曼人——的法律和一些早期罗马法律中的有特色的规定。有时，在谈到法律宣讲者的意见变成法律规则的时候，我便想起了罗马的司法官；有时，在看到立法院[②]决定的案件的简明的记

---

① 据说 Grágás (可能来自于这部法律副本的合订本)这个词最初是人们从 Frostatingslög 手抄本中发现的——Frostatingslög 是盛行于挪威的 Throndhjem 的法律——并于 17 世纪时被人们错误地用于表示冰岛的习惯法的合集。该法在 1829 年第一次由 Arnamagnaean 基金发表。
② [译注]立法院(Lögrétta)：成员集会的立法院部分，负责解决法律争议、立法、批准现行法律的例外等事务。

录时,我便想起了原始形式的英国王室法庭判决的记录;从某种意义上,这部汇编,作为一个整体,拥有罗马和英国的早期法典的特征的集合。虽然其中罗列的国民集会制定的法律都是最具权威的规则,但是,其中还有不少规定现代看来其权威性是有疑问的,当然,这些毫无疑问都是有效的。这两类法律之间的界线并不清晰;实际上,就没有这样的界线存在。其中记录的法律规定可能不过是习惯罢了。或者就是有学问的法学家(lögmaðr,法律人＝法学家)的个人观念罢了。但是,这是一份历史记录,并且现代人正是想在这份记录中寻求引导。

诚如上述古法汇编所示,冰岛的法律上,如当地的宪法和法院体系,折射出了古代社会的原始与法律体系的复杂之间的鲜明反差。冰岛社会是一个极端原始的社会,私斗时有发生,海盗反显荣耀,奴隶制度犹存,没有国家治理,书写技术也用之甚少。而当地的法律却很是复杂,[289]法律权力规定明确,调查和判决所需的法律程序也规定得一丝不苟。冰岛的时辰是通过太阳离地平线的高度确定的。当地娶妻是要购买的。父亲可将孩童降为奴隶。当地的奴隶制度是成熟(如早期罗马),因为为抵偿债务,无偿付能力的债务人会被降为奴隶。但是,另一方面,其中还有一些规定,与现代衡平法院的规定相似,规定了对未成年人财产的监护权,并且允许用其中一部分接济其贫苦的父亲、兄弟或者姐妹。① 在关于某人诉请对杀人者处罚的规定上,也有同样的精心设置的差别规定。如果被杀者为一个冰岛人,则适格的起诉人首先为其子,继而为其最近的血亲,再次当地的牧师,然后是同一地区的成员,最后为任何国民(一种公益之诉)。如果被杀者非冰岛人,而是讲丹麦话或者北方话的,即其是一个挪威人、丹麦人或者瑞典人,则其任

---

① 人们将这条法律的制定归功于 Guðmund Thorgeirsson,他是1123—1135年间的法律宣讲者。

何亲属皆为适格者;如果其是一个其他国籍的外地人,则只有其父、子或者兄弟可以起诉。但是,为了保护远航来者,其伙伴或合伙人,①及该船最大的股东也都被列为适格的起诉者。

令人好奇的是,虽然凶杀和谋杀在当地很常见,但是却未见有死刑。同样的情况见于美国南部的两三个州,由于罕有死刑,所以当地枪击案和私刑泛滥。另一个有趣的例证是罗马早期的法律,罗马的法律对诽谤和侮辱的罪处刑甚严,且不得为破坏名誉的行为作辩护。给人取外号便可被处以流放。[290]不得以人为主题写诗文。哪怕是在夸奖某人,在没有得到对方许可的情况也不可为之;教授或复述此诗文者与写作者同罚,此一规定甚至延及寄托对死者哀思的诗文。致以妇人的情诗也是可诉的。如果她在20岁以下,则由其监护人起诉。②

除成员集会之外,冰岛的法规还对各法院应遵循的程序作了分别规定。但于此处,鉴于篇幅,不再赘述;当然,这里还有一个事情值得提一下,那就是冰岛人相信法律救济的功效。之所以我要提一下这个事情,是因为这些救济不是现在生活中能够见到的。其来自于艾拉居民的萨迦文(Eyrbyggja Saga),一个著名的古代传说。

有一个名叫索罗德(Thorodd)的首领,住在Breiðifjorð的Fróá,冰岛的西边。他的船在圣诞节(Yule-tide)前失事了,同船的人都溺亡在了海湾里。船被潮水推上了海岸,但尸体却都找不见了。因此,他的妻子索斯(Thurið)和他的长子卡嘉坦(Kjartan)令其邻居都去参加祭奠宴会;但是,在宴会的第一个晚上,大厅点起火后,索罗德和他的同伴跑进了大厅,全身湿淋淋的,坐在火堆的周围。

---

① 合伙人是félagi(英文是fellow)。关于这个问题,在这段中还有很多进一步的规定(Grágás,第xxxvii章,第2卷,第71—73页,Arnamagnaean版)。
② 参见Grágás,第civ—cviii章,第2卷,第143—156页,Arnamagnaean版。

来参加仪式的宾客都欢迎他们:能参加自己的葬礼的人必能得兰神(Rán,深海之神)的护佑。但是,这些鬼魂却拒绝任何的贺词,依旧默坐在那里,直到火焰熄灭,然后便起身离开。次一晚,其等又至,表现如故,然后离开;此后数晚皆是如此。最后,祭奠仪式的仆从们拒绝进入这个大厅,伙食也就无法置办了,因为如果是在另一个房间点火,索罗德和他伙伴的鬼魂便会跑到那个房间去。最后,卡嘉坦在大厅里点了一把火,将这个大点的房间留给了鬼魂,然后在另一个房间里点一把火置办伙食。[291]但是,这个房子里却死了人,索斯也病倒了。因此卡嘉坦便去向他的叔叔斯诺里(Snorri)讨意见。斯诺里是一个著名的法学家,并且还是冰岛西部地区的首领牧师。经斯诺里建议,卡嘉坦和另外七个人一起到了这个大厅的门前,正式以擅闯民宅和致人死亡的罪名传唤索罗德和他的伙伴。然后,他们指定了一个门——法庭(Door-Court, Dyradómr),并向它起诉,然后根据成员集会——法庭(Ting-Court)的正规程序审理了此案。最终案子结案了,并做了判决;当判决词下达给每个鬼魂后,每一个鬼魂都站起来,跑出了大厅,然后就再也没有能看到了。

鬼魂在很多国家里造成了很多麻烦,但是只有冰岛人才会用驱逐之诉处置之。

上述的事情突出地反映了挪威人的政治天赋,他们的确有能力来制定出一整套上面提到的法律体系。不过,在实际操作过程中,一切却并非那么顺利。冰岛人全民尚武,少有能控制自身脾气者,并且愿为神圣的义务而复仇。维持国民集会秩序的事情被委托给了现场的牧师,同时在开会期间所有人都被禁止携带兵器。国民集会散场被称为是"带上武器"(Vápnatak),因为那时人们可以带上被搁在一边的武器回家了。但是,武器毕竟只是被放在人们居住的小棚屋里,所以不止一次发生过这样的事情,即在诉讼中落败的一方抓起剑和矛,大打出手。于是,新的血仇和新的诉讼就又形成了。萨迦文中谈及国民集会的事情并不多；但是，我们还是能看到这样的记述：法庭诉讼因为某些技术问题而陷于僵局，于是控辩双方因此而大打出手的事情。[292]该记述载于亚尔·托夫戈索的萨迦文（Saga of Njál Thorgeirsson）。这部萨迦文是一部文学著作，叙述清新明快。

我们偶然会听说国民集会通过某部法律的事情。比如，在公元994年，国民集会就修改了对杀人者的索赔之诉。原本根据北方民族的普遍习俗，索赔之诉应由被杀者最亲的亲人为其利益而为之，现规定提起该诉讼的权利应由被杀者最亲的男性亲属所有，而不应由妇女或者16岁以下的孩童所有。这一规定现仍可见于苏格兰法中，名为侵权赔偿（Assythment），并且其中的部分规定由维多利亚女王第93年第9&10号令（Act 9 & 10 Vict. c. 93，通常被称为是坎贝尔领主令[Lord Campbell's Act]）引入英国。该规定的通过是因为不久前发生的一个案件，当时一个名叫阿尔凯（Arnkel）的首领被杀了，但是，由于其遗孀在案件操作上的失误，导致了赔偿的不公。在1006年的时候，司法决斗被取缔，这是因为发生了一场决斗。参与决斗的双方都是诗人，一个是维京人古雷·奥姆斯通凯（Gunnlaug Ormstunga，蛇语）[①]和另一个名叫哈夫（Hrafn）。故事的细节载于早期的萨迦文之中，是其中最为美丽感人的一部分。古雷已经与美丽的海尔戈（Helga）订婚了。海尔戈是冰岛传说中一个著名的女英雄。但是，古雷却被国王埃塞尔雷德二世（King Ethelred II）给挽留在了英国。[②] 在伦敦，古雷受到了款待以及用诗文写成的赞誉。所以，他没能在约定的时间

---

① 之所以说是蛇语，是对古雷的讽刺。
② 萨迦文说（*Gunnlaugs Saga Ormstungu*, chap. vii）在埃德加（Edgar）的儿子埃塞雷德（Ethelred）时期（Aðalráðr Játgeirsson），挪威、英格兰和丹麦所使用的语言是相同的，并且直到私生子威廉占领英格兰之前，这种情况依旧存在。在此之后，英格兰人开始使用威尔士语（Valsk = French）。

返回冰岛。等他返回后,发现海尔戈已经向家中亲属的威逼屈服,嫁给了哈夫。根据冰岛的习俗,古雷可以要求哈夫放弃妻子和全部财产,而哈夫如果不想这么做的话,就只有拿起剑来战斗。于是,古雷来到国民集会,[293]正式向哈夫提出了挑战。然后他们就带着自己的帮手,要在斧河上的一个小岛上正式决斗。这个岛是专门为此目的而留出来的。在初次遭遇之后,双方就起了争执,然后,参战双方就被旁人拉开。古雷想继续战斗。但是,第二天,国民大会就通过了法律,禁止再有任何的决斗发生;古雷很不情愿的遵守了这个规定,因为违反该规定将被处以刑罚。但是,海尔戈却不愿意再与她的丈夫哈夫一起生活下去了。次年,双方协商决定驶船到挪威去决斗,这就像是 50 年以前,害怕在英格兰决斗的人们都会横渡到法国的加来一样。当他们最终在斯朗吉姆(Throndhjem)东部的荒野里相见的时候,时间已经过去了数年。在那里,他们打了起来。古雷砍掉了对方的脚,然后准备停止战斗。但是,哈夫却扶着一棵树站了起来,想要继续战斗,但是,这时他由于很渴,所以就苦苦哀求对方帮他去溪水边取一些水来,并保证不会欺骗他。仗义的古雷用他的头盔勺了一些水,带了回来。但是,正当哈夫用左手接过头盔的时候,右手却突然举起宝剑,用尽全身力气猛击古雷裸露的头颅。"你这该死的。你骗了我",古雷说,"我不该相信你的。""确实是这样,"哈夫回答说,"但是,我嫉妒美丽的海尔戈对你的爱。"然后,他们就又打在一处。哈夫被杀了,几个小时之后,古雷也因为受伤过重而死。① 消息传回了冰岛。海尔戈对古雷思念不已,常常将古雷送给她的一件衣服铺在膝盖上端详。她日渐憔悴,不久之后也死去了。

---

① 萨迦文接着说,在这场战斗后不久,在噩耗传到冰岛之前,古雷和哈夫的鬼魂皆现身于其各自父亲的梦境之中,吟诵诗篇讲述其死亡之经历。古雷的父亲"黑人"阿鲁基(Illugi)第二天醒来后犹能记得在梦中听到的诗篇,还大声地朗诵了出来。萨迦文记载了这两篇诗文。这是条顿人最早的关于鬼魂存在的例证之一。

萨迦文中记载了另一件发生在国民集会的惊人的事情,[294]这是与基督教的传入有关的。国王奥拉夫·特里格瓦松是挪威诸君中最为贤明的一个。他自己在10年前就已经改变信仰了,尔后一直致力于改变顽固的挪威人的信仰。他烧毁他们的房子,折磨他们,强迫他们改变信仰。他派了两个传教士去冰岛,其中一个是牧师桑布兰德(Thangbrand)。桑布兰德是因为其残暴的行径而被迫离开挪威的。在他呆在冰岛的5个月里,他就犯下两起谋杀案。因此,他的名声变得很坏,也由于其罪行,他出使的时间随即被缩短了。但是,牧师的无能并没有伤及该事业本身之伟大。有几个名人改宗了。这随即为冰岛人所知。他们是从与爱尔兰和英国人交往中得知此事的。并且,这些名人还承诺要宣扬该教。这些人,还有另一些异教的首领,支持奥拉夫的特使。这些首领认为只有接受基督教,才能避免内战。所以,在公元1000年的国民集会上,这些人敦促集会颁布法令,取缔异教。接下来的情况是,当争论到达顶峰的时候,一个信使跑来报告说,自此以南30英里的火山喷发了,熔岩喷涌而出,淌过牧场。信仰异教的一方认为这是一个凶兆,惊呼道:"这是神对异端的愤怒;看看你们将会招来的愤怒吧!""看看我们站的地方的岩石都被熔化了,"一直还没有发过言的首领牧师史诺里(Snorri)也说,"现在该知道神是在对谁发怒了吧?"(指的是法律之山[Lögberg]周围的深深的熔岩裂口。)这时法律宣讲人索格尔(Thorgeir)讲话了。他要求双方妥协,实际上这是信仰异教一方单方面的退让。这个主意为国民集会所接受。于是,冰岛人就接受洗礼,宣布改宗基督了。神庙和神像皆被拆毁;但是,愿意在家供奉牺牲者可以照旧行事;[295]另有两个异教习俗,即裸露新生儿的身体和吃马肉,获准保留。北部和东部地区的人不愿将身体浸入凉水中,这引起了一些麻烦;但是,这些麻烦很快就被解决了。人们改用了雷基尔(Reykir)的温泉水来完成洗礼仪式。

基督教传入之后的一个半世纪是冰岛历史中最辉煌的一段。这不能算是一段和平时期,因为当地旧有的狂热和迷信依旧存在,几乎没有大的改观。杀人和将人烧死在屋中的情况一如既往地出现。但是,现在当地出现了一种刺激因素,促使他们自由的共和生活和海盗远征让位于民族情感,而促使民族情感产生的知识和观念正是源于新信仰对他们的训练。这个时期,书写技术广泛传播,并且,几乎所有的萨迦文都是在这个时期写成的。这些文章代表着北方人出色的天赋,虽然有些在12世纪结束之前都还没有付诸纸面。

很多年以来,共和国的宪法都未有大改。基督教在当地的确给冰岛的两名主教增添了不少力量,并且最终引起了教廷与世俗政权之间的冲突,这就像是神圣罗马帝国与英国之间的分歧一样。这没怎么影响到牧师的职位,其职权现在几乎已完全褪去了原初的宗教的色彩。史诺里,就是借着开会时的熔岩喷发事件使国民集会反对异教的那个牧师,是冰岛当地最有名的神庙的牧师。但是,在13世纪初,众人精心构建出来的共和国宪法开始解体了。联盟开始越来越不像是联盟了,反倒更像是一个统一的国家了。[296]但是,在冰岛,联盟契约,如果我们能用这个名字的话,约束力总是很弱的,并且当一个强大的成员不再服从的时候,没有法律手段可以迫使其屈服。逐渐地,牧师——首领职位减少了。牧师职位(Goðorð)通过继承、出售或者赠予等渠道,逐渐地积聚在少数一些大家族的手中,这些家族也因此谋取了在国民集会中显赫的影响力,实际上成了这个国家大片地区的主人。他们带着自己的小型军队开到各处,俨然成为了封建领主。因此在旧的世仇之间发生了越来越多的战斗。现在,海盗行径是少了,因为之前被蹂躏的国家现在准备充足了很多,于是,所有过去花费在苏格兰和爱尔兰沿海,以及北德和高卢沿海地区的精力现在都转向国内了,并造成了致命的结果。

我不是在撰写冰岛的历史,虽然我确愿如此,因为这个题目太有趣了。上面的这些杂乱的讨论是为了激起人们的兴趣,而不是为了满足人们的猎奇之心。在结束这些讨论之前,我还想按照事先拟定的框架多加三个评论。

第一个是冰岛向我们呈现了宪法发展史上少有的中途夭折的例子。当地的居民都是挪威人;挪威人的小共同体所使用的原始的机构体系和塔西佗描述的日耳曼的机构体系是一样的,也和日耳曼人征服盎格鲁和撒克逊人带到不列颠去的机构体系是一样。每一个挪威共同体都是一个独立的群体(Fylki, folk)。在每一个群体中,都有许多的贵族,其中最高的一个是世袭的首领,下面是一群尚武的自由民,再加上相当数量的奴隶。每个共同体都有一个民众集会的机构,被称为成员集会,对应的是撒克逊人的民众大会(Folk Mot)。但是,在冰岛,由于当地人都住在冰岛的沿海地区,[297]并且这些定居地没有挪威本地那样密集,所以,那里没有出现类似挪威的组织机构。冰岛到处都有国民集会,但那是因为每个成型的社会都有开会解决诉讼案件和其他关系公共利益案件的习惯。冰岛的共同体不是一个群体(Fylki)。它不是自然演变出来的产物。它实际上就是几个家族的集合。他们之间的联系最开始是亲缘性,然后是在同一神庙中祭祀。这样一来,牧师就成了这群人的中心。但是他并不是世袭的首领,也并不必然要比其他的集会成员的门第更高。高贵的和出身好的人,如恩曹(Njál)和埃吉尔·斯达拉格瑞姆森(Egil Skallagrimsson),可能就不是牧师。牧师职位确实是一个全新的机构,这是因为冰岛特殊的环境导致的,并且在条顿族中没有先例。更为突出的是它的共和组织,以及法院和法律修正委员会等机构的设置。法律修正委员会是一个全新的创造。这些设置的出现,凭借的是当地领导人的智慧和他们的共和精神,所以它们并非纯粹是自然演变的产物。

第二个是因为冰岛共和国是一种政治社会的新形式,所以它的国民集会也是一个举世无双的机构。其不同于任何我们熟悉的集会的类型。这个机构是共和国的外在表现形式。这不是一个全民集会,因为虽然所有的自由人都可出席,但是只有少数人有权行使司法权或者立法权。这不是一个代表大会,因为无人经选举后代表他人参加会议。牧师是根据自己的权利参加会议的,而其他的与会者皆是由牧师指定的。这也不是国王顾问会议(King's Council),比如中世纪英国的御前会议(Curia Regis),由国王召集,并由权贵和官方顾问组成。如果非要给冰岛的国民集会找一个相同物的话,那就只能是如罗马早期的元老院之类的机构了,[298]这是一种由有组织的共同体首领参加的委员会;但是,在罗马的氏族(gentes)与冰岛的集会成员之间是有区别的,并且,罗马是有国王的,而冰岛没有类似的行政长官,所以,这两者并不完全相似。冰岛的国民集会与同盟会议,如1799年之前的瑞士联邦的会议,或者后期的神圣罗马帝国会议,之间的差距就更大了。

第三个评论与冰岛与联邦之间的比较有关。为什么共和国没有像中世纪的欧洲诸国那样,发展成为一个共和政体的或者君主政体的统一国家呢?

理由有很多,但是我只选了其中的三个,其中两个与政治有关,第三个与自然有关。

冰岛没有哪个大家族拥有世袭的权利统领所有人的权力,而所有的占领导地位的家族都拥有强烈的自豪感和普遍的平等观念。对平等的热爱在挪威人的后代中普遍存在,无论他是在冰岛或是在挪威。并且,挪威人的这种观念要比欧洲其他地方的人更强。

在冰岛没有,也不可能发生任何的国际战争。因此,在这里,任何人都没有机会攘除外敌,赢取民心,争取荣誉或者组建军队,以图登极。在这里发生的所有的战争都是国内战争,起得都是分裂国家的作用。

第三个理由与当地的自然环境有关系。冰岛是一个岛屿,比爱尔兰大一些。当地没有适合耕种的土地,只有很少的土地适合放牧。那里也没有国内贸易。岛内满是雪山、冰川、熔岩荒野和堆满黑火山沙或火山卵石的荒地。冰岛完全就是一个大的荒漠,只有沿海的几处适合居住。正是因为这是个荒野,所以,当地才没有机会组建统一的共和式的政治体。[299]这个荒野将人们分成了无数的小群体,相距甚远。他们分散的住在很多地区,中间有崎岖与荒芜的荒野或者难以穿越的湍流相隔。

然而,虽然冰岛的共和国注定要消亡,但这个共和国本应以冰岛原有的两三个大的敌对阵营——它们之间经常发生械斗——中的一个获取最终胜利,并建立君主国告终,或者(该可能性稍低)以分裂成几个小的独立的相互敌视的王国告终。但现在出现了一个新的,更可怕的角色。金发的哈拉尔德(Harald)国王的继承者一直认为,冰岛人自从其祖宗们从挪威迁至此处起,就应该有自己的统治者,①并且他们提出欧洲大陆上到处都是神授的君主国,冰岛也不应该有共和国。国王哈孔·哈肯孙(Hákon Hákonsson,哈孔四世),挪威诸君中最伟大的一个,发现冰岛目前正处于分散状态,所以,这是一个很好的机会,来完成他的前辈奥拉夫·特里格瓦松(Olaf Tryggvason)和圣·奥拉夫(Olaf the Saint)被迫放弃的计划。奥拉夫·特里格瓦松和圣·奥拉夫放弃这些计划的原因是因为当时的冰岛国民集会很警觉。哈孔·哈肯孙通过威逼利诱,将冰岛的首领拉入自己的王室,并频繁派遣使者出使冰岛,成功赢得了个别实权派首领的支持,并在公元 1262 年仲夏的会议上(拉格斯之战[battle of Largs]的前一年,该战使苏格兰免遭哈孔的入

---

① 国王要求迁移到新的岛屿的人们对其效忠,这件事让人想起来英国政府在 1852 年和 1854 年做的事情,那时,英国政府要求 1836 年进入到南非荒野的荷兰农民对其效忠。

侵),使南部、西部和北部地区接受挪威国王成为它们的君主,而在1264年(该年,西蒙·德蒙福尔伯爵[Earl Simon de Montfort]召开了英国第一次代表议会)剩下的那个没有接受挪威国王的地区终也屈服于当时的挪威国王,[300]哈孔之子,马格纳斯(Magnus)。自此以后,冰岛就成了挪威的属地,然后又臣属于丹麦。1814年,挪威被丹麦分割,并转让给瑞士国王,冰岛本应跟着挪威一起被转给瑞士的。但是,维也纳国会却没有人知道或关心此事①;所以,冰岛仍旧属于丹麦,虽然它并不喜欢这个主子。

冰岛的文学,随着共和国一道,芳华散尽,终归尘土。只有一件作品除外,那就是圣诗"水仙花"。这部作品是在宗教改革之后创作出来的,那时人们的神经再次被搅动了起来。另外,还有一连串的著名作家,他们的名声至今依然显赫。而且,哪怕是在最黑暗的日子里,哪怕是在15世纪的阴霾和蒙昧之中,哪怕是在18世纪的可怕的火山喷发引起的瘟疫与饥荒之中,这场火场喷发还致使当地五分之一人口丧生,冰岛人依旧珍藏并欣赏着他们古老的萨迦文。每户农家都有一小套手抄本。在每个冬日的长夜,妇女纺着纱,男人织着网,做着马具,一旁的人高声朗读这些文章。过去是如此,现在也如此。之所以会这样,主要是因为冰岛古代作品的丰富和文学造诣的杰出——而在这些作品出现的时候,英国、德国、意大利和法国还只有一些僧侣写的呆板的编年史或者朗诵者口中冗长的叙事史诗,比如尼伯龙根之歌——冰岛的语言完好保存了其原始的力度和纯洁性,冰岛民族散居在广漠萧瑟的荒野四周,目睹了自然无边的法力,获得了高度的文明、高尚的德性和深邃的睿智。

---

① 瑞典人通过基尔条约才将挪威从丹麦王室手中夺过来的。在基尔条约的序文中提到了冰岛、法罗群岛和格陵兰岛"从来都不属于丹麦"。

第六篇　原先的美国宪法

绪论　汉密尔顿与托克维尔的预测

[301]想要知道是什么样的趋势在引导和统治着美国政府的发展,就要研究一下敏锐且消息灵通的观察家在共和国不同时期所作的预测,这是有益处的。这种研究方法好处很大,并且,也能使我们对当今的诸多现象做判断时不要太自以为是。另外,这也能帮助我们不再跟在事态发展的屁股后面,而能俯观政治全局。在读一篇报道的时候,我们能从中了解不少的信息。在我们读一个同时代的观察家作的预测时,能对这个时代有一个更为真实的了解。

将美国历史上关键时期的政治预测的文章收拢起来并做成一份文集是一件艰难的工作,因为需要在一大堆的作品——有一些还是即兴的作品——中搜寻,以找出足够的材料来证明各个时期盛行的政治理论和信仰是什么。我是不会做这么疯狂的事情的。[302]我只是想通过一个相对简单的例子来指出应采取什么样有利的方法,而不再重复那些为美国历史的学者所明显熟悉的材料了。

出于这个目的,我选了两本著作——第一本是在美国尚在襁裸之中时写的,附带记录了,当然也是很客观的记录了,新宪法的支持者与反对者对宪法的感觉和做出的预测;第二本是一个客观且触角细腻的欧洲哲学家对美国宪法的条文以及实际运作做的仔细研究。我之所以选择这两本书,是因为它们都很具代表性,文学上也很有造诣,同时还是因为欧洲和美国的读者都较容易读得懂。他们只要查阅文献就能补上我因为篇幅有限而没有加上的内容,然后就能获得对当时人们的看法一个更为全面完整的记录了。

第一本书是《联邦党人文集》——这是一组论文集,劝告纽约人民采纳新提出的宪法。该书写作的时间是1788年,作者是亚历山大·汉密尔顿,之后成了财政部部长;詹姆士·麦迪逊,之后在1809年至1817年成了美国总统;约翰·杰伊,之后在1789年至1795年成了首席大法官。他们的签名都用的是普布利乌斯(Publius)。另一本写的是1788年到我们的时代,即阿历克西·德·托克维尔的《论美国的民主》。

第一节 美国通过宪法的过程

在本文中,首先我将会简要介绍一下《联邦党人文集》中1787年宪法草案支持者与反对者的观点,[303]然后再来讨论美国的政治学以及这个国家未来的境况。

但是,要想理解这些观点,我们就务必要记住之后美国人那时是什么情况。为此目的,我将会向读者再现这个共和国建立之初的一些突出情况。

1783年,最后一个英国士兵弃守纽约。纽约是英王乔治在美国的最后一个据点。1787年,费城召开大陆会议,形成了现行的美国宪法。1788年该宪法在法定多数的州(9个)获得通过。1789年,乔治·华盛顿宣誓成为总统,第一届国会召开会议,政府开始运转。这对于欧洲和美国来说,都是值得纪念的一年——甚至在一个世纪之后的今天,对于这一年,我们还不能有百分百的把握说这样一年是福还是祸,πολλὰ μὲν ἐσϑλὰ μεμιγμένα, πολλὰ δὲ λυγρά[许多配制后疗效显著,不少却能使人致伤]因为那曾在法国给人类带来如此之多的悲欢离合的立法会议选举现在在费城选出了华盛顿。

这13个州都位于大西洋沿岸,面积为827844平方英里,人口为3929214人,略微比纽约1900年人口之一半多一些。在那里,定居者已经开始砍伐树木,在阿勒盖尼山(Alleghanies)的一边建筑村庄;但是肯塔基州在1792年才被联邦接受为一个州,那时当地人口仅为80000人。当时,美国联邦的人口都是英国(或者盎格鲁—苏格兰)后裔,除了纽约有一小部分荷兰人,特拉华尔州有一小部分人是瑞士血统,宾夕法尼亚州有一小撮独立的德国人外。但是,虽然当地人都是同宗同脉的,但是,各州之间的联系还是很孱弱。相互之间的沟通很缓慢、困难以及昂贵。独立战争鏖战之时,妒忌与猜疑便几乎导致华盛顿之心血毁于一旦。各州之间还爆发过利益争端。[304]争端的双方为经商的州与纯务农的州。争端之激烈程度超乎想象,甚至超过蓄奴州与废奴州之间的冲突。众观察家皆认为美国邦联已归于失败,而外国列强的态度颇具威胁性的,所以新生的美国联邦是否能在各州摆脱英国的桎梏之后,抑制各州独立自主的欲念,稳握联邦之立法权尚在两说之间。这部新宪法就是一个实验,或者更为确切的说是一系列的实验。但是由于没有数据,所以我们难以就这些实验实施后的效果作出预测。这是一个折中,而其创始人本就害怕出现折中的局面——没有一方感到满意,还留下了裂口,随着历史进程,裂口还会越来越大。特别是,人们最怀疑的是,两种完全不同的立法机关,来自不同的领域,按照不同的方式选出,是否能够和谐一致?来自一个州某个地区的总统,他代表的也是这个州和地区,怎么能够获得大家共同的尊奉呢?这时的美国还不能算是一个国家,所以,也没有党派一说;但是,在10年间,美国的党派发展却已臻完备,来势汹汹。有的党派宣誓说要捍卫地方自治政府、人民的权利和民主的平等性;其他的党立志维护国家的统一和联邦权力之权威。一边在模仿法国,另一边则被指称是向英联盟求教。他们不仅在,或者之后也在国内、国际政策上分道扬镳,而且还在——此事与其他各事相互勾连——授予中央政府的权力范围以及中央政府与各州的关系问题上分庭抗礼——在这些问题上,美国宪法的表述过于简略,并未详述,固然这种语言方式很是明晰。

[305]奴隶制不是焦点问题——虽然在中部和南部各州确都存在一定程度上的奴隶制度,而北部和南部地区的反对声也都清晰可闻。新英格兰的清教徒因为从事的是工业和海上贸易,所以在情感上和利益上也就不同于南部地区。当时,南部地区的经济生产总体上是以农业为主,同时杰弗逊对当地人的影响很大,极端民主理论发展迅猛。

在当时的美国,人们对各种政治问题上的观念和感受都大为迥异,而当时又极端的保护人们的言论自由。与极端民主派相对立的是一个杰出的团体,人们普遍认为这个团体的领导人是一个彻头彻尾的专制主义者。其从不掩饰其对群众的漠视和嘲弄。在这些人以及少数杰弗逊派支持者当中,并不存在什么小众文化和文化霸权(literary power)。虽然民众,除了马里兰州是正统的新教徒之外,都是正统的基督徒,但是在高层不乏怀疑论者。有人可能为社会公平而谈到高层的事情,但真正快速发展的和广为人们所欢迎的却是理论而不是事实;对各种权威的尊崇是很严重的。当时既没有巨富,也没有赤贫;不过有劳工阶级,但那时并不像现在这样有组织,并且他们对中产者也是很尊重的,而中产者又顺从于知识精英。在新英格兰,牧师是很有权势的;大殖民地家族在纽约、宾夕法尼亚,当然最主要还是在弗吉尼亚——那里的地主貌似是复原了英格兰晚近的半封建制——都是很有声望的。虽然所有的这些州表面上都已经是民主制的共和政府了,但是,这些州的宪法却都要求担任政府公职或者担任议员的人必须拥有的一定数量的财产。同时,大多数州甚至对投票权都规定了类似的要求。[306]当时,从事写作的人(除了记者之外)数量很少,大学的数量也不多,而且教学方法老套,人们对科学也不热心研究,哲学归于神学的范畴之中,而神学又是干瘪的教条。不过政治生活中还是有不少著名的人物。那一代人至少出了五个这样的人物,即华盛顿、富兰克林、汉密尔顿、杰弗逊和马歇尔。这几个人的影响是世界性的。次一些的有约翰·亚当斯①、麦迪逊②、杰伊③、帕特里克·亨利④、加文那·莫里斯⑤、罗杰·谢尔曼⑥、詹姆斯·威尔逊⑦、艾伯特·加勒廷⑧和其他几个不为欧洲人所知的出色人物。

---

① [译注]约翰·亚当斯(1735—1826年):美国首任副总统(1789—1797年)及第二任总统(1797—1801年),美国独立战争期间的主要人物,《独立宣言》的起草撰写者及宪法的设计完成者。
② [译注]詹姆斯·麦迪逊(1751—1836年):美国第四任总统(1809—1817年),大陆会议(1780—1783年)和制宪会议(1787年)的成员之一。他坚决支持批准宪法,是《联邦文选》(1787—1788年)的主要撰稿人之一,在其中他论述了实施宪法的必要性。
③ [译注]杰伊·约翰(1745—1829年):美国外交家、大陆会议主席,主持与英国签订和平条约(1782—1783年)。他是美国最高法院第一任首席法官(1789—1795年),并同英国第二次签订了"杰伊条约"(1794—1795年)。
④ [译注]帕特里克·亨利(1736—1799年):苏格兰裔美国人。他生于弗吉尼亚,是弗吉尼亚殖民地最成功的律师之一,以机敏和演说技巧而著称。他著名的演讲《不自由,毋宁死》。
⑤ [译注]加文那·莫里斯(Gouverneur Morris, 1752—1816年),美国著名政治家。他领导的委员会制定出了美国宪法的最终草案。
⑥ [译注]罗杰·谢尔曼(1721—1793年):美国独立战争时期的爱国者和政治家,《独立宣言》(1776年)、《十三州联邦宪法》(1781年)和《美国宪法》(1787年)的签署者之一。
⑦ [译注]詹姆斯·威尔逊(1742—1798年):美国独立战争时的爱国者和律师,曾参加签署《独立宣言》,后来任美国最高法院的陪审法官(1789—1798年)。
⑧ [译注]艾伯特·加勒廷(1761—1849年):瑞士裔的美国金融家和政治家,曾在纽约出任美国众议员(1795—1801年)、财政部部长(1801—1814年)、法国公使(1816—1823年)和英国公使(1826—1827年)。

他们都是很值得人们尊重的。

当时,每个人都接受了独立宣言的原则,因此他们都认为只有共和制的政府形式才是正当的,或者说是中央政府以及地方政府唯一可取的政府形式。但是,他们又没有太多的关于共和政府及民主政治运作的经验,或者按照我们现在的理解来说,那几个州在1776年从英国国王手中独立出来之后,就没有任何这方面的经验。英国人可能比其他欧洲人更容易忘记1788年的旧大陆是一个自由但没有民主的国家。在欧洲,现在只有两个大君主国,俄国和普鲁士,而在西半球,除了荷属、英属圭亚那和加拿大之外,就几乎都是(至少在名字上是)共和国了。但是,1788年的美国是一个彻底的君主国——专制君主国。所以,其只好向英联邦的古董堆中去寻找民主政府的概念了。因此,那时所作的对自由政府可能带来的危险、好处、趋势和特征的预测就都是,也应该是,含糊和空想的,因为确实没有现实的材料可作为归纳之依据。[307]明智的人在不得不做预测的时候,会诉诸于人的本性。而普通人则会凭空乱说,要么把统治者说成是鲁莽、暴力、反复无常的家伙,要么就走另一个极端,把他们说成是善良、平和的人物。他们做这一切判断的依据都是出于——无论是因为私心或者情感——对权力或者自由的偏好。虽然没有人写过关于群众作为统治者的历史,但是自1788年以来的百年历史给我们提供的素材已经比汉密尔顿当年要多很多了,这就好比达尔文掌握的素材要比布丰①掌握的多一样。因此,在讨论联邦党人作家及他们的反对者的观点时,我们必须考虑到有时他们的分析是不准确的,所做的预测也是空想的。

---

① [译注]乔治斯·路易斯·勒克莱尔·德·布丰(1707—1788年):法国博物学家,著有经典著作《自然史》(36卷,1749—1788年),为以后的植物学、动物学和比较解剖学的研究奠定了基础。

第二节 宪法的支持者及反对者所做的预测

由反对1787年宪法草案的人组成的政党人数众多,而且几乎在每个州都很有影响力。这其中既有民主派,也有保守派。他们讨厌增强政府的力量,特别是建立中央集权。他们喜欢自治体制,特别是各州的独立自治。因此,他们预测如果建立了有效率的联邦政府和议会的话,就会出现如下的情况:

1. 各州都不复存在,全国实现大一统。中央政府会逐渐侵蚀各州的权力;会动用联邦军队镇压州的抵抗;[308]会将州民纳入自己的麾下;最终会将各州一锅端。1787年宪法制宪会议上提出要使用的"联盟的统一"(consolidation of the Union)就是被人们指为是一句侮辱性的话。"统一",指的是将合并各州或者是将各州并入中央集权的政府。这最终将成为舆论的话柄,煽动起所有盲目的群众。

2. 创造出一个专制君主,这就是总统。他的权力过大,所以这不仅对他来说是个诱惑,同时也导致他能够进一步扩大权力范围,牺牲人民和州的自由。"我们费了好大劲后才摆脱掉君主制,"他们说,"但是国王乔治三世第二却接踵而至。他手里管着联邦军队,有人事的任命权,一方面与外国势力安通款曲,一方面却在败坏我们的议会。① 所以,这个新的暴君要比之前的那个更加危险。或者他不是贪恋权力,而是嗜好钱财的话,那么他就会成为外国势力的工具和帮凶,帮着它们控制和奴役美国。②"

---

① 联邦党人文集,No. LIV。
② 联邦党人文集,No. LXVI, p. 667。"他们考虑到人民对君主制度的 (转下页注)

3. 参议院会变身为寡头制。这些议员的任期是六年,并且都不是由人民直选出来的,所以这个机构"必然会逐步地在政府中取得一个危险的突出位置,[309]并最终蜕变成为一个残暴的贵族政体"①。

4. 众议院也会像其他立法机构一样希图获取最高权力。其每两年选举一次,这使得其中的议员忘记了自身对人民的义务。它的议员都是"富裕和出身好的",并且它会努力确保被选出来的人都是这类人。②

5. 大的州会运用联邦宪法授予它们在政府中的权势欺压小的州。

6. 中央政府由于是强有力的,所以不仅能通过增加与外国势力外交交流的机会来向这些危及美国独立的家伙提供搞阴谋的机会,还会引发卫国战争。如果美国战败的话,那么共和国就完蛋了,如果获胜的话,也会开支颇巨,而且还会附带地搞出一支军队,危害自由。

其中有些预测是与其他的预测相互矛盾的,但这并不妨碍人们在论战的同时引述到它们。上述的这些观点只是其中的很小一部分,但这些已经足以勾勒出费城草案的主要框架了。如果您还

(接上页注)反感,力图利用人们的猜忌和疑虑来反对设想中的合众国总统一职;把它不仅说成是那令人讨厌的前辈的胎儿,而且说成是君主的成年的继承人。为了证明这种骗人的亲缘关系,他们甚至不惜借取虚构的手段。总统的职权——在某些方面大于,在另一些方面则小于纽约州长的职权——竟被夸张成王权。他们把总统的表征大加文饰,似乎比英国国王还要庄严显赫。他们把总统描述成似乎冠旒加额,紫袍罩身。他们把总统安置在宝座上,左右拥护着宠臣嬖姬,召见外邦使节,简直威严傲慢不可一世。为了竭力夸张,他们简直全盘搬用了亚洲专横暴君穷奢极侈的形象。他们想要我们见到扈从亲兵的威慑面孔就觳觫打战,想到后宫姬妾容颜就忸怩失措。"

① 联邦党人文集,No. LXII。
② 联邦党人文集,No. LVI and LIX。

想要知道更多内容的话,请翻阅各州在讨论新宪法的制宪会议上的讨论记录。这份记录的名字是"埃里奥特的讨论"(Elliott's Debates)。

下面,我开始讨论宪法的支持者的观点了。汉密尔顿和他的朋友认为,宪法是对民主政府特有危险的弥补。正是基于对这些危险的思考,他们才推荐这部宪法的。然而,我们能够感觉到他们虽然对宪法做出如此的赞扬,[310]但是还是认识到这种危险埋藏之深,并且知道就算是采用这部宪法,这些病灶依旧可能复发。汉密尔顿私下谈到的一些话证明其实他想要一个更加集权的政府。这更像是英国宪法规定的政府。英国宪法加上其所有的缺点(部分是因为它的败坏!)都被汉密尔顿视为是自由国家最好的模型。① 他害怕出现无政府的状态,并且认为只有存在强有力的中央政府才能避免出现这样的情况。1802年2月,他满怀着失望,在一封著名的信中以其特有的横扫一切的口吻写道:他"还在力挺着的"宪法是一个"脆弱的和不值一文的东西"。

汉密尔顿列出了一系列新联盟可能出现的问题,我们可以将之视为他对美国政府长期性弊端的预测。他被迫承认其中有些问题是完全无法通过任何宪法机制避免的,能依靠的唯有人们的明智和教养。

他害怕出现的弊病主要有这么一些:

> 1. 小团体的精神和力量。这是人性的自然和必然的产物——无论哪里出现这样的自由倾向,都应该把它给揪出来。②

---

① 虽然,他像同时代的观察家一样没有意识到,也不可能知道众议院未来获得的最高权力是多么万能。
② 联邦党人文集,No. X(麦迪逊著),以及其他一些信件。

造成这种状况的原因是无法根除的；人们所能做的只能是控制其影响，而最好的化解这种状况的办法则是代议制，外加上美国的天然条件，即地域广大，人口差异巨大。

2. 突然的冲动，裹挟着人群，导致仓促而暴烈的举动。①

3. 对外政策的不稳定。[311]导致这种情况的原因是因为行政上的变动以及公众情感的起伏，另外也是因为相对较小的议事会或者上院参与管理涉外部门的事务成为了一种必须。

4. 考虑不周的立法。"立法的方便和过度"②加上"法律的反复无常"③成了"我们的政府的特征和风气中最大的一个污点"。

5. 议会通常是自由政府中最强的一个权力主体。它会像英国议会所表现出来的那样，试图蚕食其他的部门；特别是下院，因为握着钱袋，尤为让人担心。④

6. 州，特别是大州，能够压服中央政府。它们与国民的关系更为稳定和紧密，因为他们是按照州制定和实施的法律过日子的。所以，他们对州效忠，而不必然对中央政府效忠。一旦地方和中央对决，地方的权势很可能会胜出。

7. 在共和国中，存在一种危险，即多数派会欺压少数派。这种情况在有的州政府很突出，比如罗得岛。但是，在联邦的多数地区推行联邦体系可以极大地缓解这种危险。这样一来"公民会因为派系、利益和阶层之不同而分裂成很多的小集

---

① 联邦党人文集，No. LXXII。
② 同上。
③ 同上。
④ "立法部门在各处（即在各州）扩展它的活动范围，并将各种权力吸入自己汹涌的漩涡之中。与这个机关的勃勃雄心相对的是人们放纵自己的嫉妒之心和毫无任何的警惕之心。"（联邦党人文集，No. XLVII）。现在人们开始小心起来了；但是他们不是害怕州立法机关的野心，而是担心它们成为私人利益或者政党机构的工具。

团,于是,个人或者少数派的权利便不再会受到多数派利益集合体的倾轧了。"①

8. 另一种麻烦之源见于有的州做了愚蠢和轻率的实验,[312]它们想要通过的法律危害到了合同的有效性、财产的安全性。有的州政府想要开征直接税,②而这很明显是有巨大困难的。穷人们斗志昂扬,拒绝付款;而行政部门也不敢强制收缴税款。

《联邦党人文集》的作者希望是能将他们所担心的都写出来,起到教育大众的作用。只是有的危险虽然已经被找出来了,但是人们尚未加以重视;有的制度虽然已经明显倒台了,但是却还大有卷土重来之相。

这些作者更是以一种异乎寻常的信心向人们推荐选举总统的办法,因为正是在这个问题上,制宪会议分歧最大,而且也是人们到最后才达成一致的问题。

> 任命首席执政官(Chief Magistrate)的方式如果还不算完美的话,至少也是够棒的了。它以一种杰出的方式结合了联邦所有的优点,而这正是联邦所想要追求的……选举的过程提供了一种保障,即符合竞选资格的总统绝不会是那种不优秀的人。一个只会搞卑鄙阴谋的本事,而没有技巧博取众人的爱戴的家伙,也就只能在一个州混到老大的位子,但要想在整个联邦赢取信任、获得尊敬,或者得到足够多数人的支持以问鼎无限荣光的总统宝座的话,就还要一些其他的本事和能力了。说这个位子上坐的人都是些德才兼备之士实在是一

---

① 联邦党人文集,No. L。
② 联邦党人文集,No. XII。

点都不为过。①

[313]人们估计说美国将会继续是一个农业和(范围较小的)商业国家,而不是制造业国家;它的国民一直都不会很富有。② 没有人认真讨论过财富对选举或者一般政策的影响的问题。

在那时,各州分裂成两个敌对阵营的可能性还没有完全消失。人们在谈到各州联合的可能性的时候,都会分别提到大的州和小的州各自的行动。特别是,没有什么迹象表明奴隶制度会成为南方诸州联合的基础以及南北冲突的根源。不过奴隶制度确实在费城制宪会上制造了不少麻烦,并且不久之后,南北之间关于此问题的争论便接踵而至了。

虽然人们就党派之弊端有过不少思考,但是却没有什么迹象表明,有人提出这种弊端在高度发达的政党体系之中的具体表现。这个值得人们思考,是因为在政党组织面前,合法的政府都是小跟班。至于职位分配对政治的影响的问题就更少有人涉及了。但是,在之后不久,职位分配竟变成了"赢得竞选后的好处"。③

---

① 联邦党人文集,No. LXVII。1800 年,汉密尔顿写成此文 12 年后有一场总统职位争夺战在杰弗逊和艾伦·伯尔之间展开。汉密尔顿认识到伯尔的缺点,所以要求其领导的政党支持他的宿敌杰弗逊(当由众议院来做出这一选择的时候)。如果没有汉密尔顿在这里横插一杠的话,伯尔本来是笃定可以当上总统的(当然,最终,也正是因为伯尔,才导致汉密尔顿的惨死)。汉密尔顿对伯尔有这样的看法,应该是因为他更喜欢杰弗逊,因此,他曾写道:"我承认他(杰弗逊)的政见有些盲目狂热;他太执着于他的民主主义了;他是我们过去的治理方法的主要措施的危险敌人;他满腹心机,固执自己的观点;他为取得胜利不择手段,并且不顾真理为何物;他是一个可鄙的伪君子,但是……"(致詹姆斯·阿瑟顿·贝亚德的信,1801 年 1 月 16 日。)除此之外,讨论最近一些总统或者总统候选人的缺点是没有必要的,因为这就有诽谤之嫌了。
② 由于总统和参议院议员都是美国公民,所以他们个人的财富不足以构成对美国的威胁。(《联邦党人文集》,No. LIV)
③ [译注]系指总统或州长竞选成功后,分配联邦或各州主要职位的权力,又称为"分赃制"。

第三节　对1788年预测的批评

[314]现在,让我们来看看上述的这些观点和预测在现实中是否得到印证。

宪法反对派提出的所有观点都未得到证实。各州都还很强大,总统也不是个暴君,虽然在内战中很长一段时间内,他确实是个独裁者。另外,总统也没有沦于任何欧洲列强的摆布之下。下院议员也不都是"富裕和出身好"的人。大州没有联合起来对抗,或者强力压迫小州。而且,没有其他的大国比美国打仗更少的了,也没有其他的大国比美国面临的国际问题更少了。① 人们依旧经常称上院是"政治寡头",但是这只不过是在说它的议员很少,其中大多数议员都出身富裕,而且这个机构有很强的集体意识要保护其中各个议员的个人利益。只是它最终还是要听公众,即下院的意见。而且,实际上,它很害怕公众的意见。上院是政党政治的直接产物,而非人民直选的杰作。

上述所有打向宪法的指责之箭都偏离了靶子,这点让人十分惊讶。

相比之下,汉密尔顿和麦迪逊对民主政府痼疾的思考和洞见就要准确得多、深刻得多了。但是,就算是他们也不能预见到这些痼疾在新生的国家中是从一种什么样的形式出现的。如果我们要对上述八个点做一个详细分析的话,就有必要审视各世纪的美国历史。因此,下面我就简要谈一下《联邦党人文集》的警示或预测在什么程度上还算是正确的。

[315]1. 正如麦迪逊预测的那样,在联邦的广大地域内,相比

---

① 1789年后的三场战争分别爆发于1812年、1845年和1898年。这几场战争本是可以避免的,其中两场还导致了侵略,不过,这三场战争都是欧洲国家的战争。

古希腊城邦共和国或者1776—1789年各州,党派的精神没有那么的弥散。另一方面,正是因为联邦体系才使得各州之间情趣相投,这种情感在各州之间相互感染。但是,对于南加利福尼亚来说,在1861年的时候,它本不会脱离联邦。从1880年开始,相比1820年"好感期"之后的日子,"小团体魔鬼"在各个党派中的影响力要小很多了。

2. 美国有突发的民众狂热。但是,鉴于宪法规定的选举规则,他们并没有动武,同时,又鉴于对立法的限制措施很完善,国会亦无从制定什么危险性的措施。在有的州里,恶法的危害是很严重的,但是这点却因为联邦宪法的规定、州长的否决权和最近的州宪法的限制减轻了。

3. 联邦的早期历史提供了美国在外交政策上软弱无力和反复变动的例证,但是这并没有比大多数君主制政府更糟。皇室的反复无常或者对某个人的过度宠爱,在绝对的君主国或者公国之中,都要比在浮躁的民主共和国更为有害。美国的国际政策在1898年前都一直保持惊人地一致,但是之后,它突然掉转船头,开始了一个"新的航程"。但是,这和上议院一点关系都没有。这种变化部分是因为人民的好感,部分是因为这样一个事实,即国家的地位和利益决定了美国要采取一种宽泛的和简单的路线。

4. 无论国会处置私法法案(private bills)采取什么态度,站在公共问题立法方面,它是不急的,不冒进的。直到1890年,它才通过了养老金法。它也没有立太多的法律。总的来说,它是立法太慢或者疏于立法,而不是制定了什么受人们去责备的法律。[316]不过,如果将这点用于各州的议会,特别是较新加入的西部各州的议会,情况则相反。

5. 无疑,众议院为了扩张其控制力而牺牲了其他的部门。美国的观察家在其扩张是否成功的问题上莫衷一是;不过,这种不同本身就反映出其扩张的程度并不是很明显。总统一旦疲弱或者不得民心，国会自然将逼取老大的宝座。相反，总统如果雄起的话，就轮到他牵着议会的鼻子走了。

6. 在州与中央政府永不停歇的争斗之中——虽然人们并不经常注意这种争斗——州已经是阵地尽失了。大州也没有比小州强大多少。就算是最大的那个州，在硕大无比的联邦面前，也只是个小矮子。现在已经没有州敢像乔治亚州那样与联邦司法部一搏了：虽然在切罗基印第安人案件中，乔治亚州是一度成功了的（1832）。①

7. 至于多数人的暴政的问题，限于篇幅，此处无法展开讨论。② 但是，这个问题至今在美国都不太严重。不过，这主要是因为美国人的性格和习惯以及美国的制度，而不是像《联邦党人文集》所说的那样是因为联邦的人口和面积。

8. 国会制定了一些很不明智的法律，特别是在与货币有关的事项上。当然，州议会的立法就更不明智了。但是，总的来说，财产权还是得到了保障，公民义务的观念得到了改善。

从上述研究和这些事实（前面几页我提到过）中我们可以发现，美国很多重大政治生活的发展都是《联邦党人文集》的作者未曾想到的，这些当时最明智的人都没有预见到这些让今人大为惊讶的美国式民主标志的优缺点。[317]他们也没有想到会出现"分赃制"（spoils system）或者党魁（wire-puller）的党派提名制

---

① [译注]系指伍斯特诉乔治亚州案（Worcester v. Georgi）。乔治亚州曾通过法律规定所有获取切罗基印第安人土地的白人都必须获取州的许可证。七个传教士拒绝遵守此项规定，便遭逮捕。于是，他们上诉到联邦最高法院，诉称乔治亚州的规定违反宪法，州没有权力就独立的印第安民族的土地做出规定。约翰·马歇尔对此案的判决书中提到：美国印第安民族是"遥远的、独立的政治共同体，保留有自己的原始自然权力"，联邦有义务保证它们不受州政府行为的侵害。该案被视为是美国在处理美洲土著问题上的一个标杆。但是，乔治亚州并未对此判决采取重视的态度，一意孤行。所以，最终，乔治亚州与切罗基印第安人之间的争端直到1839年才真正得到缓解。
② 关于该话题的讨论，见于作者的《美国联邦》一书，第84、85章。

度。他们没有预见到会出现混乱的累积投票制(multiplication of elections),以及竞选者会受到当地的居民的限制,另外还要提出诱人的议案以使自己在选民中显得"身段很低"。至于他们没有想到金钱将发挥出巨大力量一事,则就没有什么好奇怪的了,因为那时确实没有什么巨富。没有历史学者会认为他们的这些疏漏有损于他们的伟大,因为历史向我们传授的东西,与这些在我们所称的道德和政治学、宗教、伦理、社会学、政府和政治的范围内的无用的预言,作用相仿。深邃的思考者能帮助我们了解什么是人性的永恒真理——其在各个方面都起着作用。历史学家通过对过去的阐释能帮助我们了解是什么样的趋势才导致现在的样子。观察家如果能对当下隐藏在表象之后的现象作出解释的话,就能帮助我们了解哪些现在的趋势在不久的将来会占据主宰地位。但是一旦超越预测的时间极限——即超过已经掌权的这代人的生命极限——就没有哲人能预测得准了。真的超过了这条线,他可能会沉溺于描绘远景的诸多细节,但是他一定明白他描绘的这幅未来的图景都是他想象出来的,而不是科学推断出来的。在一些伟大的思想者的著作中,人们发现其中有一些对未来的巧妙预测;但是相比那些无用的预测来说,这些只是极少数。对于这些无用的预测来说,人们很快就忘了其存在,或者它们就像是但丁的梦一样,来自于不可变更的过去,又幻化为永远无法实现的未来。

关于汉密尔顿和麦迪逊的观点——人们之所以应记住此二人,不是因为他们是预言家,而是因为他们是现时缺陷的审查员,[318]他们试图弥补各种缺陷——在这里我有必要插一句,即他们构建和推动的宪法确实防止了很多缺陷的出现(比如州议会制定不公平的法律,以及贸然实行货币制度的实验);在联邦政府开始运转以前,人们明显不可能知道现有的势力如何调整才能适应联邦政府。汉密尔顿在一封信中提到他与孟德斯鸠的看法一致,即认为一个国家的政府形式应该像衣服适合穿衣者一样适合这个国家。① 当然,他本可以加上这么一句话,即在真的试穿过这件衣服之前,没有人能够肯定其是不是真的合身。

而且,我们应该记住,那些影响到美国政治发展的原因都是超越于1788年人们的视野。轧棉机、拿破仑愿意出售路易斯安那、水路并进的蒸汽车船的交通方式、爱尔兰人与德国人的大举移民,这些都影响着历史发展的轨迹;而在当年,哪怕是上述这些因素中的第一个因素都尚未出现,而最后一个则要到19世纪中叶才开始初步显现。②

有哪些趋势是制宪会的先贤当时就知道的呢?具体包括:

> 群众的盲动和不理性,制定恶法。
> 不愿意服从或者支持强大的政府。
> 多数人对少数人滥用法律权力。
> 对国家事务漠不关心,而对地方事务、小集团事务却津津乐道,忠于州而非国家。

[319]对上述的这些趋势的预测都是正确的,而且它们在之后也确实出现了,差一点就造成恶果了。至于后来,其发展的情况如何,答案是第二和第三种趋势衰落了,并且现在对公共福利并不构成任何威胁,而第一种趋势,虽然一直都存在并且很有可能东山再起,就像各州的编年史所展示的那样,但是在中央政府的范围内,其影响已经是微乎其微的了。而第四种趋势,这也是汉密尔顿最担心的一种趋势了,其最后是成型了的,但是不是以一种普遍的离

---

① "我同意孟德斯鸠的观点,认为政府对于国家就如同衣服对于身体,必须量身定制;因此,在费城是好的东西在巴黎就可能是坏的,在彼得堡就可能是荒谬的。"杜·拉斐德,1799年1月6日。
② 1791年,第一船棉花从美国送抵欧洲;1793年,美国人发明了轧棉机。

心力的形式,迫使各州离开联邦体系,而是以另一种方案为基调,将南方各州,即蓄奴州,从联邦众分离出去,组成了一个独立的南部联盟,并且,当这一联盟于1865年最终成型时,一场决定性的大决战也随之拉开了序幕。①

第四节 托克维尔及其著作

美国独立51年后,公元1867年,阿历克西·德·托克维尔发表了他的著作《论美国民主》。这部作品名列当世的少数几部经典政治哲学作品之一。就发表的时间来看,他的这本书位于我们和美国开国时期之间。对于美国的开国时期的情况,我们都是从美国国父的作品那里了解到的,包括华盛顿、杰弗逊、亚当斯、汉密尔顿和麦迪逊。借此,我们就有了一种方式可以衡量从美国建国到这位著名的欧洲批评家访问美国这半个世纪间,以及从作者访美到我们的时代间,美国发生了多少的变化。

这是一部经典作品,也正是因为这是一本经典作品,我们才能很自在地研究它而不用顾及作者的威名。[320]我们读得越多,就越会对作者的精确的观察、细致的分析、严密的推理、纯粹的风格怀抱崇敬之情;特别是,对其对真理的不懈追求以及高尚的人格感到无限的崇敬。他不仅彬彬有礼,而且明辨是非的;不仅举止高贵,而且诲人不倦。可能同时代的任何作品都没他的著作那样的充满了睿智又生动有趣。

但是,在这里我们讨论这一作品,不单单是要把它当作是一件艺术品或者伦理警言的汇集,更要把它当作对美国政府及人民的

---

① 当我们开始讨论托克维尔之前,我们可以发现,他对上述倾向中的前两种有所提及,但只是轻轻带过(可能部分是因为他对州政府关注太少了),强调第三种倾向,而对第四种,即联邦解体的倾向,心怀恐惧。

写照和批评来研究。不过,在将其作为70年前美国状况的佐证来用之前,我们首先要看看其是否真得可靠。①

首先,我们发现托克维尔对美国民主的描写,在很多问题上,现在已经不是他写得那个样子了,而且,其中有一些情况原本也不是他写的那种样子。这也就是说,很多美国特色的事情,对于一般性的民主来说是说不通的,而很多对一般性的民主是可行的事情,用到美国就又不行了。因此,我们就很有必要指出托克维尔犯错误的原因,因为这些错误是别人做类似事情时要小心提防的。美国人没有太多讨论托克维尔,那里对法律制度的科学、历史和哲学的研究是很盛行的,而对宪法的法律研究则就不是那么一回事了。现在,在英国,甚至在法国,对托克维尔的研究也没以前那么盛行了。但是,他对美国人民和政府的观点已经深入我们思想的每个角落,以至于现在我们无法摆脱他的影响。同时,为了能有所获益,我们有必要用他的结论和预测来做个比对,虽然在比对之前不免小心地检查一番。

[321]导致这本书出现上述缺陷的原因有三个。托克维尔确实富有智慧及洞见,但是,他却偏爱演绎(a priori)与推理,并且虽然他的观察很敏捷且锐利,但是却被推理给牵着鼻子走了。如果人们仔细分析他的研究方法的话,就会发现他引述的事实是对其结论的证明,而不是其结论的依据。他确实对美国有着仔细且透彻的研究,但是他的研究缺少必要的准备工作。虽然对于任何一个欧洲大陆的居民来说,他对英国的了解是足够闻名遐迩了,但是,这也只是证明了他是从英国的角度展示美国的制度,而且说不清美国的制度到底有几成真是英国式的。

他写的是美国,并且也是想要把它给写实写透。但是,他毕竟

---

① 对托克维尔的美国之行以及他对美国事务的看法,吉尔曼校长(Gilman)在托克维尔该著作的英文版引言中做了一些有趣的评价。

还是怀着一颗法国心,他对法国的思考从来也没有间断过,这一切在不经意间浸染进了他写的每一个文字。那些他感到奇怪的事情都仅仅因为它们是非法国式的;那些他刻意视为重要的现象主要是因为它们能够解释法国的事件,或者能够对法国的危机提出警示。

在序言中,他介绍了他的研究方法。他基于一些基本原则对民主社会的人民做了一个奇特的概述,然后就过渡到对法国情况的叙述。接着,他告诉我们他想在美国找一种正常的民主形式——一种纯粹的、简单的民主。

> 我自语,我在美国看到的超过了美国自身持有的,我所探讨的,除了民主本身的形象,还有它的意向、特性,偏见和激情。(J'avoue que dans l'Amérique, j'ai vu plus que l'Amérique; j'y ai cherché une image de la démocratie ellemême, de ses penchants, de son caractère, de ses préjugés, de ses passions.)

就像柏拉图在《理想国》中所写,他在文章一开始就想象存在着一种民主的形式或者式样,并且,由于美利坚合众国与这种民主形式最接近,所以,他选择美国来作为研究的对象。当然,他也注意到了对于不同的国家和人民,政府一定是有很多不同的特征的,而且,他也注意到了美国的这些特殊性对其他民主国家来说并不是普遍的和必然存在的。[322]但是,等到实际操作的时候,他又低估了那些纯粹美国式的特点。他经常忘记他那条科学的原则,将那些只属于美国的特点给当成是普遍民主的标准了。而且,在他得出这些标准之后,也没有再检查一下事实,做一下推演。在很多章中,一开始,他就立下一两个大的原则,然后他就从那些原则开始得出一些结论。接着,他又提出一些与这些结论相符的美国现象。他没有从美国的民主中抽取出民主的特征,相反,他是靠直觉得出民主的特征,并且只是用美国的民主现象强化和支持其已经得出的结论。所以,他所描绘出来的民主并不是美国的民主，而是他自己对美国民主的理论上的观点。他确实是很诚实的，从不掩饰或者有意地回避与其理论相左的事实。但是，由于其大脑里已经有一些抽象原则先入为主了，所以，这些事实就没能在其脑海里生根发芽。于是，他刻意与这些原则保持着一致，忽视不同的地方。就像所有其他作演绎推理的人一样，他总是将一个原则推得太远，总是试图用一个原则来解释一种现象，而没有注意到其实际上是一些微小的原因合起来造成的偶然结果。我们能从他身上发现经院哲学的踪迹，这部分是因为他的这种演绎论的癖好，部分是因为他对美国政治的现实状况并不熟悉。其中一个例子就是，他过高地评价了美国宪法性权力和机制的价值，而忘记了在实践中，这些东西经常会因为使用者习惯的改变而改变，甚至整个颠倒过来。虽然托克维尔比其他人更为明智地提醒我们说，要注意制度的实际运行和运转这些制度的人的实际想法，而不是仅仅盯着字面的意思，[323]但是他自己却没有看到美国宪法实际运行时与法理上的区别，并且，就像很多外国的观察者一样，他单单因为英国议会有"议会"这个名字就把它当成了立法机关。他就没有搞清楚，其实英国人的议会既是一个行政机关，也是一个法律制定的主体。

说到他不懂英国，我完全承认他对英国和自由政府的知识比任何其他最有文化的外国人都要高出一截。他研究过英国的历史，并且从阅读中汲取了贵族和学者的观点。但是，他并不知道英国中产者的观点和习惯，而这正是托克维尔同时期的美国人身处的群体；他不熟悉——一个外地人是不会懂得这个的？——英国政治的细节，也不知道英国司法体系运作的细节。因此，他就不能领会美国人与英国人之间的一致性。他觉察到了在美国人和英国人之间确实有很多紧密的相似性，并且确实也将很多美国人的东西追溯到英国那里。他很公正很清楚地看到了且谈到了英国和美国的法学家与法国的法学家的思维方式之间的区别。但是，他没有抓住——因为只有英国人和美国人才能领会到这一点——这一个事实，即1830

年的美国人是英国人的一支,虽然在某些方面受到殖民地环境及当地更民主的政府的影响而有所改变,但是,在本质还都是一样的。因此,很多英国式的东西,在托克维尔眼里就变成美国式的或者普遍民主式的了。比如,在他看来,法官解释宪法(无论是联邦的或州的)及不予采用与宪法冲突的法律的职能、官员要对当地普通法院负责、上下级机关制定的法律能够共存等都是新颖的,是美国人出彩的发明,而不是英国法一般原则中的应有之义。[324]其实,美国人只不过是根据从属于英国政府的殖民地当地的环境或者根据从属于联邦政府的州的环境就原制度作了一些修改罢了。美国没有法国人称为"行政管理部门"(Administration)的东西,而是任由人民自己管理自己,这些都令托克维尔大为震惊,但对于一个英国人来说,这就像自由一样,是再平常不过的事情了。他对普通美国人的思想习惯做了很多的评注,比如他们潜在的保守主义,对物质享受的追求但对娱乐消遣却不太关心,充满了商业热情并且对任何事情都从商业的角度观察,这些评注对一个普通的英国中产者也是适用的,与民主政府也没多大关系。其他的一些特征——他将它们归为上述最后一个原因——比如社会交流的方便、重视某些德性、乐于互助等都应归因于殖民者所处的外部环境:他们身处于荒野之中,没有人出生富贵,并且每个人都需要得到别人的帮助——这种环境所产生的影响现在依旧存在于美国人的脾性之中,哪怕共同体已经发展进入到了一个全新的阶段:财富所导致的不平等昭然若揭,17世纪的清教徒没有见过的诱惑也都纷纷现世。

　　这不是对这位伟大学者的指责,因为正是根据他构想出来的新世界才出现了现在的法国。在前言中,他坦率地告诉我们,在他研究美国制度的时候,他的脑海里满是如果此也适用于法国的话,那么法国的社会平等会如何,以及因此会导致什么样政治上后果的问题;他希望从美国那里汲取法国可以适用的经验:"我想找到我们可以借鉴的教训。"(J'ai voulu y trouver des enseignements dont nous puissions profiter.）既然有这个目的在先，他就很难逃开将太多的压力放置在其上的命运，只要这些点会对其同胞有所启迪；也无法避免将那些与法国的状况形成明显的反差的事情臆想成是反常的，或者至少是特别值得注意的。[325]在众多杰出的法国作家中，托克维尔并不像其他人那样将自己国家的方式和观点作为铁律，而将其他国家作为例外。他是最没有这种倾向性的人之一；但是，就算是他，这种倾向依旧是若隐若现。这种情况不止一次的出现在他惊叹美国没有滥用政治结社，以及惊叹立法机关做的立法试验之中。说到立法试验，这是最令他惊讶的，因为这种习惯与以法国民法典为标志的恒定不变的法兰西第一帝国法典形成了鲜明的反差。

在书中，他经常提及法国，远甚于他在研究方法上所沾染的法国特色。这就决定了他的视野和目标。《论美国的民主》不太像是一本政治研究的著作，倒像是一本启蒙意义上的作品。它给出了一种警示，告诫法国要它根据它的社会环境来调整它的政治制度，并且最重要的是要改变它的政治倾向，在大革命已经夷平的废墟之上，为其国家生活打下道德和宗教的基础，建立起社会理论的新框架。因此，我们必须想到，在他那里我们是不可能看到对美国政府的各种细节的完整的描述和评价的，比如说一个德国人可能做的评价就不可能在他那里出现。注意到这点，对这本书我们就是无所埋怨的了。托克维尔所创造的东西要比这些平淡的描述更显艺术，更使人难忘，就像大地的原貌比地图更为生动一样。他的书芳华永存，因为书中的反思和告诫不仅仅对60年前的法国适用，对全世界的人类也同样适用，这是因为只要人类社会还讲政治，就必然有失败和危机的存在。我们要记住政治这个东西，无论它采用什么样的科学形式，都还是一种技术，一种技巧，并且，在这种技术里面，虽然人们一直都小心地克制，但依旧是弥漫着感性的成分。

上述情况的例证见于托克维尔在1834年发表的该书的第一部

分,[326]即最近这个版本的第一卷和第二卷,以及1840年的第二部分,即最近这个版本的第三卷中。在第一部分中,他尽可能地接近事实本身。就算是在做演绎的时候,他还是构建了他的理论与美国的情况之间的联系:这些事实充实且(也就是说)支持了他的观点,而他的观点则将它们联系到一起,指明它们的含义。但是,在第二部分(第三卷),他却高高地腾空而起,经常迷失在他自己冥想的云层之中。在他写这部分的时候,他大西洋彼岸之行的印象已经逐渐地从他的脑海里褪去。在其所有的技巧和知识之中,他的思想的深度不够,历史事实的资料也不够充分,不能为其试图解决的晦暗不明的问题提供足够的基础和支持。① 因此,这部书的这个部分不太像是对美国民主的研究,反倒是一系列对平等的特征及对现代社会和人们的思想所造成的结果的独创的、细密的思考。虽然很多著名法学家,比如安培(Ampère)和拉布拉耶,②对这些思考的评价很高,但是,对大多数读者来说,它们还是显得过于空想主义了,过于相信通过他们的努力能够构建出一种通说,适用于五彩斑斓的人类社会了。并且他针对不同的情况寡有变化,单调无味,一般性的概括又含混不清,甚至还有点空洞,实在是不堪用于实践。

我们现在的目的是想从托克维尔的这部书中了解美国1833年的政治、社会和智识环境,[327]以及是什么样的力量在决定着美国的发展进程及其制度的成长,所以,我们就应该先了解这本书中的这些缺陷对其本身的价值的影响有多大。

这些缺陷确实削弱了其作为事实资料的价值。托克维尔观察得很仔细,不带偏见,所以,我想如果真的要对其做一个评价的话,是不能用错误或者肤浅这些词来指称的。他说的话确实有一些根

---

① 圣伯夫对他的评论是:"Il a commencé à penser avant d'avoir rien appris; ce qui fait qu'il a quelquefois pensé creux"。席尔有一次在立法会上说"Quand je considère intuitivement, commedirait M. de Tocqueville"。

② [译注]拉布拉耶(Laboulaye)(1811—1883年):法国著名法学家、诗人、作家。

据。但是,这些根据都太薄弱了,撑不起上面的推论、思考和预测。我们可以拿化学来打个比方:他的分析在质上是正确的,但是一旦涉及到量的问题时就错了。这些事实是真实存在的,但是却都没有他想的那么大,或者只是个暂时性的现象;这些事实的重要性正在被或者很快就会被其他的事情给削弱,而这些其他的事情正是其所没有充分注意到的。

如果我们从事实记述转向他的观点的话,那么托克维尔就更不堪信任了。从之后的经验来看,我们可以感觉到他将一些转瞬即逝的东西给当成了固定的因素。很多他归之为民主的现象之所以会出现,是因为当时美国没有出现巨富,另外还因为没有出现有财富、有闲的智力阶层,同时那时的社会也还没稳定下来。在上文中我们已经看到了,有时美国政治中,他视为是新颖和民主的特征,结果都是古老的,来自英国的;并且他也没有充分认识到殖民地生活对美国人民的习惯和观念的影响。虽然随着岁月的流逝,这种影响渐趋淡薄,但是其确实造成了美国在某些事情上与古老的欧洲国家民主制度上的不同。对于这些不同点,我们确实可以称之为民主的,但这还算不上是民主特征的通说。

当然,毋庸置疑的是,这本书的价值并不会因为那些批评家用放大镜才找出来的错误而有任何的贬损。[328]哪怕是一个像亚里士多德那样的大圣人也无法准确地预测出,哪一种他看到的影响因素能够持续的发生作用;他的观点能够比同时期的其他大人物更为有洞见,更有包容力,他的文字能够展示出那个时代的学问和哲学的高峰就足够了。就算托克维尔的预测错的再离谱一些,他的作品也依旧充满了教益,也依旧振奋人心。这本书之所以那样地具有启蒙意义,绝不仅仅是因为里面的教诲浸润着最高的德性。正是在这本书中,他在讨论政治哲学的问题,甚至在做抽象讨论的时候,充满了对公平和正义精神的追求,充满了对纯粹真理的爱。这种爱是每个人都必须具备的,也是来之不易的。在这方面,很少有作者能够获得更高的尊重了。

第五节 托克维尔对美国的看法

在我们开始研究托克维尔描述的美国社会和政治现象的图景之前,让我们先来看一下联邦的领土、物质资源、人们的习惯和观念从《联邦党人文集》出版开始到《论美国的民主》出版为止这60年里,都发生了什么重大变化。

美国的领土拓展到了将整个密西西比流域都包括进来了。在西北,它跨过落基山脉,直抵太平洋沿岸。在密苏里州之外全是没有开发过的荒地,其中很多地方尚未留下人类的足迹,但是在密密西比河以东现在已经有24个州了,面积为2059043平方英里,人口为1400000。新加入的西部各州虽然数量增长很快,但是却太荒凉了,在国家权力平衡上所能起到的作用微乎其微。那时,美国的国家权力的平衡在北部的自由州与南部的蓄奴州之间摇摆。奴隶制并不是一个能造成瞬时威胁的问题,[329]因为第一个伤口只不过是一点点皮外伤,即1820年的密苏里妥协案;①但是,这却是

---

① [译注]密苏里妥协案(Missouri Compromise):1820年南部同北部在国会中就密苏里地域成立新州是否采取奴隶制问题通过的妥协议案。在加入联邦以前,密苏里地域是路易斯安那购买地的一部分。大多数居民是自由白人。1818年,密苏里居民人数达到6.6万人,符合建立新州的条件。当地政府申请作为自由州加入联邦。1790年曾划定梅松—狄克逊线作为蓄奴州和自由州的分界线,南部奴隶主以密苏里地域大部分地区位于梅松—狄克逊线以南为理由,坚持将该地域辟为蓄奴州。当时自由州和蓄奴州的数目相等,双方在参议院的席位也相等,密苏里作为自由州或者蓄奴州加入联邦,将直接影响双方力量的对比。为此,南部和北部展开了激烈的争论。1820年3月6日双方达成了暂时妥协,国会最后通过《密苏里妥协案》。法案允许从马萨诸塞州划出的缅因地区作为自由州加入联邦,授权密苏里制定不禁止奴隶制的宪法,规定北纬36度30分线作为自由州和蓄奴州的分界线。1821年3月2日,国会作出有条件接纳密苏里加入联邦的决议。8月10日,密苏里作为蓄奴州加入联邦。南部奴隶主的土地要求得到满足。南北双方在参议院的席位保持平衡。

个定时炸弹,因为奴隶的数量一直在快速地增长,而且奴隶主已经决心靠创立新的蓄奴州来维护其自身的政治影响力。庞大的联邦党已经化为尘埃了,由民主共和党①取而代之。而且这个党也已经分裂成几个小的相互敌视的小集团了。国际政策的问题已经不太迫切了,因为欧洲已经不再对美国构成威胁了,因为在美洲大陆上,除了北边的英国及南边和西边的墨西哥共和国外,美国没有其他的邻居相伴。保护性关税和美国银行的存在是最让人不安的问题,而各党派的主要区别在于对联邦宪法的解释或宽泛或保守——即宪法解释问题同时关系到联邦的权力和州的权力两个方面。新英格兰由清教徒掌权,并且是商业化的,所以偏爱保护性关税,而南部各州却是农业化的,所以支持自由贸易。人们的统治在纽约取得了最大的进展。纽约是众多老州中第一个引进新党派组织办法的州,也是第一个将其宪法彻底民主化的州。② 各地都已经废除了担任公共职位的财产要求以及选举方面的特权,甚至原本应由州长任命或者州议会选举的法官现在也开始由人们投票选举产生,并且实行任期制。事实上,一波强大的民主浪潮正在席卷美国各地,扫尽旧有的痕迹,摧毁对权威的敬仰,将公共职位和权力越来越多的交到下等阶层的手中,并使得受过教育的和有修养的人从公共生活中淡出。人们对州的感情还是很强烈的,[330]特别是在南部,可能比对国家的感情还要强烈,但是商业活动以及人群的向西迁徙都在破坏着古老的地方排他主义。人们看到蒸汽船在哈德逊湾穿梭如流,听到蒸汽机车开始在英格兰大地上奔驰前进,就应该预见到将来会出现更为方便、便宜和快捷的交通方式,凭借着一种全新的无法抵抗的力量将整个国家的各个区域联系到

---

① [译注]民主共和党(Republican-Democratic party),建于1790年,创始人为麦迪逊和杰弗逊。1824年,该党分裂为民主党和国家共和党。
② 民主化的进程由1846年宪法完成。

一起。这是一个不断出现重大的商业活动的时代,也是一个大繁荣的时代;巨富依旧不多,但是对以物质目标为对象的科学、知识和学术成果的普遍追求却渐入人们的视野。爱默生①还是个初出茅庐的一神论牧师,只在他的朋友圈子里小有名气。钱宁(Channing)②才刚刚进入人们的视野;朗费罗③、霍桑④、普雷斯科特⑤、和蒂克纳⑥。他大大地改进了现代语言的教学,并以对西班牙文学的历史和评论的研究闻名都还没开始写作。华盛顿·欧文⑦是其中少有为欧洲人所知的作者之一。从理查·科布登⑧和查尔斯·莱尔爵士⑨的日记中,我们能够看到欧洲的访问者对当地人的举止是多么嫌恶(除了波士顿和费城文明人的圈子之外),而理查·科布登和查尔斯·莱尔爵士是在托克维尔访美之后一两年间去的美国。在这一代的美国的统治阶层中有不少人能力出众——

---

① [译注]拉尔夫·沃尔朵·爱默生(Emerson,1803—1882年):美国作家、哲学家和美国超验主义的中心人物。他的诗歌、演说,特别是论文,例如《自然》(1836年),被认为是美国思想与文学表达发展的里程碑。
② [译注]威廉·埃勒里·钱宁(Channing,1818—1901年):美国先验主义哲学诗人;一神论布道士威廉·埃勒里·钱宁的侄子。
③ [译注]亨利·瓦兹沃思·朗费罗(Longfellow,1807—1882年):美国作家。美国19世纪最著名的诗人,著有《海华沙之歌》(1855年),并翻译了(1865—1867年)但丁的《神曲》。
④ [译注]纳撒尼尔·霍桑(Hawthorne,1804—1864年):19世纪美国小说家。其代表作品《红字》已成为世界文学的经典之一。
⑤ [译注]威廉·希克林·普雷斯科特(Prescott,1796—1859年):美国历史学家,以其关于征服者的生动活泼的作品而闻名,包括《墨西哥征服史》(1843年)。
⑥ [译注]乔治·蒂克纳(Ticknor,1791—1871年):美国教育家和历史学家,曾在哈佛大学担任教授(1819—1835年)。
⑦ [译注]华盛顿·欧文(Washington Irving,1783—1859年):美国作家,因其收在《见闻札记》(1819—1820年)中故事"瑞普·凡·温克尔"和"睡谷的传说"而为后世知名。
⑧ [译注]理查·科布登(Richard Cobden,1804—1865年):英国制造商,激进的自由放任主义派政治家,与约翰·布莱特(John Bright)联合创立了反谷物法联盟。
⑨ [译注]查尔斯·莱尔爵士(Sir Charles Lyell,1797—1875年):英国律师,著名地质学家,《地质学纲要》(*Principles of Geology*)一书的作者。

1787年的一代随着麦迪逊的去世已经淡出政坛了——但是,其中只有三个人依旧为人们所知道,他们是三个党派的领导,也是三个伟大的演说家,即克雷、卡尔霍恩和韦伯斯特。①

那时,从欧洲到美国一路上要花去一个月的时间,所以美国受欧洲的影响也相对较小。美国很盲目地幻想自己的伟大和自由,嘲笑来自旧世界行将就木的君主国的教诲,[331]这反过来也使得这些君主国对美国报以轻蔑的无视。大家都没有认识到贸易和人口的流动会将他们的命运如此紧密地联系在一起。那时,欧洲没有一粒小麦,没有一头牛是从美国漂洋过海运过来的,美国也没有来自爱尔兰的移民,更不用说来自欧洲中部的移民了。

在物质财富上,1834年的美国有了巨大的进步。它已经是一个大国了,而且只要它开始注意投钱在舰队和陆军上了,它就能成为一个大国。联邦政府经受住了时间的考验,并在暴风骤雨之中屹立不倒。各个组成部分明确了各自的职责,工作起来摩擦就没有之前想象得那么多了。国家统一的观念受到1812年战争的有力促进,一直呈增长的趋势。但是公共生活的水平却没有增进。它现在已经处于市民社会的普通水平以下了。甚至在道德领域,也有很古怪的差异存在。在北部,清教徒在某些行为方面的严苛

---

① 很奇怪的是,托克维尔一个都没有提到这些人。他很罕见得将这些观点说成是个人的看法,除了责备杰克逊总统,赞扬利文斯通(路易斯安那法典的作者,美国国务卿[1831—1833年])之外,谁都没有提到。

　　[译注]卡修斯·马尔塞鲁斯·克雷(Clay,1810—1903年):美国废奴主义者、外交官,曾任驻俄国公使(1861—1862年和1863—1869年)。

　　[译注]约翰·德威尔·卡尔霍恩(Calhoun,1782—1850年);在约翰·昆西·亚当斯和安德鲁·杰克逊手下担任美国副总统(1825—1832年)。他主张国家有权废止那些被认定违宪的联邦立法。

　　[译注]丹尼尔·韦伯斯特(Webster,1782—1852年):美国政治家,曾任美国新罕布什尔州的众议员(1813—1817年),后任马萨诸塞州的众议员(1823—1827年)和参议员(1827—1841年和1845—1850年)。他是著名的演讲家,曾支持保存联邦政府。他两度出任国务卿(1841—1843年和1850—1852年)。

要求及对神的普遍信奉与商业上的宽松反差明显,而半文明化的南部,虽然在信仰和严格的行为准则方面也不逊色,但是,却因为对决斗和暴力谋杀行为的宽忍而为人所不齿,更不用说更为肮脏的奴隶制度了。至于各州和各市的政府,民主的原则已经是一路凯歌高进。人民认识到了他们的力量,伸手摘到了成熟的果子。他们对自己的智慧和力量无限自信,还没有意识到多数人统治的潜在危害。明智的长者或者贤明的智者在一边冷眼旁观,满目狐疑,但又因为害怕而不敢出声,或者认为是无药可救而不再想试图阻挡这股浪潮。他们站在一边(就像柏拉图说的那样),在暴风之外的一堵墙下。政党组织开始在全国扩张它们坚韧的网络;[332]专业的政客阶层,也就是这些组织的创造者和伴生物,也已经形成了。三年之前,人们宣布政府的公职作为战利品属于大选的胜出者,但是却很少有人能看出采用这一原则的结果将导向何处。这不是一个过渡时期,因为美国的每一个时期都是变幻无穷的,即使在最平静的时期也是如此;但是,在这个时期,民主的理论快速地进入到了民主的实践阶段。杰弗逊很早之前撒下的种子现在终于成熟了,可以收割了。但是,这时,在美国,在每个社会都存在的反抗极端民主化的力量依旧很薄弱,有的甚至都没有发展,有的则不敢抵抗这种浪潮。

第六节　托克维尔的感想和预言

现在,让我们来看一下托克维尔对1832年的美国的印象如何。在这里,我并不想总结他说的东西,这些事情每个读者都可以自己做。我想将其对1832年美国的印象与1788年的美国及1900年的美国做一个比较以找到那些突出的要点。

他对美国贯彻人民主权原则之彻底感到惊讶。70年之前,这一原则都还没有在西欧取得像现在这样的优势。而在美国,这还只是一个停留在理论上的东西,但是却在地方、州、中央政府等各个层面得到了一如既往的贯彻实施。

他对在普通人民眼中州政府的重要性要高于联邦政府感到印象深刻,在美国,相比于联邦政府,普通人与州政府之间要更为热和。联邦政府看起来要弱一些,而在央地之间出现争端的时候,[333]人们更为忠于地方。①

他发现各级美国政府的根基最终都在"地方政府"(commune),即各地的政府,新英格兰的镇和中美、南美诸州的县。大量的管理工作正是在这个层面上完成的,公民也是通过这个机关学会了如何运用和热爱自由,他们在公共事务上的精彩表现有了施展的舞台和恒久的动力。

当地没有欧洲人所称的"行政管理部门"是一个很明显的现象。公共事务的职责分摊在很多细小的相互之间没有联系的地方机关的头上;那里没有"层级",没有有组织的公共事务部门及其从属。美国是依靠这个手段来促使政府官员兢兢业业并惩罚他们的违法行为的,即经常的普选和通过法院来要求官员赔偿因其过失和未经许可的行为而造成的损害。但是,与这种极端的"行政管理地方分权"一起并存的,是极端的"政府集权",即所有的政府权力都集中在一起,归于人民之手,即多数的投票者手中。多数人是万能的;因此当局也很强大,能够造福,也能暴政。故而,地方自治政府的价值很大,其能够避免中央政府滥用这种权力;所以,人们需要这种行政管理的地方分权,来弥补其在对人民整体施加影响时细节处理上的技巧欠缺。

美国的法官有和欧洲的同行一样的尊贵地位,另外还拥有"宣布法律为违宪"的权力,因此他们可以限制立法机关和行政机关的

---

① 他坚持这种观点,这倒使人对他没有谈到作为自治区(commonwealth)的州,没有谈到这些州政府的普遍特征感到奇怪。

妄为。

托克维尔觉得美国的总统相对比较弱。[334]没有人、没有集团、没有政党能从总统选举中得到太多的好处,因为他没有太多可以拿出来的东西。选举体制不恰当地削弱了行政机关的地位,因为总统,在四年任期将终时,会感到自己很弱小,不敢采取太大胆的举措;新上任的总统可能完全改变前任的政策。同时,如果他想连任的话,那么就更会受到削弱和牵制了,因为他必须通过密谋和低贱的讨好来满足党派的需求以求得连任。这放大了民主制政府特有的缺陷:分明是临时组成的多数人,即拥有优势地位。

联邦最高法院是联邦宪法起草者最为卓越的智慧结晶。正是靠它美国才能维持着整个机器的运转,保护联邦对抗各州,维护联邦政府的各个部门不受其他部门的侵犯。联邦政府是一种很弱的政府形式,其力量的源泉为联邦法院对公民个人的直接管辖:而这些法院的行为,甚至其对抗州的行为,都没有预期的那样激烈,因为它们并不直接攻击各个州的法律,而仅仅是应原被告个人的诉请,维护其偶然被地方法律侵害到的权利。

联邦宪法的地位要比州宪法高出许多;联邦立法机关、行政机关和司法机关,相比各州的类似机关,在大多数人面前要显得更为独立,行动也更为自由。同样地,联邦政府比州政府也要更为完善、明智、处理问题时更富有技巧、更有恒心和更坚定。

大党制的日子已经一去不复返了:现在,美国卷起了一股小党派的热潮。人们坚持不懈地建立各种党派,喊出一些口号,刷出一些标语,拉起一票人马。人们这么做的目的很可能就是出于私心。[335]利己主义是各种政党的老底,在其之上粘附着贵族寡头或者民主大众的情感。这就是说在面对实际问题时,人们相互之间信仰的差异以及互不信任就会再次显现。富人很少掺和政治事务。只是他们在暗中鄙视多数人的统治。在街上的时候,他们会平等对待一个鞋匠,但是,等到在自己奢华的家里的时候,他们却会哀叹公共生活的粗鄙,预言民主政府一定不会有好结果。

接下来,对于人民来说,国内最强大的力量就是新闻媒体;在法国,这股力量就没有这么强大,因为新闻记者的数量过于庞大,而他们确实也干得并不出彩,且法国有一个巴黎这样的中心而美国没有。广告和普通的新闻比政治争论占了更多的版面。在一片喧嚣的反对声之中,普通公民固守着他们的观念以及小集团或党派的偏见。

欧洲人不仅惊讶于美国有这么多为政治目的服务的志愿者协会,还对法律对这种协会的容忍表示意外。这些协会都相当活跃和有力,并且没有像在法国那样威胁到公共安全,因为它们承认它们得以存在这一事实就证明了它们代表的是少数投票者的利益,而且它们试图取得胜利的方式是进行辩论,而不是采取武装斗争。

普选制虽然维护了政府的稳定,但是却没有如欧洲人所构想的那样,使最出色的人登上权力的顶峰。相反,统治者还不如被统治者那样有能力。① 最出色的人并不会想成为官员或者众议院议员,而普通人民虽然没有昭彰地痛恨"社会上层",却并不喜欢他们:[336]他们小心翼翼地将"上等人"挑出来,扔出权力的大门。"他们并不惧怕卓越的才干,却几乎没有感受到这些(才干)。"(Il ne craint point les grands talents, mais il les goûte peu.)

众议院在层级上显然要低于参议院,这是因为参议院乃是双重选举的产物,而双重选举又是民主政治所必须的,因为这样一来

---

① 这种观点在访美人士中很常见,但这是一种讹误,因为他们将社会中的"被统治者"视为大多数。接着,他们会这么介绍富人和受教育阶层:就算他们能与大众打成一片的话,他们的观念也无法与"被统治者"一致,诚如托克维尔这样古怪地称呼普通市民。

人们就可以避免将政治职责交到全体人民手里所必然带来的弊端了。①

美国的治安官比欧洲的同行拥有更大的任意裁量权,因为美国的地方官经常受到人民的监视,并且更为彻底地处于他们的控制之下。②

在美国,每一个政府职员都是由政府开工资的;没有什么比这更符合民主精神的了。与欧洲不同的是,在美国,小政府职员的工资待遇很好,而高级官员则薪酬不高。另外,也没有人穿制服或者戴徽章。③

美国的行政管理不稳定,而且也不太科学。在档案方面,其缺少对各个部门行为记录的;也没有太多的信息;甚至连文件原本都找不到了。有时,为回答托克维尔提出的问题,工作人员会把文件的原件都给他,并且还告诉他说他可以留下这些文件。公共事务的管理采用的是从手到嘴的方式,有的事情全凭经验来办。④

立法方面也是一样的变动不定。法律经常修改;没有什么是固定的、不变的。⑤

---

① 让人惊讶的是托克维尔竟然没有将这一切杰出成果归功于参议院,要知道参议院更大的权限以及更长的任期一直都吸引有识之士加入其中。
② 关于这点,唯一一个可以找到的例子是新英格兰镇区的官员,但是他的作用也不是很重要。所以,这种说法不具有普遍意义。
③ 除了最高法院的法官在华盛顿开庭时之外,这点直到最近还是依旧如此。但是,最近,有的州高级法院的法官开始穿法袍了。
④ 这点对于联邦的行政管理以及比较先进的州来说,已经不是真的了。
⑤ 托克维尔没有说他的这种评论针对的是州的立法呢,还是联邦的立法。他引用了汉密尔顿、麦迪逊和杰弗逊的意思相同的话,但是,这些话,或者其中的多数都要早于联邦宪法的创立。如果说在1832年州法律经常变动的话,这也仅仅指行政管理方面的法律,而不包括私法。或许人们会相信托克维尔只是在不经意间拿美国和法国做了比较,因为一部法典就能阻碍立法这件事在某种程度上会令英国的观察家感到惊讶。

[337]如果我们说民主制政府是一种非常经济的政府,那么就大错特错了。的确,人们在发工资时很小气,至少对高级官员是这样,但是他们在关系到大众的利益的事项上,比如教育,却花费无度,而他们又缺少必要的理财技巧,所以,也就造成了大量的浪费。同时,那些承担了大部分税赋的人仅仅是税收开支管理者中的一小部分。所以,对于这样一种情况,我们就不要太希望什么开源节流了。有朝一日当美国发现自己陷于危机之中时,其赋税也一定会和欧洲的王室一样严苛。

美国很少有贿选的事情,但是却有很多对政治家不诚实行为的指控。现在,"统治者"的腐败已经比"被统治者"更为严重了,因为政治统治降低了公众的道德评判标准,他们的卑鄙行径实在是罄竹难书。

美国的民主制是一种自我放任,自欺欺人的民主。对于错误,它的反应很慢,改起来就更慢了。但是,它的运气也是无与伦比的好,因为它犯的错误都是可以修正的(la faculté de faire des fautes réparables)。所以,它就可以犯错而不受到惩罚。

很明显美国的外交政策并不可行。幸运的是,它也没有这么做。

民主政府对美国社会的益处大体体现为如下几点:

美国采用的是多数人立法的原则。虽然在细节上人们犯了不少错误,但是总体上还是造福大众的,因为虽然有时人们会选择错误的途径,但是结果总是一样的。于是,这个国家随之繁荣昌盛起来了。

每个人都关心国家的富强,因为他们自己的福利和国家的富强是拴在一起的。他们的爱国心可能仅仅是放大了的自负,但是这种感情还是很强大的,因为这是一种恒定的感情,与转瞬即逝的狂热不可等量齐观。它的国民性是孩子气的,[338]对人的批评之声不肯隐忍。美国人不允许别人在他们的制度或者习惯中挑刺,哪怕对其他方面都大为褒奖。①

人们对政治权力都无比的尊重,所以对治安官和法律的权威也就无比地尊重,因为这些都是人们自己的成果。如果真要说有谁不是那么尊重的话,那么就当数富人了。他们害怕新法的制定和实施会损及己身。

公共生活中无休止的运动,每个公民身上担负的职责,以及人们从中感受到的自身的重要性,都激发出了每个人全部天性,使他在私人事务上也一样的雄心勃勃。于是,在更大的层面上,美国的经济也欣欣向荣了起来。民主对国家的物质发展方面尚未推动作用比在艺术、诗歌、礼节、品性的提升或者对其他国家的影响以及该国在历史上的重要地位等方面所起到的作用更为巨大。

然后,我们再来谈谈事情不利的一面。在民主体制下,多数人是万能的,而在美国,这种体制的弊病又因为如下几个原因而大为加重,即立法机关很短的任期、行政机关的疲弱、新近出现的法官也需经由普选产生的趋势以及公认的"多数人一定正确"的观念。立法机关中的多数人是无法无天的,法律的制定和修改都是仓促完成的,行政管理是没有稳定性可言的,政府官员拥有危险的范围宽泛的任意裁量权。同时,美国又没有避免多数人暴政的措施。这甚至控制了人们的思想,禁止——不是通过法律,而是通过社会惩罚(social penalties),这种社会惩罚效果不比法律差——人们表达不悦。[339]在理论上,甚至在哲学方面,人们必须小心提防自己不与正统偏离。没有人胆敢向大众吐露不中听的真相,因为这不会有任何的好处,反而会犯众怒。有这样重压的环境,就难怪美国出不了大作家及公共生活的杰出人物了。因此,美国的自由政府不会因为弱小而颓败,而会因为过于强大而消亡——多数人将

---

① 每个人都知道过去欧洲人到过美国之后是多么喜欢谈论美国的特征。现在,这种风潮少很多了。凭我的经验,我可以说这是在1870年之后开始趋缓的。

少数人推向绝望之境,逼他们拿起武器自卫。

但是,在美国,有一些因素却起到了调和多数人专政的作用。第一个是美国有一套强有力的地方自治政府体系。正是靠这一体系,美国才能实现几乎所有的行政管理的地方分权。第二个因素是法学家的力量。这个群体是一个维护权威、守护传统的群体,特别是在英国和美国更是如此,因为他们学习和使用的法律都是基于先例而建立起来的,而为他们所轻视的是抽象推理。第三个是陪审团,特别是民事案件中的陪审团的行为,因为这不仅教会了人们运用法律、维护正义的正确方式,还培养了人们对运用法律的法官的尊敬。

下面,我们来列举一下共和政府得以维持的理由。除了上述的宪法保障措施之外,还有如下一些:

美国周边没有强国,结果也就没有大战要打,没有财政危机,①也没有侵略或征服。军事荣耀的激情对共和国的危害见于美国总统杰克逊将军——一个脾气暴躁、能力有限的人,他除了二十年前在新奥尔良的大捷之外,没有任何出彩之处——的两次当选之中。②

[340]没有大的首都。

美国因为其自然资源的种类齐全,储量丰富而得以实现物质繁荣,而这也为人们开辟了一片漫无边际的空间,使他们的欲望和对独立的狂热找到了崩溃的豁口,使人们的邪恶也与他们的美德一样在社会上寻着了滋长的温床。所以,真正躁动美国的是商业

---

① 人们只要记得1838年大危机之后的美国商业历史的话,就会知道这种说法的奇怪之处了。
② 杰克逊的声望始于他军事上的功勋;但是,他能一直获得人民的喜欢的原因则不在于此。他的当选与上述巨大的民主化浪潮正好重合。
　　[译注]安德鲁·杰克逊(1767—1845年):美国第七任总统(1829—1837年),1812年的战争中美军将军,于1815年在新奥尔良打败英军。任总统期间,他反对美洲银行,反对各州拥有把相抵触的联邦法律废除的权力,增大了总统的集权。

上的激情,而不是对政治的狂热。

宗教信仰的影响力。美国的清教徒都是共和党人,民主主义者;美国的天主教徒也大体如此,因为天主教崇尚平等,视天下人皆同。天主教牧师和其他天主教徒一样,都是真诚的共和派。

宗教信仰对礼仪和道德的间接影响。没有地方比美国更重视婚姻,更井然有序地安排两性关系了。美国人普遍接受基督教,这种信仰使得所有人,哪怕是少数的无神论者——这种人到处都有——都保持沉默。于是,基督教稳定了,限制了人们的思想。"没有人敢宣称,为了社会公益任何事情都是可干的。无神论的马克思主义被视为是在自由时代发明出来的,目的是为了赋予将要建立的政府以合法性。"美国人不敢想象没有基督教的自由是什么样的自由。而基督教之所以如此的强有力,其中一个主要理由是因为它整个是与国家分开的。①

人们的智慧,所受的教育,特别是他们在运作当地政治上的实践经验。然而,虽然美国人都受过一些教育,但是文学和文化并没有因之而繁盛起来。美国人视文学为敝履;他们反对普适的观念。他们不是大历史学家,不是诗人;他们是法律评论员,但不是政治评论家;他们是出色的工匠,但却罕有几个发明家。

在所有的这些理由当中,最重要的是人们的性格和习惯。在促进国家富裕方面,其作用比法律要大得多,而法律要比物质条件重要得多。②

[341]关于民主是否能在世界其他地方也取得胜利的问题,单

---

① 在这里,单凭这么几行文字就想将托克维尔关于美国基督教的特点和影响的表述给总结清楚是不可能的,因为他花了好多页的篇幅来谈这件事情,并且,这些文字在他的整本书中是最明智、最真实、经久不变的。
② 托克维尔像大多数的同时期人一样,没有注意到物质环境的巨大影响。但是,对于美国来说,毫无疑问,这种影响是在一直扩大的,虽然科学发现是他访美之后的事情。

纯对美国加以研究是不能得出可行的答案的。美国的制度很符合美国的状况,但是却并不能直接移植到欧洲。但是,美国的民主政府又缔造出了美国和平、繁荣的景象,这等于在民主制和和平、富强之间画了一个大大的等号,甚至在欧洲也形成了这样的观念。美国和欧洲都存在着不少危及自由政府的狂热和缺陷。美国的立法者已经克服了不少这样的狂热和缺陷。他们靠权利观念打败人们的嫉妒,保护私产;靠地方政府的行为战胜群众的无知的蛮横,使之归于理性。所以,同样地,在欧洲,人们也一定能战胜这些狂热与缺陷。

人们可能会想象出一些没有被美国人采用的民主制度,其中一些效果更好。而未来欧洲人将会在民主制和专制政治之间做出选择。既然他们要做这种选择,所以,他们至少应该尝试下前者,并且美国这一先例可能会对他们起到鼓舞的作用。

该书结论的一章是对三个定居在美国领域内的民族未来的预测。在这里,我就不用转述他对不幸的印第安部落所说的内容了。他们的命运那时便已是既定的了:首先诚如托克维尔所预见的那样,印第安人在阿尔巴马和密歇根经历一段辛酸史,然后,同样的辛酸史在加利福尼亚和俄勒冈再次上演。

黑人的存在成了威胁美国的最大痼疾。他们在墨西哥湾沿岸诸州的增长速度超过了白人。[342]美国没法永远将他们作为奴隶,因为现代世界发展的方向与此相反。白人也没法吸收他们进入自己的圈子,因为白人不愿和他们通婚,甚至在北部,黑人获得自由已经有两代人的时间了,不通婚的局面也并未有所改观。一旦获得了自由,他们会比现在愈发危险,因为他们不再会甘心被排除在政治权利之外。即之而起的断然是一场恶斗。因此南部的美国人,哪怕是那些不喜欢奴隶制的人,都选择维持现状,并且还制定了严苛的法令,把奴隶当成牲口,禁止他们接受教育,还给释放奴隶设置了重重障碍。没有任何美国人能够想出什么解决办法。

北部在讨论这个问题时，声音里带着聒噪的不安。而南部则阴沉着脸保持沉默。很明显，奴隶制对美国的经济来说是一个毒瘤，因为自由州比蓄奴州要富强得多；但是南部却死死的咬定奴隶制不放，将之视为不可或缺之物。

说到联邦，上面布满了裂缝。州政府手中捏着最重要的权力；人们又忠心于州；州行动敏捷，精力充沛，而中央却犹疑不决，牢骚满腹。在至今为止爆发的每场争斗之中，联邦政府都退避三舍，因为联邦政府既没有实质性手段来强逼一个叛乱的州，也没有明晰的法律手段来强留住一个想要退出联邦的成员。然而，虽然联邦背后没有爱国精神支持着它（因为虽然人们确能听到美国人说自己爱国，但这些话都不过是说说而已），但是确实还有一定的利益在维持着联邦——正是因为这些物质利益将国家的一部分与其他的部分在政治上联系到一起。人们没有找到什么更大的利益能够抵消上述利益，造成国家分裂。不过，虽然不存在分裂的危险，但是却有差异存在。这不是观念上的差异——因为整个国家的观念和想法惊人的一致——而是人们性格上的差异，特别是南方人和北方人性格上的差异，这增加了双方间发生摩擦的几率。[343]而且随着联盟高速的发展，其中确实存在着一个真正的危险之源。目前，其人口每22年增长一倍。所以，在下个世纪到来之前，其国内人口将超过一个亿，分属40个州。① 随着人口数量的增加，想要维系人们之间的联盟关系也就更难了。② 因此就算是我们承认说现在美国国内的数千万人的利益取向是一致的，并且都从组成联邦这件事中获益了，但是，我们都不得不认识到这一事实，即他们分属于四个不同的州，各州之间的差别很明显，力量也有强弱之

---

① 现在有45个州，近8000万人口。
② 这种说法找不到任何的证据，而且其也不是不证自明的。其前提来自于13世纪经院派。

别,这也就使得联邦政府维持运转变成了一个纯粹的偶然事件。"我不敢相信在美国政府存在的日子里,它的任务就是将四十个州的人们拉拢在半个欧洲大小的一个地方,消除它们内部的敌对、野心和内讧,协调他们出于各自意愿而做出的行动,使其为同一目标前进。"①

然而,在联邦的成长过程中,最大的一个危险是其内部力量对比的变动。北部诸州的发展比南部诸州要快很多,而密西西比流域的州的发展要更快。华盛顿在美国建国时便被定位为国家的心脏。而其现在是排在最后面的。各州之间发展的不平衡威胁到了某些发展较慢的州的独立地位。因此,狐疑、妒忌和愤怒便在南部诸州的心里翻腾起来。它们幻想自己受到了压迫,因为在发展的较量中,它们落在了后头,不再占据主导地位。它们威胁说要从联邦中退出来,因为它们承担了联邦的开销,却没有捞到丁点儿的好处②。

除了存在有的州要退出联邦这个危险之外[344](如果真的这样的话,就会形成几个联邦,因为单个州从联邦中退出来的可能性极低),还有一种危险,即中央政府不断疲弱,直到其和原来的联邦一样的孱弱。虽然美国人害怕,或者假装害怕中央集权加剧,或者说中央政府手中捏着越来越多的权力,但是,无疑,中央政府会逐渐变弱,越来越不能控制一个撒欢尥蹶的州。特许各州使用公共地区、对联邦银行的敌视以及南加利福尼(事实上)的胜利,即其拒绝执行(Nullification)联邦法令,都是上述事实的明证。现任美国总统(1832)杰克逊将军现在确实很强大,但其之所以这么强大却仅仅是因为他功于奉承群氓,卑身事于他们的狂

---

① 但是,他并没有试图证明州配得上"国家"(nation)或者"人民"(people)这个称呼。
② 南部感觉保护性关税很不公平,认为这种税是出于北部和中部州的利益而开征的。毫无疑问,北部在联盟中比南部捞到了更多的油水。

热。他个人的权势可能会增长,但是总统这个职位的权势却在江河日下。"除非我莫名其妙地搞错了,否则,美国的联邦政府是必然会一日不如一日的;它的管辖范围会一天比一天小,行动范围也会一点一点收缩。有朝一日,它会由于自身的弱小而连装纸老虎都不敢了。另一方面,我想,在美国,各州的独立情感会与日俱增,与州政府的热爱也会日渐昭彰。人们想要维持联邦的存在,但他们仅仅是要这一张皮:他们想要它在某些事情上强大而在其他事情上软弱——在战争时强大,而在和平时却龟缩起来——不过,他们忘记了这种强大和软弱之间的随意转换是一件不可能的事情。"

不过,现在距离联邦权力消失还很遥远,因为人们还是希望联邦延续下去的,并且,有朝一日中央政府真的积弱至危及联邦的存在时,情况还将会出现反弹。

无论联邦的未来怎么样,[345]共和主义是永不变的。共和主义的根牢牢的扎在法律、人们的习惯、观念、情感,乃至于宗教信仰之中。有可能在未来的某一天,立法和行政管理上的变动不定会令美国人对当前的政府感到厌烦,以至于放弃共和制,略过立宪君主制这个中间环节,成为专制政体。只是,欧洲旧国家里面的那种贵族体制在美国将一直不会有市场。但是,无论政府采用什么样的形式,民主式的平等仍将遗留下来。

上面就是我对托克维尔的观点做得一个简短的总结。这个总结无法体现托克维尔推理的精致考究,而且也没有包括他对美国商业和海商业之伟大所做的评论,以及他就盎格鲁撒克逊人之未来做得预测。对他的著作的第二部分,我就不像上面那样详谈了,因为(如上所述)这个部分以一种非常艰涩,又不太纯熟的方式探讨了民主和平等观念。对于这个部分,我将另行撰文做单独的甄别、研究。

但是,在我们开始思考美国的实际状况与这位法国哲人所描绘的图景之间的区别有多大之前,我们应该首先停下来自问一下,他的描述是不是完整?

有的人认为,要挖掘出一个国家的政治和社会现象背后的含义是一件很容易的事情,那么,这里是对他们的一种善意的提醒,告诉他们就连托克维尔这样敏锐和勤奋的观察家,拥有无可匹敌的洞察力,对美国政治诸多的微毫的特征都能完美的发掘出来,但是却疏于注意那些在他的时代便已出现的迹象,而这正是这些迹象在未来的美国占据了头等重要的高位。它们包括:

政党组织体系。那时,这种体系便已经在有的州发展完备了(比如纽约),而在之后快速地扩展到了其他的州。

[346]商业发展以及各州间更为密切的商贸关系在联系不同的州、淡化对州的情感方面造成的影响。确实,托克维尔在文中有提到过这种影响,但是他却没有充分地认识到这种力量将发挥的巨大作用。要知道这种力量,就算是没有铁路出现,也断乎不会逊色。

公共职位的分赃体制,及随政党的更迭而调换任职者。这一原则在托克维尔访美之前便已出现,并已在有些地方施行。

门罗总统①宣布美国的方针是对"欧洲体系"在美洲大陆的扩张以及欧洲势力未来在美洲的殖民和入侵采取不友好(即尽力抵抗)的政策。

废奴主义者的兴起(在1830年前,他们开始组织起来,并且在1833年组成了美国反奴隶制度协会[National Anti-Slavery Society]),并激起了南部诸州强烈的敌意。

---

① [译注]詹姆斯·门罗(1758—1831年):美国第五任总统(1817—1825年),在其执政时期,他购得佛罗里达州(1819年),规定密苏里为奴隶州的密苏里妥协方案(1820年)和倡导了门罗主义(1823年)。门罗主义宣布美国反对欧洲干涉美洲事务。

文艺精神的兴起，文学作品出现井喷。美国社会涌现了华盛顿·欧文、芬尼莫尔·库珀①、钱宁、霍桑、爱默生、朗费罗、梭罗②、普雷斯科特、蒂克纳、玛格丽特·富勒③、霍姆斯④、洛威尔⑤、帕克曼⑥——更不用说之后出现的一些同样有名的人物了——这就像是一块沃土，树木在上面茁壮成长，枝叶茂盛，荫蔽整个国家。虽然我们可以看到托克维尔确实在波士顿待了一段时间，而且有的观点的出炉，明显是因为他和当时的执政党辉格党中的人物交流的结果，但是，他对上述这些情况却只字未提。

金钱对政治的影响。这个国家有这么多的资源，而且其人民都积极从事大规模的商业活动。所以，人们可以断言说这样的国家很快就会聚集起大量的财富，[347]而这些财富将会凭借立法的协助，寻找各种机会，影响政府。但是，关于其危害，在托克维尔的作品中却未置一辞。

---

① [译注]詹姆斯·芬尼莫尔·库珀(1789—1851年)：美国小说家，他以边境生活为题材的小说而闻名，其作品有《马希坎族的末日》(1826年)。
② [译注]亨利·戴维·梭罗(1817—1862年)：美国作家，美国思想史上有创见的人物。他一生大部分时间在马萨诸塞州的康科德城度过，在这些地方他与新英格兰的超验主义者来往，且在沃尔登塘住了两年(1845—1847年)。他的作品包括《和平抵抗》(1849年)和《湖滨散记》(1854年)。
③ [译注]玛格丽特·富勒(1810—1850年)：美国作家和评论家。她编辑过超验主义者的刊物《日晷》(1840—1842年)，曾为《纽约论坛报》(1844—1846年)写过具有开拓性的文学评论，并写了一本重要的宣传男女平等的小册子《19世纪的妇女》(1845年)。
④ [译注]奥利弗·温德尔·霍姆斯(1809—1894年)：美国医生和作家，哈佛的解剖学及生理学教授(1847—1882年)，他写过一些幽默的会谈式文章，其中有《早餐桌上的独裁者》(1858年)。
⑤ [译注]詹姆斯·拉塞尔洛威尔(1819—1891年)：美国编辑，诗人和外交家。他主编了《大西洋月刊》(1857—1861年)，并曾担任美国驻西班牙公使(1877—1880年)和驻英公使(1880—1885年)。
⑥ [译注]弗朗西斯·帕克曼(1823—1893年)：美国历史学家，其著作有《加利福尼亚和俄勒冈遗迹》(1849年)和《新大陆的法国先驱者》(1865年)。

第七节　对托克维尔观点的检验

上述便是托克维尔眼中的美国1832年的情况,以及这个颇具洞察力和哲学思维的智者对其未来的预测。对于这些内容,我并不想探究他描述的这些图景精确度有多少,因为只质疑其论述而不涉及其推理是无益的,而要探讨其推理,这就会变成一篇历史学的论文了。在这方面,有一种简单快捷的方式,即看一下从托克维尔的时期开始,事情发生了哪些方面的变化,因为这样一来的话,我们就可以找出哪些他注意到的趋势是恒久的,哪些趋势是新出现的,哪些现在成为了决定合众国命运的主要趋势。

在上一节中,我谈到过托克维尔没有注意或者没有对一些当时已经出现的现象给予足够的重视。那么,下面让我们来看一下,从他那时起,发生了什么事情,改变了他提到的那些事情的状况。

从1834年开始,发生了这样一些大事件:

1845年,得克萨斯并入美国。

1846年与墨西哥爆发战争。通过这场战争,美国得到了大片领土,包括现在的加利福尼亚、内华达、犹他、爱达荷和新墨西哥。

在全国各地建造铁路,最终完成了4—5条横穿北美洲的铁路(第一条完成于1869年)。

建立了美欧之间的快速蒸汽轮船运输航线。

[348]爱尔兰(在1846年之后人数剧增)、德国(时间稍晚)、斯堪的纳维亚、奥匈帝国和俄罗斯(时间更晚)向美国的移民。

美国内战,1861—1865;以及废除奴隶制度。

铺设美国到欧洲的海底电缆,并使电报通讯覆盖整个联邦。

确定阿尔巴马索赔①,该索赔对英国和美国同样重要,因为这极大了降低了两国之间爆发战争的可能性。而在托克维尔时代,美国人对英国人的憎恨则是刻骨铭心的。

大城市大量出现。在 1830 年,美国只有两个城市人口超过 10 万人。而据 1900 年的人口普查显示,现在美国超过 10 万人的城市已经增长到了 38 个。②

巨富以及有钱有势的贸易集团的出现;采矿业的欣欣向荣,特别是金银矿的开采;投机行为的剧增,包括股票和工业生产,更不用说博彩了。

大学的发展以及众多文、理研究机构的涌现。

1898 年与西班牙的战争,结果吞并了夏威夷(之前人们都没有注意到其重要性,但是在这场战争中,其对于海军的重要性充分的展现出来了)、波多黎各和菲律宾群岛。

还有一些政治事件对美国政治造成了直接或间接的影响。下面我就对这 67 年内政治变化做一个列举:

州宪法的民主化、选举权财产资格的取消、通过普选选任法官(在大多数州)和法官任期制、[349]对州议会立法权的限制、更频繁地运用普选或者公民复决。③

分赃制的发展,联邦、州和市行政机构不断膨胀,重要性不断提高,随之引起这类机构腐坏堕落。

政党组织名义上为代表制,实质上为寡头制。这种政治模式

---

① [译注]阿尔巴马索赔(Alabama claims)指的是美国向英国提出的一系列索赔主张,要求英国就其在美国内战期间支持南部邦联而给美国造成的损失作出赔偿。经过国际仲裁,1872 年,英国最终向美国赔付了 1550 万美元的赔偿。通过这次赔偿,两国恢复了友好关系。
② 1790 年,美国只有 6 个城市人数超过 8000。现在为 545 个城市。那个时候,城市人口占农村的人口的百分比(以人数超过 8000 的为一个城市计)为 3.4%,而现在则为 33.1%。
③ 特别是以修正案的形式修改州宪法中的某些条款。

臻于完美,且等级森严;因此导致政治圈子和党魁大量出现,市政府道德败坏。

通过宪法修正案,释放黑奴。

内战强化了人们对国家的情感(与州相对);对国旗的热爱;不再接受关于州主权的教条理论,不承认州有拒绝执行国会法令的权力。

货币和其他金融问题的重要性提高;出现了产业工人问题,这是政党组织的基础;试图建立劳工党和"人民的党"。

在这里我想插一句,文、理和历史学的研究,以及新学派政论家的研究——他们从哲学的角度讨论宪法和经济学的问题——的不断深入,都对政治造成了有力的影响。美国智力阶层与欧洲,特别是英国和德国的智力阶层有着更近的亲缘关系;美国的学生常去德国的大学念书;美国市民中最优秀的那批人对政治的兴趣增加了;报纸和期刊(政治或半政治性的)的文字水平普遍提高了;人们开始对宗教信仰和哲学产生批评和怀疑;牧师的政治影响力削弱了。

现在我们可以再回头来看一下,托克维尔的哪些评论是错误的,哪些是他臆想出来的。在这里,我将按照在上一节我转述的顺序来一一检验。

[350]虽然按照法律规定,州的权力还是有那么大(除了后来被宪法修正案褫夺的那些之外),并且,在关系到人身和财产问题时,公民还是依靠州来处理家庭和商贸关系,但是,在公民心中,中央或者联邦政府的重要性还是在日渐提升。他可以更多地了解议会会议的情况,当然,这全靠了电报才使得他们能够更便捷、更全面的了解到这些消息。他的爱国心更为偏向中央,所以一旦州与联邦权力之间相互抵牾,其他州的同情心一般都会倒向后者。

地方政府完整地维持了下来,但是却不太能够再激起人们的兴趣了。在大一点的城市里,它们落入了职业政客的手中,这些政客耍弄手腕,把它变成了贪得无厌、肮脏龌龊的寡头政权。

与欧洲大陆相比,现在美国的"行政管理机构"还是很少,但比托克维尔时期是要多了一些。但是,联邦议会在国家的工商业的影响力方面也增强了,因为内战之后,关税、货币等作用日渐显要的事情都归联邦议会管。

在大多数州,因为实行了普选制和较短的任期制,法官的尊贵地位都大为削弱。在这些州,法官依旧需要经行政长官任命产生,并且联邦法官(由总统任命)是公民可以担任的地位最高的一种固定的终身职务。

在内战期间,总统的权力极度膨胀,虽然现在其已经恢复到正常状况,但是,总统的重要性却在人们心中留下了深深的烙印。总统选举的竞争更为激烈,也愈发激动人心,因为总统的职权范围巨大,他的否决权可以对大量的事情造成巨大的影响,乃至于可以给任何的个人或政党打开希望之门或者掀开恐惧之盒。[351]总的来说,以往的经验显示,现任总统连任(即在总统本届任期满后,继续选举该人担任总统职位)大都是没有什么障碍的。

最高法院的声望有些受到战前它支持奴隶制度的判决的影响,并且可能还受到它在法定货币问题上的判决的影响,而略有削弱。但是,无论如何,最高法院还是受人尊重的,具有影响力的。

州宪法在1834年之后大都被重新制定或者大规模的修改过了,但是,还是及不上联邦宪法,而且州立法机关自然(可能除了新英格兰州的一些议会之外)要比国会次一点。

在托克维尔的著作完成之后不久,两个大的政党重新登上政治舞台。除了战前的那个短暂间歇之外——那时辉格党走到了尽头,它的继承人及代表共和党还没有成熟——美国一直都是由这两个大的政党瓜分的,而其他的小政党则只能当陪衬了。有时,有的新出现的政党想要成长成为全国性的组织,但是几乎没有一个足够强大,能够成功的。富人和受教育阶层在奴隶制存废争斗之中和内战期间重燃起了对政治的兴趣。经过一小段的失望麻木之后,他们重新回到了政治生活之中。托克维尔所说的在暗中对民主制发的牢骚,现在也只有一小群上流社会的雅士发了,而且这些辞令中少了路易斯·拿破仑时期巴黎的那群奢华、对人们满眼鄙夷的上层人口中的自高自大、不可一世。

虽然现在报纸要比之前写得更好了,而且大城市的报纸行销全国各地,但是,各种不同的声音同时发声也导致人们不会成为新闻媒体的奴隶。[352]不过,新闻媒体还是有这样一种令人担忧的力量,可以煽动人们的激情。各种民间协会相互联合的习惯保留了下来。

职业政客这个词指的就是托克维尔所说的欧洲的"统治者"(the governors),而且这词比"统治者"要显得很是贴切一些。职业政客的缺陷依旧像托克维尔时期那样显著。

确实,众议院的影响力要比参议院弱一些,但是,其中的原因绝非像托克维尔所说的那样,而且弱势的程度也没有他所说的那样大。在1880年之后,参议院就摆脱了托克维尔口中的形象;并且,其议员依旧是按照托克维尔赞扬的方式选举出来的,但是,参议院的优越性,即为托克维尔所赞扬的那些优越性,却并不是源自于它的选举方式。诚然,根据大多数思想家的看法,通过各州公众选举选出来的参议院要比通过州议会的选举选出来的参议院更好一些。

一般来说,美国的地方官并不像托克维尔所说的那样拥有任意裁量权。而且,他们现在肯定是没有这样的权力了,但是在市政当局,目前有一种权力集中的趋势,特别是任命权。将这些权力集中在一个或少数几个官员的手中,人民便可以确定某个人承担特定的职责。有时,这些权力的范围是很广的,但是尚不足以称得上任意裁量的地步。有些小官员是不授薪的;高级官员,特别是老的州的高级官员的薪酬有所提升。

行政治理的方式，特别是联邦的行政治理的方式，得到了极大的改进。但是，除了一两个部门之外，这些行政治理方式依旧与最先进的欧洲国家的治理方式有很大的差距。

政府还是很不节约。内战打得就甚是铺张；高额的保护性关税增加了国家的岁入，同时，地方直接税的税率要比大多数欧洲国家高很多。另外，国家还掏出了一大笔钱，[353]用来给那些内战中在北部军队服役的老兵做养老金。①

即便是在联邦立法的权限范围内，国会也并无太大的动作。它没有制定很多的公共法律，也没有大规模的修改普通的法律。在新的州确实进行了不少立法试验，但是，普通私法并未像托克维尔所说的那样变动不定。在 1868 年至 1885 年之间，英国法的变动要比联邦老的州的普通法或者制定法的变动大得多。

大家对个人权利、法律的正当程序以及地方法官（civil magistrate）还都很尊重；富人（虽然最近此风气有所抬头）并未招致猛烈地攻击，但是在大的铁路公司或者其他财团里，股东间的倾轧还是有的。

虽然有时人们依旧表现出多数人暴政的迹象，但是现如今，这个在美国不算是大患。想要像托克维尔时期那样通过州议会来施行暴政已经是不太现实的事情了，因为现在这些机构的爪子已经被新的州宪法给有力的拔除了。对政治、宗教或者社会问题上的非正统观点的不能容忍现在还依旧存在，但是已经不太明显了，这点也被托克维尔大为夸大了。② 讲台上的政治家依旧要阿谀群众，但是，通过其他渠道，在其他的环境下，他们也会说一些逆耳的忠言。而且对于那些敢大胆说真话的人来说，他们也不用害怕被

---

① 1892 年，在这方面的开销为 1.55 亿美元；到 1901 年，这笔开销为 1.42 亿美元。
② 与托克维尔同时代的美国的观察家认为托克维尔夸大了这种危机。参见 Jared Sparks 的信，载于 Herbert B. Adams 的专论 "Jared Sparks and Alexis de Tocqueville"，约翰·霍普金斯大学研究（*Johns Hopkins University Studies*），1898 年。

社会排斥(至少是在和平时期)。这点在北部和西部的州是如此,可能甚至在南部的州也能行得通。

经历一场大战之后,合众国依旧完好无损,并且,虽然有个将军凭借战胜的荣耀两次登上总统的宝座,但是人们依旧没有使其影响力危及到自由。[354]美国确实依旧没有大的首都,但是,美国的大城市要比大多数欧洲的首都都要大,而且它们的发展并没有威胁到合众国本身。牧师们对公共事务的影响力日减;但是,我们很难说得清宗教的影响力是不是也降低了。不过,所有的美国人都承认,通过与州分离一事,宗教的确获益不浅。

黑人问题依旧存在,但是,现在其已经进入到一个新的而且目前来说不太具有危险性的阶段。无论是托克维尔,还是之后的人都没有预测到解放奴隶也能成为战争的一种手段,并且此后还有政治权利的授予。在这里,我并不是要指责托克维尔没有想到会有这样一种情况,即黑人和白人在政治上获得平等地位,但是在其他方面却劣于白人,并且很明显是注定要与白人整体隔离。他很明智地感觉到这种融合是不可能的,并且单纯靠解放也并不能解决问题,因为单单靠解放一项并不能使被解放的人符合公民资格的条件。符合一词在这里的意思是指和白人群体的大多数人一样适格。可能在很久以后,被解放的黑人能够适格,但就算是在那时,还是会存在不少的社会问题。托克维尔曾经说过在南部,人种之间的相互排斥在自由状态下要比奴隶制度下更为强烈,事实证明这句话是极为正确的。

各种有利于联邦维持的因素现在变得更为强势了,而不利的主要因素,即南北之间性格和习惯之间的差异——主要是因为奴隶制造成的——现在开始消失了。而且虽然联邦不断扩张,但是这也没有使得维系整个联邦各个部分变得更为困难。相反,美国在从芬迪湾扩张到加利福尼亚湾,拥有7600万人口之后,倒反而比只拥有1300万人口时更小了,这就仿佛希罗多德时期的文明世界要比现在更大一样,[355]因为那时从波斯波利斯①或者里海走到赫拉克勒斯之柱比现在环游世界所要花费的时间都要多两倍,而且,那时旅行者还必须掌握更多种语言,在旅程当中还会遇到更多的危险。在蒸汽船和火车发明出来以前,从缅因州到密苏里州至少要花去三到四周的时间。而现在,人们只要很轻松的乘6天的车就能到了。

州数量的增多并没有导致不和的激增。现在的情况并没有如托克维尔所估计的那样,45个州就是45个国家。正是这个错误损害到了他的推理。各州之间规模和财富的差距变得更大了,但是却比之前更为和谐了,因为党派间的分野以及影响人们观点的实质性问题都与州的分界没有太多的联系。随着人口的增长,西部诸州现在已经成为了在联邦占统治地位的派别,而且这种权势与日俱增。但是,它们与亚特兰诸州的利益联系比之前更为紧密,通过这种联系,它们自己的产品行销欧洲,而且之前流行一时的要将首都从华盛顿迁到密西西比的说法也跟着落幕了。

第八节 本章小结

在向我们的哲学家告别之前,让我们先总结一下他的结论。

他说至今世界上最成功的、最经久耐用的民主政府的形式在美国出现了。

它的优点是实现了无与伦比的自由,行为的自由,而非思想的自由,而且这种自由是给予普通公民的,因为这种自由给予了人们不少社会和物质方面的利益,所以也将促使他们发挥所有的实践

---

① [译注]波斯波利斯:波斯古城,位于伊朗的西南部、今天的设拉子东北。它是大流士一世和他的胜利者举行庆典的首都。其废墟包括大流士和色雷斯的宫殿及亚历山大大帝藏宝的城堡。

[356]这些利益是永远的,因为它们的基础是稳固的社会公平;

自治政府;

共和制度;以及

广泛普及的教育。

毫无疑问的是,如果不是因为这个新世界独特的地理位置,这些好处不会来得这么快,也不会来得这么丰沛。但是,这种地理位置上的优势也不过是辅助性的因素。当地人民的性格——接受了经验和宗教对自由的训练——才是主要原因,其制度是次要原因,物质环境只能排到第三;为什么西班牙人在中南美洲也有大致类似的环境,却没有实现同样的自由呢?①

但是,在遥远的地平线上,依旧是阴云缭绕。

这些阴云是什么呢?

除了奴隶制度和有大量的黑人存在之外:

群众一直接受着首领的阿谀,所以显得很自负和无知,并且因此也懒于改正自己的错误。

放弃了富人政治,"统治者"(即政客)表现出一幅奴颜媚骨的样子(inferior tone)。

多数人的暴政,这不仅奴役了立法机关,还钳制了人们的思想和言论,阻碍了自由的进程,扼杀了伟人的出现。

权力集中于议会(联邦的和州的),使得行政权弱化,并使得所有的法律都变得很不稳定。

因为各州反抗并脱离联邦,或者因为中央权力的逐步弱化,联邦最终可能会瓦解。

对法国来说,美国这个例子是一种警示。[357]但是,这也是

---

① 南美和中美大部分地区的状况与美国联邦整体的情况不太一样。

一种鼓励——并且,相比警示,这更是一种鼓励。

托克维尔看到的那些乌云,有的遮蔽了整片天空,但是突然划过一道雷电,将整团乌云劈得无影无踪;有的没等堆起来就消散掉了;有的还堆在地平线上,在地面上投下几块阴影。

现在让我们来回顾一下汉密尔顿与托克维尔做过的预测,并与真实的情况做个比较。

合众国遭遇的情况与汉密尔顿及其朋友所希望或害怕出现的情况大相径庭。这么说并不是说我们怀疑他们的智慧。他们确实看到了他们那个时期的危机,并且,这群明智且爱国的人给出了当时环境下所允许的最好的解决办法。他们解决了一些危机,特别是州议会在财政问题上的恶行,这些我们都已经记不清了。他们无法预见到金钱的伟力,那是因为那时国家还很贫穷。他们无法预见到政党机制惊人的发展,那是因为这件事在世界历史上都算是全新的;而且,人类的想象力,在政治和社会学领域,不可能比既有的状况超过很多或者有很大的变化。人们没法无中生有。就更不用说他们无法想出金钱和政党同时作用会造成什么样的影响了。托克维尔也做不到这点,他是在汉密尔顿之后半个世纪的时候写的那本书,那时财富已经开始积聚,党派机制在有的地方刚刚运转,但两者的结合尚待时日。

如果能看到美国今天的状况的话,托克维尔会怎么修改他的评论呢?

在赞扬美国的时候,他应该加上这样一些内容:美国人民经过了一场可怕的内战,在坚实的基础上重新建立起了他们的政府;[358]他们的军队重拾和平的职业;他们偿清了债务;他们继续保持了工业的高速自由发展,且至今维持着无与伦比的高度福利;他们的知识和智育的水平得以高度增长。他应该会承认他过高地估计了多数人的暴政的危害,过低地估计了联邦的力量。但是,他应该会像现在美国最好的公民那样,惊讶于市政府的管理不善和腐败。他应该会感觉到政党组织现在已经成为这个国家中的统治力量,比议会或者行政机关都更为重要。他应该会发现公共机关的办事习惯造成的恶果是这个职位的持有者私人的好处,这正是对党派服务的报酬。并且,他应该很高兴承认老的派系斗争的形式已经消失。但是派系斗争却出现了一种新的发展,小集团出于自身党派的利益开始同时涉足和插手立法和国际事务。那些人在对这个强大国家的这些事情指手画脚的时候,普遍缺少远见和洞察力,这是一件很不幸的事情;当人们是为了党派的某些暂时利益而将远见和洞察力弃掷一边时,后果甚至会更为严重。

但是,这种趋势内生于各种类型的采用政党制度的政府之中。对欧洲国家来说,这种趋势也是既熟悉又可怕。

第七篇　南非的两部宪法①

第一节　立宪背景

[359]有一句希腊古谚说过:"非洲总能给人们带来新奇的东西。"②令人意想不到的是,这句话用在下面这件事情上也很合适,即南非的两个荷兰裔共和国③的宪法的形式与现存的其他现代国家的宪法都不一样。这两部南非法律文件创设出来的体系与英国的政府体系,也就是所谓的"内阁",不一样(其他的欧洲自由国家

---

① 本文写于1896年,内容是关于1895年南非共和国宪法和奥伦治自由邦宪法的情况。就在当年,英国南印度公司对南非共和国发动了致命的侵略。因为一些很明显的理由,除了一些明显的讹误之外,我没有做大规模的删改。不过,我在中间加了两件最近发生的事情,还对某些宪法问题做了更为透彻的解释。该文的原文见于1896年4月出版的《论坛》(Forum)。
② "确有那么一条谚语,即利比亚总是带来新东西"(λέγεται δέ τις παροιμία, ὅτι ἀεὶ Λιβύη φέρει τι καινόν),亚里士多德《动物志》8.28(参颜一译文)。
③ [译注]两个荷兰裔共和国:指的是"奥兰治自由邦"和"德兰士瓦共和国"。1652年荷兰人开始入侵南非,对当地黑人发动多次殖民战争。19世纪初英国开始入侵,1806年夺占"开普殖民地",荷裔布尔人被迫向内地迁徙,并于1852年和1854年先后建立了"奥兰治自由邦"和"德兰士瓦共和国"。1867年和1886年南非发现钻石和黄金后,大批欧洲移民蜂拥而至。英国人通过"英布战争"(1899—1902年),吞并了奥兰治自由邦和德兰士瓦共和国。1910年5月英国将开普省、德兰士瓦共和国、纳塔尔省和奥兰治自由邦合并成南非联邦,成为英国的自治领地。

都或多或少模仿英国的这个体系),并且,在英国的自治殖民地中也使用该体系),与美国的体系,也就说所谓的"总统制",也不一样(该制度施行于美国,且美国联邦[American Union]中也有几州适用此制度)。虽然南非的宪法与瑞士联邦的宪法以及瑞士的州宪法有那么几分相似,[360]但是,相似的程度并不高,且明显不是有意地模仿,而是因为双方的境况相似,才适用了类似的机制。这两个荷兰裔共和国的宪法纯粹是因为非洲特有的环境而出现的土特产,与其他国家的先例无甚关系,而且与各国已有的政府结构也没太多联系。而且,这些南非宪法乃是产自于一片未开垦的处女地。那里之前没有任何的政治组织,比如欧洲国家的封建国家,所以这两个共和国也不是脱胎于其他的政治体之上。那里也没有社团、行业组织或者商业团体能像美国诸州那样从这些组织和团体中找到了政府原初的形态。那里也没母邦的模型可资借鉴,恰如英国殖民地在帝国议会的法律的帮助下,将英国的宪法复制了过来。

这些宪法中最有趣的特点是其既不是荷兰式的,也不是英国式的。像这些宪法一样平地起步,而不是自然演自于前者,在历史上是一件非常特殊的事。起草这些文件(下面我会谈到这些文件)的南非农民都是些头脑简单的家伙,他们对欧洲或者美洲的宪法体系知之甚少。他们中很少有懂历史的,就更不用说什么法律知识的。他们中很多人都没有接受过教育,虽然在原始的直觉和天资方面还是很卓著的。他们本应该不喜欢政府,并且认为政府越少插手越好。但是,外部环境却迫使他们不得不组成某种形式的组织;并且他们还真的动手弄了一个出来。他们除了还记得好望角殖民地的地方政府之外,就没有什么其他可凭参照或者协助完成此事的了。他们在碰到这种情况后像其他人一样聚到一起(这种情况哲学家曾反复设想过,但是实际上很少出现)——自由独立的人联合到一起,制定一个全新的社会契约,[361]为相互保障和抵御外敌,并因此创设出一个政府。除了经被统治者同意之外,政府没有也不会有任何的权力。

为了解释清楚南非共和国自由邦（一般称为德兰士瓦共和国）起草宪法时的外部环境，我们先来做一个背景介绍。

早在1820年，有一群农民，大部分都是荷兰后裔，住在好望角殖民地的东北部。在那里，他们每天的生活就是将牛羊赶到奥伦治河（Orange River）以北的荒野中。在那里，夏季的雨水滋润了牧场，牧草繁盛。大约在1828年，其中有一些农民在那里定居了下来，虽然他们还是英国王室的臣民。英国王室最初是通过征服，然后又是在1806年和1814年通过购买，才获得此地的。但是，在1835—1836年，更多的农民从此殖民地迁离；有的是小规模的迁离，有的是大规模的迁离；他们对英国政府有各种各样的愤恨，历史最久的甚至可以从1815年说起；他们想要按自己的方式生活，不受外面派来的执政官的侵扰。① 1835年至1838年之间，相当数量的移民渡过了奥伦治河，有一些就留在了那里，另一些则往东北方向跑得更远，一直到瓦尔河之外的未知地区，而第三个移民团体，可能是最大的一个，到了人烟稀少的科萨（Kafir）地区。现在这个地方是不列颠的纳塔尔殖民地。在那里，他们与祖鲁国王发生了冲突，并与不列颠政府为争夺此地厮打在一处。但是在这里我不是想说这个事情。不过，我们可以说，这个团体最终放弃了纳塔尔，加入了山北部的其他移民团体；[362]并且，在与连续好几任的英国好望角殖民地的执政官做了无数艰苦的争斗，且在与当地土著之间做了很多争斗之后，最终，其获得了独立。1852年的时候，英国政府在沙河（Sand River）签署了一个公约，承认瓦尔河彼岸的定居者拥有独立地位。1854年的时候，英

---

① 关于对这段苦难历史的简单叙述，以及对这些移民随后的历史的概述，参见 Theal 博士的《南非故事》（*Story of South Africa*）（由 Messrs. Putnam 出版），及我的《南非印象》（*Impressions of South Africa*），第十一章、十二章。也可参见 Theal 博士的大部头著作《南非布尔人史》（*History of the Boers in South Africa*）。

国又在布隆方丹签署了一个新的公约,宣布放弃其在奥伦治河与瓦尔河之间的领土主权,给予这些土地上的居民以自主决定其未来政府形式的自由。

这两个公约是这两个南非共和国肇始的法律和正式的开始,并且正是从这两个公约开始,这两个共和国的历史,即作为依照国际法获得国际社会承认的自治国家的历史,开始了。但是,在这之前,这些外来的农民早就已经因为外在环境的驱使建立起了某种形式的政府组织了。早在1836年,定居在奥伦治河流域的最大的移民团体中的一个就已经召开集会,选出7个人组成了一个有立法权和司法权的机构。在1838年,纳塔尔的移民者建立了一个众议院大会(Volksraad,人民委员会)。该机构由24名成员组成,任期一年,每三个月开一次会议,对本共同体的事务给予原则性的指导。在该委员会两次会议之间,有一个小委员会,被称为委员会会议(Commissie Raad),履行相应职责。但是,所有的重要决策都由国民大会(general meeting),被称为公共大会(Publiek)做出。每一个公民都有权在此会议上发言并投票。这是一个全民的大会,和古英国的民众大会(Folk Mot)或者古瑞士各州的民会(Landesgemeinde)是一样的。在瓦尔河彼岸定居的其他农民也都适用类似的制度。他们也有众议院大会,或者有时——因为他们被分为几个独立的共和区——是几个众议院大会;[363]并且,各个区或者小共和体中都有一个军事总指挥官(commandant-general)。这些组织的功能更偏向于军事性的,而非民事性的,并且,军事总指挥官都有自己的军事会议(Krygsraad,军事委员会)。军事委员会由指挥官与当地作战号手(field cornet)组成。军事指挥官与军事委员会一起,形成了当地最近似于通常意义上的行政组织的机构。很遗憾的是,在我开始讨论南非人制定宪法之前,不能谈一下南非的国内政治史(如果能这么称呼的话)。这是因为我没有搞到合适的材料,而且,恐怕就算真有这样的材料,数量也不会太多。但是,一般说来,我们能够这么认为,即在所有的这些移民的农夫的共同体中,最高权力是被授予给全体男子的集会的,但是,该集会通常要通过授权一个委员会来履行职责,并且,当地固定的官员通常只有各村的地方官,被称为地方治安官(landrost)、各防区的作战号手以及各区的军事指挥官。这些官员由人民选任。[①] 正是这些原始的安排构成了未来宪政政府构造时的梁柱。

从奥伦治河地区被 1854 年公约承认是自由邦开始,其历史与德兰士瓦共和国的历史就开始分道扬镳了。为了解释清楚这些共和国的宪法,我将首先从自由邦开始,因为其宪法是从 1854 年开始的,比德兰士瓦共和国的宪法要早四年出现。德兰士瓦共和国的宪法是在 1858 年通过的。同时,前者的宪法要更为简单,也要短一些。

在 1854 年,英国政府不顾其部分人民的强烈意愿,主动放弃对奥伦治河地区的主权。那时,在当地的居民中,欧洲人大约有 15,000 人,大多数是荷兰后裔,[364]其余的就都是英国人的后裔。(土著的黑人就要多得多了,但是目前无法做出统计。)在这些人中,大多数是农民,在广沃的农场上放牧牛羊,但是其中还是有五个小的村庄,其中一个是布隆方丹,现在已经成为了一个有 5,800 人的镇,并且还是当地的首都。众议院大会,或者说是人民代表集会,于 1854 年 4 月 10 日召开会议,为新生的共和国制定了一部宪法。该宪法于 1866 年首次修正,并于 1897 年再次修正。但是,在经历了这些修正之后,该文件原初的主要特点仍得以保留。下面我将就当地的现行宪法做一些讨论。

---

① 在这里,我要感谢 G. M. Theal 博士,我参考了他的著作《南非布尔人史》(*History of the Boers in South Africa*)一书中的很多史实。他的这本书写得很好,也很有趣,但是,只是写到 1854 年就完了。

第二节 自由邦的宪法

宪法,在荷兰语中是De Constitutie。自由邦的宪法是一部简洁直白的法律文件,由62个条文组成,其中大部分条文都很短。①其一开头划定了公民权获取的资格以及投票权的运用(第一至四条),然后顺便就把服兵役的义务加给了每个16到60周岁的公民头上。只有白人才能成为公民。外来者,在国内定居满一年且拥有高于150先令($750)的不动产,或者连续定居满三年且书面宣誓效忠国家的,才能获得公民权。

第五至二十七条是关于众议院大会或者主权集会的组成和功能问题。该法宣布众议院大会拥有最高的立法权。该机构由代表组成(目前为58个代表),各防区或者作战号手辖区(Field Cornetcies)、各地区(现在为19个)的主要镇或者村都应各派一名代表参加集会。代表任期四年,[365]每两年重选二分之一的人员。12人是法定的最低参会人数。每一个公民,如未经陪审团宣判为有罪,或者被宣布为破产或无力偿债的,且年满25岁,拥有500磅以上的未设定抵押的固定财产(即不动产)的,都有权参选。

众议院大会于每年四月开会,并且经主席,或者总统(第34条),或者总统和行政咨议会(第45条)召集,可以召开临时会议。

如果总统无力偿债或者被确认为有罪的话,众议院大会有权罢免总统,并且其还有权审判总统的叛国、受贿以及其他严重犯罪行为;但是如果要那样做的话,就要求众议院大会的全体成员都必须到场或者为适当的召集,并且三分之二以上的人都确认总统有罪。该审判的作用仅在于罢免总统,并禁止其在未来继续担任公

---

① 在这里,我要感谢著名的自由邦首席大法官(Melius de Villiers先生),感谢他给我提供了不少与这部宪法有关的资料。

职。然后,被罢免的总统将受到正规法庭正式刑事诉讼程序的审理。

经出席会议的五分之一的代表的要求,大会应就代表的投票数做记录。会议采取公开会议的形式,除非因为某些的特殊情况需要召开秘密会议。

众议院大会不得制定法律限制公众集会和请愿的权利。

大会应致力于推广宗教信仰和教育。

大会应促进和支持荷兰的归正宗(Dutch Reformed Church)。

大会有权修改宪法,但是需连续两年经五分之三以上的多数代表投票同意。

大会有权管理行政和财政事务、征税、借款以及安排公共防务。

第二十八至四十一条是关于总统的选任和职能。

[366]总统选举应由众议院大会推荐一至数人为候选人,并由全体公民投票选举产生最终人选。①

总统任期五年,可连选连任。

总统是行政部门的领导人,有权监督和管理各行政部门和公共服务部门,对众议院大会负责。人们可以就总统的任何行为向众议院大会提出申诉。其每年要向众议院大会述职,并应向众议院大会提出建议以便其作出审议,但是其没有投票权。并且,如果确有必要的话,他还可以提出议案。其可以任命官员,并且可以在众议院大会休会期间补任官员,但是,其任命需要获得众议院大会的确认。(拒绝确认的情况,即便有,也是很少见的。)其可以中止任何官员的职责,但是解职的决定需要获得众议院大会的同意。

第四十二至四十六条是关于行政咨议会。该机构的成员除总统之外,还有其他五人。总统是该行政咨议会的当然主席,且有决

---

① 在实践中,获得国民大会的多数人的推举被视为是被推举人赢得选举的保证。

定权或一票决事权(bestissende stem)。在这五名委员中,其中一名是布隆方丹的地方治安官(landrost,治安官),另一个是国务卿(State Secretary),这两名官员都由总统任命,并经众议院大会确认;其余三人由众议院大会选任。该行政咨议会能向总统提建议,但是不能控制总统行使宪法授予的职权。其应每年向众议院大会报告其会议记录,并有权与总统一起赦免罪犯和宣布戒严令。

关于司法权,其中只有两个条文提到了一下。第四十八条规定只有根据法律设立的法院才有权运用司法权。第四十九条规定高等法院审理的刑事案件都必须用陪审团审判。

第五十至五十六条是关于当地的政府和军事组织。在荷兰的南非殖民地(Dutch South Africa)中,两者间的联系很紧密。

[367]每一个防区都应由当地公民从他们当中选举产生一个作战号手(field cornet),及从每个地区选举产生一个作战指挥官(field commandant)。①

在战争状态下,所有的指挥官和号手应联合选举产生一个军事总指挥官。该总指挥官应按总统的指示行事。同时,指挥官和号手还能在获得总统同意的前提下,解除该总指挥官的职务,另选高贤。每个号手和指挥官都必须拥有地产,目前的要求是至少200磅。

第五十七条宣布罗马—荷兰法律(Roman Dutch law)是国家的通用的法律。②

第五十八和五十九条宣布法律应予强制实施,每个定居者都应该遵守法律,而第六十、六十一和六十二条却授予人们财产权、人身自由和出版自由。

---

① 在罗马早期,军队的长官是由军队选出来的。
② 罗马-荷兰法在整个南非,甚至在纳塔尔的英国殖民地部分(但在葡萄牙和德国殖民地部分除外)都是普通法。特别是在英国殖民地部分,这种法律深受最近的立法的影响。

奥伦治的姊妹德兰士瓦共和国的宪法有很多地方与这部宪法相同。所以，我们先来看德兰士瓦的宪法，然后再谈奥伦治宪法建立起来的政府结构。这样会比较方便。但是，在我们进一步讨论之前，先来看一下这部法律文件中一些突出的特征。

1. 这是一部刚性宪法，即修改该宪法的方式和机关都与修改普通法律的方式和机关不同，修改该宪法必须以某种特定的形式进行——这就是经由连续两次众议院大会会议的 3/4 以上通过。①

2. 除了选举总统和军事总指挥官之外，人们没有其他投票权。[368]其他各种权力，甚至包括修改宪法的权力，都属于众议院大会。

3. 只有一个立法院（legislative chamber）。

4. 总统对立法机关的立法行为没有否决权。

5. 总统有权参加且在立法机关会议上发表意见。

6. 总统的行政咨议会不是由总统选择组成的，而是由立法机关选任的。

7. 行政部门的领导既不能参加行政咨议会的会议，也不能参加立法机关的会议。

8. 立法机关可以公开推翻总统的任何及每一个行为，除了特别授予总统和行政咨议会的职权（赦免罪犯，宣布戒严令）之外。

美国的读者可能会注意到这部宪法中有一些点是来自于美国宪法的。另一些则据说是来自于 1848 年的法兰西共和国宪法。相对来说，在关于这部宪法的解释上，人们没有什么太多的争论。但是，其中有一个问题造成了众议院大会与最高法院之间观点的分歧。这个问题是众议院大会是否有权因为某人藐视议会而判其长期入狱，并且指示国家检察官（State Attorney）对其提起公诉。

---

① 关于刚性宪法，参见第三篇。

法官认为这是立法机关违宪的扩权行为,所以驳回了此案。法官们利用向陪审团下达指示的方式影响公众的观念,最终公众的观念受到了法官的影响,以至于众议院大会不得不默然退场,将这个未决的权力搁置一边。

第三节 南非共和国的宪法

[369]南非共和国,或者通常所称的德兰士瓦共和国,相比其姊妹国,采用的是一部长得多的,也模糊得多的,并且非常不成体系的文件。① 其中相当大一块内容不适合作为政府的根本法律文件,因为它们都太琐碎了;并且,无论这些制宪者的本意如何,该宪法确实没有被视为一部根本法律文件。在比勒陀利亚和约翰内斯堡的学界中,按照严格的法律意义说,其是否真是这个样子还是一个经常为人们讨论的问题。下面,我总结出了一些重要的条款——其总共有232条——并试图展示出其建立的政府结构的大体轮廓。

该宪法(Grondwet,基本法)是由一个代表大会的委员会起草完成的,并由该委员会于1858年2月通过。该宪法的语言是荷兰语,但是现在已经被多次译为英文。

第六条宣布任何遵守当地法律规定的外国人都可进入本共和国领土——鉴于最近出现的一些情况,该条颇值关注——并宣布任何在本国领土内的人的人身和财产将受到平等的保护。

第八条规定,包括但不限于,人们"允许福音在异教徒中的传播,但不得进行欺骗和诡诈";该条规定的真实意图受到英国传教士中布尔人的怀疑,而这种怀疑使其之意图大白于天下。

---

① 感谢我的朋友 J. G. Kotzé 先生,已故的南非共和国首席大法官,感谢他对这部宪法上的一些问题向我提了不少资料。

第九条宣布"人们将无法容忍白人居民与有色人种居民在国内或在教会中拥有平等的地位"。①

[370]第十条禁止奴隶制或者奴隶交易。

第十九条授予人们出版自由。

第二十至二十三条正式宣布人们必须信奉荷兰归正宗的教义原理——由1618年及1619年多德雷赫特宗教大会确立——荷兰归正宗为国教,非此教教徒者不得担任众议院大会之议员,除该教之主教会议之外(consistories of that Church),无其他任何之教会权威存在,共和国内不得存有罗马天主教及新教,除非其教授的乃是海德尔堡教义问答集(Heidelberg Catechism)中的教义。但是,这些"古董"条款在1889年基本法修正案中被大幅削减,最后只剩下了"只有新教徒才能成为众议院议员"②。

在看过这些一般性条款之后,我们再来看一下该法规定的政府结构。众议院议会被授予了立法权,为"国内最高的权力机关"。其由至少十二名成员组成(现在为二十四人)。要成为议员必须年满30岁,且拥有不动产。国内每个地区选举出的议员数量相等。定居在某区并非成为候选人的必要条件。选举产生的议员的任期两年,每年换选其总人数的二分之一。之后,其任期被延长到四年。凡年满21岁的公民都有投票权③(当然,有色人种是没有选举权和被选举权的)。[371]旧基本法规定的"任何经过讨论的问题,都须经3/4以上投票权人的同意"。但由于该规定确难实施,随后便被废除了。

---

① 布尔人都是真诚的信教者,一遍遍地读圣经。但是他们对《哥林多前书》xii. 13、《迦拉太书》iii. 28、《歌罗西书》iii. 11 却不太重视。美国南部诸州的人民也是如此;南非和西印度群岛的英国人也不太虔诚。
② 据我所知,就算是这个限制,在1895年之后也被取消了。
③ 随后的法律规定对外来移民及其子孙获取公民权做出了限制;在1895年,一个外来移民如果没有在当地住满12年的话,就不能获得完整的公民权。在1899年7月,即战前三个月,迫于英国政府的压力,这一时限被缩短为7年。

在众议院议会实施任何法律之前,公众可以有三个月的时间来熟悉众议院议会对该法的看法,"除非确需立刻实施的法律之外"(第十二条)。但是,无论是在法律正式公布前的三个月之内,还是在法律公布后众议院议会的会议期间,人们都可以讨论该法(第四十三条)。会议是以向上帝的祷告作为开始及结束的。除非大会主席或者行政咨议会主席认为确有必要召开秘密会议之外,会议是公开举行的。

如果最高法院宣布总统、行政咨议会的委员或者军事总指挥官不胜任的,那么,众议院议会就应当解除此人之职务并应该补选适任者。

旧基本法将行政权及法律的提案权授予给了行政咨议会(第十三条)。新基本法将该权力授予给了国家总统。总统通过公民普选产生,任期五年。担任总统者,需年满30岁,且为新教徒(之前是荷兰归正宗)(第五十六条)。其是国家最高政府官员,有权任命其他各种政府官员。所有的公务员,除法官之外,皆隶属于他,受其监督。如其死亡、被解职或者不能继续履行职务的,则由行政咨议会中最年长者行使其职权,直到选出新总统为止。如有严重犯罪的,则众议院议会有权解除其职务。其可以向众议院议会提出法律议案——"无论是其自己提出的,还是人们呈递给他的"——并可以亲自或者通过一个行政咨议会委员在会议期间对该议案表示支持。[372]但是,其无权参加众议院议会的投票。其可以向众议院议会提名某个公共职务的人选;其可以中止公务员的职务,以避免其对众议院议会承担责任。其应向众议院议会提交一份收支情况的估算报告,报告应根据其前一年的行为及共和国的整体状况编制。其应每年巡视一遍设有公务机关的各镇及村,向当地的居民提供表达其意愿的机会。

行政咨议会由总统、其他四名官员及其他两名成员组成。这四名官员分别是国务卿、军事总指挥官、地方事务主管及会议记录保管人（记录持有人，Notulenhouder）。该咨议会的所有成员，除军事总指挥官之外，都由众议院议会选任；国务卿的任期为四年，其他两名成员的任期为三年。军事总指挥由全体国民选举产生，任期十年。上述所有人，包括总统在内，即都有权参加众议院会议，但是无权参与投票。总统与咨议会拥有外交权，并有权减除或者赦免刑罚。经咨议会一致同意，可以判处死刑。总统，经咨议会一致同意，可以宣布战争，公布战争令，召集全体国民服兵役（第二十三条，第六十六条及第八十四条）。

第九十三条至第一百一十四条与军事组织相关，设定这些条款的目的是为了显示该共和国尚武的特性。这些明文规定，不仅是为了对外战争及维持国内秩序所用，还是为出现地方起义、人民怨恨以及白人之间的内战时所需。官员们全部都由国民选举产生；而军事总指挥则由全体国民选举产生，任期十年；军事指挥由各地区选举产生，任期五年；各防区的作战号手和作战号手助理的任期则为三年。[373]司法官（第一一五条至第一三五条）包括地方治安官（landrost）（地方官，其还承担行政职责）、村镇会成员（heemraden，地方的评议员或者陪审推事）和陪审员。司法权的行使的条款规定得很细琐且新奇，但是与宪法没有太多的关系。行政咨议会可以向法院管辖区的人民推荐两名地方治安官，由当地的人民从这两人中投票选出一人。剩下的条款都是一些琐碎的规定，涉及官员和陪审员发誓以及其等可以判处的刑罚的事项。第十五条是一个总则性条款，规定了司法独立，即"授予地方治安官、村镇会成员以及陪审员司法权"，以及在第五十七条规定了司法官员"可以自由且独立的运用其司法权"。旧宪法没有规定最高法院和巡回法院。这两个机构出现在1889年的宪法之中，上述机构中的法官都是终身制的。最高法院由一个首席法官加上四个陪席法官组成。

旧宪法中也含有一些奇特的细则，涉及民政（该类事项的权力主要被授予给司法官员,并由军事指挥官和作战号手辅助执行)和国家的岁入(主要来自各类收费和特许费,直接对人们开征的税很少)。农业税不超过40磅,人头税,即没有农场或者只有一个农场的人缴纳的税,为每年5磅。众议院议会的议员们参加一天会议可以得到5磅的报酬。多数此类的规定在1889年的宪法中被删去了。行政咨议会主席的工资是5333磅,2先令和4荷兰币(stuiver),且其工资随国家岁入的增长而不断上涨,现在为7000磅/每年($35000/年),外加补贴。

自1889年以来,该宪法最大的一个调整乃是于1890年建立了一个新的议院,[374]被称为第二众议院议会。该议会的选举要比第一众议院议会更为自由。任何人在国内定居满两年,宣誓效忠,且满足其他各种要求的,即有投票权。但是,该议会基本上没有什么实权,因为其只能做很少的几件被指定的事情以及第一众议院议会交给的其他一些事情;并且第一众议院议会(First Raad)可以推翻其决定,而第二众议院议会(Second Raad)无权对第一众议院会议做出的决议或制定的法律发表自己的意见。因此,这里的第二众议院议会不是通常意义上的第二议会,像美国的参议员或者英国的上院那样,而是旧议会的附属机构。人们从未想过要给它太多的权力,而且在事实上,其之产生也不过是向南非外国人或者刚迁入的未获得公民权的移民们提出的要求的一种妥协,装装样子罢了。

在开始探讨这部宪法的法律特性和效果之前,让我们先来对其做一个大概的分析。

旧宪法是一部粗糙的、毫无技术性的法律文件,其起草者是一群没有法律技术的、对其他宪法也一无所知的家伙。

其用语经常很模糊,其中有很多条款过于细琐而不适于成为基本法的内容。

虽然该宪法的制定及目的皆是出于纯粹民主,但是,其实质上却立足于不平等——白人与黑人之间的不平等,宗教信仰上的不平等。在这方面,有确立荷兰归正宗为国教,有罗马天主教被禁止存在,有修正宗教徒之外的罗马天主教徒、犹太教徒和新教徒等被禁止竞选总统、立法机关及行政咨议会的成员。在修正后的该宪法(1889)中,[375]其中有些毛病被修正过来了,并且,其中的宗教方面的限制,被削减为只要求总统、国务卿、治安官及众议院议会的成员都需为新教徒。但是,冲着有色人种的那扇大门却依旧还是紧闭着的。

其一直鲜有人权法案的性质。之所以如此,部分是因为起草者的疏忽,部分是因为一个假定——共和国的早期历史充分的证明了这个假设——即南非政府是一个弱势的政府,不可能侵害公民权利。

在我们审查这部宪法的时候,提出的第一问题与其稳定性、持久性有关。这是不是一部刚性宪法,即其是像自由邦或者美国的宪法那样,只能在某些特定情况下才可以改动呢?或者还是像其他法律一样,由普通的立法机关通过普通的方式修正?

如果说其属于第一种情况,即这部宪法是刚性的,那么,我们就不仅要参考基本法(Grondwet [Ground-law])这个名称,更为重要的是,还要参考该法的某些语言。其在形式上宣布人民拥有普遍的权力,并将这种权力分别授予立法机关、行政咨议会和法院(同时也授权军事当局)。这看起来是建立了一个政治三巨头,就像是美国宪法做的那样,而且其中没有一个巨头可以侵犯他者的权限范围。其中有些事看起来是为了确保立法机关无法修改而制定的,比如,第九条规定"人民不允许有色人种拥有与白人一样的平等地位";第十一条规定"人民保留根据法律来保护和护卫其独立和教堂及国家神圣不可侵犯的专属权利"。

[376]另一方面,也有人认为这是一部柔性宪法,因为这部宪法原来,而且现在都没有包含与修改普通法律不同的特殊修改条

款。我们无法说这部基本法就不需要修改。如果我们看看这部宪法中包含的琐碎的规定的话,就会知道这种宪法是很愚蠢的。这部法律没有通过术语对细则与通则、固定的规定作出区分。因此,所有的规定就都是可以修改的,由唯一的立法机关,即众议院大会来修改。这种观点是立法机关真正采纳了的观点,而且人们对此也保持默许的态度。其对宪法确曾做了一些改变——比如允许非属于荷兰归正宗教会的人参选,建立一个新的最高法院,建立第二众议院大会——这些改变都是与基本法本身相矛盾的,但是其效力并未受到质疑。

虽然基本法的制定者想要把其中一些内容搞成是根本的和不可变更的,但是他们却没有对这些部分和其他部分做出区别,而且也没有提供特殊的保护措施来防止人们妄自修改这些重要部分。于是,才导致了这个问题的出现。关于这个问题,或许我们可以解释说因为相对于他们承担的这项任务的精细性而言,他们都是一些未经充分训练的法学家或者政治家,所以才造成现在这种局面。他们臆测认为众议院大会和他们会有同样的想法,会对他们认为是根本性的规定报以尊重;他们依靠国家的普遍观念。而且,他们提供了一种办法,通过这种办法,[377]国家可以经常性地对立法发表看法,即第十二条,规定人们在三个月内可以对众议院大会发表自己对任何法律草案的看法。一般认为众议院议会应该遵守这些看法,虽然确无强制手段确保其真的会这么做。

在上述规定中有一个有趣的细节,即其将"不应有任何迟延的法律"给排除在外了。因此,现在,实际上众议院议会一般都会忽视这一一般性规定,直接通过法律(enactment)而不给人们三个月的表达自己意见的机会。据说在这些法律中,有的还修改了基本法,它们都被称为是"决议"(resolution, besluite),以与法律相对;当人们对这种立法方式提出疑义时,众议院大会的解释通常就是其乃出于紧急,虽然事实上有很多决议,就算是重要的话,也都不能算是真的紧急。这些规定,和根据基本法的规定通过的法律一样,具有同等的约束力(因为从1895年至今,第十二条就从未没有被正式地修改过);直到最近,在法院,它们的效力才受到严重的质疑。那些支持其是有效的人争辩说,其实,众议院大会在将上述决议作为法律通过时,已经默示的,且决定性地废止了第十二条;或者就算未曾废止,也应该是只有众议院大会对第十二条规定的紧急情况拥有唯一的判断权,其可以合法地认为什么事情是紧急的,哪怕实际上并非如此;首席大法官在1895年审理的一个案件(南非诉赫斯案)中确认了这种观点。他们进一步说,哪怕抛开上述这些说法不谈,在这许多年里,上述这个众议院大会的习惯,得到了人们所默许,必须被视为是确立了对宪法的真正解释。而且特别是根据罗马-荷兰法来说,习惯,无论其是肯定的或者否定的,都可以改变成文的法条,因此上述这个习惯也就可以废止第十二条的规定。[378]同时,《学说汇纂》(Digest of Justinian)I. 3. 32 也提到:

> 根深蒂固的习惯就像法律一样被遵守……民众表达自己的意志是通过决议还是通过事实本身和行为又有什么区别呢?因此很正确地接受了这个原则:法律不仅通过立法者的表决而被废除,而且也可以通过全体默示同意的废弃而被废除。(Inveterata consuetudo pro lege custoditur... nam quid interest suffragio populus voluntatem suam declaret an rebus ipsis et factis? Quare rectissime etiam illud receptum est ut leges non solum suffragio legis latoris, sed etiam tacito consensu omnium per desuetudinem abrogentur.)①

不过,关于这点,人们认为已经废止的法律原则是不能适用于

---

① [译注]参考罗智敏译文。

新的表述明确的法律之上的。

一直到1897年,德兰士瓦的高级法院都坚持认为,众议院大会通过的决议和法律都是充分有效的,无论其是否提交给人民经过三个月的时间,也无论人们对其是否真的紧急提出过质疑。因此,其宣称立法机关有权修改基本法,而当地的基本法并非是刚性宪法。但是,老早以前,在布朗诉里德斯案中(*Brown v. Leyds*),多数法官表决认为,一部法律,如没有根据基本法的规定提交给人民提出意见,便是违宪的,因此也就是无效的。所以,该案的判决似是断言说(因为判决的用语并不是十分明确)南非的基本法是刚性宪法,不可由普通立法机关修改。这个举动受到了行政咨议会和立法机关的强烈憎恨:后者遂通过了一个决议,指示总统要求法官都提交一份声明,声明其在未来都会承认众议院大会通过的法律的有效性,并不再坚持拥有一部法律是否与基本法相符合的"测试权",不从者便予以解职。首席大法官拒绝提交上述声明,便遭到解职。这样一位为国家做出诸多贡献者不能再继续任职,实乃值得遗憾的事情。

概而观之,除开掺杂于其间的政治激情不论,合理的观点应如下述(不过我在谈这个问题的时候,[379]我有点没自信,因为我是一个异邦人,对此及共和国之历史的了解不臻完美):

南非共和国的宪法,虽然制定者在制宪时,将其中最重要的条款视为是基本法,所以也就不能由众议院大会以普通立法权加以修改,但是,其实际上并不是一部刚性宪法,而是一部柔性宪法。我们不应该太关注制宪者最初是怎么想的,而应该更多地关注其条文所表达的真正意思;其缺少关于修改方式的条款——就像奥伦治自由邦宪法中的条款——才是问题的关键所在。一个法学家,如果熟悉如何对法律文件中包含的变更权力做出严格的解释的话,就应该会对上述的这些法律(并不涉及不得迟延事项的法律)提出质疑,认为上述决议忽视了第十二条的规定,所以在众议院大会通过立法修改该条之前,其效力都是可疑的。但是德兰士瓦高等法院却曾认为关于是否紧急这个问题,是应该由众议院大会来决断的;而且人们必须承认,一个熟悉其他国家法律体系的人并不必然就熟悉美国的法律原则。比如,瑞士人就使他们的立法机关成为了宪法的解释者,以明确立法权的范围①。虑及此点,再加上直到1897年南非的法院和全体人民都将众议院议会视为是绝对的主权机构,那么其宣称其之主权就无需有太多惊讶了。而且其所主张之权力也并不比英国议会所真实享有之权力多出毫厘。但是,虽然众议院大会行使的权力是其合理认为其所应享有的(而且我认为这是正确的),并且原本是能够不通过高等法院的多数人来宣称其拥有一种之前没有的权力,[380]但是,更为聪明的办法应该是修改宪法,通过某种方式给予司法机关一个更为确定的位置,而不是其原有的由一部粗糙的不完善的法律文件所给予的位置。正是因为宪法模糊不清的语言,才导致了这所有的问题,而这等于是正式宣布了南非宪法不是——而且其实际上也真不是——一部刚性宪法。众议院大会本应该使它变得更加适合社会的需要,因为现在的南非社会已经与原初该法制定时的情状大不相同了。

第四节 对这两部宪法的特征和运行状况的评论

这两部宪法的原则都是高度民主的。在宪法制定时,其就被确定为如此。在这些住在广大疆域的白人之中,流行的是完美的社会平等观念、对独立的强烈的热爱和对个人尊严的浓烈感情。他们很少像这个世纪的文明人一样受到什么政治理论的影响。他们希望的是一个纯粹民主的政府,而且他们确实不太需要任何的

---

① 参见第三篇。

政府,这是因为他们个人的经历和他们身处于荒野之上的环境所致;人们可能会想他们是否本可以建立一个常规的政府,但是因为某些来自于好战的土著部落的威胁才导致他们没有这么做呢?要真的实现上述这些想法,就要求这些人都住在如瑞士的乌里(Uri)或者阿彭策尔(Appenzell)州那样的城市或者小区域内,将立法权和重大事务的决定权交到公民大会的手里。但是,实际上他们散居在一个广大的荒野之中,除了每天走12英里的牛车外,就没有其他的交通方式了。在奥伦治河地区初建国时,虽然其领土面积可以比肩英格兰,[381]但人口只有不到3000人。因此,在那里,组建公民大会是不可能的,而权力便被授予给了一个代表机构。

在这两部宪法中,有一个最为突出的特点是立法机关拥有至高无上的地位。德兰士瓦的众议院大会最初有权任命所有的公共职务,而总统只有权做出提名,甚至在1889年修改宪法的时候,众议院大会还保留了同意和不同意总统做出的任命的权力。在这两个共和国中,众议院大会任命了行政咨议会的绝大多数成员,这些人都是总统的身边人,向他提建议,同时也监视着他、控制着他。大会对国家的岁入和支出有绝对的控制权。它可以修改宪法,虽然在自由邦里,其必须要通过既定的多数人投票通过才能这么做。总统对大会的行为没有否决权;而且和绝大多数现代的自由国家不同的是,大会不是两院制的,不搞什么两院各不同,相互出难题。大会的投票除了要遵守自己制定的限制外,没有其他的限制,所以,如果它愿意的话,它的决定就是唯一的,也是决定性的。

相对于握有无上权柄的立法机关,政府的另一支就显得有点孱弱了。一开始,对司法部门的权力的认可是很模糊的,而且在南非共和国,其独立地位一度受到行政和立法机关的严重威胁。最后,是在法官和律师的共同努力下,才唤起了人们的关注。随后,在众议院大会与首席大法官之间发生的争论,我们在上面已经讨论过了。对于英国和美国来说,法院是宪法的适格的和有权的解释者。这一点为两国的法律原则所阐明,但是,在自由邦里,这点却从未得到正式的承认。并且,虽然这两个国家里的法官都实行终身制,但是,他们的工资却为立法机关所掌控。

[382]政府的行政首长和美国的总统一样享有一个优势,即其是由人民选举出来的,而不是像法国是由立法机关选举产生。但是他对立法机关的行为没有否决权,相反,其行为可被立法机关推翻,最少在自由邦中是如此,而在德兰士瓦情况比较模糊。每当总统提议做什么事情的时候,都要取得众议院大会的同意。他处处受到行政咨议会的掣肘,而这个机关的人又不是他选任的,这和美国的州长很像,但和美国的总统不太一样。在自由邦里,众议院大会可以审讯总统,然后如果其确认总统有罪的话,还可以对他采取措施。另外,和英国王室及其大臣,或者美国总统不同的是,那里的总统没有兵权,因为兵权属于军事总指挥官(虽然在奥伦治自由邦里,总指挥官要"听取总统的指示")。

与所有的这些弱势相对的是,南非的总统有两项优势:第一是其可以在众议院大会中发言;第二是其可以连选连任。

如上所述,行政咨议会虽然据称是起到了协助和建议的作用,但似乎是用来限制总统的。这可以和英格兰中世纪的枢密院相提并论。不过两者之间有很重大的区别,因为枢密院的人员不是由行政首长任命的,而是一半由立法机关,一半由人民来任命的。随后我们就会看到,这个机关在整个政府的机制中,不算是个重要的角色。

关于上述各点,南非的两部宪法很相似。并且,在对国教的态度上,它们也都很相似。两者都是一开始予以承认,而且一直都没有彻底废止这种承认——英国殖民地和美国的民主观念是反对设立国教的——两者也都将有色人种排除于各种政治权利之外。看起来两个共和国的观念并无任何实质性的区别。[383]而且,南非的英国殖民地的观念也与此无甚区别,因为虽然好望角殖民地受到英国的影响而允许有色人种参与投票,但是却设置了财产和教育等方面的要求来严格限制人数。因此,这个政府所谓的共和与1788年美国的做法是不一样的,其并不是以"人权"为主旨的。

总的来说,这两部宪法将全能的代议制议会发挥到了极致。如果我们将他们创造出来的这个体系与英国及其自治殖民地的内阁体系,还有美国的总统体系做一个对比的话,就能更清楚地认识到这个问题了。

我对南非的体系和英国的体系的主要区别做了一个简单的总结:

南非共和国的行政首长是直接由人民选举产生的,而英国和其殖民地的行政长官是由立法机关选出来的,①不过需由国王或其在殖民地的代表任命。

在南非共和国里,行政长官不能像英国一样由议会投票加以解职,当然其也没有权力解散立法机关。

在南非共和国里,名誉元首就是实际的行政长官,而在英国的体系中,责任内阁位于元首和议会之间。

在上述各点上,南非的体系与美国基本相同。

[384]在南非共和国里,总统的咨议会不一定由同意总统的施政观点的人组成。其可以站在总统的对立面,就像沃伦·黑斯廷斯在加尔各答的咨议会就永远站在他的对立面一样。南非的行政咨议会的组成也和英国的(普通)内阁和美国的联邦内阁不一样,其不是由各个行政部门的长官组成的,虽然其中确有几个这方面的官员。

另一方面,南非的体系在允许现任行政长官在立法机关中发

---

① 这种说法源于白芝浩。不过实际上,国会不能决定整个内阁的组成。内阁中有些人员可能就不是由国会选出来的。

言一事上与英国是一致的。这个允许是万分重要的。而在美国,按照惯例,总统和州长都无权这么做。①

南非和美国的体系之间的主要区别是:

南非共和国的总统的独立性比美国的总统和州长要差很多。其对立法机关的行为没有否决权,而且也不太能通过任命官员来间接行使权力。一院制的立法机关相比美国两院制的立法机关会对总统产生更大的冲击,因为两院之间经常会出现观念不一致的情况,所以总统可以从中挑拨,谋取好处。更进一步说,正如上面提到过的,美国总统有一个其自己选出来的顾问组成的内阁,而美国的州长的身边也经常有一批官员,是在同一选举中按照政党政策(party vote)选举出来的,所以这些人是其政治上的同盟者;但是南非总统就只能有一个众议院大会强加给他的行政咨议会,里面满是他的对手。而且甚至在与外国谈判的时候,其还不能抛开行政咨议会自己出面。

[385]这两部南非宪法的一个突出特色是其所规定的行政机关与立法机关之间的关系。其和美国宪法不同之处在于,两者的权力并不是截然分开的,因为南非总统习惯于在众议院大会中发表讲话,甚至自身就领导了众议院大会。南非的情况与不列颠及其殖民地也不一样,因为在南非两者并不是联结在一起的,南非的总统是由人民选任的,有固定的任期,并不能由众议院大会解职,而在英国及其殖民地,首相是依靠着立法机关的,同时也是立法机关的首领。南非吸取了美国总统的独立性以及英国及其殖民地的首相对立法机关的影响力这两大优越性。当然,实际上,他几乎是由立法机关控制的,因为其不像美国总统那样有否决权,也不和英国首相那样有解散议会的权力。众议院大会可以夺取其所有的实权,如果它愿意的话。不过,总统也是不好惹的,因为他有前面提

---

① 虽然联邦宪法中没有什么规定能够阻止总统在国会中发言。

到过的两大优势。他能劝说众议院大会改变主意,如果众议院大会没有形成有组织的政党以至于变得刀枪不入的话。他能对人民施加影响,因为他是他们选出来的。他身居高位,引人注目,引领者人们的观念,这是众议员大会无从比肩的。

但是,人们务必记得这些特征(在谈南非体系的运作时我已经谈过了)——可能有人会说成是优点——是属于小众而非大众的。奥伦治自由邦在1895年的时候仅仅有一万七千人,德兰士瓦的人口也不多。雅典在地米斯托克利时期就有大约3万人了。在大国里,有大的议会,而该议会的规模又足以形成政党政治,那么情况就会不大一样。此外,在大国里,行政部门都会很庞大,其工作也很重。但是,在南非,总统不能和众议院大会商量行政部门的事务,也不能被轻易要求对其行政官员的行为负责。[386]而且,其对事务和人员的了解越少,对众议院大会的影响力就越小,而行政咨议会就越容易控制他。咨议会委员可能会和众议院大会的政党领袖私通,以便在政府中占有一个更为重要的地位,最终政府便成了他一个人说了算的机构。

任何人,如果不了解这两个南非共和国的历史和社会环境的话,想要通过阅读其宪法就预测其政府运转的情况的,都会认为其创造出了一个霸权,甚至是专权的代议制集会;因为在每部法律文件中只有少数的对其权力制约的规定。他将会看到在那里政党政治是按照一种明确的形式来发展的。权力可能集中在占多数派政党及其领导手里。而元首不过是一个跟着他们的意志扑腾的牵线木偶。法院,特别是在使用柔性宪法的德兰士瓦,是不能扛得住立法机关的暴力狂潮的。总统可能会试图通过制造人员任命的僵局来与其相抗衡;而且其确有一定的道德上的优越性,因为他是人民直选出来的。但是,无论如何,一院制的议会是定然不会允许这种事情发生的。

事实是这样的吗?绝对不是。按照美国和英国的观念来说,在南非就没有出现过什么政党政治。立法机关没有成为霸权,将其他各方纳于麾下。相反，总的来说，它还是听从元首的领导。虽然（在德兰士瓦）法院曾经受到过威胁，但是其还是按照公正和独立的原则来断案的。但是，为了说清楚发生了什么，我必须在一些时候，将奥伦治自由邦和南非共和国分开来讲。这是因为虽然两者的宪法很相似，而且其公民的出身也基本上是一样的，①[387]但是他们的历史确实非常不同。

在1899年前很多年间，奥伦治自由邦境内都很平静，没有什么重大事件发生。一场土著战争给其造成了一些伤害，但是战争的结果是给它带来一长条很有价值的领土。它加入了不列颠殖民地南非关税同盟，将其铁路置于好望角政府的管理之下。其与两个英国自治殖民地维持着良好的关系，放低外来人口获得公民权的门槛，并且英国政府一直都承认其独立地位。该国的发展虽然不快，但还算稳步和良性。其人民不算贫穷，也不算富裕。国内没有出现什么激动人心的问题分化人民，也没有政党出现。其议会虽然过于庞大，但还算是个明智的和有效率的机构，而且除非确有必要，一般不在争论上浪费时间的。1863年到1888年间，其在布兰德总统的引导下开展工作，因为布兰德总统连选连任了五届，并且因为其判断力和爱国心激发了人们的绝对忠诚，所以便能靠参加议会并发言来影响议会，而这证明了这点是最有价值的。他的继任者瑞茨（Reitz）先生也获得了与众议院大会同样的尊重和几乎同样的影响力，只要他想要用这种尊重和影响力的话。于是一切都运行得很顺利。瑞茨在1895年因为健康问题而不得不离职。1896年，斯泰恩（Steyn）总统继任后也获得了同样的承诺，人们相信后者——我在1895年访问奥伦治自由邦的时候听说了这个——其拥有一种品质，能够使得其前辈受人尊敬。虽然，在整个

---

① 英国的因素对奥伦治自由邦的市民的影响更大，而对德兰士瓦共和国自治市市民影响较小。

政府体系中,行政咨议会不算是很有价值的部分;并且有些明智的观察家还认为应该和美国或瑞士一样,修改当地宪法以强化法院的地位,[388]并且引进全民公决宪法修正案的规定。但是,总的来说,其整个政府体系的运转还是很流畅的,清廉且高效;立法机关的行为并未受到质疑,而且人们对法律制度都表示满意。

南非共和国的历史就十分不同了。在1858年宪法制定以后,内战就爆发了;自打那时起,内讧和麻烦就没有消停过。1877年,英国不顾当地人民的意愿吞并了那里,随后当地又受到土著敌军的威胁;1881年,当地恢复自治,成为英国的藩属国之一。① 但是其政府却一直受到经济问题和其他问题的困扰,直到1884—1886年发现了金矿区。这些金矿区都是富矿区,增加了国家的岁入,也带来了稳步增长的移民潮,因此也就造成了全世界闻名的政治危机。② 这一结果是其宪法没有获得半刻的平静来测试其适用的情况。它没有像奥伦治自由邦的宪法那样运行得很顺畅。这不仅是因为自身的瑕疵,也是因为国内外战争的压力。同时,立法机关也没有起到带头作用。[389]伯格斯(Burgers)总统,1872年—1877年在位,和其前任M.W. 比利陀利乌斯(M. W. Pretorius)一样,比众议院大会有更大的权力;从1881年开始,克留格尔(Kruger)总统三次连任,成为了该国的执政力量。通过对人民的影响力,以及通过经常在众议院大会上的露面和讲话,他反客为主,获得了比

---

① 在1884年的公约中,所有的宗主权条款都被删去了,除了保留英国对南非签订的国际条约的否决权外,并承认南非拥有充分的独立地位。
② 当世界各地的移民开始涌入这个国家的时候,获得公民权就更为困难了,因为市民中的保守派害怕这些外来者。这些外来者并没有想过要把这里当他们自己的家,所以,如果就这么给他们投票权的话,那么他们就会变成多数人,现有的共和国体制就会被推翻,包括官方语言荷兰语以及宗教和国家之间的关系也都会被破坏掉。当地人轻蔑地称呼这些非市民出生的移民为"希洛人",希洛人是斯巴达的半农奴,雅典将在本地定居的外国人称为"麦蒂可"。但是,南非的这些侨民肯定是要比希洛人好多了,因为他们在私法领域享有充分的市民权,只是没有政府治理方面的权力。

其他共和国的元首更大的职权,而实际上其他的元首的法律职权大都是不小了。外交上的危机和经济、社会状况,以及个人的品质都影响、修改和超越于正式条文和政府的宪法机制之上了。因此,与人们的预测相反的是,在德兰士瓦,立法机关从未有机会侵蚀和凌驾于国家的其他机关之上。或许要到国际关系归于平静而国内发生纠纷时,它的转机才会到来。因为当国际问题占据人们的大脑,需要快速做出决定以及需要保持政策的延续性的时候,在所有的国家里,立法机关都会比元首矮上一头。

附　言

在我将上述政府结构构建的著名实验之框架付于文字之时(1896年),两个荷兰裔共和国不幸与英国之间起了战事,前后持续有数月,直到该文成型之时尚未终止。这场战争给南非共和国带来了不幸和残败,给那个曾经异乎快乐、富足、和平和自治的共同体——奥伦治自由邦也同样带来了不幸和残败。但是,愤怒的火焰还在熊熊燃烧,没有人能够预测说在炉子里这两部宪法会被煅炼成什么样子,或者它们到底还能不能继续存在。[390]这是一场如此可怕的灾难,其没有给参战方带来什么利益,相反,南非,甚至英国,却都会遭到致命的结局。相比这样的灾难而言,宪法的败坏或者变化看起来就是一件小事情了。只是,这样一来的话,这两个共和国就甭想继续它们宪法的正常发展之路了,而这种发展偏偏又是极具价值的。其本可以给其他的小英联邦共和国提供很多有价值的建议或者有用的例子,因为在这些宪法之中,特别是在自由邦的宪法之中,很多有价值的东西是在美国或者英国的体系中都没有的。这帮淳朴的自由邦农夫以简单的做法达到的效果,比哲学家绞尽脑汁搞出来的政府体系更好。但是,虽然智慧女神顺利地产下了所有的孩子,但是她却没法保护所有的孩子不在战火中夭折。

第八篇 澳大利亚联邦宪法

第一节 引 言

[391]澳大利亚是世界历史上首个一个国家就覆盖整个大陆的例子。澳洲大陆的所有居民都属于一个民族（如果我们排除消失了的当地土著的话），并且他们都忠于同一个国家。因此，它给我们提供了唯一的例证，展示一部覆盖整个大陆的政治宪法是怎么样或者应该是什么样的。并且，这也是历史上为数不多的几个例子，即众多政治上互不相干的共同体（除了都向遥远的王室效忠之外），感觉到自己是一个民族，随即组成一个民族国家，并在随后制定的国家制度中正式承认并宣布它们的统一。过去和现在，恐怕没有什么国家比澳大利亚，或者说新荷兰，进展更快的了。这个地区，除了其沿海的一部分地区以外，在18世纪初时尚被标为未知之地（Terra Incognita），直到1788年的时候，才有英国人开始在悉尼地区（离库克船长的博特湾不远）耕种。[392]新南威尔士（最老的殖民地）和西澳大利亚要分别到1855年和1890年才能组建责任政府。

一个新生的国家就占了这么大一块巨大富饶的土地真是有一

件很有趣的事情。但是除了单纯的有趣之外,研究政治科学的人应该更进一步,探寻和反思澳大利亚联邦的精致的宪法的制定过程。每一种新设计出来的政府结构都是人类的政治资源宝库中一笔宝贵的财富。其既是对过去的宪政经验的详细审查,也是一种对未来充满启发意义的实验。制宪会议的政治家审阅了之前所有的实验,习其长而略其短,深得前例之精髓。最终,制宪会议制定出了精致的政治体制的计划,同时,这也等于是它就对前人的工作所做的一个总结,并为后来的建国者提供给了所需的素材。

几乎所有澳大利亚制宪会议涉及的先例都是晚近以来的,或者更为确切地说是最近一个半世纪的。虽然联邦政府(federal government)是一种很古老的体制——最早的联邦制国家出现在公元前四世纪的利西亚(Lycia)城邦——但是,古老的联邦(federation)几乎都是一小群共和国为了共同的军事防御目的而组成的联盟。这样的同盟(league)从未最终成长为真正的联邦国家(Federal States)的,或者用个更恰当的说法,就是成为一个国家且在这个国家里中央政府对成员共同体的公民有直接的管辖权。同样的情况也适用于中世纪的联邦,比如汉萨镇(Hanse Towns)同盟、古瑞士州(old Swiss Cantons)同盟,以及荷兰联省(United Provinces of the Netherlands)。第一个真正的联邦国家是美国,[393]其是一个建立在完整的科学基础之上的国家,建立于1788年。1788年的时候,美国的现行宪法代替了1766年美国邦联条例。接下来便是瑞士联邦宪法,制定于1848年,并且该宪法以一种更为紧密的国家形式代替了之前的瑞士各州间的松散的联盟。其现行宪法是于1874年修订后施行的宪法。第三个便是加拿大的宪法,是通过1867年不列颠北美法令建立起来的。紧接着是北德意志联邦宪法(1866),该宪法最终扩大成为新德意志帝国宪法(1871)。该帝国是一个著名的联邦国家,有一个君主,以及一些大的成员王国,比如巴伐利亚和符腾堡(Würtemberg)、吕贝克城市共和国(city republics of Lübeck)、不来梅以及汉堡。① 不过,我们上面最后提到的那个联邦,虽然很有教益,但是其外部条件与澳大利亚截然不同,所以在这里没有太多的先例可兹借鉴。鉴于此,澳大利亚对美国宪法和加拿大宪法研究得比较细致,并且,从中获得了不少启发和有用的想法。并且,研究人们在研究澳洲的方案时会发现,通过比较其与他国的方案相似性和差异处,我们能够在澳大利亚的宪法上看到很多美国、瑞士和加拿大宪法的影子。在下文中,我也将就澳大利亚宪法与这三部宪法做一个比较。本文我既不是写给法学家看的,也不是写给宪法学和历史学的研习者看的,这些人需要充分了解澳大利亚新政府的性质以便正确的把握其政治生活的动向。在这里,我想绕过其技术和纯粹法律层面,讨论其一般的特征。该特征将会将自己的特征和精神灌注到未来的澳大利亚政治体制内。

第二节 联邦组建运动

[394]就像北美的英国殖民地一样,澳大利亚的殖民地都各自在不同的时间组成了大殖民地,并且其中有几个还独立于其他的殖民地。② 同时,在这点上澳洲与北美也很像,即这些殖民地在法律上互无联系,但它们都向英国国王宣誓效忠,且国王会派执政官去管理它们。被派来的官员最初都是专制的;但是,一旦殖民地建立起了自治政府之后,其就成了行政部门的名誉首长,而且当地行

---

① 人们可能还会加上奥匈帝国的宪法,但奥匈帝国差不多是一个由两个联邦国家组成的国家。这个国家的宪法太奇怪了,不足以作为其他想要成立联邦的人们的参考。
② 新南威尔士成立于1788年,塔斯马尼亚成立于1825年,西澳大利亚成立于1829年,南澳大利亚成立于1836年,维多利亚成立于1851年,昆士兰成立于1859年。然而,最初对昆士兰和维多利亚的殖民是在年1826和1836年,并且,有一段时间,它们接受新南威尔士的管理,而塔斯马尼亚于1804年成为罪犯的殖民地。

政部门的主要官员都要向殖民地的选举立法机构负责。

虽然,在官方层面,澳洲各分散殖民地之间没有什么联系,但是,那里的居民却不那么看。他们都把自己视为是澳大利亚人,心属国家,而非各自的小殖民地。他们都是英国人;他们都住在类似的环境中:他们在当地的生活还不够久,不足以形成传统以至于淡化他们之前的情感。其中一些殖民地居民的名称也与个人主义搭不上关系,谁会称自己是新南威尔士人呢?要将各殖民地联合成为一个政治体的想法很早就出现了。早在1849年,就有一个英国委员会提议应该为整个澳大利亚派一个总执政官,其有权召集殖民地全体会议以制定关系各殖民地共同利益的事项的法律,并且,同年,还有人向议会提交议案,其中包含了要求建立这样的立法机构的条款。当时,这些条款未被采纳,因为条件尚不成熟。然而,这种想法却一直萦绕在澳大利亚政治家的心头;[395]1867年加拿大联邦的成立给了大家一个刺激。但还缺少动力,即各殖民地联合成为一个民族国家确能趋利避害。那时,各民主共同体内部满是党争,也就没有太多心思想去处理不太急迫的问题了,何况这个问题最终是否对大众和领导人都有利还在两说之间。但是,1883年的事件唤起了一种新的泛澳大利亚的情感,并且指明了成立联合的澳大利亚政府的目标所在。已故的德比领主,之后是殖民地的国务秘书,是一个极度谨慎,极度理性的人。他们都是英国政治家中的老古董,他们都反对——有时是很巧妙地反对——扩大不列颠帝国的面积,增加不列颠帝国的职责。他们不管各殖民地政府的请求,不肯占领新几内亚旁边的大岛的北部地区,而这块地区在澳大利亚人观念中一直认为是属于英国的。结果,这些老古董不顾澳大利亚人的愤怒,任由德国人占领了此地。大约在同时,罪犯从法国的流放地新喀里多尼亚逃到澳大利亚来的情况也惹得人们都很恼火,并且,之后法国快速采取行动,而且其意图看起来是要将新赫布里底群岛窃为己有。这些事情使得澳大利亚人想要一个权力机构,能将他们共同的意愿交给当地的政府并能采取任何必要的行动来维护他们共同的利益。因此,一个由各个殖民地代表组成的会议,包括新西兰和斐济,在1884年召开了。该会议制定了一个方案,这个方案被提交给了英格兰,并且,此后不久,即1885年,该法案就被帝国议会立为法案,名为澳大拉西亚联邦会议令。[396]但是,(下议院讨论该法案时,我正在场。所以,据我观察,我认为)这个方案是一个很零散的不完整的联邦宪法的框架。这个联邦没有行政权和财政权。各殖民地可自愿选择加入与否。因此,最终这个计划没有激起人们太多的兴趣,只获得四个殖民地——即维多利亚、昆士兰、塔斯马尼亚及南澳大利亚——加入的承诺,而且这些承诺都还不太靠得住;后来,南澳大利亚从中撤走了。同时,人们开始感觉到需要为所有殖民地建立一个统一的军事组织了;并且,通过联盟可以实现更多的目标也逐渐出现在人们的心头。随着工商业的增长,人们对各殖民地之间的关税壁垒显得愈发不能忍受了。大家开始讨论需要制定什么样的统一法律。灌溉问题对于一个如此干旱的国家来说是很重要的,而正是因为这个问题,拥有几条大河的新南威尔士与维多利亚及南澳大利亚之间的关系变近了,形成了各方间的利益一致点。因为这些因素以及其他一些因素,最终导致了在1890年的时候,在墨尔本召开了一次殖民地间的部长会议,然后又从各殖民地议会召集代表开了一次大会,其中包括了塔斯马尼亚岛的代表。后一次会议的与会者中包括有不少领导人物。这次会议是1891年在悉尼召开的,大家都倾尽全力地讨论问题,最后制定出了一部草案。后来,这部草案就成了之后各种谈判的基础。随后,这场运动开始从政治领导人的圈子扩大到所有人,并且,特别是在1893年金融危机过去之后,开始成为人们关心的焦点。这场危机显示了各殖民地之间利益的联系是多么的紧密,并且使他们想要消除各种阻碍工商业复苏的因素。1895年,在霍巴特召开了一次首相会议,

[397]该会议促成几个殖民地的议会通过一项授权法案,根据该授权法案,由普选(根据最近的美国先例)产生的代表将参加1897年在阿德莱德(南澳大利亚)召开的新会议。该会议根据1891年的宪法草案,制定出了第二部宪法草案,并将其提交给了殖民地的立法机关,接受它的批评。各立法机关提出了大约75个修正案,这些修正案经第二次大会讨论。这次大会在1898年3月闭幕。随后,这部宪法草案便进入到了公众投票的阶段。这种办法在英国领地上尚属首次,也是一种捷径,但是却能有效地联合所有人参与其制定工作。该草案只在新南威尔士一个地区未获得多数人的投票通过,因为那里的居民认为当地的利益未得到合理的对待,但是,殖民地首相会议在对此草案作了一些修正之后,新南威尔士人在第二次投票时也通过了该草案。在投票中,该草案获得了维多利亚、南澳大利亚和塔斯马尼亚绝大多数人的支持,以及新南威尔士和昆士兰多数人的支持。之后,该宪法被呈递给英格兰,并由联合王国议会通过而成为法律,名为澳大利亚联邦宪法(The Commonwealth of Australia Constitution Act)(维多利亚女王执政第63和64年第12号令)。帝国议会之所以这么做,不仅仅是因为这是一种便捷方式,即通过制定一部综合性的法令来凌驾于所有澳大利亚殖民地的宪法之上,而且这么做确有法律上的必要,因为这部宪法中的有些条款已经超出了殖民地立法机关的职权范围。从一开始,人们就知道母邦对澳大利亚提交的宪法草案就未曾想过要将自己的观点强加于其上,而仅仅是执行殖民地的意愿。母邦只是做一些轻微的修改,而且这些修改只是形式上的,而非实质意义上的。英国内阁最终还是放弃了对草案做一些大改变的错误观念。

[398]我之所以要提到这些细节是为了突出澳大利亚人在这部宪法上所花费的时间、精力和努力——因为这完全是他们自己的成果——是他们施展政治才能努力构建的成果。美国宪法是通

过在费城召开的一次大陆会议形成的,会议采用秘密会议的形式,前后持续将近五个月,并为13个州的会议所通过,届时未作任何修正,但随后便有十个修正案推出。这些修正案获得广泛认同,其背后的含义乃是大家对某些"摇摆"州通过主宪法文件行为所作的一种补偿。

加拿大宪法的制定花了两年多一点的时间。作为制定该宪法之基础的决议最初都是由一个代表会议在魁北克起草。这些决议在经过充分讨论之后,获得各省立法机关的批准,并在做了一些修改后,成为了一部法案。制定该法案的是一小群加拿大政治家,他们在伦敦召开了一个小型的会议。然后,帝国议会直接通过了该法案,而未经任何的普选程序。与之相比,澳大利亚的宪法是两次大会讨论的结果,并经立法机关的细致审阅,然后又经第二次大会的修改,再经首相会议对某些细节的调整,最后才经殖民地人民的同意通过。这个酝酿的过程前后持续近九年的时间,并一直受到新闻报道和公众舆论的关注。

第三节 组建联邦的原因

澳大利亚人提出的组建联邦的理由和根据,比1787—1789年美国联邦建立时提出来的,或者1864—1866年加拿大建立时提出的都要多得多;但是,其中没有一个理由是真的势在必行,因为澳大利亚殖民地并不是因为长期遭受不公而要成立联邦的,[399]所以它也不像1787年的美国、1848年的瑞士或者1867年的加拿大那样是为了社会福利,而仅仅是需要一个共同的民族政府。在北美,因为现存邦联的贫穷与孱弱日盛,已无法挽回,加上各州之间高筑商贸壁垒,货币混乱、不断贬值,某些州的财政状况趋于恶化——所有的这些都是因为一场大伤元气的战争造成的——所以,国内最明智的人便齐聚费城,协力设计出一个更佳的联盟,并不顾人民反对强力推行之。在瑞士,正是因为1847年的内战(就是所谓的宗德本德之战[Sonderbund war]),才迫使获胜一方用一部新的纯正的联邦宪法来代替之前的过于孱弱的同盟。在加拿大,说法语的省与说英国的省(下加拿大与上加拿大)之间的关系变得很糟糕,也正是出于这个原因,宪法政府才变得无计可施,故而两党的领导人不得不要想出新的体系。但是,澳大利亚并无此类苦楚。就算其继续保持原来的六个自治共同体的态势,其殖民地还是可以安之若素,一如既往的繁荣昌盛。因此,我们不得不说当地的人民有多么伟大,他们放弃了地方自治的愉悦,这对于一个活泼的民主政治来说是弥足珍贵的,并且尽管当地确无成立联邦的必要,他们还是提出理由来倡导成立联邦。

澳大利亚人提出了不少应该采用联邦宪法的理由,下面我做了一个总结:

取消各殖民地边境的关税将有助于贸易,并能提供普遍的便利。

澳大利亚需要一个共同的军事防御体系。

有利于制定共同的法律,规范铁路运输和确定铁路的费率。

[400]有利于共同控制大江大河,以实现航运和灌溉的目的。

需要为诸多的商贸事项制定统一的法律。

确有必要确定一个适合的有权机关,负责发放养老金以及解决国内的各种劳动纠纷。

需要制定统一的条款,以抵御有色人种的迁入(特别是中国的、马来西亚的和印度的苦力)。

可以设立一个高等法院负责审理上诉案件,这样就节省了将案件提交英格兰枢密院这一过程中所花费的金钱和时间。

以澳大利亚联邦的名义从外面贷款可能要比以各殖民地的名义贷款更为容易一些。

一个大共同体对工商业的促进比六个小殖民地要更强烈。

一个统一的国家要比各殖民地自己更能合理地处置各殖民地未被占用的土地。

下面是一些让社会各阶层动心的主张。对于商人来说,去除关税,获得一个近在咫尺的巨大的自由市场是一件颇具吸引力的事情;去除令人恼火的铁路运输费也是不错的事情,这些铁路运输费是各殖民地为自身利益,而非为共同的商贸利益设定的。有大视野的人,即思想家和政治家,希望疆域的扩大会提高公众生活的精神格调。工人阶层可能会想,联盟之后,他们不仅能获得更多的就业机会,而且,哪怕最富裕的一个殖民地,在建立养老和医疗保障体系方面,都不可能比这么一个覆盖全国、统辖丰富资源的国家更高效且统一了。[401]其中有些构建联盟的理由是源于1788年后世界上新出现的事物。铁路出现的时间比澳大利亚殖民地最古老的一个自治政府都要早,但是比北美十三个州最年轻的州都要晚。哪怕是到了1867年,加拿大联邦成立后,也都没有提出说要提供什么养老金。

澳大利亚联邦的反对派是一个很活跃的政党,其中包括很多颇具影响力的人,但是,他们却已经越来越感觉到前景黯淡了。除了矢口否认成立联邦有上述好处之外,他们还认为成立一个新的政府,再加上现有的地方政府,会增加开销。他们煽动起小团体与大团体之间的天然嫉恨,告诉前者说在投票时他们会吃亏,而告诉后者说他们的钱袋会瘪下去;他们最后的伎俩一般都是鼓噪人们狭隘的地方情感。

为了避免反对派口中的财政开支的增加以及为了熄灭熊熊燃起的地方嫉恨之情,人们采取了一系列明智的妥协手段和财政举措,在大殖民地与小殖民地间达成了共识,同时,为获取政治独立而燃起的地方情感也为愈盛的国家情感的洪涛所淹没。这是一种雄心壮志,想要澳大利亚屹立于世界民族之林,争当南半球的霸主。这种雄心壮志在新大陆的新一代人身上不断滋长,现在终于随着将要建立的联邦政府苏醒了,一击而一飞冲天。要知道这个联邦与美国是如此相像,能够震慑住西太平洋的任何入侵者,恰如门罗总统签署的政令中宣布的那样,美利坚合众国将在北美大陆攘除一切外敌。最近有四个欧洲大国为了占取新殖民地而相互角力,[402]而1899年美国也放弃其既有的外交政策。这些国家的初衷都是一样的,都是出于一种国家的霸权精神和扩张领土的欲望,而现在这种霸权精神和领土扩展欲正在澳大利亚人的心中蠢蠢欲动。其受到了母邦类似精神的触动,并沉醉于英国现在用来迷惑殖民地的恭维声中。在澳大利亚出生的新一代现在都成年了,而且,这还是浸润在澳大利亚爱国精神中成长起来的一代,所以,他们的成长便给它注入了一股新的力量。这种爱国情感在小小的殖民地里是无的放矢的,只有更大的理想才能装得下它们。所以,这便为联邦的成立提供了原动力。如果没有它,所有建立联邦的理性推理都是无用的。除此之外,没有其他的强烈的或者奋力向前的精神能够推得动加拿大人在1867年干出那样的事情,也不会有其他昭彰的精神能够搅动美国参加1787—1789年的大讨论。不过,那时有人追求的是自由,有的人追求的是秩序和良好的政府,而现代意义上的帝国的伟大是很少被提及的。那时的国家理想是国内的自由与和平,而非境外的军事力量与领土。

澳大利亚联邦成立的历史证明了,在历史上,除了两股力量形成合力之外——物质利益的期望加上情感的力量——没有什么能在政治上掀起大的波澜。在每个共同体中,都会有很多人受这两种力量的影响,并且,人们受第二种力量鼓动起来后,对第一种的反应几乎都更为强烈。在美国1788—1789年的大讨论中,虽然理性是倾向于联邦的,但是,情感却汇集起来反对被提议的联邦政府。虽然理性最终还是胜利了,但是,这场胜利却来得太艰难了,远远超出了澳大利亚人在联邦道路上遇到的险阻。而之所以会如此,是因为美国人在组建联邦时,背后的经济基础并不牢固。

和 1787 年的美国一样，澳大利亚也很幸运地有一群有能力的政治家，其中大多数还是法学家，因此也就更适合担负制定宪法这一个任务了。[403]人们在阅读这两次大会的有趣的讨论时，一定会对他们的学识、敏锐以及对宪法原则的熟练掌握大加赞赏。他们借鉴了母邦在这方面的经验以及前人组建联邦时的经验，但是他们并不是被动的抄袭，而是有选择地从英国的学说、美国、瑞士和加拿大的规定中选择一些最适合本国特殊情况的内容。并且，就像美国联邦和加拿大联邦的缔造者一样，他们不仅受明确的实践理念的指引，而且还为理性的折中精神所鼓舞。这种折中精神确保了政府的行为能恰当地遵守他们制定的法律文件。

第四节　联邦共和国的条件

在我们讨论澳大利亚的宪法之前——正是该宪法使各独立殖民地成为一个统一的政治体——让我们先来花一些时间看一下联合在一起的澳洲领土以及居民是一个怎么样的情况。

澳大利亚幅员 300 万平方英里，与欧洲的大小差不多。在这其中，白人所占之地相对较小，因为其内陆地区和从内陆延伸到西南以及西北海岸的广大地区都是缺少降水的地区，就算是在其中较好的地区，地上之产出也不过是一些稀疏的灌木丛。其中很多地方的地势要比沿海地区低，有的地方也只比海平面略高一点。因此，人们认为这个地方不适合居住，而且也不能像在北美或者南非的干旱土地上那样从事放牧业。但是，现代科学已经使得很多不可能的事情成为现实，所以，我们现在下这个结论就有点为时过早了。[404]当然，中部地区的人口增长就别想了，这个地方与 19 世纪初的阿勒盖尼山的西部的情况相似，阿勒盖尼山西部地区是美国发展史上的一个标志。

在这 6 个澳大利亚殖民地中，其中一个，塔斯马尼亚岛，是一个完整的岛,土地肥沃,风景秀丽,但面积比苏格兰或南卡罗莱纳州要小很多(26000平方英里)。其距离维多利亚殖民地有150英里远。西澳大利亚面积广阔(接近1000000平方英里,面积大约为得克萨斯州的三倍与四倍之间)。南澳大利亚,横跨大陆一直到卡奔塔利亚湾,大小与西澳大利亚也差不多(900000多平方英里)。昆士兰要小一些,面积为668000平方英里;新南威尔士只有310000平方英里(即比瑞典和挪威大很多,大约为加利福尼亚、俄勒冈州加上华盛顿的大小);维多利亚只有87000平方英里(即与大不列颠一样大小,比爱达荷州略小一些)。这个国家(包括塔斯马尼亚岛)从北至南,纵跨的维度有32°(南纬11°到南纬43°),比美国所跨的维度(北纬49°到北纬26°)还要宽。因此,澳大利亚国内不同地区的气候反差巨大,因为虽然塔斯马尼亚岛的冬天要比蒙大纳州暖和一些,但是,北昆士兰与卡奔塔利亚湾海岸的热带高温要比路易斯安那和得克萨斯的高温都要高。所幸的是,因为北澳大利亚的纬度的原因,当地并不流行疟疾热(malarial fevers)。但是,对于从事户外劳作白人来说,那里还是太热了。正是因为各地环境的极端不同,才使得当地的物产,甚至最终连人的性格方面都产生了巨大的差异,而同样是因为这种差异,才使得美国联邦的墨西哥湾地区与北大西洋地区及五大湖地区分道扬镳。

值得注意的是,[405]中部的荒野不仅横穿了整个热带的北部和西北部地区,还从人口稠密的西南地区进入到气候温和的西部地区。西澳大利亚与东部地区之间的交通全靠海路。① 它现在的位置就像是当年的加利福尼亚,在贯通大陆的铁路开通以前,人们从纽约到旧金山都是要走巴拿马运河的。在横插在大陆中的沙漠地带是不太可能有人定居的。

澳大利亚大陆的人口现在已经达到了将近400万人,但是分

---

① 从南澳大利亚的首府阿德莱德到西澳大利亚的首府佩思,要走4天的海路。

布极不均匀。在三个面积最大的殖民地里,即西澳大利亚、南澳大利亚和昆士兰,没有一个殖民地的居民超过50万人。塔斯马尼亚有大约17万人。其他两个殖民地,即新南威尔士和维多利亚,每一个的居民人数都超过了100万。① 从政治的角度考虑,我们可以将这些殖民地分成两类,即大殖民地(两个人口超过250万的殖民地)以及小殖民地(四个人口150万左右的殖民地)。

澳大利亚各殖民地之间存在着上述这两种差异,即自然的和社会方面的差异,这些差异可能会导致各地在政治和经济利益上的冲突。但是,除了这两种差异之外,实际上,澳大利亚殖民地人口都是同根同源的。英属北美有英国人和法国人的后裔,英属南非有英国人和荷兰人的后裔。但是,澳大利亚却都是英国人的后裔。甚至连爱尔兰人和苏格兰人这样爱移民的民族,在澳大利亚的人数都还没有在加拿大的多。② 澳大利亚现在几乎就全是英国人,就像1776年的马塞诸塞州、康涅狄格州和弗吉尼亚州,[406]甚至那里的英国人比最初北美13个州加起来还要多。这个情况促使各殖民地成为了一个联系更为紧密的联盟,而且还确保对联邦内部团结构成最大威胁的危机不会出现。种族仇恨困扰着加拿大、南非和联合王国,并且,现在,它是刺向奥匈帝国心脏的那根最致命的毒针。

至于其他一些促成团结的因素,包括了使用同一种语言(加拿大和南非使用的是两种语言),属于同一个法律体系,运作同样的政治制度的经验,有一个共同的模板可资遵循,即他们母国的令人尊敬的传统,这些传统受到世界各地的英国人的钟爱。而且,运气甚好的是,当地的宗教信仰没有挑起任何的嫉妒或者分裂。澳大

---

① 在维多利亚,有2/5人居住在墨尔本,在新南威尔士,有1/4人居住在悉尼。
② 1891年,在澳洲的英国人,其中有四分之一是在爱尔兰出生的,六分之一是在苏格兰出生的。在所有的澳洲人中,有95%为英国后裔。

利亚的人按照基督教教派的不同而相互区分,这和英国人是一样。但是,新旧大陆之间主要的区别在于,新大陆不同宗派之间的关系要友善得多,这既是因为当地没有确立国教,还是因为当地的社会平等观念足够强大以至于能够引导舆论,声讨任何宣称高于他者的宗教团体的轻举妄动。

最后,澳大利亚占据了一个独一无二的地理位置。它有一条完美的天然防线:它四面环海,是一个岛状的大陆。它远离任何其他的文明国家,所以,也就不太可能受其他的威胁或卷入其联盟之中。在美国开始自立之时,英国虎踞于其北侧,法国和西班牙龙盘于其南侧。但是,对于澳大利亚来说,荷兰、德国和法国占领的热带岛屿离它北部和东部沿海,[407]还有很长的一段水路要走。①所以,在现在以及我们可以预见的将来,这些地方都不太可能装得下足够的白人人口,骚扰到澳大利亚的安静。这样的国家看起来天然就是为一个民族准备的,虽然实际上这个民族散居在中央荒野的周围,所以,其更适合成为一个联邦而非集权制国家。但是,另一方面,由于其离外敌很远,所以也就没有外在的压力了,这样也就弱化了其需求联邦的迫切性了。于是,我在前面提到过的民族的同源性和热切的民族情感也就荡然无存了。

让我们将澳大利亚的这些条件与另外三个联邦的条件做一个比较。北美13个殖民地最终扩大为现在的美国联邦的45个州。原来这13个州是首尾相连的,位于大西洋的沿海。在其北边是英国占据的加拿大,在其西边是法国占据的密西西比河流域,在更远一点的地方,还有西班牙占据的太平洋沿海地区。在那时,它们都没有地理上的天然边界;促使它们走到一起的是地理上的临近,种族上的同源,然后,最重要的,还是都需要联合起来共御强大的外敌,以及需要解除各自为政所造成的恶果。是自然促成了这场联

---

① 澳洲离荷属新几内亚最近为150英里。

盟,虽然很少有人会料到自然将在这里缔造出一个覆盖北美大陆的整个中心地带的大联盟。就加拿大来说,自然所做的事情就更让人疑惑了。其本应该将一条长且窄的适合居住的地区,从圣劳伦斯湾到皮吉特湾,联合成一个国家,对抗北方强大的邻居,或者将它们分成三到四个小国家,中间插上一些荒野。但是,政治感情,加上对不列颠的依恋,[408]以及面对没有好感的对手时决心不沦陷于其手的高傲的决心,都促使加拿大人走到一起,成为一个联邦。在这一点上,自然至少还是起了一点作用的。同时,因为其领土的气候大体相仿,产业发展的环境也差不多,所以,不太会产生什么经济上的纠葛。至于瑞士,这是一个很突出的例子,是历史上最不可能成为联邦的国家,因为其有民族上的障碍。其中有三个民族,说着三种不同的语言,但是却被可怕的外敌给挤到了一起。由于自然的出手相助,他们获得由山作成的要塞,可以抵抗外敌;而且这个国家天然的个性就是尚武,所以比任何现代国家都更能培养出爱国情感。

第五节　作为联邦文件的宪法

在审视各地的联邦宪法时,我们不禁会想其创立的第一个东西是联邦,即一个将各个小共同体攥到一起成为一个大家伙的工具;然后就是政府结构,这由担负各种管理职责的机关组成。虽然,前者影响着后者,因为一个国家的联邦特性在某种程度上决定了一个国家的政府机制的特性,但是,对这两块分开探讨却有助于我们清楚地了解各个部分。因此,下面我将先来谈一下宪法的联邦部分。

联邦有两种形式。在有的国家里,中央政府对地方共同体有最高权力,而地方共同体则保留其共同体的身份。在另外一些国家里,中央的最高权力不仅仅作用于其成员共同体之上,还作用于成员国的国民之上，[409]将他们视为是国家的公民。前一种联邦更像是一种邦联；后者则是一个国家，或者是联邦。

澳大利亚联邦就属于后一种。美国联邦、瑞士联邦和加拿大联邦也是如此。然而，美国在1788年之前以及瑞士在1848年之前却属于前一种。德国在1866年之前也只是一个各国的联盟，但是自从1866年和1871年之后，其也成为了联邦。

后一种联邦的本质特征——这也是我们在下面要关注的——是其国民头上都有两个权力主体，即其所属的州（美国的州[State]，瑞士的州[Canton]），或者省（加拿大）以及包含各州的国家。这两者对国民都有同样的效力。因此，国民要对两者都应宣誓效忠。其头上有两套法律，即国家的法律和州的法律。他上面还有两套官僚体系，要交两套税，而不论其居住的城市或者镇征收了什么样的地方税，税率是多少。

同时，联邦的特性也决定于各州与国家之间权力的分配，因为有些权力是必须要给国家的，而有些则可以给地方。有些权力的分配是没有疑问的。比如海军、邮局、控制对外关系等等就明显要归中央政府来管，征收关税以及为上述目的征税也该归中央政府来管。[410]另一方面，有些明显是地方性质的事务，比如警察、监狱和救济院，市政或者县政管理体系，以及为这些目的征税的事情，就该归州政府来管。但是在这之间，有很大一块立法和行政管理的领域，根据各国的具体情况以及制定宪法的人们的意愿，可以给国家，也可以给各州。比如结婚和离婚的法律、①刑法、破产法、买卖酒精饮料的法律、②铁路管理的法律、学校或大学的条例，③都是既关系国家又关系地方的事情，可以授权给国家的立法机关，也

---

① 在美国，这是州事务，在加拿大，这是联邦事务。
② 在瑞士，这是联邦事务，在美国，这部分是联邦事务，部分是州事务。
③ 在美国和德国，这是州事务，而在瑞士和加拿大，这部分是联邦事务。

可以授权给各州的立法机关,关键就看谁在人们心中的位置更高了。

第六节 国家与地方之前权力的分配

现在,关键问题是国家与地方之间的权力分配问题——那些未分配的剩余权力应该归谁呢?但是,任凭人们做得再仔细,也无法在事前一下子就解决立法机关或行政机关的权力分配问题,因此,就有必要就那些未明确规定归谁行使的权力做出规定,解决国家或者州权力主体在行使它时是否有权的问题。换句话说,就是厘清这些主体中哪一个是这些未分配权力的合法受让人。

各联邦对这个问题的答案是不同的。美国和瑞士将这些未分配的权力留给了地方(其原来也是属于地方的)。[411]加拿大(其国内各省地位不同)将这些权力给了中央(主权)政府。① 这个问题很重要,因为其在一堆纷乱的事情中做了一个设定,即这些事情是归中央政府管还是归州政府管。并且,其在创立新联邦时还是很重要的,因为其中有一个困难是——这个困难后来会出现——要求地方交出其之前一直享有的权力。因此,将没有明确给谁的权力留在地方的手里是能够使它们安心的。

澳大利亚走的是美国和瑞士的道路,而不是加拿大的道路;他们那么做是为了平息殖民地,特别是小殖民地的地方情感,小殖民地一般都会害怕自己相比强大的邻邦在国家的立法机关中位卑言轻,所以,其地方情感也就导致当地更不易通过统一的法律。第107条规定:

---

① 参见美国宪法,宪法修正案十;瑞士联邦宪法第3条;英国的北美法令(1867),第91节。

除经宪法专属授予联邦议会或从州议会收回该权力归属联邦议会外,所有殖民地议会的权力,在联邦成立后,或在加入联邦之后,①都应继续有效。

相比之下,只有很少一部分的立法权被专属授予给了联邦议会;所以,除了部分事项之外,州议会保留了大部分之前享有的立法权。[412]但是,正如其所规定的那样,联邦议会的所有法令的效力,在授权范围内,都在州议会制定的法律之上,所以,对于两个立法机关都有权管辖的事项,联邦议会,在其认为合适的时机,可以通过法令废除或者修改州议会制定的法律的效力。

现在,授予国家或者联邦议会的权力范围是很大的了,比瑞士国民大会或者国会,或者甚至比加拿大主权议会的权力范围都要大。我想我不需要列举这些权力了。它们一共有42项,有兴趣者可以看看澳大利亚宪法第52至53条。下面这些权力在美国宪法中就没有明确授予给国会,国会也没有主张过这样的权力:接管州铁路,建设和延伸铁路(经铁路所在地州同意),控制电报和电话以及贸易和金融公司,接管州债务,②就结婚和离婚立法事项,就汇票和本票立法,就养老金和伤残金立法,就贸易纠纷的仲裁和调解立法(如该纠纷超出州的界限的),就货物的生产或出口的补贴立法,就各州法院的刑事民事程序和判决的送达和执行立法。如果上述权力都付诸实施的话,那么留给州的活动范围就要比美国的州要小得多了,而且无甚趣味可言,尽管目前美国州立法机关亦不甚重要,寡有一流之人才充任其职。

---

① 这些话过去常用于指创立和接受新的州。澳洲人用"州"这个词代替"殖民地",这点很重要。之所以这么做是因为"州"这个词带有几分独立自主的含义,而且这个词比加拿大的"省"的发音更有气势。
② 加拿大规定由联邦承担各省在联邦成立时背上的债务。在美国,联邦第一次国会也规定由国家承担各州的战争债务。

第七节 澳大利亚各州的宪法地位

[413]和美国宪法一样,澳大利亚宪法也认为各州是有组织的共同体,所以未将任何与地方宪法有关的内容囊括其中。加拿大的宪法就与此不同,因为加拿大上、下省的前政府曾经是一个,现在被切成两个了,所以,该国的宪法中就包含了关于这两半的适当的组织安排的事项。但是,在澳大利亚,之前的殖民地宪法,是由帝国政府在不同的时候授权制定的,一直都没有改过,最终,只有其中的部分功能为联邦宪法所取代,而且只受一两个具体规定的限制。相对来说,这种限制还是很少的,这可能部分是因为英国人都讨厌设计什么安全措施来避免议会权利的滥用。英国议会的万能使得人们形成了一种观念,即认为所有议会都应该自由地行正确之事及错误之事。各州不能做的事情包括拥有自己的海军或陆军(经联邦议会同意的除外)、铸币和印制非金银币的法定货币。① 澳洲和美国一样,都不禁止各州授予贵族头衔,也都允许各州通过溯及既往的法律或者"减轻合同义务"的法律。同样地,加拿大也不存在这样的限制,这是因为加拿大的国民或者中央政府有权否决各省的立法,所以,通过这种方式就能够阻止各省不妥当的立法。在加拿大,中央政府经常使用这种权力,但是,有时这样做会导致摩擦。并且,这个办法不能得到各省的尊重,[414]同时与美国的方案的基本原则也有区别,美国的方案是要求各州只要服从宪法的限制就可以了。美国宪法规定任何违反宪法的法律皆为无效。澳洲人很明智地跟从了美国人的办法,而不是加拿大人。当然,澳洲人还是保留了一种权力的,而这在美国是找不到对应物的,那就是英国国王的否决权。虽然这个权力很少有用到的时候,

---

① 参见宪法第 114 节和 115 节。

但是，为了避免法律和联邦法律之间真的出现冲突，联邦政府还是可以动用这种权力的。更值得人们注意的是，澳洲允许各州像以前一样自由修改自己的宪法，不过要受英国国王否决权的限制，不过联邦本身无权置喙。而相比之下，加拿大则规定各省议会修改自己的宪法时，要受到中央政府否决权的限制，在这里，中央政府是国王的代表。

美国宪法中有禁止美国州立法机关通过法律削弱合同义务的条款——这样的条款老是引发诉讼，也很有名——而澳洲宪法将这条删除了，这点很值得人们注意。当初是费城的制宪会议引入这条的，目的是为了避免各州不计后果的背弃债务。随着时间推移，这条规定逐渐造成了无法预料的深远影响，而其中有些影响是美国的立法机关和法院殚精竭虑想要避免的。人们认为最高法院之后的几个判决并不能与其达特默思大学案（1818年）中的著名判决相一致，而正是在这个案件中，那条规定第一次充分展示出了自身的影响力。① 这条规定的效果是桎梏了法律的制定，使得一切变得很不方便，而之所以人们默许这样的规定存在是因为人们将美国很多州立法机关都视为是不可信任的对象。[415]但是在英国的殖民地里，人们没有类似的不信任，因此澳洲人并不需要这样的限制性规定，而英国下院1893年在审议爱尔兰地方自治法案修正案的时候，也拒绝了一条同样的条款。

1867年以前，在加拿大也是如此；但是，后来加拿大成立了联邦，各省的省长的任命就由加拿大总督负责了，即由内阁向总督提

---

① [译注]达特默思大学原属英国国王于1769年授权设立的学校，属于私立学校。但在美国建国后，1815年，新罕布什尔州议会却想将该学校转为公立学校，改变其校董机构，增派巡查员，获得其土地、印章等的管理权，等等。该校受托人不服，向法院起诉。案件的判决由大法官约翰·马歇尔撰写。马歇尔认为该合同是英国国王与受托人两个私人主体之间订立的，不因美国建国而失效。且宪法规定州不得制定法律损害合同。同时，马歇尔认为合同指的是两个私人主体之间的协议，不包括政府与市民之间的政治契约。

议,再由总督任命。这就有点立宪君主制的味道了。这样一来,各省的省长就成了执政党的囊中物了。澳洲人明智地避免了这种结果(正如英国人所想的那样)。他们也没有采用美国人的办法,让各州的人民选自己的州长,这种方案与内阁制的政府不太合拍,因为各州的总督只是虚职(内阁才是实权单位),所以就犯不着让人民去选州总督,或者投反对票。普选永远都是党争不断,内耗很大的。因此,澳洲人选择继续由英国政府任命州总督,并允许州总督直接与伦敦的殖民地办公室保持联络。所以,澳洲宪法(第44条)便称他的内阁为"女王的内阁"。

第八节 与美国联邦和加拿大联邦的不同

[416]下面,我们来谈一下澳洲与美国、加拿大联邦体系的其他四个不同之处。

其中一个不同之处与司法部门相关。美国有一个完整的联邦法院体系,遍布整个联邦,对根据联邦法律出现的各类案件以及对宪法第三章第二条规定的其他诸多事项拥有专属的管辖权。但是,州法院在处理州事务时依旧保持了相当的独立性,并且,有权决定州宪法和州法律的解释问题,并且,这些事情都不得向联邦法院上诉。在加拿大,人们认为这么做是没有必要的,所以,他们选择由同样一个法院同时审理联邦的和各省的事情,并且加拿大最高法院也接受来自各其他法院的上诉。这点与美国的办法不太一致,但是看起来运转也很顺畅。在加拿大,各省的法院迫于当地情感的压力而违反联邦法律不算是一个太严重的事情(虽然美国于1787年也有类似隐忧),并且,实际上,所有的加拿大法官都是由中央政府任命的。这又是一个联邦对各省优势地位的体现。澳洲人走的则是一条中间路线。他们建立了联邦最高法院,被称为"澳洲高等法院",并委任议会创设联邦的其他法院。到这里为止，澳洲人都是按照美国的模式来弄的。但是，他们允许联邦议会授权州法院审理联邦事务，因此，它们就和加拿大的法院一样，可以同时审理州和联邦的事务了。而且他们也允许从各州法院向联邦高等法院上诉。[417]在这个方案中，相比美国，澳洲各州与中央政府的联系更为直接，并且也更为直接从属于中央政府。澳洲的方案还有一个很大的附带优势。在美国，不同州的法律，包括制定法和习惯法，都各不相同。比如，马塞诸塞州的最高法院就和宾夕法尼亚州的最高法院就习惯法上什么也构成欺诈认识不同，而且，在它们之上没有更高的上诉法院来将它们的看法归于一致。而这种情况几乎不会在澳洲出现，因为以前英国枢密院可以听审所有来自澳洲法院的上诉案件，而现在联邦高等法院就可以解决这些问题了，所以，未来这种情况就会更少出现。

第二个不同之处与州的自治情感有关，澳洲的这种情感比美国要弱很多。1789年，美国通过一个宪法修正案（XI）明确宣布个人不得以州的名义起诉。① 但是，澳洲却明确授予联邦高等法院对这种案件的管辖权（第75条）。

第三个不同之处是澳洲授予各州一种奇特的新权力，可以将问题提交联邦议会，而联邦议会将就这些问题立法（第51条[xxx-vii]）根据这条规定（这是加拿大宪法所没有的），②联邦议会的触角将遍布联邦法律的各个部门。这或许有利于保证澳洲立法在所有问题上的一致性，[418]而非仅局限于授权联邦议会管辖的一小部分事项上。

最后一个不同点是，联邦议会可以给予各州经济援助，并可以

---

① [译注]美国宪法第十一修正案：合众国司法权，不得被解释为可扩大适用受理另一州公民或任何外国公民或国民对合众国一州提出的或起诉的任何法律或衡平法的诉讼。
② 当时参见加拿大宪法第94节。

接管其在该联邦建立时所承担的部分或全部的债务。① 如果这些条款付诸实践的话，将会拉近澳洲中央政府与各州之间的联系，而且这比美国的中央和地方关系要紧密得多。

为了完整理解澳洲的中央和地方关系，我们有必要注意这一点，即在澳洲，各州可以拿出自己的土地的任何一部分给中央，而中央有义务保护各州不受外来入侵，或者经各州的行政首长的申请，不受萧墙之祸。② 上述这条出自美国宪法，③ 不过美国宪法规定如果各州议会在开会时，应由各州议会向中央申请上述保护。澳洲对这条做出这样的变更是正确的，因为在澳洲的各州之中，立法机关是通过行政首长做出行动的。这样的条款不曾见于加拿大宪法之中，因为在加拿大，陆军和海军是专属于中央政府的，所以，其有责任维护国内各地的安全。在瑞士，军队分属于州和联邦之间，虽然所有的国民都有服兵役的义务，不过，最高的权力还是属于联邦的（第18—22条）。联邦有义务保护各州免遭入侵和内乱，而且中央可以直接派兵进入各州，而无需经各州主动申请（第16、17条）；同时，诚如我们之所见，澳洲允许各州在经联邦同意的情况下保留自己的军队；这点也可见于美国宪法。

第九节　作为中央政府框架的宪法

[419]现在我们开始探讨一下中央政府。中央政府建构的部分占了澳洲宪法的大头，虽然其在各州的问题上也谈得不少。该宪法在平地上搭建起了一个新的中央政府体系。

我们要谈的第一点是在中央政府与一般公民的关系问题上对

---

① 第105节。
② 第119节。
③ 第3节第2条，第4节第4条。

中央政府的限制。在上面我已经谈过了对各州的限制问题。在这一点上,澳洲的宪法与美国宪法之间有巨大的不同。在美国宪法制定之初,对将要建立的中央政府的怀疑和妒忌可谓是无以复加。人们害怕国会会成为一个残暴的寡头政府,而总统会成为另一个乔治三世。① 因此,人们做了很多的努力以防止国会侵犯公民的天赋人权。很多限制包括在宪法之中;其他的则见于最初的九个修正案之中,这些修正案是在宪法通过后两到三年间通过的,作为整个安排的一部分以确保宪法能够为人所接受。直到现在,美国各州的宪法都还包含一部同样的人权法案以保护公民不受立法权滥用的侵害。但是,英国人已经完全忘掉了过去的这些怀疑,它们以前确实存在过,不过针对的是王室而非议会。因此,加拿大或澳洲的英国人在制定新的宪法的时候,并不留心这些事情,而尽可能的将他们的立法机关弄得和英国的议会一样的万能。加拿大宪法对其议会并未有设置什么限制,除了第 54 条规定未经行政首长向众议院提议,不得将钱款用于任何事项。[420]这个规定体现了英国的做法,现在也为澳洲所采用。澳洲的宪法中只有一条规定带有人权法案的遗风,即禁止联邦"制定任何法律建立宗教、强迫信仰某种宗教或者禁止信仰自由。"瑞士宪法受到法国和美国模型的影响,在这方面带有更多的古典的味道:它在关系个人自由的事项上规定议会有一长串不能做的事情(第 39,49,54—59 条)。英国与美、瑞之间所采取的态度的区别是一个有趣的例子,展示出传统和习惯是如何影响一个民族的思维方式的。长期以来,议会都担当着保护英国人对抗元首的角色,因此英国人就没有形成提防立法机关权力滥用的习惯;而他们争取更为充分自由的历史使得他

---

① [译注]英王乔治三世(George III,1738—1820 年),全名乔治·威廉·腓特烈,是英国及爱尔兰的国王,汉诺威选帝侯(后为国王),英国汉诺威王朝的第三任君主。乔治二世的孙子,1760 年即位。在他的执政期期间,他强硬的立场导致了北美殖民地的最终独立。

们在使议会成为一个更为民主的和更具代表性的机构上下功夫，而非着力于限制其权力。

上述这个情况是在所有的刚性宪法中都会出现的，无论是联邦制的国家还是单一制的国家。但是下面这个情况则只有在联邦制国家才会有的；而且这个也得到了所有的大联邦国家的承认。所有的这些国家都采用了同样的办法，确保大多数人认为的中央政府的最高地位，同时又保证各地的权力。美国人先想出了这个办法；然后，瑞士、加拿大、德国以及现在的澳洲也都跟着美国人这么做。这个办法是将立法机关一分为二，用其中一个来代表整个人民，根基是选民的人数，用另一个来代表各州，根基（除了德国）是各个自治共同体间的平等。[421]正是这个办法才实现了美利坚的建国，因为小的州是不会将其独立寄托于脆弱的保证。

第十节 立法机关

澳大利亚的方案是给上议院或者参议院（第7—23条）36个席位，每个州各6个，给众议院（第24—40条）75个席位，由人民普选产生，其中有45名议员从两个最大的州，即新南威尔士和维多利亚州里产生，另外的26个席位从其他的4个小州里产生。没有一个创始州的席位会少于5个。

6个创始州平等的代表性一直得到了维持，但是参议院议员的人数是可增加的，当新的州出现的时候，国会就会分配数量合适的席位给它。参议院议员的任期为6年，但不是一次性全部改选。这些特点都是从美国宪法中来的，因为，如上所述，美国宪法是澳洲联邦上议院模仿的对象。但是澳洲的方案也有一些明显的不同之处。

1. 在美国，新建的州按照规定能获得两个参议院的议席。在澳洲则是由国会决定合适的数量的议席。

第八篇 澳大利亚联邦宪法

2. 在美国每两年换三分之一的参议院议员。而在澳洲每三年换一半的人。

3. 在美国,参议院主席是联邦的副总统,由人民普选产生。① 而在澳洲,由参议院选出自己的主席。

[422]4. 在美国,法定的开会人数是总数的一半,而在澳洲有占总数的三分之一的人就可以了。

5. 在美国,是由各个州的立法机关选出各自的参议院议员,而在澳洲则是由各州的人民普选产生各自的议员。

在这里,我们要谈的最后一个问题是很有趣的。托克维尔在1832年的文章中将美国参议院的出彩(但是正如结局所示,其观点是错误的)归结于由州立法机关进行选举的方法。② 从那时起,美国参议院每况愈下;与这种选举方式维持了参议院的特色这种观点相反的是,学者们一般认为,虽然不是全部人都这么认为,参议院正是受到这种方式的损害,所以,美国需要改变选举方式,变为人民直选。部分是因为澳大利亚制宪会议认识到了美国人观念改变的趋势,即他们拒绝现行的美国方案;同时也是因为美国人自己不可能改变这种体系,因为这比普选提供了更多的的私通和滥用公款的机会,所以,澳大利亚最开始便规定参议院议员由人民普选产生,每个州都是一个选区,但是这个可由联邦国会(比如变为地区选举的体系)或者在其无法开展行动时由州议会加以改变。如果能看一下他们曾做过什么样的实验和它们是如何运转的应该是一件很有趣的事情。地区的选举和州的普选的结果是不同的,一个占支配地位的政党可以选择最适合自己的方式来开展选举。

6. 在美国,参议院是一个常设机构,能够不断地从选举中获

---

① 即实际上通过人民投票,虽然形式上是由一群特选出来的选举人投票。
② 关于这个问题,参见第六篇第 336 页和第 352 页。

得新鲜血液,但一次改选的人数不得超过三分之一。在澳洲,参议院会因为其与众议院之间的僵局而被解散。

[423]参议院是4个小州的杀手锏。由于它们在其中占多数席位,所以可以联手对抗在众议院中占多数的两个大的邻邦。众议院的人数几乎是参议院的两倍,其重要性我们在下文中会提到。

澳洲众议院的任期是3年(当然可以被中途解散),位于美国国会的两年期与英国众议院的7年期(实际上是6年)之间,不过这对其民主化的倾向没有影响。加拿大的任期是5年。除非澳洲国会另有规定外,选举权应由各州的州议会组织法(和美国一样)决定,同时,毫无疑问的是,目前已有两个殖民地允许妇女拥有选举权了。另外,和美国宪法相同的是,澳洲宪法也没有保证人们不得因为种族问题而失去投票权,①澳洲目前明确规定了属于某个种族的人被排除在选民之外,因为其规定(第25条)在这种情况下,在计算代表当选所需的人数时,被排除在外的种族不得被计入总人数内。澳洲宪法禁止复选法。澳洲众议院开会的法定人数介于笨重的美国众议院的50%总人数与英国的最小人数40人之间。如果两院的议员未经准许连续两个月没有参加任何会议的话,那么该议席就会成为事实空缺(ipso facto vacant)。两院议员都不得参与公共服务的业务以谋利(除非其是一家25人以上的股份有限公司的成员),或者担任政府下属有收益的职位(office of profit),[424]但其是联邦或各州的部长(大臣)除外。上述这个规定值得注意,因为制定这个规定的目的是为了建立一个内阁政府,而且是因为其标志着一种与美国和加拿大习惯不同的规定,即一个人可以同时担任州行政官员和联邦议会的议员。在澳洲,似乎妇女都是有权担任两院议员的。两院议员都是授薪制的,目前每年的工资为400英镑(2000美元)。

---

① 参见宪法修正案十五。

第十一节 行政机关

澳洲的行政机关包括总督和大臣（即英国的内阁成员，澳洲为咨询会议成员）。澳洲人民比较省心的是，他们不用像美国那样参加普选或者像法国和瑞士那样由议会选出行政班子的首领。他是由英国王室任命的，王室有权决定其任期。其有固定的工资收入，目前是一年10000磅（50000美元）（等于美国总统的收入）。他有一个咨询会议，是仿造英国的枢密院（虽然其和加拿大宪法一样没有使用枢密院这么名称）组建的。从这机构里面，总督会选出许多的大臣（目前固定为7个），这7个人将会主管7个公共服务部门。他们都必须是国会两院的议员——这是一个值得注意的规定，因为虽然这个是英国的首创，但是英国的这个经验却从未见诸于条款。由于总督都是宪法上的虚君，所以，事实上，大臣们才是联邦行政机构的主力。

第十二节 司法机关

[425]最初，澳洲联邦的司法机关，包括联邦高等法院（包括一个首席大法官和最少两名其他法官），可以审理各种初审案件以及从联邦法官和下级联邦法院以及州最高法院处上诉的案件。此外还有联邦下级法院和有联邦事务管辖权的州法院。除此之外，还有第二种类型的法院，即负责审理涉及商贸事务的法院，其被称为州际委员会（第101条）。这个异常重要的机构毫无疑问是来自于美国的州际商贸委员会。其由国会于18年前创立，负责处理各州之间的铁路和水路运输问题。其功能一半是行政管理方面的，一半是司法的。如一个问题纯粹是法律问题，那么就必须向最高法院起诉。不过为了保证这个机构的独立，法律规定其成员任期为

7年,在其任职期间不得被任意免职。所有的联邦法官都由总督任命,即由行政部门来任命。针对违反联邦法律的行为(需经指控),都必须由陪审团在犯罪地所在的州审理。各州的司法建制并未受到联邦的影响,所以各州的法官都仍是由州行政长官任命。

关于高等法院的功能,有一个问题一度威胁到整个联邦的机制。制宪会议制定的并由人民投票通过的宪法草案规定,[426]如果对宪法关于联邦和州的各自的权限以及两个以上州相互之间的权限的规定的解释产生疑问,应由联邦高等法院审理,不得再向国王议事会(Queen in Council)上诉(即英格兰的枢密院司法委员会,其是英国殖民地和印度的上述案件的最高法院),"但其中涉及英国领地的公共利益而非联邦或州利益的除外。"当这个草案以议案的形式提交到英国时,英国对这个规定表示反对,认为其有弱化母邦与殖民地之间的联系之嫌。很多英国人都认为澳大利亚这么做是不利的,因为在涉及到政治情感和复杂的党派问题时,其将失去一个由与其国内利益和情感无涉的完全公正的权威来对这些事情做出决定的机会。(他们说)如果在关键时刻,美国能有一个与集团利益或党派偏见无涉的法院出面,解决一切宪法争端的话,那会多好啊,因为其代表着法律智慧之精髓,对法律事实之忠诚亦是无懈可击的。

对于这些说法,澳洲人回应说,美国的经验证明了在涉及到宪法问题时,有必要和应当根据具体的环境和各个国家的需要来作决断;宪法问题都是法律化的政治问题,应该采取哪种观点看的是国家的利益;英国的法院对澳洲的情况知之甚少,是不可能真的知道宪法问题的关键所在的,所以,其就会以一种纯粹技术性的,[427]甚至可能是望文生义的方式穷抠宪法条文,以至于在需要做扩张解释的时候却阻碍这种解释,加剧澳洲国内的矛盾。澳大利亚必须——所以他们也是这么做的——作自己命运的主人,正因为制定了这部宪法,它才能靠着自己的司法体系以及行政、立法体系担起这个重任。这不单对澳大利亚是有利的,而且这对维持澳洲与其母邦之间的联系也是有裨益的。

踯躅片刻之后,英国政府意识到了触怒澳洲人情感的危险,遂然作罢。下议院委员会放弃了要给澳洲宪法草案做一些改变的争论,虽然这个改变不是很大。他们想做的这个改变是要求澳洲委派一名代表到英国以协助通过争议解决办法。最终通过的法令规定任何宪法问题上的争议都不得上诉至国王议事会,但澳洲高等法院认为该问题确有需要由枢密院决定且高等法院确认书面证明其判决有效的除外。在其他的案件中,高等法院的决定都是终局的。

除宪法问题之外,其他问题,如经枢密院做出特别许可,都可以继续从州最高法院(即在上诉至联邦最高法院与枢密院之间二选一)以及联邦高等法院处上诉至枢密院。澳联邦议会可以限制向枢密院申请上述特别许可的情况,但是王室对做出这些限制的法律继续保留权力。

上述澳洲司法体系主要是按照美国宪法的模式来设置的。[428]但是,其没有严格的区分州事务与联邦事务,因为从州法院上诉的案件与联邦法院初审的案件都是一样的,州法院也可以管辖联邦的事务。另一方面,其和加拿大模式以及瑞士模式都不太像,只是原则相似而已。加拿大除了最高院之外没有其他的联邦法院,而且加拿大将所有法官的任命权都交给了政府,而瑞士将联邦与州之间的争执,或者与联邦法法律的宪法性有关的问题交给联邦议会来处理,而非司法机关。一般来说,澳洲高等法院的地位与功能是与美国至高无上的最高法院一样的,美国最高法院的辉煌是马歇尔以及其他伟大的法律先哲们联手缔造出来的。在制定出这些宪法条款之后,只要再做一些谨慎但眼界高妙的扩张解释,其对澳洲之功断不会亚于举世公认的美国宪法。

第十三节 政府的运作、内阁

在上面,我已经简单提了一下澳洲政府的结构有什么特征,现在让我们看一下其是如何运作。

澳洲政府体系的精髓在于一个事实,即行政机关对立法机关的依靠,但此并未见诸明确的规定。它和美国以及瑞士的体系截然不同。其复制了英国的被称为内阁或者责任政府的体系;那就是说,政府的行政机关并不是像美国那样是一个独立的权力主体,直接由人民创造并仅可由人民变更。相反,其是由立法机关构建并对其负责。[429]英国殖民地各自组建的自治机构都是采用的这种方案,因为它们对这个最熟悉了;并且似乎它们都决定要永远奉行这种方案。

其突出的特点就是这些。

英国行政机关的名誉元首是国王,澳大利亚是总督(王室的代表)。他们都是固定的,并且不对立法机关负责,因为他们并不按照自己的想法,而是按照其手下的大臣的建议来办事。

这些大臣都是由立法机关选出并对其负责,他们只有获得它的信任才能延续任期。

但是,大臣并不完全处于立法机关的控制之下,因为他们可以解散它,即向人民动议,希望人民能够选出一个新的立法机关来支持他们。因此,这种政府也相应地位于三个主体的平衡之上,即行政机关、立法机关和人民。在这里,人民有点像是大臣与议会之间的仲裁者。由于大臣可以随时向人民动议,所以,这对议会就构成了压力,形成了大多数人听从内阁中成员的局面。因为英国的方案存在这种突然的解散议会的权力,所以,其和美国的方案就有显著不同了,有人称这是天文学意义上的不同,因为在英国,两年期的立法机关和四年期的行政机关都是像地球一样沿着轨道绕太阳旋转的。

在上面,我提到了立法机关作为一个主体,接受内阁对它负责。但是,什么才是立法机关呢?在英国,虽然议会由上下两院组成,但是选任大臣的权力完全属于下议院。而由于下议院是人民选出来的,所以在其背后满是人民的道德力量以及曾获得众多胜利的威名。同时,因为其还控制着财政大权,所以其可以通过法律机制将自己的意愿付诸实践。[430]要知道没有财政支持的行政是无法进行的。因此,虽然两院之间经常性的不和谐可能会阻碍或者变更不列颠的立法,但是其并没有影响到行政事务的开展,但在某些特殊情况下,行政机关认为有必要马上立法的除外。在加拿大,情况也是一样的。那里也是两院制的,但是上院的代表都是由任命而非选举产生的,所以整个就处于次要的地位之上。内阁可以不管上院通过的不信任案,就像其不管上院通过的不利投票(adverse vote)一样。但是,在澳洲,情况就完全不同了。澳洲上议院是一个代议机构,议员皆由各州的人民选举产生;其作为各州权力和利益的保护者,所起到的作用是最为重要的。其手中的权力(除了下述将要提到的外)都与下院的权力相同。那么到底组成和解散内阁的权力在谁手里呢?一般人们在分析上下两院时,会发现两者天然就不一样;而且这种情况特别容易在上下两院采用不同选举方式时出现,比如在澳洲就是这样。那么如果一个院对内阁投不信任案,另一个则投的是信任案呢?内阁是不是要因为一个院的不支持就要辞职呢?要知道其还是获得了另一个院的信任的;并且如果它真的辞职了的话,一个新的内阁就会进来,支持原来的内阁的院就会对它投不信任案了。

这些问题在美国和英国的体系中都不可能出现。其不可能在英国出现,是因为两院不是平行的,下议院能凭借其强大的实力胜出。其不可能在美国出现,是因为虽然美国的两院之间是平行的,但却没有一个院有权替换总统或者部长。因此,这是一个新问题,

[431]这个问题出现的原因是澳洲人试图把两种不同的体系结合到一起去,即英国的内阁制度和处于同等位置上的上议院,这里的上议院是联邦制度中的上议院,由于其代表各州,所以很强大。

第十四节 反僵局条款

但是,在有一种情况下,因为有两个平行议院的存在——虽然仅是在某些最极端的情况下——所以会产生困境。它们在立法问题上的分歧经常容易导致僵局。这种恼人的情况曾在英国出现过,虽然上院,除了在爱尔兰问题上之外,经常会让步(甚至没有解散议会),因为它害怕激怒人民,即如果其一再坚持反对全民的意愿的话,会导致其自身的毁灭。在爱尔兰问题上,上院认为英格兰和苏格兰的人民在这个问题上不太可能有兴趣就其与下院之间的分歧表示尖刻的憎恨。在美国,没有解决僵局的措施。所以,无论这种僵局将会造成什么样的损失,美国人也只能忍着。说到这个,人们可能就会想起美国参议院曾对众议院提出的很多解决奴隶问题的计划表示反对,这是造成内战的众多原因之一。澳洲殖民地自己在立法问题上经常出现僵局,因为每个殖民地都有上下两院,尽管在各个殖民地下议院更强大,因为其控制着行政机关。

关于上述这些困难,两次制宪会议的政治家也都充分考虑到了。所以他们想出来一个机灵的办法来解决这些困难(第57条)。如果下院通过一个法律而上院不同意,三个月后下院再次通过而上院仍不同意的,[432]总督可以因此解散两院,但议会在六个月任期内将尽的除外。如果在解散议会后,新的下院再次通过此法案而上院又不同意的,总督可以召开两院联席会议。如果上述被提议的法律随后在整个议会的联席会议中获得通过的,则其应被视为是在两院中获得表决通过的。

这个办法要浪费大量的时间,而且要经过两次大选,一次是下院议员的大选,一次是上院议员的大选。只是,这是经证实其是最好的解决问题的办法。有关这个问题,英国和美国都没有想过要解决,但确实值得解决。读者可能还记得下院的人数一般都固定是上院的两倍,那么,您一定就能看到上述这个规定是为了确保在上下两院之间角力最终的结果中能够适当地体现出州权利和人民权利的原则。如果这两个原则之间出现冲突的话,比如当四个小州议员的观点与两个大州的观点相左时,那么人民权利的原则就会胜出,因为如果两个院在一起开会,大州有 61 个席位(12 个上院议员以及 49 个下院议员),而小州只有 50 个席位(24 个上院议员以及 26 个下院议员)。当然,这样的危机目前未曾出现过。

第十五节 两院的关系

澳洲两院中谁担当了英国下院的角色,有权决定内阁的任免呢?关于这个问题,看一下关于财政法案的条文是有裨益的。[433]澳洲宪法规定(第 53 条)所有征缴岁入或者征收税款的法案都应出自下院,而上院不得修改税收法案或者"征缴岁入以为政府日常事务开支所用"的法案,不过上院可以将这些法案交回下院建议其修改。因此,上院可以拒绝这些法案。这个设计有点像是美国的宪法①,但是其实际上来源于英国的实践。其交给下院为公共服务提供钱款的重要职能,因此也就给了下院控制国库的重要权力。所以,看起来如果内阁没有下院的同意,就算有了上院的支持,也将面临无钱开展公共事务的局面。不过,上院虽不能批准钱

---

① 然而,在美国,参议院可以修改并确实修改过岁入征收和拨款案,并且关于这些事情,在与众议院的纠纷之中,其确实经常能胜出。

款,但还可以扣留钱款;并且,如果它就是想要解决掉其不喜欢的内阁的话,就可以制造上述的那种僵局。不过,其将各种不同的征税条款纳入一个法案之中,或者将一些其他的事情加入到征缴岁入的法案之中(拼凑)是不被允许的,因为宪法的明确禁止这些办法(第54、55条)。在实践中,议会经常会毫无争议地通过当年的日常公共事务的开销,但是如果其对一些与税收或者岁入有关的新提议存在严重质疑的话,还是会保留意见。

很明显,澳大利亚人希望殖民地的惯例,即内阁由人数更多的下院任命或解职,能够继续适用。而且,澳大利亚联邦两个议院之间的关系是这样的新颖和奇特,所以,所有政治学的学者都应该仔细地研究这个新政府是如何保持一直运转的。特别是英国人,应该好好研究一下,[434]因为如果英国要用代议制的上院代替其现在在理论上没有防卫能力的上院的话,就要想出一些办法来避免或者解决两院之间的僵局问题。

有些澳大利亚的权威人士开始怀疑这两个平行的议院能不能和内阁政府协同相处。他们说虽然有时各方会出于公共服务的目的而相互妥协,但是,各种政府,当然美国和英国殖民地的政府也是如此,存在着一种倾向,希望最大限度地扩大其法律权力的范围,因此甚至整个机制不得不停止运转。在这种停止太过频繁的出现之后,澳洲人就开始想是不是应该修改澳洲宪法,将行政机关从立法机关那里分离出去,以便使其享有一点稳定性,就像美国和瑞士那样。①

上下两院之间的关系更多地决定于一些不确定的因素。其中一个是人口的增长。如果小殖民地的人口增长得比较快的话,

---

① 普雷福特先生(后来当选为南澳大利亚首相)在制宪会议上建议由两院召开联席会议任命内阁成员,但是这个方案与英国殖民地的惯例差异太大,所以没有被人们接受。1891年,约翰·库克本(Cockburn)在悉尼制宪会议上提出了一个类似的建议。参见他的演讲,载于其著作《澳大利亚联邦》(*Australian Federation*)(P139)。

那么它们在下院中的席位就会快速增长至和他们在上院中的席位持平,这样各派——与各州的大小相关——就会在两个院中都大体保持实力的平衡。另一个因素是可能出现的争议的性质。其就可能不是单纯的小州对抗大州的问题。三个大的党派组织,虽然没有像美国那样夺得国家机构体系,但是还都是很强大的。它们在各州获得的支持大体相仿,因此它们在上院中保持的平衡与在下院中保持的平衡就是有区别的,[435]虽然不明显。这样一来,宪法的这些特殊机制,因为原本就不如其他方面能够经受巨大的压力,所以现在真的遇上重压之时自然就不可能撑得太久了。

另一件会影响两院之间的关系的事情是其各自吸引政治人才能力上的差异。在美国,宪法建立后的三十年间,参议院已经比众议院越来越强了,因为其议员是那么出色。由于参议院议员的任期要比众议院议员要长(六年对两年),而且参议院在国际关系和人员任命上有一定的准行政权,所以,有能力的人都更喜欢参议院,即众议院经常会看到自己最出色的人才流失到对手那边去。现在,参议院已经没有以前那种人才上的优势了,但是,人才在可能的情况下,还是会从众议院跑去参议院。但如果这个众议院设在澳洲的话,由于其有组建和解散内阁的权力,所以,这一定会成为有野心的人朝思暮想之地;需知有些事情的成败正决定于参议院吸引到的人才的多寡,因为在解决的方案中出现这些人物的身影等于给其这边增加了整个国家作为砝码。

有人说澳洲的上院只有 36 个议员,规模太小了。然而,美国参议院在最开始时也只有 26 个人;该机构初始人数不多其实是个很大的优势,因为这样一来便形成了一种高贵的传统而非一个吵吵闹闹的下院,同时,由于个人没有迷失在人群中,一种更为强烈的个人责任观念便也就形成了。

第十六节　附　则

[436]贸易和金融的规定成为宪法的一章(第 81—105 条);除了大州和小州之间的矛盾之外,这些问题给宪法的制定造成了最多的麻烦了。宪法规定所有的关税和消费税都应归联邦所有,但是,至少十年多的时间里,联邦收到的税款不足 1/4,另外的 3/4 都被付给了各州,或者用于支付它们各自的债务的利息,因为这些债务都原本应由联邦来偿付。人们认为这种安排有利于帮各州支付它们的行政管理费用和债务的利息,因为它们每年岁入的大部分都源自关税和消费税,所以,最初制定宪法的五个殖民地,除了新南威尔士之外,都采取了一种贸易保护的政策。不仅联邦能给予津贴,而且各州在经联邦允许之后也能给予津贴。另外,宪法规定了如下事项:关税的征收、铁路的管理和铁路税税率的确定、用河流灌溉和储存水源、州债务。这些规定都是临时性的,与我们对该宪法的研究无太多关系,不过对澳洲的产业却很重要。在这里我谈到这些规定只是为了展示澳洲各州联盟的计划设计得有多么精细,涉及到的问题有多么复杂。这些事项先由宪法暂时加以规定,然后再由联邦议会立法确定。

关于首都应该放在哪里的问题,正如美国和加拿大曾经出现过的那样,在澳洲也有过一些争论。最终的结果是规定中央政府应该设在新南威尔士,但是离悉尼至少 100 英里的地方。[437]那里有一块大于 100 平方英里的地方,位于联邦的管辖之下,就像哥伦比亚地区位于美国的中央政府的控制之下一样;随着国都的确立,一座恢宏的城市也将拔地而起。

关于新州加入的条件,无论澳洲是否是从现有的州中独立出来,都由联邦议会另行规定(比如确定由一定数量的上议院议员通过),但是,如果新的州是从老的州中独立出来的,则只需议会同意便可。同时议会还有权全权接受英国国王给予的任何领土并对这些领土有关的管理事项作出规定。这样一来,其就不用像美国兼并波多黎各时那样在法学家中惹出那么多的宪法争论了。

第十七节 宪法的修改

最后,我们来看一下宪法的修改方式的问题。澳洲宪法的修改方式要比美国简单得多。其虽然多少受到了美国模式的影响,不过更多地反映出的是瑞士全民公决模式的影子。

在澳洲,任何宪法修正案都必须由两院的绝对多数投票通过,然后(2—6个月之间)再提交给各州的选民。如果多数州的多数选民投票同意该议案,且这些州的多数选民的人数是整个联邦人口的多数,则该修正案便获得通过,然后该议案便将提交给英国国王批准。如果两院之间存在分歧,一个院支持该议案,另一个拒绝该议案(或者在通过该议案的时候附上一个为对方议院拒绝的议案),则同意该议案的议院可以再批准该议案一次。如果对方议院再次否决该议案,则该议案将直接提交给人民公决,就像其已经获得两院同意一样。人民的决定是终局的。[438]鉴于在有的州投票权不仅限于男性,澳洲宪法进一步规定在有的州,如果所有人都有投票权,则其选票只能按照一半来计算。①

因此,修正案通过的要求有如下这些:

1. 在两院同时获得绝对多数,或者在一个院两次获得绝对多数,两次之间有三个月的时间间隔,而且,在这两种情况

---

① 但是,"未经一州半数以上的选举人投票同意,不得制定法律,削减该州在参议院、众议院中的代表比例或者最低代表人数,增加、减少或改变该州的名额。"(第128条)

下,该议案都要提交对方议院。

  2. 获得多数州的人民的同意(即目前至少是四个州的同意)。

  3. 获得全部国民的多数人的同意。

  美国的联邦宪法要国会两院2/3的多数通过和3/4的州通过,或者2/3的州提议加上3/4的州通过才能修正,这个是很难达到的。瑞士的体系在议会阶段允许以通过普通法律的方式修改宪法,但是最后还要加上多数州和多数人的普选通过这个条件。

第十八节　澳大利亚联邦与英国国王的关系

  人们认为没有必要就澳大利亚联邦与英国国王之间的关系作规定,因为这种关系之前是存在于国王与联邦下属的原各自治殖民地之间的。[439]这其中主要的区别在于联邦议会是从(上面提到过的)澳大拉西亚的联邦理事会(现在已撤销)那里获得了某些权利(包括域外渔业及与太平洋诸岛之间的关系),议会有权就"涉外事项"("external affairs"一个模糊的术语,宪法第51条,xxix)做出一般性规定,并"可以在所有直接相关的州请求或同意,在联邦内行使任何现在由英国议会或者澳大拉西亚联邦理事会行使的权力(第51条,xxxviii)"。除了这些规定之外——这些规定会引起一些复杂的问题——那些指导英国政府和殖民地总督行为的原则和惯例都被保存了下来。虽然帝国议会无疑是有权力可以给英国各个地区制定法律并推翻地方的法律的,但是,现在它不会动用这种权力,不过如为了所有人或者多数英国领地的目的,比如为了管理商船运输或者版权,则属于例外,并且,如果它要用这种权力的话,就必须获得自治殖民地的同意。所以,同样地,虽然国王有权不批准殖民地的法律,但是其实际上很少用这种权力,只是在殖民地的法律会不公正地影响到帝国共同利益的时候才会使用这种权力,即国王不会为了殖民地一个阶层的利益或者是根据总督或者英国内阁的观点而行使这种权力。新澳洲宪法(第58—60条)规定议会制定的法律在提交总督之后,既可以以国王的名义签署同意(但是可以由国王在一年内推翻)或签署不同意;[440]也可以交给国王御览,在这种情况下,如果总督在两年内没有宣布国王已经签署同意此法律的话,该法律无效。这是一种否决权。虽然从字面上看起来这种权力比美国总统的否决权要大一些,因为总统的否决权可以为两院的2/3多数推翻,但是实际上,这种权力是很有限的,并且不会对联邦议会的统治权构成什么实际上的阻碍(除了帝国的利益受到影响时外)。

第十九节　与美国和加拿大宪法之比较

在我就澳洲宪法的特征做一个总结之前,我觉得很有必要就其与另两部相仿的联邦宪法之间的主要区别做一个概括。

在前面我们已经说过了其从美国宪法那里借鉴来的法条有哪些。其与美国宪法的不同点(不仅限于此)主要有如下这些:

1. 澳洲宪法更长,涉及的细节问题更多。

2. 它给州的权力更少,而给联邦的权力更多;并且其允许联邦议会在州的请求下为州立法,而这些事情原本是联邦议会的功能之外的。

3. 其没有建立一个覆盖整个联邦的联邦法院体系,却允许州法院管辖联邦事务。

4. 其允许从州法院向联邦高等法院上诉,而在美国,各州的最高法院的判决在其职权范围内都具有终审效力。

[441]5. 其虽然在性质上属于"权利法案",但是却没有就联邦立法机关对公民个人的权力做任何限制。

6. 它并没有将立法机关和行政机关分开，相反，通过责任内阁，它将这两者给紧密地联系到了一起。而且，其非但没有将内阁成员排除出议会，相反还给他们在议会中安排了议席。

7. 它没有将行政首长的选择权交给人民，反倒是将这种权力交给了一个国外的主体，即英国国王。当然，这个首长只是个虚职，既不对人民负责，也不对立法机关负责。

8. 它将上议院议员的选举权交给了人民，而不是州立法机关。其并未给予上议院修改财政法案(money bill)的权力，只是给了它提意见修改的权力。这就造成了一旦其与下院之间产生僵局，上院将予解散，以使得新的州在上院占的席位没有原来的州占得那么多。

9. 他没有像美国对待总统那样给总督否决权。它对此的解释是总督和国王的否决权是另外一件东西，几乎没什么用。

10. 修改澳洲宪法的程序没有那么沉闷，没有那么困难。

因此，人们可以说，与美国宪法相比，澳洲宪法给了联邦政府比州政府更多的权力，并且，在联邦政府的各个部门之间，它给立法机关的权力更为集中，而对其行为所做的限制较少。

乍一看来，相比美国宪法，加拿大宪法与澳洲宪法更为相似。加拿大有一个总督，作为国王的代表，担任当地的行政首长。加拿大有很多省，但与美国的45个州相比，又不算多。[442]另外，它还采用了英国的责任内阁制。

但是，加拿大宪法与澳洲宪法之间的区别比澳洲宪法与美国宪法之间的区别实际上要大得多。具体来说，它们之间的区别有这么一些：

1. 加拿大宪法规定了各省的宪法，虽然它允许各省的立法机关对其做修改（但是联邦保留否决权）。澳洲宪法承认既有的州宪法，对其不做变更，但联邦可以控制州宪法并在其之上。因此，各州保留了各自的改变宪法的权力，不受联邦宪法的影响。

2. 澳大利亚将所有的剩下的权力都给了州(即没有明确授予中央的权力)。而加拿大却将这些权利从各省手里收归中央。

3. 澳洲将州总督的任命权交给英国政府,不受澳洲联邦的干涉。加拿大将省长的任命权交给了联邦内阁。并且,加拿大各省省长不能直接与英国政府联系,而只能和总督联系,在澳洲,各州的总督是可以直接与伦敦的英国政府联络的。

4. 澳洲没有给中央政府任何干涉州法律的权力。加拿大给了中央政府否决各省立法的权力。它给总督对各省立法的权力是与英国国王对联邦立法的权力是一样的。

5. 澳洲将联邦的司法管辖权与州的司法管辖权分开,建立一个联邦法院体系,而不是一个高等法院,同时又授予州法院管辖联邦事务的权力。加拿大没有特设的联邦法院体系,只是有一个联邦最高法院。

[443]6. 澳洲的上议院是一个民选的集会。而加拿大的上议院的议员是由联邦政府任命的,因此是一个很弱小的机构,没有能力与由人民支持的下院对抗。

7. 澳洲提供了一种方式以便联邦修改宪法。加拿大没有提供这种方式,因此修改的权力就归了英国的帝国议会。

这种比较显示出澳洲联邦政府的方案介于美加两种的方案之间。在美国,联邦政府对州的权力没有澳洲那样大。而在加拿大,联邦政府有更多权力,或者至少有更大的活动范围。换句话说,从形式上来看,澳洲的体系比美国的体系更接近一个一元制的政府,但是又不和加拿大那么相近。这里我只是就形式而言,那就是说我只是在说纸上的制度,但是在实际中,制度运作所参照的精神并不一定要按照纸上的规定来。比如,古神圣罗马帝国(1638—1806年)在形式上是一个一元制的国家,但实际上就并不是那么回事;新德意志帝国(从1871年起)实际运作中的一元制的味道就要比形式上规定的重得多。

第二十节　对澳洲宪法的一般性评论

从技术上讲,澳洲宪法是一部很不错的作品。整部宪法的章节设置很符合逻辑。大部分地方的用语清楚且精确。其间,偶然出现的,略显可惜的表述不清也不是因为起草者的冒失造成的,而是因为主题的天性使然。其中关于关税、控制铁路的条文的冗长基本上是不可避免的,[444]因为其需要满足地域相邻但利益相左的地区的要求,平息它们的忧虑。由于这部宪法涉及到了很多的细节,所以就要比美国宪法长很多,也没有它那么简洁,反而带着很强的英国法律的味道。但是,它还像是一部宪法,留下了很多的空隙待未来立法去填补。其中,有很大的一块立法空间同时留给了州和联邦的议会;虽然联邦议会通过的法律毫无疑问会凌驾于前者通过的法律之上,但是真的要等到联邦议会找出空闲去立法以填上这些空隙的话,还需要过很多年的时间。联邦议会的另一项事情是接管州议会要求其接管的部分工作。除了这两件立法事项之外,联邦议会还要根据宪法的明确指示,制定相当多的法律。在这些法律全部制定完成之前,很多关涉到该体系运作的实质性问题都尚处于未决阶段。

在两个问题上,澳洲人有意无意吸取了美国人的经验。第一个是美国人经常抱怨说宪法中没有写入对上帝的承认。澳洲人在帝国法令——即确立宪法的法令——的序言中加入了一段对上帝的承认:"鉴于新南威尔士、维多利亚、南澳大利亚、昆士兰和塔斯马尼亚的人民谦恭的依靠万能的主的护佑而存活,同意团结在英国国王治下的不可解散的澳大利亚联邦之中",等等。同时,他们还在这个序言中很庄严地宣布了该联邦的不可解散性,而这个是美国人在1788年所没有提到的,[445]正是因为美国人没有在法律中提到这个问题,所以才给了那些想要保留从联邦中退出的权力的人以口实。

任何联邦体系的完美性都要通过其是否真的在各个方面得到了贯彻来体现,而这又体现于其联邦原则是否被用于立法、行政和司法等各个方面。在这个方面,澳洲的方案就没有美国的完美;因为澳洲允许就纯粹属于州的事务立法——当然是在州请求时——还规定联邦可以给州部分自己的岁入,承担州的债务。同样地,我们在上面也提到过,澳洲人也没有像美国人那样规定州的法律问题只由州法院决定,这样一来,人们就可以从州法院向联邦高等法院上诉了。国家遂赫然显立于整部宪法之上,遮蔽了各州的光彩。该法确实还是有不少条文是保护州的利益的,但是却没有太多的规定像保护州的工商业或者金融上的优势那样确认州的权力。至于为什么澳洲的宪法会出现这样的一种情况,需要我们比较一下澳洲与美国的历史。于1788—1789年联合在一起的美国13个州每一个都有很长的历史。其中两个最古老的州的历史甚至可以追溯到17世纪初。而最年轻的州也有将近60年的政治生命了。所有的这些历史积淀都会唤起当地的强烈的独立情感,并使这些州在激情的挑动下追求自由,维护当地的独立。他们头脑里的一元制政府的观念是从英国传入的,而他们恰又仇视英国国王为压迫者。这样一来,他们对各自的州的热爱就是浸润在丰沛的感情之中的了。他们的脑子里不仅仅有他们作为一个商人从州那里得到了多少的好处,还有对州的忠诚,[446]因为州不仅保护了他们的市民权力,同时还是他们历史传统的载体。

而澳洲人的情感就大为不同了。其最古老的殖民地的历史也不超过100年,而拥有责任政府的历史就更短了,大概不超过50年。纵然各殖民地的发展殊值自豪,但是,在这么短的时间里,政治传统尚不足以形成对当地的爱并深植。同时,在各个殖民地之间也没有形成习惯和生活方式上的差异,就像新英格兰人和弗吉尼亚人及卡罗来那人之间的区别一样。之所以会出现这样的情况,是因为澳洲人才刚刚从英国的治下独立出来,没有形成自己的地方特色。澳洲人对一元制的政府的厌恶感就更淡了,这和曾与英国做艰苦斗争的美国人所体会到的感受也是不同的。澳洲人最初知道的所谓的政府体制就是英国的议会制政府,这个政府于1832年变为寡头制,自1867年起又成为民主制。因此,在澳洲人当中,对国家的感情是一种实用主义的商业特色的情感。每个澳洲人对国家的感情就是一种想要维护自身农业和商业利益的决心。事实上,这就是一种想要为自己的共同体和自身博取更大利益的愿望。过去是那样,现在也是那样。只是这种情感更多的是一种对未来澳大利亚联邦,而非对过去的殖民地的情感。同样的情感吸引着保王党的后代来到弗吉尼亚,马萨诸塞州的清教徒来到老"麻省"(Bay State,马塞诸塞州的旧称)。而正是这种情感驱使着澳洲人想要建立一个强大的国家,做太平洋南部海域的海上霸主。因此,澳洲也就不怕自己地方的工商业利益受到中央政府的不公平对待,也不会对中央政府心怀嫉恨。

  故而,澳洲人对国家的情感(如果我没说错的话)将有助于形成中央集权。这在宪法中的表现是对澳洲人中央权力的规定的用语都很宽泛。[447]在各种政体形式中,能够将政治共同体的成员凝聚,或者拆散的因素,部分是物质,部分是情感。① 物质利益是怎么作用于澳洲的,我现在不愿妄下判断。它们之中有的是离心力;另外的,比如贸易,就很明显是向心力。澳洲宪法也毫不掩饰的承认澳洲的经济基础决定了澳洲只能是一个联邦制而非单一制的国家。但是,一个很重要的事实是澳洲人的情感决定了澳洲更偏向于一个中央集权的国家,而不是一群州的联合。人们可以从澳洲宪法的字里行间读出这种意味来;而且这也解释了为什么澳洲宪法建立起来的政府结构里头就没有美国人那样的浓重的联邦

---

① 参见第四篇。

韵味。

第二十一节　澳洲宪法的现代特征和民主特色

澳洲宪法是这个时代的新生儿，最近才脱得娘胎。与之相比，美国宪法就是一个老古董了，瑞士宪法也已经过时了。澳洲宪法所采用的责任内阁从成型到如今历史也不足百年。念头和雄心，问题和提议，这些人们才刚刚开始认真加以讨论的东西，都被澳洲宪法囊括入内。这就像美国宪法以一种隐晦的说法提到奴隶制那样——奴隶制度虽然野蛮，但历史与人类的历史也差不多一样长了——在澳洲宪法中也提到了一个工业化生产过程中新出现的问题——即白人劳工与自由的有色人种劳工之间的争斗。里面还提到了新产品和新的科学方法、电报和电话以及对气象观测的记录；妇女权利的扩张；[448]劳资矛盾的新问题；由州向老弱病提供救济的新提议；明确承认各州有权力控制酒精类制品的运输。并且，整部法律从头带尾给人的感觉就是这里面满是现代的元素，深受无所不在的经济力量的影响，包括工业生产、商业和金融。这些因素，不断受到伟大的科学发现的推动，对我们现代生活的影响也与日俱增。澳洲宪法，与之前的宪法相比，对此的表达更为完善。

在这些问题上，这部宪法至少是欧洲和美国宪法理论共同作用的产物，同时其又走在了美国或者欧洲实践的前面，代表着民主政府的新高峰：里面到处洋溢着民主的精神。澳洲殖民地政府的每天的工作也确实要比英国更为民主，因为英国政治和社会还残留着某些寡头政府的习惯。其比美国也要民主一些，因为美国从中央到地方都受到宪法的各种限制，同时财富在那里（在英国也是）也还是于隐约间能起到一定程度上的控制力。澳洲联邦宪法比各殖民地的宪法也更民主。在澳洲殖民地的宪法中，至今还保留着以财产作为参选资格以及直接任命产生上院议员的规定。而联邦宪法就没有对议会议员的资格做这样的规定,只是要求年满21岁,并符合选举人条件。其不需要定居在其参选的州。上下议院的议员都是通过人民直选产生的,[449]按照各州州议员的选举方式进行。议员的任期只有三年。公民直接投票是一种先进的民主制度,在美国和瑞士(那里采取的是双重的直投方式,即公民复决[Referendum]及公民主动提案[Initiative])各自得到了发展。而现在,这种制度被澳洲人用于宪法修正案的制定上,采取的形式是同时对两院议员普选,以解决两院之间的僵局。在澳洲,对立法机关的行为任何人都是没有否决权的,因为这种权力归总督和英国国王所有,而他们只会在很少的情况下,即涉及到帝国利益时,才会动用这种权力。事实上,英美宪法中的所有这些关于政府机关之间的相互制衡的规定——民主人士经常会在宪法中设置这些装置——在澳洲宪法中就仅剩下一个,即两院并存的规定。这两者都是按照同样的方式选出,由类似的人组成,但是却天性不和,争长论短,迟滞事项,当然也就将提议弄得更透彻了。如果说美国和瑞士宪法已经把人民主权的原则表述得很清楚明白的话,那么澳洲宪法就是以一种更为直接和有效的方式呈现出这一原则,因为前两部宪法中(特别是美国宪法)很多出于对人民利益的假定而对立法机关做的限制现在从澳洲宪法中消失了。在澳洲,人民不仅通过其任期很短的议会成为了最高的主权者,而且通过议会对行政权的控制,可以以无可比拟的速度将自己的愿望付诸实施。出于此目的,宪法中的"人民"实际上指的就是指挥着人民中大多数人的领导者。[450]他手里攥着的是内阁的行政权和议会的立法权,所以他比美国和瑞士宪法下的任何人都要更为强有力。

澳洲宪法唯一的限制装置是上议院拥有与下议院同样的职权,这样上院中多数人的敌意能够阻止或者至少迟延该政党领导者的立法计划。但是,如果其政党是组织严密的,而且其计划是符合大众胃口的,那么他便能够同时控制上下两院。当然情况未必一定如此,因为小的州通常小心地将其利益置于上院的保护之下,所以在大的政治事项上,它们通常对它们庞大的邻居心存芥蒂。①

澳洲的政治家充分认识到了这部宪法的高度民主性的特征。在赞扬众人之伟大时,他们所用的词句要比英国、美国或者法国的政治家都要更为真切。就像美国人的精神开始因奴隶制和内战而变得晦暗不明之前一样,现在的澳洲的血液中也跳动着猩红的火苗。

第二十二节 澳大利亚的政党

虽然澳洲宪法对政党政治只字未提,但是实际上它还是以醒目的文字勾画出了政党的体系。1787年的费城制宪会议再怎么算计也都不会想到他们所设计出来的国家结构最终会落入到政党的手中去。确实,他们内心怀着一种感人的信念,要使人民选出这个国家中最优秀的人当总统而无论其派系为何,但是这种信念在华盛顿退场后也就烟消云散了。[451]瑞士人的做法也是英国或者盎格鲁-美国人所不能理解的。虽然他们的行政首长也是由议会选出来的,但是他们却成功地摒弃了党派差异,并且在瑞士,没有一个政党能够像美国和英国的政党那样,统治立法机关,控制整个国家的政治生活。但是,英国内阁式的政府却是一种彻头彻尾的政党政府,即无论是在英国或者其他地方采取这种制度,其都必然披着政党政治的外衣。

在美国,各大政党的岁数都要比宪法小,或者说是宪法创造了政党。在英国,政党的岁数可要比内阁政府的年岁大多了,在政党

---

① 本文付梓之后,在两院的第一次选举之中,各州在采取贸易保护还是自由贸易的问题上分为两个阵营,虽然,相对来说,贸易保护主义者(或者支持征收高关税者)的阵营在众议院中获得的议席数要高于在参议院中获得的议席数。

旭日东升的日子里，出现于查理二世时期的内阁尚处于非常原始的形态。在澳洲，各殖民地都有活跃且组织紧密的政党，故而联邦政府议会发现在它组建第一个内阁的同时，就碰上了一个强有力的对手。人们普遍认为税收制度将带来党争的第一道并且有时也是最主要的那道裂痕，因为新的政府都必须要有充足的岁入来维持运行；岁入的主要部分都来自间接税，而很多年来自由贸易与贸易保护之间的争论却一直是大殖民地中一个烫手的问题。

在上文中，我谈到了澳洲宪法勾画出了政党体系。但是，什么才是澳洲的政党体系呢？很明显，澳洲只有两个党，它们都有很强的凝聚力，随时待命准备将行政机关里的对手给挤下去。这就是英国之前的政党体系，也是美国的政党体系。当然，在美国也出现过一些例外的情况，比如 1852 年的无知者党①，1876 年的绿背党②，及 1889 年兴起的人民党③——该党至今都没有完全消失（1901 年 2 月）。[452]美国现有的两大政党的权力是如此的巨大，而要想建立一个新的政党的费用是如此的高昂，以至于第三个政党恐怕是不会冒出来的。而且，就算其真的出现了的话，不久之后也会销声匿迹。当时，在法国就有很多议会团体。它们经常会改变自己的观念而支持其中一派，有时会联合起来支持政府，有时

---

① ［译注］无知者党（Know-Nothing party），美国的本土主义者组建的党，出现的原因是出于对德国和爱尔兰天主教移民大量涌入的恐惧。这是个半秘密的组织，活跃于 19 世纪四五十年代。其取名为无知者党是因为当其成员被问及该党的任何行动时，他们都会回答说"我不知道"。
② ［译注］绿背党（Greenback party），活跃于 1874 年到 1884 年。该党的主旨是反对从纸币为主的货币系统转变为以金银币为主的货币体系，因为其认为这将使私人银行和公司产品的价格走高，而使劳工的价格走低。同时它主张由政府来控制货币体系以保护货币的流通。绿背（Greenback），俚语，系指美元的意思。
③ ［译注］人民党（Populist party），成立于 1891 年，于 1892—1896 年消失，以美国南部的种植棉花和小麦的贫困白人农民为主要成员。其主张激进的地权平均改革，对银行、铁路和精英都抱有敌意。人民党主义（Populism），系指一种反对特权精英阶级的政治观点。

却会分崩离析,将政府弄得残败不堪。之所以会出现这样的情况,是因为其中没有任何一个团体有足够的力量能够独自撑得起一个政府。因此,法国内阁的寿命都不长,如果不是因为共和政府的危机经常迫使各个共和党们拧成一股绳的话,其寿命还会更短一些。在英国,自1880年起,在爱尔兰民族主义者组建成为第三个政党之后,同样的困难也变得棘手了起来;而且这将随时导致激烈的矛盾。这种情况德国也有,奥匈帝国的奥地利部分的奥地利议会(Reichsrath)也是如此。现在,在几个澳洲殖民地的议会中,出现了一个工党,独立于两个老的政党之外,但又与其中某一方联合,以至于危及到了内阁的稳定性。如果上述这种情况在澳洲议会里出现的话,那么其就会使得原本已经足够复杂①的两院之间的平行权力变得更为复杂了。

第二十三节 澳大利亚可能出现的政治问题

说起政党,我想起另一个问题,也是在这里我最后想讨论的一个问题,即根据新宪法,澳洲将采用什么样的方式来过政治生活?[453]任何人,只要记得大的宪法变动都和最初的预测多有不同,就不会对这个问题做太多的分析了。1832年的英国改革法案、美国的内战、萨伏伊王朝②的意大利联盟以及1789年和1848年的法国革命的结果都和同时期的明智且公正的观察家所作的预测大为不同。甚至英国1884—1885年议席重新分配和选举权的扩张都是根据政党势力均衡的更迭而达成的,不同于精明的政党政治家预测的结果。但是,尽管不做预测,人们还是会试图指出在新宪

---

① 在我完成此文之后,这种现象再一次出现了。在1901年举行的第一次选举中,工党在两院中同时获得了超过五分之一的议席。
② [译注]萨伏依王朝(dynasty of Savoy):欧洲历史上著名的王朝,是1861—1946年统治意大利的皇室。

法规定的新形式下,有什么样的条件会影响到澳洲国家和政治生活。

首先,让我们探讨一下澳洲可能会出现什么样的矛盾,政党之间的区别又是因为什么样的矛盾出现的?

综合各国的经验来说,人们会因为五类问题而分化为不同的政党,即:

1. 种族问题,比如造成爱尔兰分裂的问题,在奥地利王国和普鲁士王国(关于波兰人)造成麻烦的问题,同时,这个问题在加拿大也存在,虽然不是那么尖锐,而在南非却尤为尖锐。

2. 宗教问题,虽然其没有之前那么可怕,但是在很多现代国家中在涉及到教育问题时,这个问题还是很尖锐。

3. 国际政策问题,无论是其总的路线,还是其在任何既定时期对任何州的态度。

4. 国内政治权力的分配问题。

5. 经济或者社会经济类的问题,[454]比如对公共土地或者私人土地使用权的处置、劳动环境、税收和财政、贸易保护或者贸易自由政策、累进税政策、以全国或者地方的公共基金协助特定行业或者阶级的适当性等问题。其中有些问题看起来更像是社会性问题而非经济问题,但是如果我们仔细分析的话,就会发现它们的经济含义,即它们会促使从共同体的某个阶层收取或者给予金钱,它们促成了党派的凝聚。一个纯粹的社会问题很少有如此之多的政治意义。

(1,2) 如果把这种分类方式用于澳洲的话,那么我们就会发现那里没有前两类情况。那里的人全是一个种族的。而且他们也对宗教狂热无动于衷,虽然有时在州的学校中关于神学教育会爆发争论。

(3) 严格地说,国际政策问题不属于澳大利亚的管辖范围,因为只有英国政府才有管辖权。但是,毫无疑问的是,澳大利亚会时不时涉足其中,特别是在关系到太平洋诸岛和东部群岛(Eastern

Archipelago)的问题上,并且,在出现危机时,它也一定会强有力地表达自己的观点。现在,我们就完全可以想见在德国、法国、荷兰、甚至中国、日本或者美国插手西太平洋,造成政治争端的时候,澳洲会采取什么样的态度或者会迫使英国采取什么样的立场。

(4)在政治权力分配和联邦政府的结构问题上,澳洲的民主已经做到极致了。但是,各州尚需推广妇女联邦选举的投票权,[455]就像其已在南澳和西澳实行的那样,其之实行应根据当地的法律,或者更为广泛的推行直选之规定;或者修改宪法中某些会引起保守派与激进派之间冲突的规定。在美国政治中,修改宪法的影响不大,这可能应归功于很难获得多数票来修改宪法。在澳洲,这么做就要容易得多。美国在宪法出台后最初70年中的历史告诉我们,采取联邦和州分权的做法将会造成持久激烈的冲突。之所以会出现这样的问题,是因为在联邦中存在这么一种情况,即各种矛盾都是与联邦法律任何解释有关的,而这些法律又是关于如何在中央与地方之间分权的。

(5)经济秩序的问题,可能比其他问题要耗费澳洲政治家更多的精力和心血。关税问题就是一个永远也扯不清的问题,因为除了贸易保护政策或者自由贸易政策这种一般性的问题之外,要征什么样的进出口税就是一个会惹起无限争论的问题,因为环境是不断改变的,而政府的财政需求也是不断增长的。毋庸置疑的是,在像澳洲这样的新生国家里直接税是很难开征的,也是很不受欢迎的,所以,与欧洲的正统经济学家所认为的相反的是,那里应该大量开征的是关税和消费税。这样一来,中央和地方之间的财政关系就会变得很紧张,充满了矛盾。同理,联邦要接管地方的铁路管理权,也会造成不少矛盾。同样的情况见于在各州间对河流灌溉和航运的分配,[456]特别是在对唯一一条横穿整个大洲的河流的分配问题上更是如此。这条河流穿过了三个东南地区的殖民地。在可能出现的诸多劳工问题上,其中有一个问题可能会在细节上,如果不是基本原则的话,造成困难,即驱逐有色人种移民的问题,他们包括中国、日本、马来和印度的苦力。温带殖民地的白种人劳工强烈地反对允许外国人入境,但是北部热带地区的种植园主却经常使用太平洋诸岛的岛民作为他们甘蔗园的劳力,所以,在这个问题上,他们采取了另一种不同的观点。

有人认为党派之间的明显分界可能会驱使四个小州和两个大州进入不同的阵营。如果这真的发生的话——当然其可能性很低——也应该是因为各派内部经济利益上的趋同,而不仅仅是因为一派的力量根基在下院,而另一派的力量根基在上院。而迄今为止,两个最大的州,新南威和维多利亚,在财政政策上还存在着明显的分歧。在美国,虽然小州在1787年制宪会议上激烈地反对大州,但是打那时起,这种分歧就没有在政治上长期扮演过什么太重要的角色。

如果要根据地理上的分界形成不同的党派的话,那么就莫过于热带和温带的分界了。目前,热带地区人数较少,富裕程度也没有澳洲东南角的温带地区那么高。毫无疑问,日后那里的人口和财富都会有所增长,但是,由于酷热使得白种人劳工难以在户外劳作,所以在那里,到下一代人的时候,享有政治权利的人口依旧不会很多。

第二十四节　新州加入联邦的可能方式

[457]新的州加入联邦可能会对现在的局面产生实质性影响。那么,人们自然会问新的州加入联邦的前景如何呢?目前整个大陆被分为五个州,所以,要出现新的州的话,就只能是从三个大的州里分出来一块。人民已经在讨论将昆士兰州分成两个或者三个小州的事情了。另外,北部和西北部人烟稀少的地区,如果将来人口变得稠密一些的话,也可能出现新的州。至于在这些地区该殖民的进程要多久才能实现的问题,则取决于工程学在干旱地上蓄水和汲取地下水方面的功绩,同时也取决于联邦政府在财政开支

上的打算了。当然,还有一个因素也不容忽视。目前在澳洲已经勘探过的地区,已知存在大量的矿藏资源,而在未经完整地质勘探的地区,大致也应存在同样储量的资源。一旦在这些干旱的地区开始矿业作业的话,人们就会对供水有新的需求了,因为当地的人口刺激了市场的发展,而这就将促使人们改善土地以便放牧,乃至垦种。上述的这些可能性告诉我们还有多少未决的因素将影响到澳洲政治命运的走向。人烟稀少的地区出现人口增长将使得四个小的州,或其中的一两个,在人口上与大州不相上下,或者更可能创造出新的州,而这些新出现的州在秉性上将与目前在下院起决定作用的多数人所代表的州截然不同。正如在密西西比河峡谷地区的殖民改变了美国政治,[458]在澳洲内地大块地区以及北方地区的人口大量增长——这个目前不可能出现——也可能会影响到其宪法的走向。关于这点我们现在只能猜测,无法断言。

目前,在这些热带地区以及西澳洲的殖民地区与东南角的人口稠密地区之间有一块很大的空旷地区将它们隔开。加拿大 1867 年宪法规定要在新斯科舍、新不伦瑞克与魁北克、安大略之间建造一条跨殖民地的铁路,而横贯大陆的加拿大的太平洋铁路线(Canadian Pacific line)则使得曼尼托巴与英属哥伦比亚变成了联邦的活跃成员之一,因此,和上述情况一样,在澳洲建一条从东到西的铁路线,并将已经开始建造的从南向北的铁路线造完,是符合联邦的政治需求的,并能将这些地区的人们牢固地凝聚到联邦国家之中。

除此之外,还有一个地区值得一提。提到它的地理位置,就会让澳洲人想起格拉顿①的那句话:海洋既使得爱尔兰没法从英国独立出去,也使得这两个地方没法融为一体。人们希望新西兰能够加

---

① [译注]亨利·格兰顿(Henry Grattan)(1746—1820 年),爱尔兰下院议员,18 世纪晚期争取爱尔兰议会立法自由的活动家。他提出反对 1800 年联盟法案,该法案要将爱尔兰和大不列颠合为一体。

入联邦,新西兰也确实曾经认真的考虑过这个提议。新西兰气候宜人,土壤水分充足,岛屿面积也与英伦三岛差不了多少。所以,那里一定会有一个很不错的将来。目前那里人口数大约在 70 万到 80 万之间,在过去的 30 年间长了三倍;当地居民生活的舒适程度和富裕程度比世界其他地方一点也不差。如果新西兰能够加入联邦的话,必然会给联邦增色不少。但是正如一个新西兰的政治家曾经说过的那样,新西兰有 1200 个理由反对加入澳大利亚,因为它与澳洲最近的部分相隔 1200 英里的海路,这比从爱尔兰到纽芬兰的路程的一半都要长,而且路上风高浪急。[459]因此,新西兰更应该考虑一下与澳大利亚建立某种永久的同盟,以便联合海军防御力量,并对共同关心的外部问题采取联合行动,而不是参加主要与澳洲有关的立法事务,这更符合其孤悬海外的地理位置。至于宪法规定由联邦议会处理的事项,则纯粹是与联邦有关的事项,与新西兰的利益无涉。同时,有的问题由新西兰自己来规定要比联邦对其作规定更有利,因为其经济和社会环境与澳洲本土不太一样。其中一个例子便是两个国家的土著民族是不同的。澳洲的原著民是人类世界中最落后的民族之一,不适合承担任何的政治职能。所以,澳洲不允许他们参与任何殖民地的投票活动,并且宪法规定在决定分给一个州多少下院议席的时候不能将这些人算在内。但是,新西兰的毛利人是一个智慧民族,所以,新西兰授予他们投票权,而且现在他们与周围的白人邻居的关系也很融洽。当然,联邦议会可以对毛利人和他们在澳洲的"黑人兄弟"分别立法;但是他们不同的特点正显示了在这两个国家里出现的不同问题。但是,如能获取进入澳洲市场的自由通行权,新西兰将能获利不少,所以如果其最终决定要加入联邦的话,那么必然是受到了商业政策的影响,而这正是大国所追求的。①

---

① 在本文付梓之后,新西兰任命了一个委员会,研究这一问题。该委员会提交的报告强烈地反对加入澳大利亚。

在这个多变的世界里,没有什么政府的形式是长久不变的,没有什么联邦,虽其下属成员的权力为刚性宪法所保护,[460]能够长期保持中央与地方之间的权力平衡不发生变化。在前面我已经说过澳洲目前的趋势是向着统一走的,而不是松散的联邦,因为国家情感和经济因素都是向着这个方向起作用的。但是很多因素尚悬于未知,再加上外面还有大英帝国以及利益牵涉西太平洋的其他列强存在。如果想要将一群和谐共处的人赶到一起去,没有什么比出现威胁他们的事情,要他们协同对外更效果显著的了。如此一来,内部团结的情感得到了加强。大家的注意力也从国内的矛盾上转移开去了。国内的权力也都自愿归由行政长官来掌控,这点是在和平时期所不可能的。这样做的结果或好或坏——有时最终出现的是坏的结局——但是无论好坏,其都将对政府产生影响。其可能会促成国家政策的新方向,就像美国最近那样,而且,其总是在不经意间就促成了这种变化。

第二十五节　未来澳大利亚联邦与英国的关系

但是,在这个世界上,澳大利亚不是孤立的,而是大英帝国的一个成员。所以,我们在探讨澳洲宪法的时候,不得不研究一下该殖民地的联盟是否会影响到其与母邦的关系。

1891年,在澳大利亚第一届制宪会议开会制定联邦宪法的时候,大多数英国人就猜测说联邦制的澳大利亚很快就会独立出去了。但是,澳大利亚的政治家看得更为深远,他们预测说几个殖民地联合在一起形成一个统一的澳大利亚国,并不会弱化其与大英帝国之间的关系,[461]反而会使这种关系更加深化。在过去的十年中,这种观念最终成为了现实。在最开始的时候,确实有个把人鼓吹说脱离联邦是实现独立的一条渠道。但是,很快,一种新的趋势出现了,将这些人打翻在地,令他们销声匿迹。曾促成联邦主义的民族情结也起到了增进澳大利亚联邦与其他英帝国成员之间的感情的作用。一般来说,殖民地都会对母国心存芥蒂,认为母国是以保护人的身份来对待他们的,有时,这些殖民地还会自作主张,抢班夺权。不过,在他们终于认识到故国是以它们为荣的,是把他们看作自己的亲生儿子的,是对他们等而视之的,于是他们心中的疙瘩也就慢慢消去了。此外还有那些民主派,对君主制满腹狐疑,视其为自由的绊脚石,现在也都不再怀疑了。总的来说,对共和的钟爱,在欧洲大陆要比在英国更为盛行,并且,在19世纪上半叶,这股力量可谓是无处不在的。但是,在不列颠世界里,这股力量在下半个世纪里就已经慢慢减弱了,这主要是因为在那里自由之实质得到确保的根基在于王权政府的弊病在共和国中横生,在于人们开始关注经济和社会问题,而不在于纯政治问题。英国国王是澳大利亚联邦名义首领的事情也不会影响到澳大利亚宪法在公众心中的地位,也不会比加拿大遭受影响更大。加拿大的民主程度还不如澳大利亚。至于澳大利亚的国内政治,它会按照自己的路子走,绝少受到其与英国之间的关系的影响。当然,事实是,它是,而且将来会一直是、大英帝国的一部分,[462]分享这个庞大肌体的雄心、参与其冲突、分担其责任。这将铸就澳洲及世界未来的辉煌。更为重要的是,我们需要一种办法,在处理其与帝国关系的时候,让不列颠自治殖民地分担一部分共同防务的开支,同时能在共同的外国政策上发表自己意见。为此目的,我们要构建出某种宪法机制,这虽然非绝无可能,但很明显是异常困难的。如果真的能达成什么机制安排的话,恐怕是要通过帝国本身的危机来引发吧。

60年前,人们普遍相信英国自治殖民地在开始意识到其自身的力量之后,自然就会想要,也不可能拒绝自身的独立。但是,最近60年的历史给他们带来了很多便利的条件;在这些条件中,有一个是大家都没有想到的,那就是国王通过其个人纯洁、朴素、仁厚的品行,在长期的治理中赢得了人们的尊敬和喜爱。人们的尊敬和喜爱不仅仅是对国王本身,还对其所引领的古代制度。国王的长寿也被视为是保留这些遥远的领土为英国领土之一部分,并给予澳大利亚联邦现有形式的原因之一。

第九篇 服 从

[463]要想知道政治社会的特性和法律的根基是什么,在一开始就务必搞清楚如下问题:是什么力量促使人们处于政府的管理之下的?或者说,"服从"的根基在何处?

政治服从理论

哲人关于这个问题的解答纵然形式多样,但多可归于如下两大类。有人说是因为恐惧,而有人说是因为理性。有个学派认为将人们约束在国家中的是国家暴力,以对国民的死亡威胁或肉体残害为根据。其他人则推论是因为大家有普遍的共同利益,所以才促使他们自愿地放弃部分自由成立国家。因此,前者认为服从的基础是强迫,而后者则归之于协议。

这两个学派都有很悠久的历史了,并且都有很多大人物加入其中。第一派人从柏拉图那里找来各种诡辩论来支撑自己的观点。这和《理想国》中的忒拉叙马霍斯在本质上没有区别。[464]诡辩家忒拉叙马霍斯说正义是属于强者的。随后,威名显赫的霍布斯和边沁也持有这种观点。另一种观点,现代人熟悉它是从卢梭的作品开始的。但是,其实其历史也很悠久,丰富多彩,而且与自然状态、自然法则的观念交织在一起,此外还夹杂着主权观念的悠久历史——关于这点我们在后面再谈。卢梭认为服从的基础是原始的"社会契约",通过这个契约,人们同意放弃部分自然权利以构建国家,并且,在这个国家中,公民可以获得自由,因为这是他"普遍意志"的一部分,而且他需为此意志尽合理的义务。亚里士多德的学说认为人天然就是社会生物,天生就应该生活在群体之中。这种观点与第二派观点相近。但是,这种观点有个问题,即其笼统的表达没有解决,如果政治社会是建立在契约基础之上的话,就很容易经常出现被违背的问题。此外还有一些近代的哲人认为国家的基础是人性、不灭的理念或者神的意志,且据此推断出人们应对国家绝对服从。这些观点这里我就不说了,因为它们与我在这里谈的问题的要点没有太多关系,即是什么促使人们服从的。

在这两种观点中,第二种契约论最近没有什么人相信了,其与我们所了解到的古人类的状况明显违背,所以人们会说这种契约论仿佛就是寓言故事或者伦理意义上的神话故事,而非切实的历史。另一方面,暴力与恐惧说,依旧很时髦,[465]还与法律术语体系相联系。这种法律术语体系现在,或者之前也是,在英格兰造成了很大的影响,而且在美国也有一些声势。根据本杰明和其追随者的观点,在美国国家中,主权都拥有无上的暴力权,因此也是永远合法的。它可以发号施令,而且它下达的命令就是法律。恐惧是它的帮凶,人们害怕肉体上的伤害,只得服从。拥护这种观点的认为,鉴于法律的由来,这在历史上是真实的,或者也有人认为这种观点是对现代法律原则和据此生发出来的政治社会形式的简明的总结和提要,而这些之前是晦暗不明的。但是,暴力论的傲慢之所在,却不仅是来自于这派人对契约论的蔑视,还是因为他们忽视了人类性格和习惯的某些事实,除非其作为社会组织发展的因素而与暴力与恐惧论相联系。

但是,无论其中的哪一种观点,只要人们放开思维仔细思考一下的话，就会知道，暴力论和契约论都是不完善的，而且正是因为这种不完善，所以产生了误导。正如所有的理论体系都会犯错一样，他们也犯了错误，不仅是找了一个完全是错的理由，还是使正确的理由扩张到了超过合理的限度。卢梭的正确性在于其认为政治社会需要一个道德护盾，而个人自由原则则能够为人们从政府那里拿回自己交出的部分自由做出完好的说明。契约论者一般认为主权的基础是有组织的社会都会将所谓的"自然自由"返还给公民。哪怕是坏政府也都会给予人们最低限度的保护，[466]就算不是太完美，以确保他们的人身和财产不受除政府以外的他人侵害。如果这不算是默示契约的话，至少也是一种承诺，是构建在政治关系的互负义务之上的，公民付出了一部分，也因此而得到了一部分。更进一步，无论是过去在将政府的出现归之于刻意的讨价还价论，还是现在认为这种讨价还价论对真实社会中的多数人都适用，甚或认为社会中的个体在与政府交往时应基于契约理论之上，反之亦然，都大有历史上的纰漏的嫌疑，虽然其尚算不上不可行之原则。因此，忒拉叙马霍斯派，或者霍布斯的拥趸正确地感觉到应该对共同体可靠性和该机制的实际运转力量做些测试；如此，他们发现最终的解释是暴力，通过暴力，国家能够打压共同体中的捣乱分子和僭越法律者。如果在这种情况下没有暴力手段的话，法律的威严就会受到挑衅。接下来，这个派的支持者，或者其中部分人，会说暴力强迫是共同体得以真正形成所凭借的手段——虽然，可以肯定的是，霍布斯自己声称签订契约是万事的第一步①——恐惧，作为一种动机，实际上确保多数公民对法律保持敬仰的态度。这个时候，他们就像契约论一样偏离历史和常识了。政治凝聚为和顺从问题绝非像某个学派说的那样简单。

想证明上述两种学派在历史上都是错的，并不是一件难事。

---

① 关于霍布斯的学说，参见本书后一篇《主权的属性》的内容。

契约论经常受到挑战,因为他们认为将人们带出自然状态的凭据是社会契约;[467]而且如果竟有人类早期史学家没有炮轰过暴力论的话,那恐怕是因为他认为这不值得其出手,这个对手实在是太孱弱了,而且这也不属于历史研究的范围。历史学家是最了解在建立国家要动用多少暴力手段的了,所以,他一定充分地认识到了在建立、构筑、过账和连结政治共同体时,暴力仅仅是众多因素之一种,而且还不是最重要的那一种。不过,我们没有必要真的制定历史学研究计划,以达致这种结论。之前的办法是问询某人自己的意识,并观察其同伴。对政府和法律的服从问题,仅仅普遍服从的基础问题的一小部分,普遍服从的基础问题要更大,而且也是更为明显。为什么我们都要放弃如此之多的个人欲望,而且这些欲望自身是无害的,仅仅是因为他人没有同样享有它们么?为什么我们要对那些我们多怀疑其根据的观念作出回应呢?为什么我们要追求喜乐,其实际上给我们带来的不是欢愉,而是苦痛呢?为何我们要跟着党团,政治的或宗教的,且其行为我们多不赞成呢?为何实际上我们每日行为之大部分都已既定,而非出于尔等自身喜好,而需要服从他人的观念,或随同社会大流呢?

普遍服从的基础

政治服从并不是独立存在的,而仅是所谓的"普遍服从"的一种表现形式。

服从的基础或动因可以归结为五类。将这五类按照重要性做一个排序的话,为懒惰、遵从、共鸣、恐惧和理性。让我们来一个一个地看。

[468]懒惰,在这里的意思是人们性情一般都是让别人为自己打发麻烦事的。当然,总会有某些人乐意为大家从智力或体力上努力,努力解决问题,作出决策的。在我们的一生中,也总有一些

时候,在兴奋劲的作用下,做了一连串的努力。但是,这些人物、这些时刻都是少有的。多数人还是喜欢逃避心智上努力,或者更准确地说,是不愿意选择合理大的努力方式,而这种努力在畅快之余,多伴随着小小的疲累感。在多数情况下,心智上的努力在换来意志上决断时,并不能带来快感,或者至少没有爽快感,或爽快感及不上之前的烦恼。我们所努力的事情如果是我们有些兴趣的事情,则无需满足喜乐之欲,如是我们寡味之事,则会撇除烦扰,将重担甩给他人。小夫妻中一方的当家权,或者一群呆在一起的人中某人的主事权,就是通过这种方式取得的。当家者未必是意志力最强的那个,但一定是最活跃,最希望搞定麻烦,不畏繁琐,承担职责者。坚定不移、顽强奋进者有时也会逡巡逶迤,举足不定的,因为日常生活中的小问题也会使他们烦扰不堪,不知如何运用其智谋、意志之机制。大约有 5/6 的人都会本能地随大流,说"是"而不是"否"——如果不是如此,[469]则婚姻的比例会大幅下降——并且,当说"是"的人还有额外的力量和自信时,尤其如此。或者,换句话说,多数人都畏难喜易。在热带非洲,乡下有很多窄窄的小路,是当地土著踩出来的。这些小路多不是笔直的,而是绕着障碍物弯弯曲曲的前行。这里有一块石头,那里有一丛灌木。于是,第一个走过这里的人就绕了过去,后面的人也就跟着这样走。现在,这些地方已经没有障碍物了,草原上平整宽阔,但是旅行者还是在走老路,因为跟着老路走是最省心的,而独创一条直路则很费事。后一种方式费神费力,前一种方式则简单明了。

  思想上的懒惰一点都不比行为上的懒惰差。对多数人来说,想东西是最费力的事情了。他们都想省事,都愿意接受别人给予的东西,因为他们除了接受别人给的东西以外,其他啥都做不来。他们不假思索接受别人的见解,并且自然而然地认为别人告诉他们要遵守的规则或者制度是正确的、必须的。他们这样做是因为这样做比拿出独立的见解来要简单得多。反倒是那些自己有自己主见的人，在体力上、年龄上、知识上和层级上都逊色于我们。我们可能会认为我们和他一样聪明。但是，他头脑很清晰，而且很主动，我们这是脑满肠肥或者畏缩不前；因此，我们就只能跟在他的屁股后头。

在遵从一项下，包括某些使一个人跟从另一个人的感情，在这种感情的作用下，前者将会跟随后者意志行动。这种感情是爱情也好，还是敬仰、尊重或者钦佩也好，都是对更高的品行或者智慧的仰视。这种感情促使被其吸引的人们乐意在一时为自己所爱、所敬仰的人奉献自己的能量，如果他们不是有超乎寻常的力量的话。[470]智慧和德行给其拥有者合法的权威，智慧使其表现得像是个能够合理解决问题的人，德行则是与人死亡后归宿的问题有关；人们总是相信某个被众人敬仰、膜拜的人具备上述品性，这种想法与真相一样富有作用，而这种想法通常是合理的审视之外，还需要很多其他的因素一起作用才能出现的。遵从感的效果是能确保各式国家或者社会的各个层级的人们都服从，或者团结一心。现代，比如，法国或英国等国家公职候选人的地位、财富和学识等所带来的好处是很有限的，其只能有限地反映出了在朴素的时代里，权威与出生、学识和圣性之间的联系，无论是真的或者假设的。而在穆斯林、印度东部等地，一个所谓的"圣人"，即苦行僧（Fakir）或精神领袖（Guru），对其邻人拥有巨大的权势，但其拥有的"暴力恐惧"的能力，比起精神力量要小很多。哪怕其绝口不提任何超验的使命，他的话依旧是威不可挡。欧洲人东方的旅程中，有大量的见闻证明了，在原始时期，某种出众的品性和职业能够给人带来如何持久的光环。这不仅有人们的敬仰，还有遵从。而且，这种光环不仅会子子辈辈传下去，还会渲染其充任的职位。

所谓共鸣是服从之基，指的不仅是受别人的情绪感染而引起的情绪，还包括人类的协作倾向、随大流的倾向或感同身受倾向等。这种本能近似于懒惰；这是因为随大流是最省事的方式；但是这和懒惰又不完全一样,这是因为这种倾向在那些不太懒惰的民族中也很强烈,[471]而且从我们的经历中,我们也能注意到共鸣同时奠基于想象力的易感性与意志的缓慢或懒散之上。在促成政治或社会的共同体形成方面,没有什么因素比这个更有力的了,因为其能将政党和市民的精神联合起来,纵然不是整齐划一的话,以用集体感和集体快乐取代个人意志的快乐,并且因此使后者从属于前者,使个人在跟随集体做事并乐在其中,哪怕有些盲目。这么做也没有打击到个人的自尊,因为每个人都是自发地做事,受其自身情绪的影响,他们会感觉自己虽然失去了自然个体的地位,但却换来了大集体的成员身份,还可以对大家的公敌纵情地发泄自己的情绪。集体的精神好像是在他的身体生了根,不断激励着他,时不时加强着他个性的力量。服从发号施令的权威是第一要务,这点只要是越绝对,那么这个共同体的野心就越是可怕。诚如原始共同体的一大要务就是征战,而服从则早早地在它们体内就枝繁叶茂了一样,造成这一状况的原因在于,在战争中,服从是最重要的。

可能上述三种服从的原因仅仅是"模仿"的表现形式,因为它们如此相近,暗中联系。模仿这种秉性不仅在人类中很强大,在动物世界中,如我们所知,也是很强大的。九十九头羊一头跟着一头地跳过栅栏,而且跳起和着陆的点与头羊分毫不差,则羊群的倾向和野人随着前人的步伐穿过荒野、初来此地的小孩说话很快就有当地的口音等的含义是一样的。[472]这很明显是心理上的,同时也是生理上的原因,才造成了人们会不断地复制他人的行为和方式,哪怕,有时候,如口音这个例子所示,其完全没有必要这么做。有意识的模仿经常被解释成是为了满足欲望,或者为了吸取别人的优点。但是有很多证据证明其根基其实要更深,而且其有很大一部分都是因为共鸣,位于感觉与意志之间。这种共鸣是一种大脑的无意识,或下意识的状态,是其促使人们随大流,复制他人的行为,采用他人的观点,走最省事的道路,无论天性弱的,甚或强的,都不可避免。

至于恐惧和理性,我们就不用再说了,因为霍布斯和边沁一派已经解释了一个,而民主论的传教者则解释了另一个,他们的解释已经能够充分满足政治社会之各种需要。毫无疑问,恐惧是最敏捷也是最有效的遏制骚动及犯罪分子的手段;当然也是迫不得已的权宜之计,仅在合法政权或者统治权受到内乱威胁时才能使用。理性不断运转,并随着文明程度的进步而不断提升自身的力量。而这种运转则是基于智者的思想之上,引领着人们放弃自己的意志,哪怕这种主张本身是纯真的或有利的。放弃的原因是因为共同体的统治者并非这么想的。理性教给大家秩序的价值,提醒我们没有秩序,就没有进步,并且,秩序能将人们带向真理,而真理能够战胜邪恶。理性暗示,有法可依总是比只有公平要好,人们应该支持享有政权,[473]而不是其萧蔷之乱,追求建立更好的新政权。理性同样迫使少数人闭嘴,哪怕多数人是暴政,使他们确信暴政将激起反抗,并将在和平的争论声中倒台。

鉴于恐惧在野蛮人身上的强大功效,理性在引导有知识、有教养的人方面的效果,哪怕共同体一个没有用它们,它们各自的重要性也丝毫不比上述三个因素差。如果要统计国家事务,或者个人关系事务中人们跟随他人的情况的数量的话,我们会发现,理性或恐惧因素直接和有意识地造成这种情况的数量相对较少,而它们加在一起产生作用的情况也不多。所以,我们可以这么说,从总体的比例来看,恐惧和理性在促使人们服从方面,要比懒惰、遵从或者共鸣都要少得多。

恐惧对私人生活的多数方面都无法起到作用,因为在那些方面无法造成伤害;理性的作用也很小,因为人们在干事前先习惯性的推理一番的情况很少见。人们会说有意识的思考运用于行为之上的不多,因为习惯先占了这个位置。人们说习惯能促使我们不加思考地做事,而这些事情本应该先打算一下的。但是,这种理由早就过时了。习惯的力量的确很强,但是,习惯经常是懒惰的永恒不变的表达方式。对懒惰的默许会很快化身为习惯,也没有什么比这根基更深了。虽然,在涉及到公共或私人事务时,[474]暴力总是在旁边若隐若现,但是我们务必承认这种情况多数人并未可以体会得到,他们只是在遵守法律规定罢了。他们并不一定会,而且通常都不会虑及法律的处罚。他们仅仅是遵从法律,因为其他人也都这么做;而且,他们很高兴这样做能够免去不少麻烦。这种想法并不仅见于文明社会,而是普遍存在的,哪怕在动荡的社会中也是如此。只是,在动荡的国度,法律可能不能压倒一切,但却有助于私人公民。

在上述三种较强的导致服从的因素中,懒惰掩藏在遵从之下,而遵从又为共鸣所加强;这就是说,人们让别人拿主意的倾向是因为他们认为别人在这方面有某种优势,所以,如此他们能够变得更强,更坚定。这种承认他人的优越特性的状况,会在其他同伴也这么承认的情况下,得到极大的加强。现代社会的人,比如英国和美国人,会认为承认权威有损于人的自尊。但是这种观点并不是真实的,因为多数人认为承认权威能够带来快乐,而不是相反。同样地,新教徒曾经认为在宗教中,人的自然、正常的状态应该是独立的——这是一种寻找自己的真理的愿望,是一种叩问自己的良心的职责观念;但是,这并不符合现实,宗教体系牢牢地控制住了人,几乎没留下什么选择的余地,反倒是反复洗脑,告诉人们要谦卑的对待未知的伟力,并有义务默默接受恒定的传统,遵循教会的指示。

有的哲人曾说过,意志是人类独特的标志——对意志的运用标志着其在尽力作出理性的选择,[475]这正是其所独有的。但是,就对目标的坚持不懈、持之以恒来说,其他动物则应在其之上。离群的野象或者蹦跃的野牛的坚持不懈更为惊人,这其中经常糅杂着要把对手甩开,坚守直到同伴归来的技巧。在多数人当中,缺乏个人意志——这就是说他们都是随大流的——是一个很突出的现象。这是因为某个强烈的、坚持不倦的意志,又是可能会化身为一种压倒一切的力量。这种意志很少见,因此一旦其现世,并与超群的智慧天赋相勾连,就定将在所选的领域中所向披靡。弱者将臣服于其后,聚拢在一起,目不敢视,也是集合在一起向其致敬,而这就增进了其推进力或者破坏力。于是,其就变成了一股类似于迷幻力一样的东西。人们可以在世界上较落后的民族中找到最突出的例证。当然,他们在智力上也不差。比如,在印度,欧洲人发现印度人在智力上、精明上、演说能力上丝毫不差于他;但是,同时他也感觉他的意志力和整个人格都比多数当地土人要强(除了少数人之外),那些人就像是一丛稻草,欧洲人可以随意地穿插进去,一路上全部踩到。这就是我们如何能够征服,以及现在统治印度的秘诀之所在了。卓越的武械、严明的纪律,以及强壮的身体,都只是第二位的要素。有些民族在开化程度、精明和机灵等方面都要比印度人差很多,但是,在与他们打交道时,欧洲人就发现要难得多。因为这些人的认准目标对手的坚持不懈以及个人的自尊都要强得多。北美的印第安人就是如此,他们为了自己的土地拼命作战,并且据估计,在持久的作战中,他们杀死的白人的人数比他们死于白人手中的人数要多。[476]而印第安人的武械和作战技巧都要差很多;而且他们也没有什么宗教信仰能激发出他们的勇猛。

人们在读东方的历史的时候,都会为个人的意志经常性取得的成功大为叹服。一个军事冒险家,或者一个小部落的首领,突然就和伟大扯上了关系,变成了军队的首领,四处攻击邻邦,一路势如破竹,直到建立起一个大帝国。可能他会筹集巨大的资金,建设宏大的建筑,构建公平,创立行政管理体系,以确保其在世时能维持国内的秩序和和平。比如法老王托米斯三世(Thothmes III),

波斯王小居鲁士和西斯塔斯普的儿子大流士,波斯王哥苏路亚奴悉万(Khosroes Anushirwan),伊斯兰人萨拉丁(Saladin),蒙古王帖木儿,莫卧儿王巴伯尔,伟大的阿克巴,海德尔·阿里,都以各自的方式展示出了具有异能和活动力的人在人民中所能产生的巨大影响。① 人们会问,为何这种情况主要出现在东方? 是不是因为在天赋卓越的人与普通人之间存在的差距,亚洲人比欧洲人表现得更明显,才导致普通人表现得如此不堪一击,而出众的性格能够如此快速、如此轻易地获取胜利? 或者是因为东方没有固定的政府机构需要推翻? 在征服邻邦之后,那些恒定且强势的东西——即人民的习惯、宗教和法律——统治者是不会贸然去触碰的(除了神经错乱的情况下)。在中古和现代的欧洲,人们在政府组织和法律面前显得软弱无能,就算是具有最强的意志力的人都无法撼动它们;[477]只有在这些体系为革命所粉碎的情况下,比如18世纪末的法国,天才的、具有意志力的冒险家才会有机会扮演堪与东方的英雄匹敌的角色。

因此,虽然中古或者现代的欧洲政府要更为稳定,但是这也没有反证出,个人意志的力量和普通人的从众心理不是促成服从的强力因素。虽然,在欧洲国家中,针对个人的野心,人们的抵抗常是有效的,但是,这并不是说那里的普通人要更具有独立精神,更能提出反对,就像天才一样能够都提出结构紧密的政策体系,以至于能够使人们对其习惯性服从。人们对天才提出的体系的遵从和忠诚都会如繁盛的树木那样生长,乃至于竟能坚定的肩并肩站立,组成人墙,抵抗那些个性上不如凯撒或者波拿巴的家伙。

针对这个解释,人们或许还会这么说:在东方,君主都要比臣民高明很多;那些强有力的人都是因为君主的赏识才变得强大的,

---

① 在这些国王去世后,其中有一些有继任者。但这些人,相比他们呆滞的人民,虽然拥有卓越的天赋,却都没有取得什么骄人的成绩。

君主既然可以提拔他们，自然也可以随时罢黜之。这种情况在穆斯林国家很常见，在拜占庭帝国中也多是如此。现在，俄国也有几分是如此。如果这个国家中的贵族都没有土地或者没有部落的领导权，其他阶层也都没有财富，那么他们的确可能会对君主的这种压倒一切的霸权毫无办法。因此，没有一个阶层的人能形成独立的感觉和观念，因为这种事物只能从领导者的地位上或王室的咨议官职上形成。中世纪的封建贵族阶层，的确曾经为促成欧洲现代国家中的独特性格做过了很多努力。[478]但是，在有的现代国家中，他们现在继承的这笔贵族地位的"财富"也已经很难影响他人了，也没有封建时代那样稳定了，还有点萎靡了。相反，其他阶层，无论高或低，则创设了现代民主制度，消减了那些在等级上和传统上属于"天生首领"的人的数量，为那些意志力顽强、敢想敢做、敢拼敢闯的人提供了更多的机会，这些人都能将朴素的语言用得很好，并能将凝聚人心的宣传机构——即我们所说的新闻媒体——的强大作用发挥到极致。我们这里说新闻机构的作用很强大，是因为新闻机构能使人们以为，只要他偏离了主流，那么他就一定是错的。能够发挥好上述这些的人在民主社会中一定大有可为，而在一个世纪以前，这一切还都是天方夜谭。这是因为现在对个人力量的反对更弱了，也更少了，除了道德高尚，智力超群之外，相比贵族社会，大众还更容易被大胆进取的精神或个人的意志力迷住。

为更清楚解释这一理论，下面，我们先来看一下该理论的效果，因为在其影响下，个人和初生的共同体才形成了服从这一习惯。对个人来说，这一习惯起于家庭；而却其仅在很小的深度上以暴力和恐惧为基础。对于一般的小孩来说，哪怕是在过去那种惩罚严厉的日子里，他也不会依暴力而为，相反，其会跟随自己的意识，完成父母或者保姆的愿望。这部分是因为他有一种依赖的感觉，部分是因为内心的情感，而且还因他发现其他小孩也是这么做的。有时的确需要暴力手段;但是在多数情况下,暴力手段都是第二位的、附属的工具。在这种环境下,柔总是要比硬更有效。人们都知道,老是挨揍的小孩子并不是最听话的,[479]而且绝不因为他们天性任性,大人就需要给予更多管教。当童年时代漫无目的的服从劲消散后,孩子通常还会习惯性的遵守父母的命令,直到受环境所迫,或者为其他同龄人耻笑,而不得不变得叛逆。在孩子的心中,绝对不服从的冲动和完全服从都是不太实际的;他们大都会服从命令,除了个别的小叛逆,这是因为在意志力之外,他们还需要得到爱抚、共鸣和同感。

因此,在多数人成年之前,在没有暴力和恐惧的情况下,他们就已经形成了对很多事情表示服从的习惯,当然,其中最大的因素是跟随其他人(可能是天才)的指示,以避免惹来麻烦和承担责任。在童年的时候,他们就已经养成了接纳周边人意见的习惯。某个尖锐的观察家曾指出,英国公立学校的最大败笔是将这一切做得太过了。习惯——无论是确立的或者遵守的——对他们都有很大的影响。没有另一种其他的习惯能够比这一习惯对学童产生更大的影响了。

通过家庭生活现象,我们无法解释为何政治共同体竟得以形成,虽然过去人们通常坚信国家的雏形在家庭。在有些民族中,家庭和组织对国家形成的影响不大。但是,在古代社会,有三种力量,而非恐惧,是十分有效的——对血统的尊重,对具有出众天赋的人的本能的服从(有将上述天赋视为超自然的倾向),以及部落成员紧密联合的倾向,[480]以至于成员的联合行动要凌驾于个人的选择之上。上述力量将服从的习惯深深地烙印在早期的共同体之上,最终其变成了一种传统,并流淌进后代的人的观念中,挥之不去。暴力在部落、城邦或者(之后)派系间的争执中有很大的作用;但在建立部落或城邦的过程中,其作用甚微,因为有其他效果更为稳定且一贯的因素在起作用。要想将这个问题谈清楚,我们就要扯得很远了；但是，在这些共同体的早期历史中，暴力和恐惧在两种情况下，曾与政府的形成以及服从权威习惯的形成有很大的关联。一个是对某个家族的持久狂热的尊崇，而无论其是否有天赋，是否有能力服务共同体或者恐吓大众。7—8 世纪高卢地区的法国人是一个凶猛、狂暴的民族。他们的历史就是不断地残忍杀戮的历史。从 7 世纪开始，克洛维（Clovis）的后代、墨洛温家族的国王，除了少数例外，都变得很虚弱、无助。他们的权力落于宫相（the Mayors of the Palace）之手，故而，宫相从 638 年开始便是事实上的国王了。但是，法国人还是继续崇拜克洛维的血脉，并且，在 656 年，宫相轻率地废黜了国王，将自己的儿子置于宝座之上，法国人就群起反抗，反对这一对古代血统的侮辱；克洛维的子孙被视为是国家的名誉元首有一个世纪之久，直到矮子丕平劝诱教皇宣布废黜最后一代墨洛温王朝的国王，同意丕平登基，并将墨洛温家族的王子送往修道院。这个例子很明显，这是因为如果不这么做的话，法国人，名义上是基督徒，虽然实际上可能不是，原本是很难再维护其王朝的神圣血统的。

[481]另一个需要考虑的事情是，宗教内涵一股强大的凝聚力，能将人们组成一个共同体，使他们服从牧师或者国王等共同体的代表人，也就是未知之力的代言人，在人间充任为大家祈祷或者奉献牺牲的职位。在促进爱国心方面，祭坛要比家庭更有效果，特别是在本地有一种自己的神，而且使家族的崇拜和部落的精神与对国家的神的崇拜不同时，更是如此，比如罗马人。人们会说宗教的力量在于将人们连结在一起，在对宗教的恐惧心理的作用下服从国王、长官或法律。恐惧心理无疑是有作用的，但是其影响更体现于向神本身的奉献，而不是对国家的主权者或政府机构的服从。遵从这一事物出现的原因在于信仰要求公民对神爱戴，并且这也是人们虔诚与爱国心之一部分。比如，在旧约中，对耶和华的爱，及对其恩泽的感激之情与对其愤怒的恐惧一样有效。自基督教失

去其最初的新鲜感和力量之后,有一种趋势渐趋明显,即其总是在加强较物质性的因素,加强可感可知的因素的作用,比如对惩罚的恐惧,而不是更纯洁更精神性的因素。但是,基督教最初在罗马帝国成为国教时,却并不是靠得这些因素。恐惧,虽然并不是完全不可见于新约之中,但是作用也是十分的次要。不过,其地位在中世纪和现代则变得更为重要。但是人们怀疑,随着恐惧力量的逐渐增强,其是否真像是道德改革的引擎一样,[482]增进了基督教的能量。"真爱能战胜恐惧"是爱的箴言,而不是对地狱的恐惧,征服了世界,使人们愿意为信仰而赴汤蹈火。死于德西乌斯(Decius)和戴克里先(Diocletian)迫害下的圣徒,和1895年亚美尼亚的殉教徒都是数以千计的。他们战胜了折磨和死亡的恐惧,这一切都不是因为对死后惩罚的恐惧,而是对祖祖辈辈尊奉的神的崇敬,这种情感禁止他们否认神的存在。

现在我们回来继续谈人们随大流的特性。关于这点,我想说,对自由的热爱,希望为自身利益保护自治政府,不论其从自治政府处获取的利益,都是很孱弱的情感,哪怕是在政治很先进的国家里,也是如此。要想证明这个观点来真不是易事,因为一旦有丝毫的独裁力量出现,对人们自由的否定及苦难的可能性就很大了,君主或寡头会试着剥夺人们的自由,而压迫将接踵而至。针对大多数起义来说,其缘由是因为对外夷统治的憎恨,因为宗教情感或者遭受不公。那些拔刀为自由而战的人们,和罗马的共和派一样,身上流淌着高贵的血液,回味传统,视君主专制为对他们在国家中的地位的侵夺。所以,我们能够正确地说,反叛和革命并不是为了自由之故,而是为了将触及他们弱处,而不是有损他们尊严的东西从身上扒去。[483]如果压迫到一定程度,比如收税官征收苛税,君主的走狗闯入私宅,强迫执行可憎的宗教仪式,或者执政者做出了兽行,他们就会起而反抗。一旦他们真的揭竿而起,他们就会祭起自由这杆大旗。但是,只要政府是宽容的、温和的,那么仅仅是撙掇一部分公共事务的权力是不会招致人们的刻骨仇恨的,像父亲般严厉的专制也是会获得人们的默许。

1863年,俾斯麦正在蔑视普鲁士议会,而英国人则对普鲁士人能够容忍如此不甚自由的宪法感到惊讶。对此事的解释是这个国家治理得很好,对政治权力的争夺并不能吸引农民和商人,而且他们对自己的权力份额也挺满意的。英民族一直都保持着自己的政治权力和市民权利,如果查理一世没有触碰宗教的话,或许其本可以毁弃英国人和苏格兰人的自由权的。同样的例子见于9世纪时,西挪威的部落前往冰岛的初衷是爱好自由,而不愿臣服金发的哈罗德王的统治。哈罗德希图对这些部落征税;殊不知挪威人都是些自尊心很强,将独立视为生命的人。

但是,也有人在尝过自由之混乱之后,为获取秩序而愿意接受任何的救世主,哪怕是屋大维·奥古斯都,甚至是路易斯·拿破仑。自治政府最致命的因素是,人们总是发现大家都没有热情和精力。[484]这种情况在民主政府或专制政府中都会出现。服从之出现,既可因为不可逆之势力,也可因为人们发现默认远要容易于抵抗,故而选择对凡事都漠不关心。此两个因素之作用大同小异,不相上下。

关于服从之基的主要因素是什么这一问题,还有两个问题。

第一个是与顺从之法学理论有关的,如科学一样,带那么一点技术性,这个问题不该插在这里,干扰我们的讨论思路。所以,这个问题我们就放在这篇文章的后面,作为一个单独的附录。

政治服从的未来

第二个问题需要展开讨论。我们已经探索过了服从之基在过去为何,以及现在其是如何发挥作用加强政治社会的。我们也知道政治社会奠基于个体意志及智慧的天然不平等之上,所以,弱者自然趋向于跟在前者后面,背靠大树好乘凉,而不是强者强迫他们那样去做的。但是,人们生活的环境和社会状况在最近一些年里发生了很大的改变,并且未来还将继续改变,方向是保证个人思想和行为道德更大范围的自由。社会秩序加强了,暴力能起到的作用越来越小,影响力逐步下滑。在文明、进步的国家中,民众,如果愿意的话,可以通过投票使出至高的政治权力。人们之间的差别变小了,所以,哪怕是那些不喜欢社会平等的人也被迫承认他们喜欢这样。获取知识的机会也比一个世纪前大为增加。[485]这一切改变是如此的巨大,也是如此的确切——虽然它们必然不能改变人性之基础——所以也就影响到了政治社会中人们的习惯和倾向的运转方式。那么,现在的问题是,它们能够在多大程度上影响服从趋势呢?以何种方式呢?或者,换句话说,服从与民主政治以及社会平等的关系是什么呢?

人们过去常认为,可能现在也如此认为,随着知识的不断增长,智力的不断提高,人类经验的不断积累,服从必然会趋弱,并且,随之,政府的控制也会衰落,或者成为冗余之物,人类的判断力会发挥作用,成为自身的主权者。有一句俗语,说"无政府的国家,只是街上有几个巡警"正好用来形容这种功能极大弱化的政府的最佳状态,这种状态为自由追捧者以及"放任自由主义"的传道者如数家珍。甚至有一个学派,其成员除了个别阴谋家之外,其余都是些平和的、慈悲的理论家,拥有很高的智慧,认为这个世界上之所以这么乱,是因为某个人、某一小撮人或者群氓想要规范个人间的关系,引导个人的行为。对这个学派来说,各种形式的政府都是恶的,暴政的沙皇,虽然无恶不作,竟然一点都没有比民主议会更差一些。

这种观点太抓眼了,这不仅是因为其很荒唐,还是因为其对人类社会某些真的邪恶的趋势提出了反对,而且其梦想,虽遥不可欺,但是还给人们提供了某些巨大的远景,这比激进的改革者要更好。对于这种观点,我认为,服从乃出自于人们的本性,故而过于强大、冥顽难易,而且出于此一天性之国家机制是以强力武械为其主权之扈从的,[486]如此机制消亡,恐只能赐强者之压制以便利,而丝毫不能予弱者之自由半点增益。说什么只要国家的强制性法律失效,人类的天性就会改变,就我们现今所知,这完全是对人性的误读。哪怕现有的政府消亡了,组织还是会而且一定会继续存在下去的;组织意味着服从,不然大型的组织无法运转,而且发号施令的领导们会逐渐形成领导以及指使他人去办事的习惯。对国家尊重的削弱,或者甚至不服从国家主权者的习惯的养成——这些是因为导致服从的因素和力量减弱——都将促使人们服从其他的主权者,因此这也就证明了暴力对于主权者获取服从既不是必须的,也不是最便捷、最稳固的方式。没有什么团体或者组织是从石头缝里蹦出来的,对于它们来说,如果它们想要实现自己的目标的话,那么纪律就是必须的,因为只有这样,它们的奋斗才能取得成效。要想将人们给组织起来,权力就必须握在少数人手里,各个层级都必须听命于管理层。这种服从,在最开始的时候应该是因为理性需求,也就是利益诉求,同时,在更大层面上还应该是因为遵从和感同身受,之后还要加上恐惧,然后一切便凝聚成为习惯。人们只要看看国家范围外的各种运动或各种大型的现代运动,那么就会知道指挥权落入少数人手里是一件多么自然的、不可避免的事情,而要取得成功,纪律,即多数人服从少数人的命令,这是必须的;这也就是说,成功是奠基于一致、全然服从之上的,也是立足于随大流的习惯的效力之上,[487]这一习惯促使人们能够满怀热情地行动一致。无论其是一个政党,还是一个宗教活动,或者工会组织,同样的情况都会出现,要取得胜利则必须通过同样的途径。

下面我顺便举一下最近的三个例子,这三个例子所来自的国家,服从现象可能是最少见的,因为在那里,民主和平等原则正是社会的主流。其中一个见于美国政治的党魁体系(Boss system)。

政党的领袖,比如纽约市的克罗克先生,辛辛那提的库克斯先生,以及宾夕法尼亚和纽约州的共和党的那些著名党魁,手中攒着比美国法律授予政府官员更绝对、更不可质疑的权力。在俄国,也有一些人手中的权力堪比沙皇,而其享有的自由则是世界上至今最大范围的。第二个例子是美国的工会,在这些组织中,经工人们授权,少数领导人有权组织和指挥罢工,就像实际的独裁者一样。工会就像是军事组织,而经常发生的"战事"则导致领导手中握着各种权力。第三个例子是美国的企业联盟或者大型的商业公司,这些企业有大量的资本,有很多产业和诸多商贸部门,雇佣了数以千计的工人,但却控制在少数几个资本家手中。现代商业,就像战争一样,需要将各种最高权力放在少数几个人手里。

我们在检测人的道德构成或者各个阶段下社会上的现象时,应该会发现人们理论上的民主理想,就像他们每个人都拥有和都能运用独立的理性、良心和意志力一样,完全就是理想,离我们所知的人性太遥远了,而且,与他们现在所处的共同体也大相径庭,[488]在未来几个世纪中也只能微微地看到一点点的希望。可能在两极冰原消融,天地化为汪洋之时,这一切都还未能实现吧。

那么,怎么样的理想才是合理的呢?既然人们,像我们一样,都需要跟随少数的领导人,所以,未来的情况是,民主国家的群众最终都会达到一定水平的智力、公共精神和德性,以确保他们能够选出适合的领导,赶跑民主煽动家,遵从品行和职业能力相当优秀的人物,引领人们结社的本性向着有德性的政党靠拢。人们既不会有这个闲心,也没有能力去调查政策的根本原则或掌控立法的具体细节。但是他们能——我们的理想家也一定希望——对国际、国内政策的主要事项作出判断,特别是从道德方面,而这些判断已足以确保国家的行为走上正轨。对普通人来说,要想在这方面多做一些,这比其检测宗教的真实性,审视基督教的证据,并在基督教教义方面得出自己的独立结论的可能性要更小。极端的清教徒理论对普通人的确是这么要求的,而且也确须如此要求,对宗教方面的思考比对政治领域民主理论的思考,在提升人类理性方面也是丝毫不少。但是,有多少清教徒真的也这么做了呢?很多人虽然在这种激励性的理论的影响下长大的,但是他们依旧会失望地回忆说,自己在20到30岁之间发现这种理想是不现实的,[489]所以就权且相信那些颇具争议的权威对圣经和教义的理解,以及他们中最聪明的朋友的理解是可信的,外加上他们自己的有限的历史知识,以及他们无意中接受的宗教上的证据,也使他们形成了这种观念。但是,就算是这样,对多数有类似经验的人来说,也要比被迫服从教会的权威要好。

上述的理想家可能会争论说,他们希望的未来之实现并非是建立普遍民主政治,除了某些小共同体或在某些特定时期之外,而是促进世界诸政府之前进。

有一种教义说人的天性和激情都是趋向自由的,因为每个人都是独立力量的中心,都在奋力证明自己;有一个教义认为政治自由会给人们带来思想上的独立和责任感;有一种教义提出教育能够教会人们不仅为自己拥有的政治权利而自豪,还能明智地使用它们——这种教义最初由那些精力、独立性和乐观都超乎常人的人提出。这些禀赋是这些人成立理想家和改革者;但是他们却将自己的这些优点归结为人类的通性。不过,这些想法还是挺值得人们尊重的。让我们一直心怀此望吧。毕竟世界的历史还不长。

上面我们谈了理想家的观点,那么下面就来看看悲观论者的想法。如果这是一个理性的悲观论者,那么其就会承认希望服从是理性的产物,而不仅仅是懒惰或胆怯,因为在人类启蒙或参与政府活动方面的每一点进步,在最初的叛逆或破坏欲裹挟着的兴奋感消散后,都会带来更强烈地增进共同利益的感觉,[490]以及需要某个阶层的利益诉求从属于普遍利益的想法。其同样会承认,社会共同的进步会提升每个人对人格尊严的感觉。但是,如果有人要求其进一步承认说政府会变得更为纯粹和更好,因为随之而来的,有理性服从的习惯(这个习惯对政府的效率工作十分必要),这对自治政府来说是利益更大的,更为积极进取的公众精神,公民强烈的责任感,这源于共同体树立起了证实、明智的行政管理方式,那么悲观论者就会说就其所知,服从主要奠基于人类天性中的某些本能和习惯之中,这些本能和习惯是固定不易的,在未来和在过去效能都没有丝毫减弱。然后,他会反问说,在过去的七十年里发生了很多事情,少数人的力量,至少表面上是,传染了多数人,宣言独立的精神,公众责任的标准,还有个人对政府行为的责任观念,但是,这到底是不是一种真正的进步呢?

天机真的如我们所参悟的那样吗?

现在热爱自由的情况比以前少多了——这也正是悲观论者所追求的,可能这是因为现在人们表达自己不同于众人的观点没有啥价值了。现在,为自由而斗争已经很难唤起人们的共鸣了。国家间的敌对与之前一样强烈,而且国家现在看起来和古代暴政时期一样,愿意为加强军备而放弃国内的进步。人们不信,也不尊重所谓的国家独立原则。在取得国家独立后,人们和旧时的独裁者一样,依旧不希望其他人获取自由。[491]德国人和法国人过去对东方被压迫民族表现出的同情心,现在都已经荡然无存了。法国人现在不再关心克里特人或波兰人的死活了。英国人四十年前也曾体恤为自由和独立而战的人们,现在却对从地球上抹去小共和国感到问心无愧,而不论其中的公民是否坚持不懈,勇往直前,追求自己的自由。美国人将他们的独立宣言抛在脑后,采用武力入侵的办法,征服了菲律宾的岛民。在现代,人们的理想不再是追求自由,而是增进军事力量、发展商贸。

如果人们不再珍视自由,那么这可能是因为自由政府不再能结出50年前那样的果子了。法兰西的共和国,在30年的闹腾之后,也并没有使国家比拿破仑或者菲利普时期的法国更好,更令人满意。在外国的观察家看来,这不过是人们的生活日复一日,年复一年地受到军事、政治或者教会的阴谋的威胁,无法安定罢了。自由、团结的意大利现在也没有实现自己的愿望,成为了一个大国,而这一切正是因为其团结与自由。内战时期,美国相信所有的罪恶都将随着奴隶制的崩颓而消散,而至今,其立法中之腐败,大城市政府之败坏,以及公共生活人才之丧失等现象,都要严重于之前。特别是,代议制政府,一个世纪以前,人们寄予厚望之物,现在已经污名缠身了。在有些国家中,相比之前,代表们更为胆小怕事,更希望成为政党的传声筒,听凭政党的摆布。在其他国家中,公众集会已不再为人们所信任,人们多想引入一种公民表决制或者公民复决法,位于其上,复审其决议。

[492]相比一场快速、完全的经济学说的胜利,比如接受自由贸易立法,在济贫法事务和社会改革上倚靠"自助"而非"国助",对多数人的启蒙更为受人企望。英国是唯一一个目前还保留自由贸易的国家,而济贫事务管理上,如查尔莫斯和著名的1834年调查委员会所宣布的那样,之前的原则都在丢盔弃甲,阵地尽失。

放任自由和个人主义双双江河日下。国家越来越多插手个人的决选权。这么做的目的通常是好的,但结果则将个人生活隶属于一种更为逼仄、更为压抑的规制之下。这也就意味着服从的程度提升了,而个人的自决权削弱了,人们不再能自己做决定,弃恶扬善了。约翰·弥尔顿说:"如果成人的每一个行为,无论好坏,都是在无自由、他人指示和强迫下做出的,那么这就算是为善,也仅仅是个空名罢了——这样的善行该受怎样的夸奖呢?他人是否应该报以感谢呢?或者仅仅是漠然待之?"

并不仅仅只有国家(无论是通过中央政府或者地方政府)对人们的自由构成威胁。大量的工人将自己交到工会组织中少数几个领导人的掌控之下。虽然这些领导都是被选出来的，而且名义上也要向工人负责，不能任意妄为，但是实际上他们大都独断专行。①［493］因此，这些工人非但没有获得更多的独立，而且变得越来越顺从。

有人坚信自由贸易原则和自助原则乃是颠扑不破的真理，对这些人来说，上述这种情况意味着多数人，不会独立思考，而且也可能无能力做独立思考，而那些有能力者则畏于为那些不受欢迎的观念战斗。这些观念反对忽视国家或者国家中多数人的利益。

在教化人们，增进他们的精神之独立和对善之政府的热心时，公共媒体是挑大梁的。其巨大的作用是大不列颠或欧洲大陆的上一代改革家所没有预见的，它具备超群的文学天赋，没有什么事情能够逃出它的法眼。但是，在有些国家，它倒成了敲诈者，或者经济投机者的工具；通过将政治庸俗化或煽动人们的情绪而促进销量，而致使政治变得堕落。

收入影响了媒体，因为经营报纸是一项商业活动，其最大的目标是营利。它总是加深民族仇恨，给维护国际和平增添障碍。当它告诉人们说它说的正是大家的观点，除了少数不值一提的异己之外，这便导致人们落入大家的观念的窠臼，养成了盲从的习惯，而那为人们所期望的启蒙则烟消云散了。

在大工业化国家中，比如德国、英国和美国等，人口的增长可能会淡化人们在整个政治体之前的个人重要感，［494］使其不再为表达自己的观点而作太多的努力。国家越大，个人就越渺小，人们也就更容易落入随大流的窠臼之中。

下层人民所得工资的增长以及社会整体物质环境的改善，将

---

① 弥尔顿这个悲观主义者没有注意到，国家，或工人准独裁联合体的干预是唯一的避免屈从于资本家组织的途径，这些资本家有能力运用立法的方式来实行君主统治。但他或许会回答说，这一事实在任何情况下并不能构成对他的理论的反证，即人们正在失去对他们的生活和命运的控制权。

会给人们带来更多安闲的时间,人们认为这会促使他们将更多的注意力放到公共事务之上,因此也就促使他们履行公民责任。世界各地的工资都有所增长,特别是在英国和美国,而物质环境也都有所改善。但是,新的利益需求也随之出现了,而之前未曾有过的喜乐感,除了最穷的人之外,则为社会各个阶层所品尝。故而,无论这种变化能够带来何种其他的利益,其终不能在人们的头脑中唤起更多之公民责任意识。物质上的享乐,体育运动(包括与各种体育运动相伴的博彩),或者对艺术或文学的更为纯粹的喜爱,占据了人们的大部分的业余时间和头脑;相比之前,公共事务则没有获得更多的关注,甚至还减少了。

甚至都不是物质上的满足与精神上的欢愉——无论是粗鄙的,甚或高雅的欢愉——在柔化人们的个性,放松绷紧的神经,或者至少让他放弃暴力反抗。放纵自己去尝美味,吃多了后就会觉得恶心。因此,高度的文明可能会以增进人们的懒惰而告终,至少在政治上之如此。而懒惰正是服从首要源泉。毫无疑问,人们会重视并保护某些事物,[495]因为他们认为这些东西是必要的。思想和言论的自由就是其中之一项,虽然有时人们对过度的自由显得有点不耐烦。民事上的平等是另一项;对私人权利的尊重,加上公平的司法体系,以维护这些权利,是第三项。比如,这些事物在德国、英国以及美国(除了某些地方之外)扎下了根,乃是人们的必需品。那么政治自由,即通过宪法机制去控制政府的权利,是否也是必需品呢?是否在这些国家中,默认以及不受暴力强迫就服从的情况就不如以前明显了呢?可能的情况是否会这样,即受过教育的有文化的人们,在物质条件和智力发展环境允许的情况下,会对政治争论逐渐感到厌倦,委身于专制统治之下;拥有统治权的可能是一个合格的君主,或者是一连串冒险家;该政权,夹杂着一些民意,担负起维护和平、秩序和商业繁荣?这种事情之前发生过。在五个世纪中,政治最活跃、最具有智慧、文明程度最高的那些人并未试图找回自己失去的政治自由,甚至在一两代人中都没有对其做过任何的思考。

到目前为止,我们的悲观论者,很明显地忽视了某些与其描绘的场景相矛盾的事实,以及另一些附带出现的事实,这些事实决定了其所说的现象到底是重要的或者仅仅是暂时性的。过去的理论认为,民主政府会培育人们自由的秉性,激发人们市民的热心,强化市民的独立精神。悲观论者试图反对这种理论,而其提出的观点的核心是认为大型的现代国家,以及与人群相比的个体的渺小,[496]都淡化了个人责任感,压抑人们抵御主流的观念的愿望。多数人的统治,如果促使形成了多数人一定是正确的信念,或者多数人是不可抵抗的观念,①那么就同样会导致服从的出现。所以,服从和遵守,而不是有自己独立的想法和行为,在民主政府中,要比在之前的君主政体中更甚。

既然两方的观点我们都已经了解了,那么下面就开始回答之前提出的问题。在回答时,我们的答案一定是,无论现代世界有任何的改变,人们服从的本性不会改变,而且是一定不会比之前有任何的减弱。它们是不可能消失的,因为它们是很有用的东西,没有它们,连社会自己都没法存在。但是,社会进步的支持者还是希望削弱其效果的,只是现在还没到他们所想要达到的程度。宗教范围内的强制,不仅仅包括暴力,还包括公共观念,在多数国家的确是削弱了。而且的确有更大范围,更自由的思考和选择权存在,不在唯集体行动之马首是瞻,即在不存在意见冲突之事项上。但是,一旦出现此类冲突,在政治和工业领域,人们就会变得服从,落入更强的主流意见的趋势之中。这种现象比以前更为明显了。体力的作用已经不如野蛮时期那样大了。但是,懒惰、遵从和感同身

---

① 关于美国的特征的部分评论,参见本书作者的作品:《美国联邦》,vol. ii, chap. IXXXV,"The Fatalism of the Multitude"。

受,超然于理性与自立之尊严之上,填补了空白,而这些空白之前是体力的领土。

[497]一旦问题牵扯到英国,情况就会变成这样,即上一代人的进步和自由的支持者,即马志尼、加里森、科布登和格拉德斯通那一代人,会不假思索提出,由英国人反对君主政体、寡头政治和阶级立法这一漫长的斗争所唤起的公民道德在斗争胜利后,即公民自治成为日常生活的一部分时,将依然长久不灭。当龌龊者不再当政,当人自有其权,当更为复杂棘手但稍逊振奋的新问题层出不穷,当立法成为建设性的而非破坏性的——人人都会为之而奋斗,到那时,公共利益才会成为一面不倒的旌旗,政治才会不在如之前那样挑动人们的激情。就像19世纪前半期的意大利,召唤了大批的才干卓越、傲气不屈的人前往前线为国家的统一和自由奋斗,这些人大都连子嗣都还没有。这显示出人们对待公共生活的正确态度,和公共生活对拥有良好性格和超凡才华者的吸引导致了缺少对重要原则的争论,而这是其他的斗争时期十分突出的。相关的标准(甚至现在还在下沉)不能因此而停在一个比过去一般人性所处的位置更低的点之上,虽然其确会比斗争年代的人要差一些,因为在那时,人们受到额外的需求、鼓舞人心的强烈情感和启迪众人的闪光思想的刺激而不断拔升。

但是,在我们结束与悲观主义者的讨论之前,这里还有一个进一步的回复意见。哪怕我们假设民主理论所创设的理想方式没有实现,人们对自由和公平的爱已然消退,大家漠不关心、随大流和盲从某些组织的趋势比40年前所预期的更强了。[498]这也仅仅是一种短期的现象。斯塔布斯主教①的著作《英格兰宪政史》("Constitutional history of England")(卷二,第17章)中有一节

---

① [译注]威廉·斯塔布斯(Stubbs,1825—1901年):英国历史学家和高级教士,以他对中世纪英格兰的宪法历史研究著名。

很吸引人注意。在这一节中,斯塔布斯就14世纪的人们相比13世纪在道德和政治上的滑坡做了评论,但是,他也评述说,经过一段不长的中间期来回复英格兰的品质和精神之后,有一些看不见的因素正在起作用。历史总是这样的,虽然没有哪一代人能够预见智慧或道德的颓败会持续多久。

上文之注释

[499]服从理论对法学基本概念之适用

自边沁以来之法学流派将法律视作国家之主,提出各种法律所依靠的都是国家暴力,即通过僭越法律者对惩罚之恐惧,并且认为对惩罚之恐惧为公民守法之唯一动机。

针对此学说和定义,有三种反对意见。第一种意见认为,如果将上述说法,诚如其支持者所述之意思,适用于所有的政治共同体,那么期间不符合历史史实,因为其包含了一种错误的法律起源论,且不符合大量共同体之法律。有的民族的确有法律,但是该国却没有强制要求服从的能力。在所有的共同体中,人们都会遵守法律,但是并不认为其是国家制定的。多数国家的大量规则,即调整人与人之间或集团与集团之间的关系的规则,直到晚近以来,都是基于习惯而出现的——这就是说,基于人们所理解和默认的惯例。在这些国家中,习惯曾经是,或者现在是法律,无需正式公布人们就会主动遵守。[500]习惯就是人们重复之前做过的事情的倾向所产生的结果。对于个人来说是习惯的东西,对于共同体就成了管理。

第二种反对意见认为,哪怕是在国家的成年阶段,其拥有公共机关固定的形式立法职责,则大多数法律,就其形式和含义而言,也不属于命令。为了使其看起来像是一个命令,就有必要在其中加上一种强制的、不自然的感觉,即将国家描绘成一个指挥一切其想控制的事务的角色。制定法比其他法更偏向于这种命令的形式。但是,就算是在英国的制定法中,诸如行政法——其在所有法律中的比重不大——所采用的形式也没有命令公共组织或官员去做什么或做某件事,而是采用一种授权的形式,即授权某种行为合法,否则就违法。这种区别,虽然有些技术性,但是却指出以上述定义的瑕疵。对于涉及市民间私人权利的法律而言,特别是在涉及商业或其他类别的合同、合同解释、合同义务、财产继承权、继承与遗赠的方式等情况时——法律的这些最为主要的,也最为庞杂的部分都不包括命令。这些法律的规则是对法院已经适用和将会适用的法律原则的陈述;或者其是,如果你如此理解的话,政府给予的保证,确保其将会以暴力手段为保障,在特定情况下采用特定手段,因此,这些规则也就成了对公民的建议,指示他们如何在民事纠纷中获得法律以及暴力手段的帮助。但是,它们在字面意义上并不算是属于命令。这对于英国法律是显而易见的,英国法律中的多数规则都来源于已决案例集;但是,对于成文法国家来说,这种观点绝大部分就是正确的了。[501]问题的关键并不仅仅是形式或文字,虽然乍一看来是如此。这个问题要深得多;其涉及到法律的起源的问题,并与法律的内在属性相关。事实上,只有一些部门法是可以适用这个定义的,据我研究,这些部门法是刑法(包含部分行政法的内容),因为这些部门法包含有明确的命令或者禁止性的内容,并附含有予以惩罚的威胁。人们推测说功利主义者的法律观点主要来自于这一部门法,或者来自于《出埃及记》中的"摩西十诫",其虽然是很好的绝对命令的例子,但是却并不是一般意义上典型的法律。

如果功利主义者同意将国家强制执行的法律与他们的理论所主张的法律实施方式区分开来,那么,这种区分有其自身的价值,虽然其要比这种理论的假设更为古老,更为明显。功利主义者的法律的定义,即法律是由国家强制执行的,适合于现代国家,但并不普遍适合于早期的共同体。但是,功利主义者的定义却要走得更远,所以是错误的,甚至用于现代法律时也是如此。

第三种反对意见认为,恐惧并不是主要的服从的来源。国家是发布和实施法律的主体,但其并不是由暴力所创造的(根据这种学说)。并且,国王并非借暴力坐王位,君王并非借暴力定公平的。① 根据希伯来人的《圣经》所述,君王是借上帝统治的。根据荷马所述,宙斯赐予君王以王权和裁决权,借此,君王才得以统治。两种说法传达了一个事实,即只有凭借超自然的或者神的旨意,并借助人作为社会生物的天性,人们才会团结成为共同体并处于领导者统治之下,[502]且该领导者才有权审批。人们聚集、模仿、顺从和依附的天性乃是国家建立的根基所在。当然,国家应当拥有暴力手段处置事端以保证法律得到遵守,这不仅是一个事实,而且十分明显。使用强迫手段的能力将国家凝聚在一起。但是,问题在于为何国家有能力行使暴力手段?这是因为在有秩序的正常的国家里有同样的力量在发生作用,即使人们凝聚在一起的力量,使人们愿意服从与国家暴力的力量,此外,要实现这一目的,还需要用于购买暴力的资金。当一个统治者仅仅依靠暴力(除共同体同意之外)之时,他就成了希腊人所称的僭主,或者14世纪意大利人所称的大封主(Signore)。其是凭借武力僭位统治并无视法律者,通过造反发家的冒险家。其凭借着军队的支持来统治,但一旦军队反目就将万劫不复。在我们的时代,这种僭主的代表是中南美洲西班牙共和国的某些总统。纯暴力,作为法律或国家的根基,是最为不稳定的。

因此,通过考察服从的心理原因和社会原因,我们便可得出与

---

① [译注]本句原文为:It is not through Force that kings reign and princes decree justice. 该句出自《圣经·旧约》"箴言"8:15,"By me kings reign, and princes decree justice."意为:"帝王借我坐国位;君王借我定公平。"

历史事实所展示的结论相同的结论,并能知道功利主义者的定义是靠不住的。这些简单的,并且宏观的定义,是经常靠不住的。它们并不简单,虽然很概要。它们是武断的、矫造的,在寥寥几个字之下隐藏了大量的讹误。人的本性以及人类社会都是十分复杂的,无法仅凭这样的方式就说得明白。

第十篇　主权的属性

1. 前　言

[503]两个领域之间的边界地带属于含混区域,在那里混乱俯拾即是,暴乱者找到了一个正义以外的庇护之所。由于有这样的区域存在,所以,在此处,谬误和思想与语言之混乱乃经常能存在,并长期逃逸出监察之范围,两个相邻学科或两种学问分支之边界将无法分清。伦理学、法学与政治科学的边界地带,如果人们非要这么叫的话,因此被注入了大量含糊的术语,这些术语挑起了大量无益的争论,并给研究者造成了无法尽数的麻烦。这些临界地带的技术表达,即术语,又是会根据所属领域之不同而有意思上的轻微变化;并且,在伦理学或政治学上还没有一个被完好定义的术语为人们所接受。直到今年来,整个学科体系变得寡有创造性且愈为危急,因此,在这个三个学科的界限上设置了一个较为警觉的监察官,能够逮住可疑的词句和表述,并将他们置于严格的审查之下,至少在法学领域是如此。

没有什么比"主权学说"更为令人棘手的了。[504]其所挑起的论战不计其数,单调乏味,读者——哪怕是最耐心的读者——会为被卷入这样的论战感到恐慌,这是一篇布满枯燥抽象概念的荒野,一代代的政治哲学家满心想着要带领自己的信徒横跨而过。因此,我的目的就是要避开这片荒野,并从具体实在的一侧接近我欲解决的问题。我并不想列出并分析16、17世纪著名政论家的学说——博丹、阿尔特胡修斯①、格老修斯、霍布斯及其他——或者边沁和奥斯性的信条,其代表了17世纪晚期英格兰的最具影响力的学派。我认为大家对这些名家或者相仿者的观点乃是烂熟于胸的,所以我也不会对他们的观点做评论,除非我们发现这些处于尖锐论战中的人的提出的概念或定义比现在要简单、平实、与事实吻合,但仅适合于解决当时的问题,而现在由于环境之改变,可以发掘出更为便捷的解决之道。如果我们确实发现了这样的一个概念,那么我们就有必要问一些现代的霍布斯,为什么他们没有提出这样的理论的欲求,反而担心自己仅仅是在做文字功夫却忽视现实问题。

让我们从区分人们对"主权"这一词的理解开始。在大众的观念中,其意味着"最高权",即要求服从的权力。虽然人们的观念认为确实存在这样的权力,但是主流的观念认为行使此权者需要有某些头衔。普通的外行认为主权者(或主权机关)之所以得到人们的服从,是因为其站在顶点,[505]其意志畅通无阻,其可为所欲为,并使众人紧随其后,此乃国家之道也。从语源学的角度来看,这个词当然意味着最高地位,②其最常被用于在君主制中的君主身上,因为其无论权力大,位级总是最高的。

---

① [译注]约翰内斯·阿尔特胡修斯(Johannes Althusius)(1557/1563—1638):荷兰的政治理论家,提倡人民主权论。他综合了当时反对专制君主统治的新教徒和天主教徒的思想,系统化了加尔文主义的政治主张,尤其是加尔文的宪政要旨,提出一种多元政治秩序的理论。
② 在中世纪,有时,修道院的住持也被非正式地称为主权者。一直到近代,在部分爱尔兰自治镇上,主权者这个称号还被用于称呼市长。我们可能还会找到很多类似的情况。

2. 法律上的主权者（合法的）(De Iure)

法学家会要求更为确切的概念。对其而言，所谓主权者，指的是某个人或机关，法律根据其所指示而施展效力，其拥有最终的权力，或为制定一般的规则，或为签发单独之规则或命令，其权威变为法律本身的权威。只有在探讨这种观念时，法理学家才会关心在某共同体中谁才为主权者的问题。在每一个常规的国家里，都会有很多规则是所谓的用于规制公民的，并有很多公共官员，其有权在其职权范围内做某些行为或发出某些指示。但是，谁才有权制定规则？谁才有权任命官员并指派任务？其中作为最顶点的人或机关便是法律于本国内授予最高权力或主权者。在这之中可能会有某些中间官员行使某些被委任的权力。法律上的主权显然无法存容于他们之上；由此，要搜寻主权者必然要回溯至最高的最终的法律源流。

某市的户主被要求缴纳修路税。问为何要付此税，对方遂提及镇议会的征税决议。该户主便问该议会有何权力开征此税，[506]并提及《议会法案》的某一条款，镇议会的权利正源于此法案。如若将其好奇心再往前推一步，并问及英国议会有何权将此权力授予他人，在征税官便只能答道，在英国人人皆知议会制法，且凭借此法，其余任何当局机关皆不得僭越之或以任何方式妨碍英国议会意志之表达。英国议会乃是至高无上者，或换句话说，英国议会便为主权者。

在所有常规的现代国家中，主权者回溯路径大体相同。在独裁政府中，如沙俄政府，此路径显得极为简短，因为所有法律（除有法律效力之习惯以外）及行政命令皆直接或间接源于沙皇，并且，根据法律规定，沙皇为唯一机构。其实，英俄等两类国家的回溯路径都显得极为简短，我们皆可快速地回溯至一人（俄国），或一个机关(英国),此二者变为法律授予主权者。但是,确有一些国家较为棘手,虽然所适用至原则并不二致。

在刚性宪法统治的国家,鉴于宪法限定立法权仅属于某些对象,或禁止僭越某些根本性的原则,则机构的主权将受到一定的限制。在尚留有空隙的范围内,其乃是最高者,但对此范围之外事项,仅可由有权制定或修订宪法者(个人或机关)来加以处置。因此,关于这些事项,最终的决定权依旧为归于上述之机关之手,由此,我们便可说在这类国家中,法律上的主权分属于两个机关,一为恒定的(机构),另一为偶发性的。

另一种情况是联邦国家,其政府权力分属于中央和地方机构,两者都有自己的权力范围,[507]但这一权力范围最终由联邦宪法划定。在这种国家里,在有些情况下属于中央机构,在有些情况下则属于地方机构。因此,在美国,虽然联邦国会在某些事项上是最高机构,如关税课缴、版权、州际贸易等,但州机构在本州范围内这是其他事项的最高权力机关,如婚嫁、买卖、警察权等法律事项。故而,各机构(国会和州议会)仅有部分的最高立法权;且这部分亦受到其他限制,即对联邦议会而言,其受到美国宪法的限制,对州议会而言,其同时受到联邦议会及州议会的限制。不过,这些复杂的情况并未影响到总的原则。在各国之中,某人或某个机关,其表达的意志可约束他人,或其意志是无法为其更高者所推翻的,则其便是法律上的主权拥有者。法律在授予该最高权时,会向其规定于某些部门行使,并可能会将立法权或行政命令权分归两个及以上的机关所有。对法学家而言,这些部门的主权皆为整体主权的一部分。但是,其依旧会认为这是真正的主权。有时,在涉及到某个具体案例时,其会觉得很难判断授予给某个具体的主权机关的权力范围的大小。此外,有时要确定最高权力机关为下级机关划定的权力范围有多大也是困难的事情。这些问题皆为法律解释的问题,其中一个涉及权力范围的问题,[508]后一个则涉及权力授予范围的问题;但这些问题都不会影响这一整理,即法律上的主权可以在几个并行的机关间分配,并可由某个临时性的权力的行为中止或推翻。综上,我现在仅研讨了法律上的主权问题,还没有到探讨从哲学理论的角度来分析主权能否分配的问题的阶段。

最后,我们可以发现,在主权分属两个及以上机关的国家,其中一个(甚至一个以上)分支为单纯的行政职责。在主权仅归一个主权者(个人或机关)享有时,则其必然同时握有立法权和行政权,即其既能发布特别命令,又可签发一般规则。但是,在主权分立的国家里,立法职责可能归属一个机关,而行政职责则会归属另一个机关。行政者的主权(如统领军队)不受立法机关的褫夺。如若国会立法要夺取其手中的军权,则该法应属无效。所以,在英国,四个世纪以前,虽然议会依然被公认为拥有立法的主权,但国王却在某些部门中拥有行政的主权,对此,议会两院皆无疑议;并且,在斯图亚特王室前两位国王时期,其还可拥有某些立法主权,但是,经由内战及随后的革命,这一职权已遭废黜。

所以,人们也曾主张完整的法律上的主权只是临时性的,便如罗马的独裁官一般。这个现象太过罕有,因此我们无需花太多时间来探讨;但是,总的来说,授予某人或机关绝对的法律控制权乃是不可避免的事,[509]但是,这仅限于其任期之内,且该任期其无法自行延展。

上述我们言及的主权类型仅由限于由法律创设并符合法律者。其与国内的暴力手段无关,也不关涉公民事实上最终向谁投诚的问题。这仅仅是一个法学理论问题,其或与事实情况相符合,或不符合,就像欧几里得第一书第五命题证明的有效性与真实划出的图像的线条如何无甚关系一般。在摹本中划出的三角图形没有对称的边,且底部的角也并不对称;但这并不影响该证明的可靠,其仅是假定划出的图形为正确的而已。所以,法律也是假定所有的机制都是在"真空"中施行的,平稳、稳定、能够克服任何困阻。

故而，人们实际顺服与否（诚如人们有时争论的）并非主权机关特有标志，而是与各主权机关相关的法律的前提条件。刑法毫无疑问是关涉违法行为的，其拥有打击犯罪的权力。如果在某共同体中，人们并不诚心顺服或不完全顺服，则法律是无处施展的。换言之，法律上的主权何在的问题其实是一个纯粹的权利问题，该权利来源于法律的规定。作为权力（合法的）(de iure)存在的主权与事实上（合事实）(de facto)的统治的主权并不干系，虽我们随后可以看到，这两个概念虽从科学意义上有所区分，但实际上相互间有重大影响。

更进一步说，"谁才是法律上的主权者？"这一问题与下列问题没有太多关系，[510]即"为何其就是主权者？"以及"谁使其成为主权者的"？其是在怎样的历史情况下被授权主权的，以及其获取主权之道德根基何在，都不是法律问题，其要么是历史问题，要么是政治哲学问题，甚或是伦理学的问题；硬要将这些东西扯到法律问题中来，来确定主权者以及其权力的界限，只会惹出很多麻烦。其是如何当上的或靠谁当上的，都与其权威地位的性质或范围没有一点关系。这些问题讲不清楚，其依旧是法定的主权者，因为其之统治并不是靠得自己的权力，而是由大家选出来的，如被选出的君主（诸如神圣罗马帝国的皇帝），或当今被选出的议会。哪怕选出他来的人可以以一种确定的程序，在某个确定的时间来撤回其授权，但只要主权者权力依旧在手，则那些人就不是主权者。众议院，作为英国法律上的主权者的一部分，是由人民选出来的，而上议院的众多成员，作为法律上的主权者的另一部分，则是由国王任命的。这一事实并不影响议会的主权，因为无论是人民或是国王都没有权力向选民们发布有法律效力的命令。

我们已经看到法律上的主权是可以被限制或分割的。但是，值得进一步注意的是，可能法律之上的主权的整体在某个国家中，可能并不能完整的授予给某一主权者或所有主权者之集合。这便是说,可能有些事情根据宪法的规定没有机关是能够胜任的,因为这些事情皆位于立法事项之外。举个例子,我们已经谈到过,所有的美国宪法,包括联邦的和州的,都禁止立法机关干涉公民的所谓的"基本权利"。[511]因此,在美国,没有机关被授予法定权利,在和平时期禁止召开没有威胁公共秩序的公共会议,或禁止报刊的出版发行。一国(集中制或联邦制)的人民当然保有修订宪法,但是,当且仅当他们修改现行宪法之前,法律上的主权是无权接手上述这一块主权的。并且,我们可以想象有这么一种情况,即宪法中没有条款规定可以通过什么法定的方法来修改它自己。① 事实上,在所有的穆斯林国家,都存在类似的情况。在土耳其,苏丹虽然为主权者,但是却要遵守伊斯兰教教法或神法,并且无权修改这些法律;并且也没有其他权力有权修改这些法律。人们可以对这些法律做大量的解释;苏丹可以施加法律之外的压力,以获取想要的判决或穆斯林大法学家(Chief Mufti)或伊斯兰教长(Sheik-ul-Islam)的司法意见。但是,苏丹不能冒险去强行要一个明显与古兰经原句意思不同的判决,也没有法学家会做出这样的判决,因为古兰经及相关传统是神法的最终来源,对所有穆斯林及各地都有约束力。

3. 事实上的主权者(事实上的)(De Facto)

现在,让我们转过头去看大众,而非法学家是如何理解主权这个词的。② 哪怕是一个最普通的门外汉,这个概念也指涉某种法

---

① 这看似是西班牙的情况。部分古代共和国宣称其拥有不可更改的法律,但只有少数共和国,如果有的话,真的符合我们所理解的刚性宪法。参见第三篇。
② 在这里,我并没有提到主权者的这一层含义,即指称君主,无论是有限君主还是绝对君主——君主在任何国家里都是主权者。我之所以要这么做,是因为主权的这一重含义很容易与它纯粹的法律含义搞混。一个名义上的主权者不需要是,也经常并不是,法律上或时间上主权者。

第十篇 主权的属性

律权利概念,可能是或就是被用于代表国内最强大的势力,无论该势力是否被认为是法律上的最高地位者。[512]该最强实力者可能是君王,或者议会,或者控制了君王和议会的寡头集团,或者军队,或者军队的一位或数位首长。其可能是法律上的主权者,或者完全和法律上的主权者扯不上的关系,而是拥有宪法所不承认的地位。这种观念最常见于"主权者的权力"这一说法,其标志着一种含义,即其无论合法与否,都是不可抵抗的。我们可以将这种统治势力,即令其意志畅行无阻而无论该意志是否违法者,成为事实上的主权者。其就是事实上(de facto)的统治者,人们真正顺服的人。

不过,我们最好不要用"强迫别人服从的人"或"采用暴力的人"这样的说法,因为其可能并未真的使用主动的强迫或暴力手段,则仅仅是以其他方式就使别人顺服了。宗教影响、道德影响、或者习惯等都不仅能使人服从,还能使他们服务于令他人亦服从的事业之中。故而,牧师或先知可能比国王还要强力得多。

关于事实上的或实践中的主权者,最好的例子见于法律上的主权者存在争议或依然湮没的共同体之中。克伦威尔于解散长议会之时,拿破仑于推翻五人执政团之时,临时国会于授予威廉与玛丽君权之时,1871年之法国制宪大会于与德国媾和之时(于法国采用正式共和宪法之前),皆曾为事实上之主权者。纵然国内已有一个法律上之主权者,有时,亦会有其他人或团体站出来控制国家。然而,虽然修昔底德说伯里克利对雅典拥有实际上的控制权,[513]但将位于此位阶上之人成为事实上的主权者委实过誉。在多数南美共和国中,事实上的主权者为军队,或者将军(或者将军的集合),该将军无论是否为事实上的总统,军队都会效死命。在埃及,虽然事实上的主权者为土耳其总督——土耳其在理论上虽然拥有宗主权,但却不值一提,因为其仅在欧洲势力出于自身目的用时,才会真地起作用——实际上的主权者在过去数年间皆为英国政府。① 在罗马,经过革命推翻了共和国之后,实际上的主权者乃是屋大维·奥古斯都,虽然法律上的主权依旧为人民所掌控,且其要听从元老院的主张,行使某些权力。锡拉库扎之大狄奥尼索斯②,佛罗伦萨之洛伦佐·德·美第奇③,这两位僭主皆为实际上的主权者,虽然没有一人享有法律上的最高权力。在英国,人们习惯于称下议院为"主权",虽然法律的生效除要经其同意以外,还要经过上议院的同意及过往的批准。在我们同时期的丹麦,国王是近年来的实际主权者,因为其宪法虽然同时授予法律主权给立法机关与国王,但是,其目前处于失效状态,所以,在那里国王在没有众议院的情况下就任命大臣,征收税赋,于是,这便成了一个死局,引起人们的争斗。有人可能会举例子提到,有某些似然组织有权插手合法政府的执政行为。这比如 15 世纪威斯特法利亚的神圣法庭同盟④,再比如规模较小、效果较差的宾夕法尼亚州的莫莉·马贵⑤及西西里

---

① [译注]埃及原为奥斯曼帝国的藩属国。1805 年,阿里任埃及帕夏,在埃及进行了一系列改革,使埃及的国力发展很快。此后,其连续向外发动战争,意图摆托奥斯曼的帝国的统治,并向外扩张。这引起了欧洲列强的恐慌。1840 年 7 月,英、俄、奥等列强干预第二次土埃战争,9 月直接出兵埃及。在国内外的强大压力下,1841 年阿里被迫屈服,被迫接受 1840 年伦敦条约规定的条件,从国外撤回全部军队,仍臣属于奥斯曼帝国,仅保留埃及总督的世袭权和苏丹地区的终身管辖权。
② [译注]狄奥尼索斯(405—367 年):叙拉古僭主,因对西西里岛迦太基人的战役而出名。
③ [译注]洛伦佐·德·美第奇(1449—1492 年):意大利政治家,文艺复兴时期佛罗伦萨的实际统治者,外交家、政治家、学者、艺术家和诗人的赞助者。他生活的时代正是意大利文艺复兴的高潮期,他的逝世也意味着佛罗伦萨黄金时代的结束。他努力维持的意大利城邦间的和平,随着他的去世土崩瓦解。
④ [译注]神圣法庭同盟(Vehmgericht):诞生于威斯特法利亚,为自由法官的兄弟会形式的组织,应采用秘密审判的形式,故而又被成为秘密法庭。其成员对抢劫犯、异教徒和暗杀者进行审判,以一种奇异的私法形式进行,虽然不合法但却完全有效。其于 14—15 世纪达到顶峰,17—18 实际开始衰落,并于 1811 年为威斯特法利亚的国王所废止。
⑤ [译注]莫莉·马贵(The Molly Maguires):一个由爱尔兰裔美国人组成的武力反抗矿主的秘密矿工团体,它的主要目的是反抗矿主对矿工们的剥削、胁迫,甚至是谋杀。活跃于美国内战时期的宾夕法尼亚州等地,后受到绞杀。

的黑手党。但是,下列情况都与我们的定义相去甚远:君主政体中的强臣、听告解的神父,[514]甚或法院等掌握实际上主权者的职位——这便是说,这些人口衔国家之天宪,通过其对名义上主权者施加影响力便可肆意妄为——他们也算不得是实际上的主权者。①

穆斯林世界给我们提供了两个例子,值得一提。奥朗则布②之后的莫卧儿皇帝在北部和中部印度当成很长一段时间的法律上的主权者,虽然很难认为,在东印度公司扩张其征服远达印度内陆之前,其属于事实上的主权者。从苏丹赛利姆一世③(1516年)开始,土耳其的苏丹便成为了(在很大程度上)事实上的哈里发。他们声称自己是法律上的哈里发,但是,在穆斯林的贤人看来,哈里发必须是穆罕默德所属部落的胡雷什(Khoreish)部落的后裔,如欧米亚得诸王(Ommiyads)和阿巴斯诸王(Abbasides),不过,涉及到这么高的神圣地位之时,只要能够长期在事实上占据之,倒也没有太多差别。因此,很可能的,麦加的酋长④更有权称自己是法律

---

① 在过去的路易十五执政时期,杜巴里夫人(Madame Du Barry)可能已经被称为,或者可以被称为法国的事实上的主权者。
② [译注]奥朗则布(Aurungzebe)(1658—1707年):印度莫卧儿王朝极盛时期的国王,他引人回族学说并扩展了疆土,他采用招抚为主武力为辅的手段,将帝国版图扩大到除最南端外的整个南亚次大陆和阿富汗。但后来舍弃了阿克巴大帝以来的宗教宽容国策,对国内的非穆斯林征收人头税,并把其从官僚机构中驱逐出去,从而激化了国内矛盾。晚期在历时20多年的德干战争中,始终未能完全击灭游击队,帝国在他死后很快就分崩离析。
③ [译注]赛利姆一世(Selim the First)(1467—1520年):全名赛利姆·本·巴耶济德·本·穆罕默德·本·穆拉德,第八任素丹巴耶济德二世的幼子,因以严峻手段治国被称为"冷酷者"。其在位期间,不断对内对外用兵,大败波斯什叶派萨法维王朝,并先把把安纳托利亚库尔德人和土库曼人的一些公国并入帝国版图。1516年8月,他在叙利亚阿勒颇以北的达比克草原战役中,击溃埃及马穆鲁克王朝的军队,继而于1517年1月攻占开罗,灭马穆鲁克王朝,并俘获该王朝控制下的阿拔斯王族后裔、傀儡哈里发穆泰瓦基勒(1466—1543年),从其手中获取哈里发职位,从而成为伊斯兰教正统派的领袖。
④ [译注]麦加的酋长(Shereef of Mecca):该词也有穆罕默德后裔之意。

上道德哈里发,获取所有信徒的顺服。

如果某地法律上的主权者并不具有事实上之主权的,则要想找出事实上的主权者则难上加难。法律上的主权是载于法律之中,只要该共同体的文明达到一定程度,其法律定然会清楚明白地指出谁才拥有最终的立法权,或行政命令签发权。但是,政治哲学家或历史学家并不像法学家那样可以单凭法律就找出谁是国内最强势者。他需要研究各种不确定的事实,并对各种难以估算的力量进行分析。世上没有两个国家的事实上的主权者是完全一样的。但是,毫无疑问的是,在任何一个国家中,都有一个最强的势力,[515]其他势力都屈从于它,而且人们可以或多或少的肯定,一旦发生冲突,其能够击垮一切的反对势力。只是,到这里,我们遇到了一个困难,其困扰我们探寻事实上的最高权力者。在和平环境下,我们要问谁能够在和平时期真正的掌权,在战争环境下,我们要问如果两派打了起来,哪一派可以凭武力胜出?比如,在上述丹麦的例子之中,虽然国王实际上负责政府之事务,但是人们无法确定,一旦祸起萧墙,国王能否真的强过众议院及其随从。在这些探寻之中,我们无法如确知法律上的主权者那般的精确,因为政治学学者通常会发现,适合于一国的条件并不适合另一国,而其提出的事实上主权者之一般命题要受到诸多条件的限制,因此事实上难以成为一般的命题。

由此,我们在每一个政治共同体中都可以看到两种不同的主权者,分属两个不同的思想领域,即法律上的主权者和事实上的主权者。下面让我们来看一下两者(及两个具体的掌权人)之间的关系。

4. 法律上主权者与事实上主权者的关系

法律上的主权者可能也是事实上的主权者。其应该如此:这便是说,国家之井然安排要求法律权利与事实权力凝合于同一人或机关之上。权利位于其一侧,向其提供强制力、暴力及服从的习惯。但是,如果事实上的主权者与法律上的主权者分开,[516]则未必就会起刀兵,因为前者可以通过后者来施政。但是,总还是有事实上的主权者践踏法律、众公民不遵从法律之虞。

事实上的主权者与法律上的主权者间有一种双重的趋势要相互结合;这种趋势令其二者经常容易被人搞混淆。

事实上的主权者,在持续了一段时间且证明自身已然稳定之后,便可发展成为法律上的主权者。有时,其暴力的、非法的变更之前的宪法,凭借暴力创设出新的法律的体系,并最终替代旧有的法律体系。有时,旧有的宪法逐步趋于消逝,而在新的事实上的统治者之下形成的习惯最终变成为有效道德法律,并令该统治者成为了法律上的统治者。在任何情况下,就像所占有一样,在所有的或几乎所有的法律体系中,只要过了时效,占有就会变成所有权——反过来说,占有也需要所有权之外在形式或名义所有权的辅助①——事实上的主权也是一样的,如若其能维持自身的地位足够长的话,最终就会变成法律上的主权者。人类,部分是出于服从的天性,部分是以往内其道德观念觉得主权者仅凭武力即统治令人不安,故而会倾向于自行找出一些理由,以待事实上的统治者为合法。他们会竭其所能找出借口,以给事实上的统治者一个合法的头衔,以令他们的臣服更为惬意,同时,也可顺带给统治者头上加上一些约束。

反过来,法律上的主权者也倾向于吸引事实上的主权者为自己考虑,或者,换句话说,就是法律上权力之占有倾向于令法律上的主权真实有力。因此,事实上的统治者常常迫切希望得到某种

---

① [译注]按照罗马法的传统,动产所有权以占有为所有权之外在形式,因此,长期占有动产,且无他人主张自身的所有权的,超过时效者,即可称为真实的所有权。

法律上的名头,路易·拿破仑通过1851年的暴乱获得权力后,就暗自自忖让大家承认他是总统(最初10年),然后又想让大家承认他是皇帝。1852年他在获得两场(所谓的)的全民公决的赞成票后,地位就稳固多了。[517]这不仅仅是因为法律上的主权者是"大概"道德上服从之根据——我用到"大概"这个词,是因为在专制政体下这一根据也是不需要的——还因为多数人都受到习惯的统治,且所有人都受到习惯的影响,因此,倾向于继续服从之前便已服从之人。在出现争斗的情况下,要弄清谁是法律上的主权者要比弄清谁是事实上的主权者更为容易;但是,一旦获胜,事实上的主权者便定然会将反对他的人打作叛逆,而事实上的主权者自身,虽然也是一个叛逆之人,却要纵容放肆得多了。国王亨利七世治下的英格兰,颁布了法律,规定保护服从事实上的国王之人。① 据此,如若两派势力相当争斗,都宣称自身拥有治权,则哪一派拥有更好的法律口实者通常更能胜出,而普通百姓跟他走也较为安全。这便是阴谋与起义常常失败的缘由,哪怕其乃是为了反对最劣等之法律上的主权者。

同样地,经常有这种情况,即如果法律上的主权者争执未定,则事实上的政府掌管者定然是要为此争斗一番;这不仅是因为有些人热心于维护其认为受侵害的权利,还因为支撑政府的稳定感受到损害,且通常对暴力的钳制也被消除了。

如一个主权者经由法律施行了长期、平稳的统治,则法律与事实上的鸿沟便为人们所淡忘了,人们会认为享有法律权利者便是拥有实际势力者。这倾向令这一鸿沟被人们所淡忘。反之,如若事实上的主权者经常处于争执之中,[518]如3世纪中某些时期的罗马帝国,及某些所谓的中南美洲的共和国,则法律上的主权者实际上便会消失不见,只剩下事实上主权者各自的势力及妄称主权

---

① II Henry VII, cap. I.

者的人。这类共和国有些经常会发生事实上的主权者的骚乱使得法律上的政府停止运行的状况,它们对此非常熟悉,为此乃规定,一旦骚乱平息,则之前制定的宪法不得被视为已失去效力。① 人们可能会想,如果这种情况一再发生,变成了家常便饭,则法律上主权者的概念便会逐步消散,直至消失不见。但是,其于政治上的必要性,及历史上其他国家的例证都禁止这一情况在较为文明的共同体中发生。对各派来说,维持普通私法的结构,及支持这一结构的司法与行政的机制,实为方便,哪怕是在声称事实上的主权地位者常因为革命而变动的情况下,此种城头变幻大王旗的境况也不会影响这一普遍的机制。行政管理一直是法律意义上的,最高权力的新贵一旦登基,便会立刻步入前君的法律职位。在我们时代前四个世纪的罗马帝国,皇帝职位公认的职能和权力一直都未曾改变,纵然居此位者经常通过暴力方式变动,且很少有人真的拥有法学家所谓的有效的所有权。这些人都是纯粹的事实上的主权者,并未在法律上有权要求臣民的服从,但是凯撒·奥古斯都却一直没有变,且帝国的六分之五的人都并不知道他们尊为凯撒·奥古斯都者的姓名或其之历史背景。[519]同样的情况也见于法国的宪法,法国在1848年1月至1871年2月间,由于革命,导致其法律共有过三次整体性的、彻底的法律延续性的断裂,并有两次临时性政府统治导致的中止,但这一切都对其法律、法庭或市民治理都未造成太大影响。同样的事情也曾在英国15世纪王朝战争期间发生过。因此,哪怕是最混乱的时期,法律上的治权这一观念一旦深入人心便不再会失去。长议会和奥利弗·克伦威尔通过内战以及17世纪的护国公政体做了巨大的努力,意图使其政府成为合

---

① 因此,《危地马拉宪法》规定:"Esta Constitucion no Perdera su fuerza y vigor auncuando por alguna rebellion se interrumpa su observancia."该例子援引自 M. Ch. Borgeaud, *Etablissement ei Rivision des Constitutuons*, p. 236。

法的，虽然复辟议会将其整个视为是事实上的主权者。另一方面，在多数中南美洲的共和国中，就如同14世纪的意大利共和国一样，事实上主权者干涉法律及行政治理的状况甚巨，乃至于法律上政府的观念竟失去其实际上的有效性，且人们单纯地服从势力，赞颂最少滥用自身独裁权力的统治者。

法律上权力与事实上权力间相互的作用与反应可总结为如下范式——政治地震记录图——展示相互间是如何骚扰对方，及标示稳定的那根针（法律上的）或标示抖动的那根针（事实上的）是如何标出国家机构的稳定或动荡的。人们可以就此两者间的关系做如下说明：

如法律上的主权者达到其静止刻度的最大时，事实上的主权者通常也是稳定的，即是说藏于法律主权者之后。

但法律上主权者不稳定之时，事实上的主权者亦倾向于失衡。

但事实上之主权者稳定之时，法律上之主权者虽然之前可能隐没了一段时间，现在也会重现，并最终趋于稳定。

[520]但事实上之主权者受人侵扰之时，法律上的主权者也必受到威胁。

或者，更为简单地说，两个指针的抖动愈小，两者就愈发倾向于共同的静止。这种静止状态乃是政府的完美秩序的外在标示，虽然其未必十分卓越。

让我们总结一下以上探讨的诸论点：

主权者一词含有双重含义：法律上的最高者及事实上的掌权者。

法律上的主权者存在于法律的领域之中：其属于根据法律有权要求人们服从者。

事实上的主权者存在于事实领域之中：其乃是凭借强力令众人服从者。

在各国内，法律上的主权者之确定乃是基于某人的职权，即法律规定之一般规定和特别命令之发布权归其掌握，且做出该行为不至于招来惩罚。

事实上主权者的确定乃是基于某人的实力,即其之意志最终将压倒他人的意志(或在争斗中,取得胜利)。

法律上的主权者并不真的倚靠人们的服从;因为法律假定服从乃是可强制取得的。表示服从并不就代表着对方为法律上的主权者,而是该主权者存在之一种假定条件。法律上的主权者事实上是否受他人之影响而行使权利,对其是否为法律上的主权者没有任何影响。其依然为法律上的主权者。虽然幕府将军以天皇的名义治国,但天皇依旧为法律上的主权者。因此,法律上的主权者乃是形式上的主权者,而非实质。

法律上的主权乃是可分的[521]:即其不同的部分可以同时被分给不同的人(或机关),平起平坐(教皇和皇帝),或部分平起平坐(总统和国会),但是在不同的领域。

事实上的主权不可分割,因为根据其定义,其只能属于一个人(或机关),即国内的最强者(虽然可能并不是大家都知道的最强者)。但是,从历史上来看,其也可以如此分割,即人们在某个行动领域遵守某个统治者,而在另一个领域,遵守另一个统治者。比如,在14世纪,所有的教徒在精神事务上尊奉教皇,而他们在现世事务上尊奉世俗的政府,无论世俗的政府仅为事实上的主权者或者可能同时也是法律上的主权者。当然,人们关于何为精神事务会有很多争论,但是,没有人可以否认,一旦真的涉及到这类事务,人们只会尊奉教会。

法律上的主权者可能会受到限制,即某国之法律可能没有授予享有最高立法权(或行政权)之人(或机关),或所有此类人(或机关)就各类事务立法或发布特殊命令的权力。这便是说,这些事项的权力依旧归人民所有,或者宣称此事不宜立法,哪怕是全体人民立法亦是如此。如果确有将所有事项的最终决定权保留给人民的,比如通过固定的全民公决,则人民,而非立法机关,为真正的法律上的主权者。人民保留有效的干预权,或者随时变更立法机关权力的权力,则并非为剥夺了立法机关之法律上的主权。

[522]事实上的主权者,据其定义,是无法限制的(因为法律与其无关),虽然掌权者可能会因为害怕恶果而束手束脚。

虽然法律上的主权者与事实上的主权者是两个不同的概念,分属于不同的领域。但是,他们至今是相互关联的,即:

法律上的尊者乃是创设事实上的掌权者之潜在因素。

事实上的掌权者在经过一段时间后,通常会演进为法律上的尊者。

因此:

在一个秩序井然的国度中,人们对法律上主权者的尊奉乃令事实上主权者为谁这一问题暂时搁置。

在一个失序的国度中,关于事实上主权者何属之争斗削弱了人们对法律上主权者的尊奉,并会最终扑灭之。

关于上者,还可从另一个问题的角度来做如下评述(关于该问题,参见下文):

这个问题有关主权者(法律或事实上的)施予的道德权利与道德义务的。其属于另一个领域,与各种主权者的天然属性判断没关系。然而,这一问题与此二者有关:

法律上的主权者捎带着有一种要求所有公民服从的表面上的道德义务;

事实上的主权者并未捎带此类道德义务,反而有人做无谓的反抗,打破和平,戕害诸多无辜的生灵。

在两种情况下,如有道德利益高于不为叛乱戒律的道德利益的,公民都有义务反抗法律上的或事实上的主权者。

我们可以进一步发现,[523]虽然人们不得不承认事实上的主权者有无限的权力,并且有人还宣称其主权不受任何限制,其将绝对的统治所有的臣民,但是,事实上没有这样的人或机关拥有彻底的不受控制的权力,对外力没有任何畏惧,除了上帝外,其他的毫不在乎。最为专制的君主尚需要尊重,有时甚至是屈奉其臣民之普遍情况。甚至苏丹哈凯姆(Hakim)在埃及或吉恩·格里斯·维斯特尼①在米兰还做出过一些退缩的举动,因为他感觉到他们可能集体起义或发起针对他的暗杀行动。多数人(虽然依旧有些限制)是更为不敏感的,因为个人在加入群体后就会无所畏惧了。在这种情况下,一个民主国,即是说,民主国中的多数人可能比单个君主更是一个绝对的主权者。但是,民主国中的多数人会较少受到诱惑而滥用权力。其还受到这种感情的限制,即如果其胆敢这般做,则其中较为温和的派别将离他远去。因此,其仅会在某些特定情况下化身为专制政权,即其受狂暴情绪的鼓动而偏离了正道,或者其被硬生生的分成了两个部分,其中温和派别湮没不见了。

5. 罗马和中世纪的主权观

现在,让我们转向主权理论的研究,这一理论始于霍布斯、得到了边沁的重申,为奥斯丁再次繁琐的阐明。奥斯丁的理论在本世纪前75年间的英国都大受欢迎,不过后来便江河日下了。霍布斯的理论(其理论的原始形式下文中将会谈及并予以讨论)的现代形式由于外观上的简单与完整而受人们所追捧。但是,我们可以发现其中有如下缺陷:

(1) 将两个不同的事务混为一谈,[524]即法的范围与事实的范围;(2)忽视了历史史实;(3)不适用于(过去或现在的)真实国家中的绝对多数人。其仅在下列情况下才能符合事实,即要么拒绝

---

① [译注]吉恩·格里斯·维斯特尼(Gian Galeazzo Visconti,1351—1402年):米兰第一任大公,曾资助建立了著名的多摩大教堂。其曾希望统一意大利北部并成立伦巴第帝国,为此不断对外扩张,但终因去世未能成功。

大部分事实,要么扭曲概念本身。一种规则包含的全是例外情况的话,那它就不是一条有用的规则。在人类科学中,譬如社会学、经济学、政治学,就和化学或生物学一般,理论应出自事实,并契合事实之情状,而不是将推演的结论强加于事实之上。如果理论需要无限解释和证明以符合事实的话,则其非但无法启迪学者的头脑,反使其限于良心自责,思想渐趋昏暗的状况之中。

很明显,鉴于目标的重大与恒久,这类理论本不应该出现,或者不应该在这么长时间内获取人们的敬仰。因此,其源流与影响力的来源都应该接受历史的光芒的检视。为了解释其源流,我们必须稍稍偏离我们的主题,回到罗马法中的现代法律思想的源泉之口。

罗马法理学家自己是不会搞混法律上的主权者的权力与事实上或(所谓的)政治上主权者的权力的,因为他们只需研究法律上的主权者,并仅仅是作为法学家的身份来研究它,而非政治哲学家。在共和时期,立法的最高权表面上属于公众集会上的全体公民,虽然要受到地方行政长官的一些限制,即提出建议的权利。但实际上该立法权被授予了元老院。人们可能会提出,罗马公民可以依法剥夺元老院的行政权。同时,持这种观点的人,如果他们喜欢的话,也会提出元老院从严格的技术层面来说,甚至于行政事务上也不能算是主权者。①

[525]按照我们的目标来看,问题的重点在于查士丁尼时期,因为在那时,其将罗马法浓缩成了立法典,从而令罗马法影响了12世纪之后的政治研究。查士丁尼法典及学说汇纂讨论的依旧是罗马人民是最高立法权的拥有者,虽然在事实上他们已然有超过5个世纪之久没有动用过该权利了。并且鉴于皇帝是真正拥有立法权的人,他们推论说,皇帝的权力来源于人民的授权,并且,如

---

① 关于参议院的立法权,参见第十四篇。

果我们严格考究他们所用的词句的话,该授权并不是永世的针对皇位本身,而是针对每一位继位的皇帝本身的。就像17世纪的英国人一样,罗马人被定为是法定皇帝崇拜者,并很仔细地抹去了反叛的踪迹,所以他们在很长一段时间内视公民集会为临时性的、暂时的集会,①而最高的地位已经通过该集会被授予给某个行政长官地位的占有者了。

在查士丁尼之前数个世纪,这种授权原则已然正式见于所谓的皇位法(lex de imperio)之中,并在每位新皇登基之时传给它。而英国国教的礼拜仪式中关于国王内容,反映了国王在英国享有的特权的情况。这两者现在都只是文物研究者的兴趣所在了,都传达不了更多的信息。查士丁尼和其继任者按照文字所反映的完整意思来理解,是拥有一种完整的、不受限制的、绝对的法律上的主权者的;古代罗马的人民,即通过第二、第三世纪的法学家的研究,在学说汇纂中被视为是作为皇帝权力的来源。其原本不属于查士丁尼的臣民,除在某些模糊的法律含义上有那么一点意思以外。但在公元533年,其却在事实上为东哥特王阿塔拉里克②(西奥德里克的外孙)所统治。[526]当时,值得注意的是,人民作为一个整体,区别于任何集会中的政治组织,拥有法学家授予的制定法律的权利(通过创设和遵循习惯),以及废除习惯法的权利(通过停止遵循习惯,即予以废止不用)。法学家通过比较这些权利与人民在集会上投票权的方式,来证明这些权利的存在。"通过投票来宣布自己的意志和通过行为来表现之,两者有什么区别呢?"朱利安③

---

① 在卡里古拉(Caliguls)死后,元老院一度提议制定一部新的共和国宪法,这一提议从未被正式推翻过。
② [译注]阿塔拉里克(Athalarich,526—534年在位):东哥特王,继位时仅十岁,由母亲阿玛拉逊莎摄政。当时,东哥特族已经统治了意大利。后535年,查士丁尼开始攻打意大利,东哥特战败。
③ [译注]朱利安(Julian,331—363年):君士坦丁王朝的罗马皇帝,361—363年在位。他是罗马帝国最后一位多神信仰的皇帝,并努力推动多项行政改革。

以哈德里安之名说道:"鉴于法律之所以能够约束我们仅仅是因为人民批准之。"①

如果特里博尼安②及其委员会成员在接受了查士丁尼的压缩整理古法的命令后,没有在他们的汇编本中加入三四个世纪以前的文句,③而是自己来表述当时存在的法律上主权者的原则,那么他们就不会使用古代法学家的语句,那些语句哪怕是在古代法学家身处的时代所表达的也更偏理论而非事实,就像布莱克斯斯通的关于国王有"否决"立法之权的表述代表了60年前就已然终结的实践一样。上述这点是毋庸置疑的。但是,中世纪时期研究罗马法文本的人却对罗马的历史漠不关心,也知之甚少,以至于在他们眼中,出现于学说汇纂中的共和时期适用于公众主权者的原则,要比特里博尼安同时期的原则的效力更高,而其实这仅是古文研究者虚构出来的。

只当有了主权的法律概念,[527]现代社会才真的出现了——独裁皇帝的主权的清晰的外在边界,模糊的、中止的、同时使用或至少可恢复的人民的主权。人民的主权部分见于承认将立法权授予国王,部分见于通过习惯继续行使的立法权。

但是,这也造成了另一种影响,见于早期皇帝的独裁统治从事实上的权力阶段向法律上的主权者阶段演进时期,其对中世纪人们思想的压迫一样强大,且见于之后自由的哲学家开始攻击政治

---

① Dig. I. 3, 32, x(cf. Inst. I. 2, xx). 在《查士丁尼法典》中,皇帝的立法权虽然是彻底的权力,但依旧是依赖人民正式做出的委任之上的。
② [译注]特里博尼安(Tribonian,500—547年):查士丁尼时期的法学家,负责修订罗马法典。特里博尼安从他的资料中选取了40个最杰出的古民法专家;2000卷著述被压缩成50本书的删节本;据精心纪录,300万行或句子,被精简为适当的15万行。这部包含150000行的著作是《圣经》篇幅的15倍。耗时3年。当完成著作后,特里博尼安查禁和销毁了所有的旧法律,古罗马执政官的敕令,以及元老院的法令。
③ 他们经常改变古代法官的话,以使它适合于自己的时代,所以,尤为值得注意的是,古代术语在这一例子中没有被改变。

科学的问题之时。对于古代罗马帝国的受教育阶层来说，皇帝的法律主权之上披有一层人民授权的外衣，而其外省的被统治者，则对这些法律理论知之甚少，遂将其视为征服的直接与自然的结果。根据普遍的，甚至是普世的古代法，在战争中被俘虏就代表着在法律地位上沦为奴隶。而征服则更是具有这种法律上的支配的权利了。征服是一种最直接的、最强势的事实上最高权的宣称，并且诚如罗马人事实上的权力统治了几乎整个文明世界，且其能毫不费力地维持住局面，按照固定方式的固定原则来行使，故而，征服权很快就成为了一种法律权利。对于那些被迫接受罗马式和平的人来说，他们也只能很不情愿地接受这一权利。维吉尔在写到奥古斯都时，曾很欢畅的提到这一点：

并且胜利者情愿地（Victorque volentes）
通过人民给定法律（Per populos dat iura）

但是，关于不可战胜的征服者拥有神圣权力的观点——该观点为东方人所熟知——见于下列文字：

并试图前往奥林匹斯（viamque adfectat Olympo）

这便是完整的一句。

[528]有种感觉认为真正至高的权力须接受神的许可，让其施予统治，因此，其便是正当的，有权要求人们服从的。这种感觉清楚见于诸多著作之中，且这些著作必然要超然于其他作品之上，在未来数个世纪统治人们的思想。

在上有权柄的、人人当顺服他。因为没有权柄不是出于神的。凡掌权的都是神所命的。所以抗拒掌权的、就是抗拒神的命。抗拒的必自取刑罚。作官的原不是叫行善的惧怕、乃是叫作恶的惧怕。你愿意不惧怕掌权的么。你只要行善、就可得他的称赞。因为他是神的用人、是与你有益的。你若作恶、却当惧怕.因为他不是空空的佩剑。他是神的用人、是伸冤的、刑罚那作恶的。所以你们必须顺服、不但是因为刑罚、也是因为良心。(《罗马书》13:1—5)

你们为主的缘故,要顺服人的一切制度,或是在上的君王,或是君王所派罚恶赏善的臣宰。因为神的旨意原是要你们行善,可以堵住那糊涂无知人的口。(《彼得前书》,2:13—15)

这里的皇帝的主权地位不仅被公认是合法的,因为其确实存在且不可抗拒,而且被视为是神授的,因为其确实存在。因此,要求基督徒服从的圣谕蕴含于行政长官的权力行使之中,此乃是上帝授予的,要求其为善而行的,但同时,其中也隐含了另一种原则,即一旦其为恶而行,人们可以不再尊奉(或抵抗?)其权力。诚如圣彼得所述,"顺从神,不顺从人,是应当的"(《使徒行传》5:29)。

新约中的这些箴言或其他类似的箴言是早期罗马帝国统治下罗马外省人真实感情的写照,也是最高权威发出的原则。[529]中世纪的思想便起源于这些原则。关于它们是如何起作用的,我们可以查阅一下但丁的《论世界帝国》中的推理,或者最好查一下圣托马斯·阿奎那的政治理论。自5世纪以降,直至16世纪,如若有人问起法律上主权者的渊源为何,或主权者对臣民服从的道德要求为何,则旁人必然答之曰,上帝已经授命某些主权者治理世界,抗拒其之命令乃是罪恶的行为。自11世纪以降,西方基督教世界都承认有两个法律上的主权者,并且根据普遍的看法认为,两者在法律上都是绝对的,不过教皇为精神事务上的,皇帝为世俗事

第十篇　主权的属性

务上的。不过,法国、西班牙和英国的基督徒相比意大利、德国,信服此事的程度要略略差一点。教皇和皇帝都超然于世俗法律之上,但受自然法和神法的约束,此二者其实是相同的。① 教皇的权力直接来源于上帝,即通过作为大主教的彼得之教会。皇帝的权力,几乎同样是不可否认的,有双重来源。根据新约的说法,皇帝的权力源于上帝;根据罗马法的说法,其来自于人民的授权,市民权威之最终来源。圣托马斯·阿奎那承认,主权最初且主要来源于人民的授权,独立宣言亦如是说。此两种观点可以结合在一起,授权理论并未真正削弱皇帝的权威,因为实际上并未有人能够撤回上述授权。② 但是,这里还有另一种说法,认为皇帝的权力来自于教皇,受教皇的荫庇,[530]教皇乃是精神上的主权者,所辖之范围更大,掌管皇帝灵魂的喜乐。在教皇格雷戈里九世和皇帝腓特烈二世③以后,这一说法为几乎所有的教徒所信奉,从而摧毁了皇帝的地位。皇帝甚至遭受到更大的损失,因为自那以后,皇帝之事实上的统治不出德国国境,甚至在其中也是时断时续。然而,多数法学家继续认为,奥古斯都继承者的权利在法律上是到处存在的,虽然他们也承认其存在于某种封建君主地位中之中,其在理论上一直在消散,而在事实上则常常不起作用。在皇帝的主权及彼得的继任者的平行主权之间,依旧因为主权的边界问题而争吵不休;这一争吵在 14 世纪的时候引发了一场反教会运动,见于帕多瓦的

---

① 关于上帝的法律的一部分(也就是自然法)与其他部分之间的区别,参见第十一篇。
② 不过,罗马布雷西亚的阿诺德(Arnold)的追随者试图宣称罗马人民拥有遴选皇帝的权利;而其他人则提出,古罗马人民的真正代表藏在罗马全体基督徒的共同体之中。
③ [译注]指 1220—1250 年之间的皇帝与教皇之争。1220 年腓特烈二世通过法兰克福议会发布的一项庄严法案(后来被称为国事诏书)扩大了他对教会王公的权力。数年之后,一项类似的诏书又扩大了世俗王公的特权。他在罗马加冕为帝。不久后他与教皇发生争吵,表面上是因他推迟发动十字军东征而起。期间,教皇雷戈里九世两次开除腓特烈二世教籍,而腓特烈二世则发动了针对教皇的战争。最后,该争端因腓特烈二世于 1250 年去世而化解。不过,之后,腓特烈二世之子康拉德四世依旧发动了针对教皇的战争。

马西略①和英国的方济各会修士奥克姆的威廉②的记载之中。在这些作家的作品中,我们可以发现一种学说的萌芽,这一学说在之后将极为著名,即国家来源于自由人一致的意见。

在这些中世纪的争执之中,人们可以发现,在所有各方,事实上的权力都是跟着法律上的主权者走的。但是,这种主权者,虽然超然于实体法之上,却是法律的来源,还要遵守自然法的约束,因为该主权者乃为上帝所委任。但是,越来越清晰的事情是,皇帝慢慢地不再是一个有效的统治者了,而各地国王的临时主权却得到了充分认可,他们的权力部分基于上帝的眷顾(这也就给了他们事实上的权力),部分基于领主与封臣之间的封建关系。这种关系一方面是双方相互承诺给予对方保护,另一方面则是相互表示忠诚。

---

① [译注]帕多瓦的马西略(Marsiglio of Padua,1275/1280—1342/1343):出生在帕多瓦声誉显赫的美纳蒂尼家族。在他的直系亲属中有律师、法官和公证人,他的父亲是帕多瓦大学的一位公证人。马西略从小就受到了城市政治事务的影响,热衷于政治。他曾经在巴黎大学艺术系任教。他一生的大部分时间与德国国王路德维希四世的王室有着密切的关系,先后担任过路德维希四世的大使和顾问,也为后者的事业进行过广泛而有深度的辩护。1324年,他在巴黎完成了《和平的保卫者》一书,这是中世纪晚期最富原创性和影响力的一部著作。此后,他又撰写了两篇关于罗马帝国和罗马皇帝权威的论文,即《论帝国的转移》和《小辩护书》(也译作《维护者小著作》),后者是《和平的保卫者》一书的提纲,也是对该著作观点的重申。

他提出一切权力来源于人民,即主权在民。马西略的主权在民思想包括三方面:立法权力在民,法律是由全体人民制定的;行政权力在民,政府及统治者是由人民选举产生的,并且对人民负责;宗教权力在民,宗教事务由全体信徒选举产生的宗教大会进行管理,教皇经选举产生并对宗教大会负责。该思想对后来的宗教议会运动产生了巨大影响,也为民族国家的兴起提供了理论支持。

② [译注]奥克姆的威廉(William of Occam,1288—1348年):英国方济各会修士、经院哲学家。其被认为出身于英国东南部萨里小镇的奥克姆地区。其被认为是中世纪的主要思想家之一,同时也是14世纪政治和精神之争的核心。奥克姆创作颇丰,涉足逻辑学、物理学、神学等领域。他认为陈述越是简单,结论可能越是正确。"不应无必要地增加实体。"这便是著名的"剃刀理论",因此他也被人们称为"奥克姆剃刀"。在政治学说方面,他最早提出了政教分离的观念,并推动了财产权观念的发展,从而被认为是现代西方宪政理论,特别是有限政府理论的重要奠基人之一。

6. 现代主权者理论

[531]16世纪带来了四大变化,其中任一变化单立出来,都足以动摇现存之思想和信仰体系:

作为普世主权者的皇帝消失了,剩下的只是德国国王,但他有一个凌驾于其他君主之上的空名头。

教皇深受反抗之害,导致欧洲半数脱离于其掌握。

社会的封建建制开始崩颓,因此,各国的王权开始滋长。

在西欧和南欧,一种新的探索精神开始出现,怀疑论盛行,对权威之唯唯诺诺则成明日黄花。

因此,关于主权之基的传统学说,在中世纪原本是足够用的,现在却已然湮没不闻了。道德开始从神学中分离出来,而政治科学脱离了封建法,且其轮廓开始变得慢慢清晰。人们问到:君主要求人们服从的基础何在?是力量创设出这一权力?还是权力导致了力量?权力本身是什么?道德或宗教有对王权做任何限制吗?如有的话,是什么样的限制呢?如果确有这样的限制的话,如果君主僭越限制的话,人们是否能够合理的反叛他呢?这些并不是纯粹的理论问题,因为宗教战争,会令人们与触犯人们信仰的君主证明对抗,令教皇与信教君王对抗。这都是一些大事情,不仅仅因为它们令那些有良心的思想家困扰不安,而且因为人们感觉到自己需要指引,并在那些可以激发或启发自身行为的信仰中寻找之。国王在各处扩张自身的职能,并比先前承担了更多的立法者的职责,而同时,其臣民却发现了新的反对国王的理由。[532]过去的理论推论,国王的权力来自于神圣权威的授予,即对彼得和凯撒的授权,这种理论已经破败废弃了。人们需要新的关于政治社会的性质的解释;从那时开始,新的国家权力的理论便不时地冒出来。

这些理论所欲解决的问题都有各自特定的形式,而这些形式由当时的具体环境所决定。当时,国家和民族一方面受到宗教矛盾的威胁,另一方面受到地方巨头反对国王的威胁。因此,思想家的目标乃在于发现确保国家统一的物什。他们问道,凭何才能令国家统一?是否真的没有最高力量以战胜各种分裂势力?这种力量何处可寻?其统治的头衔何处而来?该人可被授予何种职权?其能否或应否被制约?这些思想家并非从各国实际情况出发,归纳事实来解决问题,就像我们所做的一样,而是跟随中世纪以来的法律教条和理论体系,并沿着与他们鼓吹的王权、教皇权或人民权相关的抽象理论一路下行。这解释了为何人们经常发现罗马天主教作家——人们认为他们为破除异端而持有君权绝对主权论——捍卫人民权利,主张人民有权反抗,并废黜异端的君主,如亨利八世,或伊丽莎白,他们都不尊奉受曾圣彼得授权的教会权威。

第一种理论,或至少是第一种有广泛影响的理论,是博丹提出的。他是一个法国法学家,其作品最早的一版是于1576年出版的。在他看来,主权或威严(Maiestas)是国家的最高权力,[533]其不受任何法律的约束,反而是法律的制定者与掌管者。其或归于一人之后,这是最好,也是最正常的形式,或是归于数人之人。但是,在任一情况下,其都超然于所有法律之上,不受制约,不可分割,有要求所有臣民服从的绝对权力,而不论其行为是否正义或手段为何。因此,博丹拒绝所有所谓的君主立宪制或有限政府论;并且,其称与其同时代的神圣罗马帝国皇帝并非一个君主,而是一个贵族政府,且认为法国的君主政体是一个纯粹的独裁政体,且形式适宜。然而,纵然博丹亦承认,在某种模糊的形式下,主权者是服从于神法和自然法的,并认为君主受其所订的契约的约束,且应尊重财产权和个人自由权。

对博丹而言,最为大胆,且逻辑上最为矛盾的理论当属与其同时代的晚辈,加尔文·约翰·阿尔特胡修斯(约翰·阿尔特胡斯或阿尔特阿胡斯,Calvinist Iohannes Althusius, John Althus or Althaus)。其出生于 1557 年,逝世于 1638 年。加尔文,及其学派顶尖的神学家,退回到了古代的神权观,即认为国内权力来自于上帝,特别是集中对《罗马书》8:1①做研究。不过,加尔文认为政府的基础在于人民与统治者之间的契约,且前者的权利为所有权力的最终来源,也是主权的唯一真实和永久的受托人,其有权废黜统治者,并可在统治者违反其义务,僭越权力边界之时,撤销其授权。②

大约博丹之后的一个世纪,马姆斯伯里的托马斯·霍布斯提出了一个类似的,但是更为彻底的方案。[534]这个方案见于其著作《利维坦》(及论文《论公民》[De Cive])之中。这一方案的重要性应在与该书写作年代,即其所面对的环境相结合后才能看到。其是如此直接地研究了这些对象,乃至于人们几乎可以称它是一本政治小册子——主题宏大,但却是一本小册子。但是,国内战争正打得如火如荼。众议院与国王之间为英国最高权力的事情争执不下。神职人员,包括主教派和长老会派,③都宣称自己在宗教观点上的正统,因此,国家在政治和宗教事务上分裂了。霍布斯对所有宗教都充满敌意,包括国家的神授权理论,以及长老会的人民与上帝缔约理论。其不喜欢将社会仅仅奠基于暴力,因为他发现其中没有正义或道德义务的根基。因此,他倾向于契约理论。但是,这是一种全新的契约,是与主权者订立的契约,不可撤销,且没有反叛的余地。眼见其周围的分裂与混乱,人们为各种割据的势力

---

① [译注]《罗马书》8:1 为:"如今那些在基督耶稣里的,就不定罪了。"
② 关于该作者的理论全面且深刻的介绍,参见下述值得尊敬的作品:Professor Otto Gierke, *Jehannes Althusius und die Entwicklung der naturrechilichen staatstheorien*,该书对该国中世纪和中世纪后的教义做了介绍。
③ [译注]长老会即长老宗,也称归正宗。归正宗是新教主要宗派之一,以加尔文(Jean Calvin,1509—1564 年)的宗教思想为依据,亦称加尔文宗,"归正"为经过改革复归正确之意。在英语国家里,该宗因其教政特点又称长老会。归正宗产生于 16 世纪宗教改革时期,与安立甘宗和路德宗并称新教三大主流派别。

的借口而分裂,霍布斯认为有三件事情是继续的:(1)为权力找一个基础,乃使权力成为永固的,不可推翻的;(2)令权力成为统一的、不可分割的;(3)令其成为绝对的、无限的。过去的理论,如13世纪的理论(原始形式)将政府奠基于主权者与人民的契约之上。他察觉到其中的瑕疵,于是将其之主权奠基在共同体成员间的契约之上,通过契约,每个人都将自己所有的权力和权利交到一个人(或机构)手中,而这个人就成了主权者。凡是反对主权者的人,就必然不是契约的缔约方。参与缔约的人是不能废除契约的,因为其不是单独缔约的,而是与他人相互缔约的。这样一来,主权者的权威就是永固的,不受限制的了;其也不像博丹理论中的主权者一样受到任何先验的制度的约束。[535]由于人民事先已经批准其所有行为,所以其任何行为,无论是否严苛,皆为公正之举,没有任何受批评的余地。诚然,自然法乃是其权力合理性的根基,因为三大基础性自然法则分别是:(1)所有人都应尽力保证安全;(2)当多数人弃绝其原始权利,每个个体也应如是为之;(3)每个人都应遵守先前所订的契约,当然这包括这一最高契约。

虽然霍布斯主要关心的是构建其法律上的主权者,并将其法律上的独裁者都将完成,但是同时其也考虑到了享有事实上完整权力者的问题。他其实可以无需如此做的,因为其所描述的并非是一个事实上的主权者。霍布斯没有声明自己分析是一个真实存在的国家,或者是解释现存的制度。他只是在描绘一个理想的国度,并主张直到这种绝对主权者被授予法律上的名号,得到人们的广泛承认,并随之授予事实上的权力之前,人类(特别是在英国)就休想摆脱掉现在所经历的各种纷扰。内战已经在法律领域挑起了这一严重的问题,并且人们完全有理由相信,一旦法律上的主权者出了问题,事实上的统治者也要跟着出问题。而且,在当下的环境下,哲学家会怀疑在王权(受法律限制的)下,或在有任何政府之下(由各种相互反对的势力,包括国王、领主和众议院组成)维持和平的可能性也没有什么好奇怪的,诚如现今某些人所想象的那样。霍布斯是一个思维异常清晰、精确的思想家。他的论述强劲有力,对自己主要命题论述的连续一贯性也要比博丹强。其有时看起来比哲学家好辩。但是,欲对其做公正评价的读者请务必记住,其所写的观点乃是针对其所处的时代的,所面对的对象是"神圣盟约"①,[536]平等派②和议会中的法律形式主义者。③

在随后一个世纪的末期,边沁复兴了霍布斯的主权学说,将其借为己用,但并非兼收并蓄,即不包括理念概念或避免内战之方略,而是包括正常国家的特性。边沁是一个极为天赋异禀、多产且大胆之人,但却有时疏忽大意;他生活于我们所谓历史方法产生的时代之前,其满怀不屑之情,如若不是针对历史的话,便是针对历史所创造的法律制度。他认为这些事物大多可归于谬误。因此,无论霍布斯的绝对化倾向,亦或霍布斯理论对所述现存国家的不适用性,都未能阻止边沁采用这一理论。其对这种理论感动欢欣,缘于这种理论以模糊的德性征服了精确的法律,并且,强有力地宣布了主权者法律上的万能地位,而这正是像他这样的激进的改革者完成目的所

---

① [译注]神圣盟约(Solemn League and Covenant),(1643年)英格兰清教徒与苏格兰长老会签订的盟约。该盟约约定,苏格兰要派兵支持议会与国王的战争,双方都发誓以长老会—国会体制为基础,建立一个英格兰、苏格兰、爱尔兰联合宗教的、世俗的国家。通过该盟约,苏格兰长老会顺利进入到英格兰境内,并于1646年3月,由国会命令,在全国建立了长老会制。但在克伦威尔及独立派掌权并顺利控制英国之后,其便不再顾及该契约。1647年,查理一世承认该契约,并获得了苏格兰人的帮助,但终未能成功。之后,虽然查理二世签署了该契约,但是,其在复辟之后(1660年)依旧未能尊奉该契约。此后,该契约再未有任何更新。
② [译注]平等派(Levellers),17世纪英国革命时的一个政治派别,主张扩大选举权的范围、法律面前人人平等平均财产、改良社会、建立共和国、宗教宽容,所有的主张都可见于"人民契约"(Agreement of the People)宣言之中。该派别出现于第一次内战末期,并在第二次内战之处发挥了重大的作用。其主张得到伦敦市民和1645年建立的新模范军(New Model Army)部分编队的强烈支持。
③ 霍布斯甚至消灭了私人决断权,认为这是主权者的义务,即规定他的臣民们的意志,特别是向他们谆谆教导统治者真正的教义。

迫切需求的。因此,边沁确有切实的理由来借用霍布斯的方案,但却舍弃了霍布斯自然状态下无政府国家及原始契约的观念。[537]但是,对于约翰·奥斯丁,边沁的学生而言,他就没有任何理由来使用霍布斯的观点了。人们怀疑他是否确实理解霍布斯。然而,情况可能是,其误读了霍布斯所处的境况,将其所论的绝对主权者视为是组成国家中主权者的最好方式,并当成了对自然状态和普通国家主权者的实质的哲学分析。霍布斯鼓吹的方案乃是为了遏阻真实政治体中的邪恶。边沁是一个实证的法律改革者,而法律也确需改革。然而,奥斯丁却如一个法学家一般地写作,并表示自己所描写的乃是正常的、典型的国家。因此,其断乎是要涉及事实,并且其提出的国家理论须解释事实,与事实相关联,并将事实至于自然的和真实的联系之中。但是,其并未提出这般做,相反,其提出了另一个理论,这个理论与正常的现代国家相去甚远,只适合于两类国家,即有一个万能的立法机关的国家——英国和最近的南非共和国是仅有的例子——有一个万能的君主的国家——俄国以及门第内哥罗①可能是现代众文明国中仅有的例子。在几乎所有的自由国家里,除了英国,立法机关现在都为刚性宪法所制约,因此便没有此类主权者与奥斯丁的定义相对应了。在所有的伊斯兰国家中,君主在法律上的,同时也在事实上的为神法所牵制,对此其是不可修改的;因此,哪怕是在这些乍看之下属于专制的国家之中,奥斯丁的定义也都并无作用。哪怕就算是将这个理论用于英国,奥斯丁都将陷入讹误,而此讹误便揭露出了其理论之根本的不健全性。虽然其将主权者称为"最终的至高者,接受特定社会中多数人的习惯性服从"——这个概念属于事实领域,适用于事实上的主权者,却连法律上的主权者的边也没有碰着,因为其是没有任何方法强迫人们服从的——并且,很明显的是,他的目光主要投向法律和法律权利,且认

---

① [译注]即黑山。

为只要人们享有法律权利,自然就会在事实上表示服从。希腊的僭主,比如叙拉古的阿加索克利斯①,接受了叙拉古多数人的习惯性的服从;但是其很明显不是法律上的主权者。② 不过,奥斯丁,当其来到英国时,[538]发现他所谓的主权者并不是在议会,即是说,是在国家会议(the Great Council of the Nation),由国王、上议院、下议院共同组成,但众议院在议会的上述两个部分中代表的是全国适格的选民——而非众议院本身。这种观点不仅与法律相违背,还与历史全然不合。在历史中,国家会议从来不是由国家的"受托人"(如奥斯丁所称呼他们的)所组成的,也不包含这些人,对国家而言,为了国家的目的开会,这些成员或是凭着自己的头衔,或是作为代表,有权并喜欢制定法律——就像原始的部落集会(Folk Mot)一样,此乃英国议会的起源——为国家权力之最高。其更与事实情况相违背,因为国家的选民并不立法,且没有任何合法途径进行立法。就算议会所制定的最具革命性的法令也无需他们的同意,仿佛瑞士在修改瑞士联邦(Helvetic Confederation)宪法时,需要获取多数选民和州的同意一般。哪怕5/6的选民都表示强烈反对,这个法律都会获得通过,并且会像其他没有人反对的法律一样有效。议会还可以给自己创设选民们闻所未闻的能力,就像其在通过"七年任期法令"③时所作的那样。

---

① [译注]阿加索克利斯(Agathocles)(前361—前289年):西西里岛叙拉古暴君(前317—前304?年),后自立为西西里王(前304?—前289年)。生于西西里岛瑟米(Thermae),年少时从家乡迁到叙拉古,服役军中。历经两次失败,终于推翻寡头统治(前317年),取得政权。后来发动一系列战争,袭击西西里岛的其他希腊人(前316—前313?年)。前311年又对迦太基人启战端,几乎要将迦太基收服。前306年订立和约,削弱了迦太基在西西里岛的势力。约前304年,自称为西西里王。此后,恢复了叙拉古人民的自由,但死后迦太基的势力重新进入到西西里。
② 奥斯丁目前感觉到要将他的理论适合于暴君是很困难的,这说明他的理论只适合于稳定的国家。这就是说这一理论目前还不够完善。
③ [译注]七年任期法令(Septennial Act):指1716年通过的议会法令。这个法令从辉格党寡头政治的利益出发,把议会任期从3年增加到7年。

有人也承认边沁和奥斯丁的理论在历史上并不靠谱,但其却找出这样的理由为其开脱,即我们在检测理论之时,不应以初生共同体的事实检测之,而应以羽翼丰满的现代国家来检测之。但是,这些理论对于现代国家和原始社会皆不适用。比如,以奥匈帝国为例。根据奥斯丁的原则,在这一双头国家之中,主权者位于何处呢?最终的立法机构,[539]即别人不可命令他,而他可以命令别人的机构,乃是所谓的帝国议员团①,由30名匈牙利议会成员和30名奥地利议会成员组成。但是,这些人有两个附属的议会选出,且因此也就必然附属于它们,诚如英国众议院附属于英国选民一般。并且,议员团仅可就少数问题进行立法,其他问题依旧归两个议会分别管理,或者,在奥地利,是归于各省(Kronlände)的立法机关分别管理(这些省组成了奥地利联邦),而且,议员团的权力来自于两个议会共同通过的法律。那么主权者到底在哪里呢?是不是制宪的机关?帝国的奥地利部分,其宪法是1867年通过的五部法律,其仅可在议会两院的2/3多数人的同意的情况下修改;匈牙利部分的宪法是1848年通过的法律,帝国国王在1867年批准其生效。除此以外,就没希望找到在这一庞大且有力的国度中其他的符合奥斯丁定义的主权者了。② 或者我们也可以以美国为例,其宪法乃是晚近以来联邦国家的楷模。奥斯丁认为主权者拥有最终的权力,可以改变宪法,这指的是各个国家的人民③——我在这

---

① [译注]帝国议员团(Imperial Delegation):有奥匈两国议会各派60人组成,目的是为了监督共同的国防、外交、财政。议员团每年轮流在维也纳和布达佩斯集会,但采取分院开议的方式,各自使用德语及马扎儿语,并各自投票决议,再以书面交换意见,结果每年常有许多信差往来两地,共同部门首长也常轮流奔走两地,至于有关关税同盟,则每十年重新交涉一次。本文作者所说的30人的数据尚不知出自何处,故无法确定其正确性。
② 奥斯丁主义者可能会说,奥匈帝国是由两个不同国家组成的,而不是一个主权者。但根据国际法的视角,这毫无疑问是一个国家,而在奥匈帝国的任何一半中,其中的君主所得的授权都与奥斯丁所谓的主权不相容。
③ [译注]作者在此标注了人民和人民的复数形式。

里同时使用人民的单复数形式以避免引发辩论。但是,首先,国家的人民并不是一个会习惯性的采取行动的机构。在1810年至1867年间,他们都没有采取任何行动。[540]自1870年以来,他们也没有采取什么行动。这是因为奴隶制度问题被证明是无法通过宪法渠道解决的,所以,要他们采取行动也就是不可能的了。将主权地位归于一个几乎一动不动的群体,难道这其中没有什么是不太真实的,过于矫饰了嘛?而且,要达到法定的修改宪法的大多数,也是极为困难的,也正是因为很难达到,所以,这里看起来和没有主权者也没什么分别。此外,还有一个问题——参议院中的各州平等代表制,哪怕是州里的3/4的人提出反对意见,也无法改变代表们的意志,这是这个理论的又一荒唐之处。人们可能通过审查各个现实中的联邦国,比如日耳曼帝国(新的和老的)来继续这种论辩,揭示出奥斯丁原则的荒唐之处。但是,上述证明也足以指出这一理论的另一极端的人为创设的地方,即主权地位不可分割,诚如上述证明已然展示的那样,这其实是把法律上的主权地位与现实中的统治者给搞混淆了。

奥斯丁拒不承认法律上的政府与事实上的政府间存在不同,以往法律上的主权来自于统治者的创设,同一个人不可能又是创造者,又是被创造者。所以,这样就意味着,英国议会和沙皇在法律上都是万能的,不受法律的限制,这是一种浅显而单薄的论证,因为其隐藏了一个切实有效的事实,即权威者得到人们服从是因为长期固定的习惯或国家法,且该国家法需促成人们形成服从的习惯以及有义务表示服从的观念。如果,这便意味着在各个国家中,每一个事实上的主权者同时也是法律上的主权者,或反之同理的话,那么这便是一种谎言。霍布斯曾提出人们是否服从是对主权者地位的检测。边沁和奥斯丁并不接纳这一观点,因为这是属于法律领域的,而法律与服从无关则被他们认为是一个事实。这个法学家认为,主权的令人服从的权利并不是基于暴力的,[541]

因为他认为无论在哪里,只要有法律就必然会生效。

7. 关于主权者的一些容易搞混的问题

在由霍布斯理论发展出的各学派中,其提出的多数理论都搞混了两个到数个不同的事物,这种情况在霍布斯自己的评论中也有见到:

  1. 法律上至高者的概念和释义。
  2. 实际上统治者的概念。
  3. 在历史上,法律权利观念是如何来的?
  4. 在历史上,普遍的有组织的政治共同体及服从这一共同体的习惯是如何来的?
  5. 国家成员向权威者服从的道德义务,无论这一权威者之统治是凭借法律或暴力。
  6. 约束权力持有者的道德义务,无论其为事实上的或法律上的持有者。

在边沁那里,当然奥斯丁也一样,没有把上述最后两项混在一起,而这种混淆在霍布斯和洛克的时代还对人们的思想产生过影响。边沁确已看到,并以一种令人敬佩的清晰的方式说明了道德领域与法律义务领域的界线。

然其混淆了另四者,特别是前二者——因为,其没有明确提到权利及国家之理由起源一事,而是隐含地略触及了一下——即将法律视为是主要的和通常的命令,而实际上其最初自然不可能是一种命令,现在也仅部分是,并且此一说法抹杀了习惯法的法律品质,[542]而其在所有国家中都是最为丰富的,在有的国家中还是事实上法律的唯一来源。故而,边沁的这一说法荫庇了自其以降之学者的心智，并导致了上述两大错误。出现此一种混淆的主要原因在于二者。其一，霍布斯的众追随者皆为注意到国家和政府的历史，且未觉察到在它们成长的诸多阶段里，这一适用于正常的现代国家的概念无法适用于此些阶段。其二，他们希图发现一个简明扼要的概念，以及对应的描述，其可普遍适用于所有的现代国家，无论国家本身之多样性，或者（以不同的形式）习惯性的武断认为某一类型的现代国家乃是正常的国家，哪怕最近的国家类型的趋势与此一类型不符。培根评论说，人们倾向于提出事实上不存在的本质上的一致性，而抹杀了同一概念下的真实存在的区别。这种说法也可以适用于道德和政治科学领域，以及我们称之为物理科学领域。人们基于抽象概念所做的逻辑分类就犯了这种错误，这种错误使得所谓的分析法学派的法学家们有时忽略了最为重要的事实，有时将概念混在一起以至于与词汇的本来意思相去甚远。

事实的情况是，关于主权者这一问题的所谓困难几乎是人为导致的，是人们试图用这一个概念回答其他不同的问题而导致的。只要给"主权者"这一词前面加上法律上的或事实上的这些限定语，多数的困难就会消失不见。如果我们回头再来看上述六个项目，并逐一审查，便可发现如今关于上述各项的内涵如何这一问题，已然就不会再有任何争议了。

第一、二项是已经谈到过了的。［543］只要依照情况加上法律上的或事实上的这些限定语，其便不会再有任何的神秘性了。

关于第三、四项，即事实上的或法律上的政治权力的起源的问题，历史对此问题的回复是毫不含糊的。事实上未曾有过，也绝不可能有霍布斯、卢梭或其他（提出了有组织的社会的基础所在）的哲学家所说的社会契约。政治共同体，诚如所有人现在所承认的，来自于人类共同的防御、宗教信仰、习惯、群居和相互模仿天性的需要。法律源自习惯，且在多数民族的首次亮相是以解决争端的规则的形式,无论这一争端是关于财产的,或是关于谋杀或人生伤害之补偿的。人们无法说(作为一种普遍的规则)基于暴力的权威,即事实上主权者通常产生的基础,要高于法律上的主权者,因为两者通常共生共存,而习惯在其中则是作为一个恐惧和道德服从的因素;并且,在这一共生共存的过程中,暴力并不像霍布斯或奥斯丁学派所说的那样为压倒性的方面。诚如对于每个个体而言,其知识中最为重要的,如果不是最为主要的部分,是在其童年时代半意识状态下获得的,所以政治社会的肌体的主要部分的构建工作也是由部落和小城邦完成的,即在它们意识到自己正在构建未来作为统治手段的机制之前;并且法律与程序的主要概念也是在主权者直接立法(现在被视为是有组织的政治体的正常行为)之前明确的,且产生效力。共同体整体之权力现今也并未消失,除去名义上的主权者或其代表机构不言。其身影模糊,[544]但确实人们观念中不可抗拒的力量,控制了所有的机关。

然后就是最后两项(第5、6项),我们发现法律上的主权者与事实上的统治者之间的清楚区分令我们能够更为轻松的解决其中的问题。向事实上的而非法律上的主权者表示服从并非是一种义务,除非法律上的主权者是毫无权势的,或者尚无法确定谁是法律上的主权者,在这种情况下,出于公共利益的目的,也应支持事实上的掌权者,哪怕其是非法僭位的,以避免无政府状态或内战。但是,就我们的观念而论,事实上的权力,在没有法律授权的情况下,是不会有任何头衔的。如果该权力被滥用,德性高尚的公民不仅可以,还应该起而反抗。

至于法律上的主权者,情况就大不相同了。他表面上有权要求服从,则人们仅可在三种情况下对其要求提出反驳或不予服从:(1)其失去了事实上的权力,因此无法行使主权者的职权;(2)在某些国家,主权者的权力是法定限制的,因此如果其超过宪法或法律设定的界限的话,人们将从法律上或道德上撤销其主权;(3)在有

第十篇 主权的属性

的国家,其权力并非宪法划定的,则如果其滥用其法律权力以至于成为一个事实上的暴君,成为了政府赖以生存的和平、安全与正义的敌人的话,则人们也可不服从。在任何一种情况下,人们都会认为这是公民撤销了其效忠宣言,起义之神圣权利——大革命中的法国人和其朋友杰弗逊所高度赞扬的权利——开始起作用了。在上述第(2)种情况下,反抗法律上主权者的恰当途径是通过合宪的方式,而采用暴力则是最后一招。如果其僭越的行为过于严重乃至于导致其法律权利被撤销,则当然不在于法律上的主权者了。在第(3)中情况下,由于没有宪法性的矫正方式,[545]所以,前法律上的统治者一旦变身为暴君或违法的统治者后,就与公民间变成了战争状态,而对其之反抗(在事实上的暴君的情况下)也就是一种义务,这种义务的强弱决定于其暴行的大小及反抗成功的可能性。

事实上的或法律上的主权者都会受到道德限制。对于这种限制,现在几乎没有人会怀疑说其与约束普通人在男女关系中受到的限制有所不同。鉴于事实权力乃是神意所托,法律权力乃是共同体所托,所以,两者在使用权力时都必须遵守正义和荣誉的基本原则。在主权者的道德义务或善良公民的道德义务间仅在一点上会有所不同,虽然在实际操作中人们很难确定具体限制的边界。两者都同样要遵守恪守的公正、善意,避免残忍或不必要的尖刻。但是,个人不仅应该公正,还应该慷慨,因为其慷慨的行为所消耗的仅仅是其自己的资源,而主权者则不应该表现得慷慨,因为其仅是一个共同体资源的守护者。同样地,由于良善之人可以敢冒风险舍身救人,而统治者则不得舍共同体而救人,因为其从未被授予此种权力。对于此,人们回答说,主权者有权认为共同体应该希望,且将会希望其权力的行使应采用实现其成员和世界之良善的最好的和最高精神状态之方式,并且,其可凭此看法在咨询共同体意见的情况下做任何高洁的共同体将会做的事。这个问题是一个很有趣也很困难的问题,虽然其很少在实践中发生,因为哪怕人们承认有类似托管的事,[546]在各具体情况下适用这一原则时,都会引起太多的争论。

有个别政论家认为在涉及国家生死存亡之时,主权者的权力在国内是可以完全不受任何道德义务限制的,因此,其可以合法地使用暴力、非正义或欺诈等手段。为了回应这一令人憎恶的论点,首先我们可以说,一旦主权者掌握国家生死存亡的权柄,其定然会滥用其脱离于道德束缚的自由权,由此,则上述论点的所谓合理性自然荡然无存,而国家对某个个体的德性的依靠也将信心尽失;其次,这种论点提出国家对集体生命的保护自然要高于个体保护自身生命,因为没有人会认为人们为了救自己的命就可以合理地杀死另一个人(当然除了自卫)或错误地指控另一个人。

我们无需就此问题纠缠太久,因为其与我们现在讨论的主题并无相关。但是,我们可以恰当地提出某些文字,来分析一下国际范围内事实上主权者和法律上的主权者间的区别问题。

8. 国际关系中的主权者

从严格的现代意义上来说,这个领域中是没有法律的,因为没有更高的权威有能力判定是非,实施法律,并且因此我们不能说一个国家的主权者凌驾于他国之上,即其不能像一个国家的人或机构可以合法地高于其臣民那样高于其他国家。然而,在两个或数个国家间,[547]创设一些法律上的联系,并将其中一国置于较低的地位,我们可以说这一较低的地位是法律上的,而如果是一个弱国真的持续地向另一个强国表示顺服,则其是事实上的地位低微。如果一国的立法机关创设的法律直接约束别国的臣民,则后者就无法被称为是主权国。但是,在这种情况与绝对独立的主权国之间,还有数个被称为半主权国或(这种说法或许更为准确)不完整主权国的等级。这些附属国,虽然未必对被附属国家的法律或法院表示服从,但是却没有权力与他国维持外交关系,或者其虽然有权派遣或接受使者,但却受到与被附属国之间条约的限制,而要在与他国签订条约前先递交被附属国审阅。其可能已经正式接受了被附属国的保护,或者从它那里接受行政首长的任命,或者要向它纳贡。在所有这些情况中,附属国与被附属国之间都形成了恰当的联系。这一关系的形成,在决定附属国的国际地位上,是一个极为重要的外交事件,此事实乃是其他国家所应知晓的。其他国家因国际惯例的缘故而应注意这些情况,因为如果其向附属国派遣使者或与其缔约的而未经被附属国审阅的,则将构成严重的违反外交礼节——这被视为是外交官所称的"不友好行为"。因此,虽然在严格意义上国际没有法律约束附属国,而仅仅是一些条约,但是,人们依旧可以说这是法律上的依附关系,或不完整的主权。这个世界中满是这样的情况。印度也是这样的情况,其由于与英国王室签订的契约而或多或少成为了英国人的附庸。罗马尼亚和塞尔维亚之前也处于这一地位之上。在欧洲东南部也有一个这样的国家,[548]即保加利亚,其附属于土耳其的苏丹,虽然其间的联系已然非常薄弱了。① 保加利亚有权独立派遣使者与签订条约。北非也有这样的一个国家——突尼斯——其现在在法律和名义上是法国的一个省。非洲的另一个例子是前南非共和国,其虽然有权派遣和接收使者,但是其签订的契约(除与其相邻的共和国签订的契约以外)却可由大英帝国否决,这点惹起了不少的纷争。它可能并不能算作是一个国际上的主权国家,或者独立国家,应该属于这种情况,即其在某些情况下是独立的,在另一些情况下则是附属于

---

① 波斯尼亚虽然被奥地利占领了,但却没有正式地与奥托帝国分离,所以它的处境就有些不同。这可能与 10 世纪末苏格兰国王手中的洛锡安区相类似,虽然在那种情况下,其中可能有一种准封建关系。

他国的。埃及的地位——其在某些情况下在法律上是属于奥斯曼帝国的一部分,但也归于六个欧洲国家(在其他情况下)控制,并且在事实上也归这个六个国家控制——则是一个特例。一个国家与另一个国家之间法律上的关系的类型是无穷无尽的,无法以简单的几种分类来概括。

但是,如果一个国家是实际上附属于某国,但由于没有签订公共契约而在理论上未丧失其独立地位,则情况就大不相同了。在这种情况下,第三方(即众国家)根据国际惯例和礼节在表面上无需对该国附属于被附属国这一事实表示尊重。他们可以将该附属国视为是完整的主权国。诚如事实上的主权者最终在道德上也有权获取共同体公民的服从一般,在国家领域也有这类极端的例子,即某国在技术层面是独立的,但在事实领域却狠狠地位于另一强国的保护与控制之下,这种事实关系是不容第三方忽视的。[549](严格说)英国对阿富汗或尼泊尔都没有法律上的控制权,并在1885年前对独立的缅甸也无此权(但是缅甸后来被吞并了,因为其戏耍了法国),但是,任何第三方与阿富汗或尼泊尔的谈判都会引起英国的不悦。对于俄国而言,波斯可能也处于同样的地位。

9. 邦联中的主权者

此外,还有一个特殊的情况,关于其主权的诸多理论观点,及法律上者与事实上的领域的混淆引起了不少麻烦。在这一情况中,数个共同体联合于一个邦联之下,并将自身的部分治理权及主权交出。这样的例子有好几个,但是我们看其中一个就够了。

当北美大西洋沿岸的13个半独立的州——说它们半独立是因为根据1776年的联盟条约,它们放弃了部分权力——开始新起草联盟宪法的时候,他们并未明确保留,也没有明确放弃退出联盟,回复原先状态的权利。随后,问题就出现了。这些联盟州认为联盟立法院所为之超越宪法授权的行为乃是无效的,并且最后,它们行使了自己的退出联盟的权利。在涉及到这些问题是,关键点在于各州原初拥有的主权(所以其为各州之迫切需求),它们并未明文放弃之,在联盟宪法的第十一修正案中,还宣称任何个人都不起诉联盟州,由此便是从事实上对其表示了认可。

[550]早期的政治家,诸如汉密尔顿和麦迪逊,认为一国之主权乃由宪法分割,由国会、总统和各州予以行使。这是十分自然的,因为国家与州层面的政府部门乃是人民的机关,其职权来源于人民,因此,其主权的最终来源也是人民,虽然这一来源可能为全体人民,也可能为部分州的部分人民,不过这是另一个问题了。不过,下一代的政论家——其之各派都令主权之争变成奴隶制之争——拒绝默认这种主权分割学说。比如博丹、霍布斯和其他欧洲人,他们宣称主权是不可分割的;但是当北方人认为主权是一个整体的时候,南方人,在卡尔霍恩①的领导下,坚称在数个州中依旧存有部分主权,暂时有效或暂缓有效,但是有权在其认为应退出联盟时恢复原先的主权。

关于这些问题——人们认为这些问题是纯法律的问题——有很多争论,精锐、深奥且激烈,而且这些争论可能会永续不绝;各派都对自己的观点有一个完美的有证明力的例证,其中宪法(可能是有意的)隐匿了。对于争论方来说,主权者这个词有一种神秘的含义,很多人忘记了虽然国家和各州的权利1860年和1791年的时候都是法律上的权利,但有一种新的事物却出现了,因为老的法律上的权利的概念在1860年的时候并不适用了。争论是到处都有的,但是,这里

---

① [译注]约翰·考德威尔·卡尔霍恩(1782—1950年):19世纪上半叶美国著名的政治家和政治思想家,人称"铁人"。他曾担任众议员、参议员、战争部长、副总统、国务卿等重要职位。早期是个联邦主义者,主张实行国家主义政策,后来逐渐转变成了地方主义者,鼓吹极端的州权论,支持奴隶制。他是后来"美利坚联盟国"的理论导师,在美国历史上占有重要地位。

的争论却严重地遮蔽了主权者这一抽象词汇的超验的特性;这导致了一国的政治状况所经历的重大转变从人们视野中隐去。

人们就霍布斯的现代拥趸所犯的错误做了研究,[551]其中说法与上述这类具体论断中的道德问题相同。霍布斯大概认为法律上的主权者也是事实上的主权者。奥斯丁并不承认那些不是同时为事实上和法律上主权者的人是主权者。两派的美国学家针对这一问题的法律争论甚嚣尘上,乃至于忘记了法律是没有能力处置某些问题的。他们忽视了历史,乃至于偏离事实太远。在纯粹法律的领域中,人们无需涉及政治事实,因为法律是这样子的,即只要还有法律在,其决断就会为人们所接受。但是当其试图将法律的原则和结论转入争论领域,且这一争论不仅广为关注,而且群情激昂,则法律将面临风险,本身并非为新的事实而创设或无法应对之,如此则试图适用法律将无法令道德的力量全面施展。各派都有一个看似合理的法律论断放大了争论的风险,因为人们认为他们在保护他们的法律论断的过程中是有正当性的。但是,如果他们真能抛开法律不谈,则他们可能更愿意考虑一下实际取胜的几率,并因此妥协。有时,法律上的主权者对弱国来说是要抵制的对象,如果法律上的主权者与国家的敌人勾结的话,或者,对强国来说是滥用力量的根据,无论其采取的是以公认的借口诉诸武力的方式,或者采用的是歼灭对手,榨取与所涉事情的大小不相称的血与财富的方式。这些都被视为是不错的论证。

对于法律解不开的结,就应该挥剑砍去。美国便是如此。联邦最高法院试了一下手,没有成功。于是,唯一可以凭借的通过宪法方式解决争端的立法机关[552]便是两院的2/3多数和州的3/4多数(通过州会议或其立法机关会议),其乃唯有有能力修改宪法的主体。在涉及奴隶制或州主权的问题上,要获取3/4的多数以通过一个宪法修正案是不可能的。法律提供的解决渠道被耗尽了,主权问题就只能通过事实提供的渠道来解决,那就是通过战争,前后持续四年之久,大约一百万人化为尘泥。

10. 结　论

在回顾了一场旷日持久,但几乎是毫无裨益的关于主权者本性的争论后,人们会惊讶地发现德国的哲学家——从康德到黑格尔——身处于争论之外。这些争论说到底是政治层面的,而不是哲学层面的,每一种理论都基于一种希望为现实宣传而获得一个理论根基的角度被提出。其在格雷戈里九世和卜尼法斯八世后教皇和国王间战争时期便是如此。在博丹、阿尔特豪斯、霍布斯、洛克、卢梭、迈斯特和霍尔时期也是如此。罗马和英国在这些争论中没有参与太多,因为他们都是实践型的而且具有法律思维的民族,同时也是因为他们运气不错,获得一个干净的法律上道德主权者,这一主权者在数个世纪中,在英国或罗马(但英国在几个过渡时期存在过一些不确定的情况)是法律上和事实上权力的毫无争议的拥有者。除了在个别争端的过渡时期,对于主权,我们英国人需要记住的仅仅是法律把它交给了谁。① ［553］从 13 世纪开始我们就知道这个了;在博丹的著作开启中世纪后理论家的旷日持久的争论之时,托马斯·史密斯先生以十分清楚的文字确立了议会的最高法律权威,至今我们无法多加一字。② 在 17 世纪,人们围绕这

---

① 人们一直将全国大议会作为国家主要权力机关,不过,其独一无二的最高权力,即干涉国王的某些特权的权力,长期存在争议。
② 在他的"Commonwealth of England"(出版于 1583 年)中:"所有罗马人曾经可以在百人团民众大会(centuriatis comitiis)或部落民众大会(tributis)上做的事,现在都可以由英国的议会完成,它代表并拥有着整个王国(无论是国王还是平民)的权力。因为每一个英国人都被认为或者是亲自或者是通过代理人出席了议会,从国王(无论是国王还是女王)到最底层的人士,无论其身份、地位、荣誉如何。议会的同意即被视为每一个人的同意。"参见下述文章:Sir F. Pollock in Harvard Law Review for January, 1895,以及他的第一本法理学专著,第 247 页。

一复合的主权者的各个部分各自该拥有什么权利,爆发了一场争论,而这场争论则是通过一场内战和一场革命而得以事实上解决的,它否定了王室主张的单独立法权,并将司法权单立出来。但是,这一改变是从事实上确立的,并未能从法律上予以充分阐释,所以,如今谁仅从法律文本上来研究的话,就会得出结论说王室和上议院与下议院一样,都是议会的重要组成部分。从1689年开始,法律上的主权便与事实上的服从并轨了。在英国人的宪法观念中,事实上的主权者与法律上的权威自然的合体,这是一个不错的结果,关于此事,我们希望其可以"永续长存"(Esto perpetua)。法国人和德国人的历史就没有这么好运了,因此其理论也就变得更为丰富。除了一些拥护"神权"理论的老古董外,法国人,德国人也同样支持这一观点,都同意政治权力的来源还是有争议的,根据他们帝国的宪法,[554]主权的确定需要理论基础。

经过众多理论的探索,且鏖战多年后,所有的文明民族都回到罗马人二十个世纪前开创的原点。所有人都和罗马人一样,认为主权的最终来源还是人民,无论是谁行使主权,其都是受人民的委托。人们同时还认为,在国内事务上,有力的法律主权——甚至宪法作为最高者——应该受到道德制约,这为最优秀的公民的启蒙观念所期待,也为早期的思想家以自然法之名所确认。在国际关系领域,是没有法律上的主权者存在的,而仅仅有事实上的权力,因此,在这一领域道德的扩展是最慢的,而正义与荣耀的地位也最低。

附 注

上文之付梓至今已有很多年了(虽然其后我还修改了一下),那时我还没有些写过太多关于主权者的文章,为此我在这里要加一个短注。首先是梅因先生,他的两场讲座(载于《早期制度史》

第十篇 主权的属性

[*Early History of Institutions*]一书),包含了对边沁和奥斯丁的机制的批判。这些批判现在获得了人们的广泛的赞同,但是梅因先生却戛然而止了,没有给出人们想要看到的结论。他明确指出奥斯丁的多数命题要么是虚假的,要么是不证自明的,人们猜想缅因先生更会赞同其所认为的边沁和奥斯丁完成的破坏性工作,而不会信服于他们学说的实际价值。[555]F·哈里森先生,发表在《双周评论》(*Fortnightly Review*)中的一篇文章,很有趣地讨论了上述两场讲座以及奥斯丁的理论。在文中,其同样也是在批评,但是延迟稍显柔和,并认为其对于读者而言,还是有些用处的。D·G·里奇先生(现在是圣安德鲁大学的教授),在《主权者概念》(The Conception of Sovereignty)一文(载于《政治和社会科学美国学术辑刊》[*Annals of the American Academy of Political and Social Science*],1981年1月)中,以更为尖锐的方式批判了奥斯丁的观点,并做了很多尖刻的评论,对其中的多数看法,我是很赞同的。亨利·西奇威克先生在其著作《政治科学》(*Science of Politics*)中,有一章专门讨论这一主题,并深刻分析了主权者是绝对的,可以不负责任的观念。F·波洛克先生,在其《政治科学导论》(*Introduction to the Science of Politics*)探讨了这一问题,并清楚地揭示出奥斯丁观念的谬误。最后,C·E·梅里亚曼先生,一个年轻人,在其《自卢梭以来的主权者理论史》(*History of the Theory of Sovereignty since Rousseau*)中,列出了一个全面的、有用的关于这一主题讨论的学说的清单,其并没有自己的理论,但是却总结了一些相关评论,添列在这个清单上。

图书在版编目(CIP)数据

历史与法理学研究/(英)詹姆斯·布莱斯著；褚蓥译.
--上海：华东师范大学出版社，2019
 ISBN 978-7-5675-9759-4

Ⅰ.①历… Ⅱ.①詹…②褚… Ⅲ.①历史法学派—研究
Ⅳ.①D909.1

中国版本图书馆 CIP 数据核字(2019)第 208199 号

华东师范大学出版社六点分社
企划人 倪为国

本书著作权、版式和装帧设计受世界版权公约和中华人民共和国著作权法保护

历史与法理学研究

著　　者　(英)詹姆斯·布莱斯
译　　者　褚　蓥
责任编辑　徐　平
封面设计　刘怡霖

出版发行　华东师范大学出版社
社　　址　上海市中山北路 3663 号　邮编　200062
网　　址　www.ecnupress.com.cn
电　　话　021-60821666　行政传真　021-62572105
客服电话　021-62865537　门市(邮购)电话　021-62869887
地　　址　上海市中山北路 3663 号华东师范大学校内先锋路口
网　　店　http://hdsdcbs.tmall.com

印　刷　者　上海盛隆印务有限公司
开　　本　890×1240　1/32
插　　页　2
印　　张　15
字　　数　350 千字
版　　次　2019 年 11 月第 1 版
印　　次　2019 年 11 月第 1 次
书　　号　ISBN 978-7-5675-9759-4
定　　价　88.00 元

出版人　王　焰

(如发现本版图书有印订质量问题，请寄回本社客服中心调换或电话 021-62865537 联系)